Gesundheit

Politik – Gesellschaft – Wirtschaft

Herausgegeben von
E.-W. Luthe, Wolfenbüttel/Oldenburg, Deutschland
J. N. Weatherly, Berlin, Deutschland

D1730005

Der Gesundheitssektor ist in politischer, ökonomischer und gesellschaftlicher Hinsicht eine einzige Herausforderung. In entwickelten Gesellschaften wird er zunehmend zum eigentlichen Motor für wirtschaftliches Wachstum, enthält er als Kostentreiber gleichzeitig viel politischen Sprengstoff und ist er für die Zukunft einer alternden Gesellschaft schlechthin konstitutiv. Vor allem aber ist der Gesundheitssektor viel mehr als bloße Krankenbehandlung: als *Prävention, Rehabilitation* und *Pflege* verweist er auf den gesamten ihn umgebenden sozialen Kontext, als *Organisation* auf ein in steter Veränderung begriffenes System der Koordination und Vernetzung von Behandlungsleistungen und als *medizinisches Experimentierfeld* auf die Grenzen dessen, was von Politik und Gesellschaft noch verantwortet werden kann. Der Gesundheitssektor ist nach allem ein Thema, das nicht nur Medizinern vorbehalten sein kann und zweifellos auch Politiker, Juristen, Betriebs- und Volkswirte, Sozialwissenschaftler sowie zahlreiche weitere Disziplinen betrifft. Mit wachsender Einsicht in die Komplexität des Gegenstandes aber ist mittlerweile deutlich geworden, dass auch dies nicht reicht. Wer den Gesundheitssektor verstehen und hier wirksam handeln will, für den ist der isolierte Blickwinkel einer einzigen Fachdisziplin grundsätzlich unzureichend. Mehr denn je ist der kombinierte Sachverstand gefragt. Dies ist für die neue Buchreihe tonangebend. Leitbild ist der *interdisziplinäre Diskurs* auf der Suche nach Lösungen für einen in der Gesamtheit seiner Strukturen und Prozesse nur noch schwer zu durchdringenden Gesellschaftsbereich. In dieser Hinsicht wäre bereits viel gewonnen, wenn es gelänge, einen Blick über den eigenen Tellerrand zu werfen und divergierende Perspektiven zusammenzuführen.

Ein Dankesgruß in die Zukunft sei bereits jetzt an alle Leser und Autoren gerichtet, die mit konstruktiver Kritik, Anregungen, Verbesserungsvorschlägen und natürlich eigenen Publikationen einen persönlichen Beitrag zum Gelingen der Buchreihe und damit letztlich zur Fortentwicklung des Gesundheitssektors leisten wollen.

Herausgegeben von
Prof. Dr. Ernst-Wilhelm Luthe
Institut für angewandte Rechts- und Sozialforschung (IRS)
Ostfalia Hochschule und Universität Oldenburg
Wolfenbüttel/Oldenburg, Deutschland

Dr. John N. Weatherly
NEWSTAND Management Akademie
Berlin, Deutschland

Wolf Rainer Wendt
(Hrsg.)

Soziale Bewirtschaftung von Gesundheit

Gesundheitswirtschaft im Rahmen
sozialer Versorgungsgestaltung

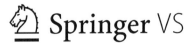 Springer VS

Herausgeber
Wolf Rainer Wendt
Duale Hochschule BW Stuttgart
Stuttgart, Deutschland

Gesundheit. Politik – Gesellschaft – Wirtschaft
ISBN 978-3-658-15032-7   ISBN 978-3-658-15033-4   (eBook)
DOI 10.1007/978-3-658-15033-4

Die Deutsche Nationalbibliothek verzeichnet diese Publikation in der Deutschen National-
bibliografie; detaillierte bibliografische Daten sind im Internet über http://dnb.d-nb.de abrufbar.

Springer VS
© Springer Fachmedien Wiesbaden 2017
Das Werk einschließlich aller seiner Teile ist urheberrechtlich geschützt. Jede Verwertung, die
nicht ausdrücklich vom Urheberrechtsgesetz zugelassen ist, bedarf der vorherigen Zustimmung
des Verlags. Das gilt insbesondere für Vervielfältigungen, Bearbeitungen, Übersetzungen,
Mikroverfilmungen und die Einspeicherung und Verarbeitung in elektronischen Systemen.
Die Wiedergabe von Gebrauchsnamen, Handelsnamen, Warenbezeichnungen usw. in diesem
Werk berechtigt auch ohne besondere Kennzeichnung nicht zu der Annahme, dass solche
Namen im Sinne der Warenzeichen- und Markenschutz-Gesetzgebung als frei zu betrachten
wären und daher von jedermann benutzt werden dürften.
Der Verlag, die Autoren und die Herausgeber gehen davon aus, dass die Angaben und Informa-
tionen in diesem Werk zum Zeitpunkt der Veröffentlichung vollständig und korrekt sind.
Weder der Verlag noch die Autoren oder die Herausgeber übernehmen, ausdrücklich oder
implizit, Gewähr für den Inhalt des Werkes, etwaige Fehler oder Äußerungen. Der Verlag bleibt
im Hinblick auf geografische Zuordnungen und Gebietsbezeichnungen in veröffentlichten Karten
und Institutionsadressen neutral.
Lektorat: Katrin Emmerich

Springer VS ist Teil von Springer Nature
Die eingetragene Gesellschaft ist Springer Fachmedien Wiesbaden GmbH
Die Anschrift der Gesellschaft ist: Abraham-Lincoln-Str. 46, 65189 Wiesbaden, Germany

Inhalt

• • ••• • •• • •• • • • •

• •• • ••• •• •• ••• •• • ••

• •• ••• •• ••• • ••

• • •• ••• • • • • •• • • •• ••• • ••• • • • • •

Zur Einführung

Wolf Rainer Wendt

Gesundheit ist für die Dauer des Lebens keine Angelegenheit von Ärzten und der Ort der Pflege von Gesundheit ist nicht das Krankenhaus. Jeder einzelne Mensch lässt sie sich angelegen sein und haushaltet mit seiner Gesundheit; soziale Bedingungen fördern oder beeinträchtigen sie, und unsere ganze Lebensweise in ihren Verhältnissen bestimmt über das gesundheitliche Ergehen. Bevor ein Arzt konsultiert oder ein Krankenhaus aufgesucht werden muss, auch während medizinischer Behandlung und danach, ist im Alltag unter Gebrauch von Mitteln und Wahrnehmung jeweiliger Gegebenheiten die Gesundheit zu besorgen. Die Nutzung des Angebots an professioneller Hilfe und der Dienste und Einrichtungen des Gesundheitswesens gehört dazu.

Volkswirtschaftlich hat die Beschäftigung mit Gesundheit und Krankheit ein großes Gewicht. Es geht im Versorgungsgeschehen um Milliardenumsätze, um florierende Geschäfte auf einem stets wachsenden Markt, um einen großen Einsatz an Arbeitskräften und um viel Dynamik in der Entwicklung der Gesundheitsunternehmen. Wie sie betrieben werden und ihren Erfolg unter Konkurrenz im Markt erreichen, lässt sich in der Branche der *Gesundheitswirtschaft* verfolgen. Sie stellt sich als einer der wachstumsstärksten Wirtschaftsbereiche und als Jobmotor im Beschäftigungssystem dar. Besehen wir den gesellschaftlichen Funktionsbereich der gesundheitlichen Versorgung aber von der Seite ihrer humanen Nutzung, wird über den Erfolg unter anderen Gesichtspunkten geurteilt: in welchem Umfang und in welcher Qualität der Bedarf gedeckt wird, wie sich die gebotene Versorgung zu den Sorgen verhält, welche die Menschen gesundheitsbezogen haben und in welcher Weise die verschiedenen Beteiligten an der Versorgung mitwirken und sie gestalten. Es handelt sich um *soziale* Gesichtspunkte und sie betreffen die Bewirtschaftung des Sorgens für Gesundheit abgehoben von der Frage, welche Erwerbsmöglichkeiten sie bietet und welche Geschäfte sich mit ihr machen lassen.

Die *Ausgangsthese* dieses Buches ist somit, dass das Wirtschaften von Gesundheitsunternehmen nicht gleichbedeutend ist mit der Bewirtschaftung von Gesundheit. Der Betrieb von Gesundheitsunternehmen fügt sich in nicht von ihnen zu treffende Entscheidungen über die Zuweisung und den Einsatz von Mitteln zu Gesundheitszwecken. Gesundheitswirtschaft hat einen sozialen Bezugsrahmen. In diesem Rahmen war sie Thema einer Tagung der Fachgruppe Sozialwirtschaft der Deutschen Gesellschaft für Soziale Arbeit gemeinsam mit der Bundesarbeitsgemeinschaft Sozialmanagement/Sozialwirtschaft im April 2016, bei welcher Gelegenheit das vorliegende Buch konzipiert wurde.

Es behandelt die soziale Bewirtschaftung des Versorgungsgeschehens im Gesundheitswesen unter mehreren Perspektiven – in Auseinandersetzung mit einem unternehmerischen Verständnis von Gesundheitswirtschaft, in Hinblick auf die Überschneidung von Sozialwesen und Gesundheitswesen, auf eine sektorübergreifende Kooperation in komplexer Leistungserbringung, in einer weiten Auslegung von Pflege, in Klärung disziplinärer Zugänge zum Unterhalt von Gesundheit, in Blick auf die gesundheitsbezogene öffentliche Daseinsvorsorge in Aushandlung mit den Akteuren in ihrem Handlungsfeld. Zu diskutieren ist in jeder dieser Hinsichten die der gesundheitlichen Sorge und organisierten Versorgung eigene Ökonomie.

1.1   Über Gesundheit verfügen

Gesundheit ist ein hohes Gut, heißt es in unverfänglicher Allgemeinheit. Gesundheit betrifft unsere ganze menschliche Verfassung. Einen Bedarf an Gütern oder Diensten, die zu unserer Gesundheit beitragen oder ihrer Beeinträchtigung entgegenwirken, haben wir immer. Und jeder Mensch ist darum besorgt, nicht ernsthaft krank zu werden. Er kann selber etwas für seine Gesundheit tun, möchte aber sicher sein, dass ihm bei Krankheit geholfen wird. In diesem Falle rechnet er mit guter medizinischer Behandlung und Pflege. Dafür gibt es ein System aus Leistungsträgern und Leistungserbringern und eine Menge Regelungen, wie sie tätig werden und beansprucht werden können.

Primär verfügt eine mündige Person selber mit ihrem ganzen Verhalten über ihre Gesundheit. Das geschieht oft nicht bewusst und wenig achtsam, aber die eigene Verantwortung ist in dem Moment gefragt, in dem jemand wegen seines Befindens mit einem Gesundheitsdienst in Kontakt tritt bzw. in dem ein solcher Dienst mit dem Zustand einer Person zu tun bekommt. In Interaktion sind Verfügungen zu treffen. Darauf sind die Dienste vorbereitet.

Wir verlassen uns darauf, dass Einrichtungen und fähiges Personal, ihr Wissen und Können bereitstehen und bei Bedarf erreichbar sind. Vielfältige Institutionen werden zur Versorgung vorgehalten und die von ihnen und in ihnen Beschäftigten bringen ihre Zuwendung, ihre Zeit und Kraft für kranke oder pflegebedürftige Menschen auf. Der Staat und vom Gesetzgeber legitimierte Organisationen befassen sich mit der Versorgungsgestaltung. Hinzu tritt eine Industrie, die Medikamente liefert und die technische Ausstattung für eine Behandlung, für Pflege oder Rehabilitation. Dem Angebot an gesundheitsbezogenen Gütern steht der Bedarf gegenüber, den Menschen haben und dem nach allgemeiner Auffassung oder nach einer bestimmten Normierung recht und billig abgeholfen werden soll.

Was an Einrichtungen und Diensten, an Behandlungen und anderen Hilfen einerseits angeboten und andererseits beansprucht wird, hängt von vielen Faktoren ab. Der medizinische Fortschritt, der Ausbau der gesundheitsbezogenen Infrastruktur, die Regulierung bzw. die Deregulierung des Gesundheitswesens, die demographische Entwicklung spielen eine Rolle. In einem freien Markt entscheidet der Preis über das Verhältnis von Angebot und Nachfrage. Bedarfsgerechtigkeit lässt sich mit dem Preismechanismus nicht herstellen. Sowohl der Versorgungsbedarf als auch die Anforderungen der Gerechtigkeit sind *sozialer* Natur. Die These, dass die Steuerung des gesundheitsbezogenen Versorgungsgeschehens multifaktoriell sozial bedingt erfolgt, führt zu einer Auseinandersetzung mit der Art und Weise des Wirtschaftens im Gesundheitswesen – und zu der im weiteren zu vertretenden Annahme, dass es in einer *sozialen Bewirtschaftung* aufzuheben ist.

1.2   Wirtschaft und Gesundheit – in welcher Beziehung?

Stellen wir uns unter „Wirtschaft" das geschäftliche Geschehen um uns herum vor, kommt Gesundheit in dieser Vorstellung kaum vor. Wir nehmen Gesundheit als einen individuellen Zustand unseres Körpers wahr. Dieser Zustand hat erst einmal – wenn wir nicht weiter darüber nachdenken, wovon er abhängt – mit der Wirtschaft als Sphäre der Erwerbstätigkeit nichts zu schaffen und die Wirtschaft nichts mit dem eigenen Befinden. Auch die Behandlung beeinträchtigter Gesundheitszustände in der Praxis eines Arztes ist als solche keine ökonomische Angelegenheit. Das ärztliche Handeln ist allein der Heilung des Patienten verpflichtet. In der Sorge um seinen Zustand will er nicht wissen, welche Kostenstellen und welche Erlöse in der Rechnung bei denjenigen erscheinen, die sich seines Zustandes annehmen.

In abstrakter Betrachtung berühren die Begriffe Gesundheit und Wirtschaft einander nicht. Ein Wirtschaftsakteur muss sich nicht fragen, ob das, was er tut,

„gesund" ist oder nicht. Auch muss es nicht „sozial" genannt werden. Sein Geschäft
soll florieren, und dabei spielt die Art des Geschäfts zunächst keine Rolle. Zwar
ist metaphorisch die Rede davon, dass eine Firma „gesund" ist, dass ihr Geschäft
an etwas „krankt" oder dass ein Unternehmen „gesundet", aber der übertragene
Wortsinn lässt seinen eigentlichen Bezug auf das menschliche Leben und seine
Zustände hinter sich.

Die Geschäftsbeziehungen eines Betreibers von medizinischen Einrichtungen
oder eines Pflegedienstes sind als solche keine gesundheitsbezogenen Beziehungen.
Diese können somit auf der geschäftlichen Ebene des Betriebs außer Betracht bleiben,
während umgekehrt ein Gesundheitsakteur – ein Arzt oder eine Pflegekraft – in
seiner Beziehung zu Patienten kein Geschäft im ökonomischen Sinne abwickelt.
In der medizinischen Behandlung, in therapeutischer Beziehung sind Arzt und
Patient keine Geschäftspartner. Diese Beziehung wird verlassen, wenn der Betrieb
der Arztpraxis oder der Einsatz von Mitteln für gesundheitliche Maßnahmen zu
bedenken ist. Er soll „wirtschaftlich" sein – und damit ist sehr viel Geschäft verbunden. Nota bene: Dessen Dienlichkeit in der Erledigung der Versorgungsaufgabe
soll damit durchaus nicht in Zweifel gezogen werden.

Es bietet sich jenseits privater und medizinischer Befassung mit dem gesundheitlichen Befinden ein weites, ökonomisch gewichtiges Betätigungsfeld in Belangen der
Gesundheit. Sie sind eben – nicht nur für einen daran interessierten Unternehmer
– mit vielen Geschäften verbunden. Sie obliegen gesellschaftlichen Institutionen
und werden von einer Vielzahl von Dienstleistern und professionellem Personal
ausgeführt. Die Beteiligten bringen dafür ihre Ressourcen mit, erschließen sie und
disponieren über sie. Das heißt: sie wirtschaften damit. Bewirtschaftung bedeutet
hier den überlegten Einsatz von Mitteln für die gesundheitliche Versorgung und
die überlegte Handhabung des Vorgehens darin. Ökonomisch zu betrachten ist
füglich der *Betrieb der Versorgung* mit all den Komponenten, die zu diesem Geschehen gehören.

Die diskursive Verbindung von Wirtschaft und Gesundheit mag im Geschäfts-
leben alle interessieren, die etwas im Betrieb der Versorgung unternehmen und
mit dem Gut Gesundheit Geld verdienen wollen. Doch auch ohne dieses Interesse
und von ihm abgehoben ist uns persönlich die Gesundheit teuer und in Sorge um
sie werden Kosten und Mühe nicht gescheut. Die personenbezogene Versorgung in
Belangen der Gesundheit erfolgt in institutionell geregelter und organisierter Form.
Es gibt ein strukturiertes System, in dem in heilender, rehabilitativer, pflegender
Absicht, auch konsultativ und forschend, gehandelt wird, und es gibt ein Gefüge von
staatlichen Stellen, Interessenverbänden und öffentlich-rechtlichen Körperschaften,
die mit dem Leistungsgeschehen und mit den Entwicklungen in der Versorgung
befasst sind. Was gesundheitsbezogen unter Beteiligung vieler Akteure geschieht,

ist gesamtwirtschaftlich und einzelwirtschaftlich bedeutsam und hält dazu an, den Einsatz wirtschaftlich zu gestalten. Entscheidungen sind nötig, was zu tun ist, vom wem und für wen es getan wird, wie und in welchem Umfang es geschehen soll.

In unserer Gesellschaft ist zur persönlichen und gemeinschaftlichen Lebensführung und Daseinsvorsorge beständig ein Aufwand nötig, für den die Ressourcen, die nicht unbeschränkt vorhanden sind, erschlossen und zweckmäßig genutzt werden müssen. Zu ihrem Einsatz sind die Wirtschaftseinheiten – gleich ob in frei-gemeinnütziger, in öffentlicher oder in privat-gewerblicher Trägerschaft – in die soziale Daseinsvorsorge einbezogen. Sie nehmen einen Auftrag wahr, den nach sozialer Aushandlung die staatliche Gemeinschaft vergibt.

In den *Haushalten* des Staates und der Sozialleistungsträger sowie im *Sozialbudget* finden wir abgebildet, wie groß der Aufwand ist, der zur gesundheitlichen Versorgung betrieben wird. Mit den dort genannten monetären Beträgen erfolgt zur Deckung des Bedarfs, soweit sie überlegt, abgestimmt und zielgerichtet geschieht, bis in alle Details eine Bewirtschaftung der Mittel. Der Aufwand ist aber nicht nur ein materieller und finanzieller, sondern auch einer an Kräften und an Zeit. Geleistet wird er von jedem einzelnen Menschen, gemeinschaftlich und von dafür gebildeten und beauftragten Organisationen. Die Ökonomie des Geschehens betrifft den Einsatz aller Beteiligten, lässt sich aber auch gesondert nach den in ihm verfolgten Zwecken und Zielen betrachten.

1.3   Das Gesundheitswesen im sozialwirtschaftlichen Diskurs

In der Ökonomik der organisierten Absicherung gegen soziale Lebensrisiken bzw. der institutionalisierten Pflege des Wohlergehens gibt es einen Diskurs zur Sozialwirtschaft und es gibt einen Diskurs zur Gesundheitswirtschaft. Jener ist alt und dieser ist neu; er existiert gerade mal zwei, drei Jahrzehnte. Folgt man beiden Diskursen, ist zu beobachten, dass in dem einen auf den anderen kaum eingegangen wird. Nun können sich Unternehmen nach eigenem Verständnis einer Branche der Wirtschaft zuordnen und müssen sich in ihr nicht mit einer anderen, etwa der „Sozialbranche", verbinden. Auch haben Gesundheitsunternehmer gute Gründe, sich von sozialen Fragen fernzuhalten, welche die Freiheit ihrer Betätigung und deren Profitabilität beeinträchtigen dürften. Aber von sozialer Seite kommt man nicht umhin, sich mit Gesundheitsfragen und der Art und Weise ihrer Behandlung und Erledigung zu beschäftigen unabhängig davon, wie sie in Sparten der Wirtschaft verortet sind.

Die soziale Zuständigkeit ist nicht gleichbedeutend mit staatlicher Zuständigkeit. Sozialwirtschaft heißt nicht Staatswirtschaft. Die regulierende und gewährleistende Funktion des Staates mindert nicht die soziale Verantwortung der Akteure, die soziale Aufgaben erfüllen. Dies zu betonen, erscheint notwendig angesichts von Forderungen in der Gesundheitswirtschaft nach unternehmerischer Freiheit möglichst ohne staatliche Eingriffe. Eine vielseitige, intermediär organisierte und eine „gemischte Wohlfahrtsproduktion" leistende Sozialwirtschaft erfüllt gesundheitsbezogene Aufgaben in geteilter Verantwortung.

Mit der Verantwortungsverteilung ist eine Verknüpfung des gesundheitswirtschaftlichen Geschehens mit der Sozialwirtschaft und dessen Einbindung in sie gegeben. Unternehmen, die selbständig in einem gesundheitsbezogenen Geschäftsfeld agieren, haben dieses Interesse kaum, solange sie sich gewerbsmäßig auf die Erstellung von Gütern und deren Vermarktung beschränken oder gar als Finanzinvestoren in erster Linie darauf aus sind, eine möglichst hohe Rendite zu erwirtschaften. Befassen wir uns dagegen mit der Bewirtschaftung von Diensten am Menschen bzw. der Bewirtschaftung personenbezogener Versorgung, liegt deren Sphäre im Sozial- und Gesundheitswesen ungeschieden vor uns und wir haben zu deren theoretischer Erörterung ein Interesse an dem Zusammenhang, in dem sie regiert und bewirtschaftet wird.

Das Konstrukt der Sozialwirtschaft ist, so wie es sich entwickelt hat, darauf angelegt, die gemeinschaftliche Versorgung von Menschen auf der Basis regulierter Solidarität zu erfassen. Begriffen wird, wie sich die Deckung des lebens- und problembezogenen Bedarfs von Menschen einrichten lässt und wie sie geschieht. In diesem Verständnis kann die soziale und gesundheitliche Versorgung im Ganzen nicht in einen deregulierten Markt entlassen werden; sie wird einer primär auf Gewinn angelegten Erwerbswirtschaft verwehrt. Und zwar aus sozialen Gründen. Gesundheitsversorgung soll allen Menschen zugänglich sein, sie soll ausreichend vorhanden sein und dem sozialen Bedarf gerecht werden. Ohne anzunehmen, dass Gesundheitsunternehmer, die sich im Feld der Versorgung erwerbswirtschaftlich bewegen, den sozialen Auftrag ignorieren, kann unterstellt werden, dass sie ihn der ökonomischen Dimension ihrer Betriebsführung nachordnen. Ihr gegenüber ist es nötig, die soziale und sozialwirtschaftliche Einordnung gesundheitsbezogener Versorgung darzulegen.

Studieren wir das Verhältnis von Sozialwirtschaft und Gesundheitswirtschaft zueinander, bewegen wir uns auf der einen Seite im Verständnis von Sozialwirtschaft auf mehreren Ebenen, ausgehend von der Gestaltung der Versorgung insgesamt, während wir es auf der anderen Seite nur mit einer Ebene zu tun haben: wir bewegen uns hier im Horizont von Unternehmen, die sich der Branche der Gesundheitswirtschaft zurechnen, Gesundheitsgüter erstellen und vermarkten. Gesundheitswirtschaft wird mit dem Gesundheitsmarkt identifiziert. Betriebswirtschaftlich hängt die Existenz der Unternehmen daran, dass sich der Absatz ihrer Produkte für sie lohnt. Um die Gewährleistung einer angemessenen Versorgung haben sich die im Sozialleistungssystem vorgesehenen Leistungsträger zu kümmern und besorgt darum sollten auch die Abnehmer bereitgestellter Gesundheitsgüter sein, in erster Linie die Patienten. Ausgeblendet bleibt, wie sie wirtschaften und wie in der Bereitstellung und Verteilung der Mittel zur Versorgung gewirtschaftet wird. Damit besteht ein Bezugsrahmen für den Markt der Gesundheitsunternehmen und mithin für die Gesundheitswirtschaft in der Auffassung der Unternehmen.

Sozialwirtschaftlich hingegen wird die Akteurskonstellation im Sozial- und Gesundheitswesen mehrdimensional erfasst:

- auf der Makroebene der Sozial- und Gesundheitspolitik und der mit ihr verbundenen Interessenvertretung in der Gesellschaft,
- auf der Mesoebene des zur Versorgung organisierten Systems der Leistungsträger und Leistungserbringer,
- auf der Mikroebene des personenbezogenen Handelns der an Versorgung formell Beteiligten und informell für einander und für sich Sorgenden.

In dieser Einteilung besteht das Versorgungsgeschehen auf der Makroebene in den Entscheidungen über die Zuweisung (Allokation) und Verteilung (Distribution) von Mitteln und dazu die Beobachtung und Kontrolle, wie die Mittel verwandt werden. Mit den Mitteln werden betrieblich die zur Versorgung gestellten Aufgaben auf der Mesoebene beauftragter und Dienste leistender Organisationen, Einrichtungen und Stellen erfüllt. Das geschieht praktisch auf der Mikroebene in der Beziehung des die Leistungen erbringenden Systems zu den Individualhaushalten der Patienten und sonstigen persönlichen und lebensgemeinschaftlichen Nutzern. Sie ihrerseits wirtschaften sozial und gesundheitsbezogen mit den Mitteln, für die sie direkt (per Eigenbeiträge) und indirekt als Beitrags- und als Steuerzahler die Kosten aufbringen.

1.4   Neue soziale Ausrichtung von Versorgung

Es gibt einen Wandel in der Konstellation personenbezogener Versorgung allgemein, der sich mit einem Strukturwandel in den Sektoren der Gesundheitsversorgung und mithin mit einem Wandel in der Bewirtschaftung von Gesundheit trifft. Viele Hilfen, die in der sozialen Versorgung geleistet werden, haben sich mit der Zeit von überwiegend stationärer Erbringung in ambulante Dienste verlagert und werden tendenziell zu einer Assistenz, die der persönlichen Lebensführung geboten wird. Es gehört zur Konstitution der Sozialwirtschaft, dass sie mit der Selbständigkeit der Menschen in der Nutzung von Hilfen rechnet, mehr noch: sie baut auf eine aktive Mitwirkung in Selbstbestimmung und Selbstverantwortung. Die informationstechnisch gestützte Wissenserschließung und Kommunikation ermöglicht eine ständige gesundheitsbezogene Selbstversorgung und ein Teilen von Kenntnissen. Generell erweitert sich der individuelle Spielraum der Lebensgestaltung – und darauf passt sich die professionelle Leistungsgestaltung mit ihrem Spielraum an.

Auf der Seite der Gesundheitswirtschaft lässt sich die gleiche Entwicklung beobachten. Medizinische und pflegerische Versorgung verschiebt sich von primär stationärer Unterbringung und somit vollständiger Fremdversorgung über ambulante Dienste in die häusliche Sphäre andauernden individuellen Zurechtkommens mit gesundheitlichen Beeinträchtigungen oder chronischer Erkrankung. Akut notwendige medizinische oder psychotherapeutische Behandlungen rücken ein in die *andauernde gesundheitsbezogene Begleitung* persönlicher Lebensführung. Die Begleitung ist auch eine *soziale*. Dazu wird der informierte Patient als Partner in Selbstverantwortung wahrgenommen. Und kann er diese Rolle nicht spielen, sind soziale Hilfen einsetzbar, die ihn dazu befähigen oder ihn dabei unterstützen. Die Mehrzahl der Jugendlichen in stationärer psychiatrischer Behandlung sind auch in der Jugendhilfe bekannt oder werden von ihr weiterbetreut. Altenhilfe hat mindestens so viele soziale Seiten wies sie medizinische und pflegerische Aspekte hat. Gesundheitliche Versorgung nimmt soziale Versorgung in Anspruch und *vice versa*.

Im humandienstlichen Versorgungsauftrag sind explizit gesundheitsbezogene und explizit soziale Aufgabenstellungen immer weniger voneinander abgrenzbar. In Zeiten der Vernetzung und der Bearbeitung komplexer Anforderungen bleiben institutionell und disziplinär vereinzelte Leistungsangebote nicht für sich. Ihre Weiterentwicklung verlangt nach einem gemeinsamen konzeptionellen Bezugsrahmen. Ohne, dass er ausgearbeitet vorliegt, verbinden Ausbildungen an Hochschulen der Beschäftigungschancen ihrer Absolventen wegen die Sphären der einen und der anderen Praxis. Die Studiengänge heißen dann mit unterschiedlicher Akzentsetzung „Gesundheits- und Sozialwirtschaft" oder „Sozial- und Gesundheitswirtschaft" oder „Sozial- und Gesundheitsmanagement", wobei alle auf die betriebswirtschaftliche Kompetenz ausgerichtet sind, die in beiden Bereichen gebraucht wird. Diese Kompetenz – im Marketing, Controlling, Finanz- und Rechnungswesen, Personalwesen, Arbeitsrecht, usw. – ist hier nicht Thema, indes kann auch vom Management her die ganze Gestaltung des Versorgungsgeschehens begriffen werden.

1.5 Die Haushaltungsaufgabe

Die Gesundheitsversorgung für sich genommen stellt umfangreiche Anforderungen an ihr Management. Es agiert auf betrieblicher Ebene in dem großen Wirtschaftsbereich, für den die Bezeichnung Gesundheitswirtschaft in Gebrauch ist. In lockerer Formulierung heißt es: „Die Gesundheitswirtschaft kann als ein Oberbegriff für alle Wirtschaftszweige verstanden werden, die etwas mit Gesundheit zu tun haben" (Goldschmidt 2011, S. 4). Das Geschäft der Ärzte, der Unterhalt von Pflegeeinrichtungen, die Angebote der Pharmaindustrie, der Aufwand für Medizintechnik und mannigfaltige Dienste zum Erhalt und zur Besserung von Gesundheit bieten ein weites Feld für unternehmerische Aktivitäten. Andererseits sorgen sich solidargemeinschaftlich beauftragte Institutionen und sorgt sich jeder einzelne Mensch um seine Gesundheit und die seiner Angehörigen. Die gesundheitliche Versorgung ist eine *soziale* Angelegenheit, die mit anderen Angelegenheiten zusammen in öffentlichen Haushalten und mit Ressourcen, die gemeinschaftlich und individuell verfügbar sind, zu bewirtschaften ist.

Die ökonomisch relevanten Dispositionen im Gesundheitswesen gehen weit hinaus über die Dispositionen, die in einzelnen Gesundheitsunternehmen getroffen werden. Wir haben es mit einem komplexen Entscheidungszusammenhang zu tun, indem auf der einen Seite ein System der Versorgung mit vielen Akteuren über seine Mittel und Möglichkeiten disponiert und indem auf der anderen Seite einzelne Personen individuell und lebensgemeinschaftlich über ihre gesundheitlichen Belange disponieren. Sie verwenden dafür Geld, mehr noch Zeit, und sie wenden Wissen an, das sie haben oder das ihnen zugänglich ist. Sie entscheiden auch darüber, wie sie das System beanspruchen, wenn sie als Patienten dessen Mittel und Möglichkeiten nutzen. Sie treten somit als wirtschaftende Akteure in Wechselbeziehung zu den Akteuren in der organisierten Versorgung auf. Aber die Beweggründe ihres gesundheitsbezogenen Handelns sind keine kommerziellen – und so kann der soziale Zusammenhang dieses Handelns im Bemühen um Wohlergehen, um Vermeidung und um Behandlung von Krankheit ökonomisch auch gesondert von der Marktökonomie kommerziellen Verkehrs studiert werden. Die Sozialwirtschaft, als *eigenständige Ökonomie des Sorgens und der Versorgung* verstanden, umgreift das gesundheitsbezogene Geschehen in den Beziehungen, die es funktional und institutionell zwischen den formell und informell Mitwirkenden, den gewährleistenden Stellen, den Gesundheitsbetrieben und ihren Nutzern konstituieren.

In Betrachtung der sozialen und gesundheitlichen Versorgung sei wirtschaftswissenschaftlich von einer einfachen Definition ausgegangen, wie sie einschlägigen amerikanischen Lehrbüchern der Ökonomie zugrunde gelegt wird: „Economics is the study of how societies use scarce resources to produce valuable commodities and distribute them among different people" (Samuelson und Nordhaus 2002, S. 4); *„Economics is the study of how society decides what, how and to whom to produce"* (Begg et al. 2005, S. 3); „Volkswirtschaftslehre ist die Wissenschaft von der Bewirtschaftung der knappen gesellschaftlichen Ressourcen" (Mankiw und Taylor 2012, S. 3). Was dazu in der Praxis zu managen ist, was zu schaffen gewählt wird und wie darüber entschieden wird, erstreckt sich auf weite und diverse Gebiete.

Während in den angeführten Definitionen „die Gesellschaft" als Subjekt des Entscheidungsgeschehens erscheint, hat in der *Erwerbswirtschaft* durchweg der *Markt* die handlungskoordinierende Funktion. Volkswirtschaftslehre lässt sich als „die Wissenschaft von Märkten" konzipieren (Bofinger 2015), wobei dem Markt keine uneingeschränkte Herrschaft zugestanden wird: der Staat sorgt in seiner Distributionsfunktion für den „sozialen Ausgleich" (Bofinger 2015, S. 191) und reguliert in seiner Allokationsfunktion die Sozialversicherungssysteme (Bofinger 2015, S. 215 ff.). Nehmen wir dagegen unseren Ausgang von der personenbezogenen *Versorgung*, richtet sich der Blick primär keineswegs auf Märkte, sondern zunächst darauf, wie diese Versorgung organisiert ist und einigermaßen gelingt, wer zu ihr beiträgt und welche Mittel und Möglichkeiten für sie herangezogen werden. Mit ihnen wird für ein gutes Ergehen von Menschen gewirkt. Das kann in Konkurrenz der Beiträger geschehen und es geschieht in Kooperation. Die Wohlfahrtsdienlichkeit wird sozial erwogen und bewertet und über den Einsatz dafür wird sozial – in den dafür vorgesehenen Institutionen und im gesellschaftlichen Diskurs – entschieden.

1.6 Terminologische Klärungen

In der Sichtung und Analyse der Handlungsfelder und der Ökonomie gesundheitsbezogener und sozialer Versorgung finden wir bestimmte Leitbegriffe benutzt, die in diversen Diskursen und in der Literatur nicht einheitlich verstanden werden. Soll Sozialökonomik nur eine Schnittmenge aus den Sozialwissenschaften und den Wirtschaftswissenschaften benennen, Gesundheitsökonomik nur die Schnittmenge von Gesundheits- und Wirtschaftswissenschaften bzw. Gesundheitswirtschaft das „Zusammenspiel von Wirtschaft und Gesundheit" oder Wohlfahrt nur die Summe aus der Konsumenten- und der Produzentenrente im Markt sein, taugen die Termini für die im vorliegenden Buch zu diskutierende Problematik nicht. Es erscheint deshalb angezeigt, die Bedeutung zentraler Begriffe im zu behandelnden Gegenstandsbereich für die weitere Erörterung definitiv festzulegen. Folgende Termini seien ausgewählt:

Bewirtschaftung soll der überlegte Einsatz von Mitteln und die zweckmäßige Nutzung von Möglichkeiten zur Wertschöpfung in einem Aufgabenbereich heißen. Für ihn werden Ressourcen erschlossen, einzelnen Zwecken zugeteilt und für diese Zwecke in Gebrauch genommen. Die Handhabung der Mittel zu planen, zu organisieren, zu lenken und zu kontrollieren, obliegt einem Management, spezifiziert nach Aufgabenbereich und Niveau der Zuständigkeit.

Versorgung bezeichnet das Insgesamt der Aktivitäten und Maßnahmen zur Deckung des sozialen und gesundheitsbezogenen Bedarfs von Menschen individuell und gemeinschaftlich. Ökonomisch erfolgt die Versorgung in Form der Bereitstellung von Gütern und mit der Erbringung von Dienstleistungen – unter Berücksichtigung dessen, was die Nutzer der Dienstleistungen und Güter selber zum Erfolg der Versorgung beitragen bzw. in eigener Sorge gesundheitsbezogen leisten. („Versorgung" als Zuwendung an Personen, die Opfer oder besondere Leistungen für die Allgemeinheit erbracht haben, ist hier nicht gemeint.)

Sozialwesen wird in Politik und Verwaltung als Bezeichnung des ganzen Bereiches der Institutionen im System der sozialen Sicherheit gebraucht. Der Begriff bleibt in seiner inhaltlichen Abgrenzung unbestimmt; es besteht in der administrativen Praxis kein Interesse an genauerer Festlegung. Er umschreibt den Funktionsbereich organisierter sozialer Praxis. Die Soziale Arbeit beansprucht das Sozialwesen als Ort ihrer Betätigung, gleichwohl ihm viele Fachgebiete und unterschiedliche Aufgaben zuzurechnen sind. Analog benennt das *Gesundheitswesen* auch ohne klare Definition das engere Feld der von der Medizin dominierten Versorgung mit ihren Einrichtungen, Diensten und Personen im stationären und ambulanten Bereich.

Versorgungsmanagement (care management) organisiert, plant, koordiniert und steuert Prozesse der sozialen und gesundheitlichen Versorgung. Es handhabt sie zur wirksamen Bewältigung und Lösung von Versorgungsaufgaben. An ihrer Erledigung sind verschiedene Berufsgruppen beteiligt. Soll die Versorgung fallweise in die Wege geleitet und gesteuert werden, geht Versorgungsmanagement in ein Case Management über.

Gesundheitswirtschaft bezeichnet gewöhnlich eine Branche in der Wirtschaft und die Unternehmen in ihr insgesamt sowie in dieser Branche die Erstellung und Vermarktung gesundheitsbezogener Güter und Dienstleistungen. Sofern der Begriff nicht nur die Geschäftsfelder von Gesundheitsunternehmen abdeckt, ist in der Gesundheitswirtschaft auf die Strukturen und Funktionen zu sehen, in denen der gesellschaftliche Auftrag der Gesundheitsversorgung erfüllt wird.

Gesundheitsökonomie bzw. *Gesundheitsökonomik* wird als Bezeichnung einer Wissenschaft bzw. einer wirtschaftswissenschaftlichen Disziplin in der doppelten Bedeutung der Ökonomie des Gesundheitswesens und der Ökonomie der Gesundheit verwandt. Systembezogen sind die Zuweisung von Ressourcen und die Verteilung von Mitteln zu untersuchen, Angebot und Nachfrage und die Wirtschaftlichkeit gesundheitsbezogener Leistungserbringung mit ihren Kosten und Nutzen zu analysieren. Individuell und gemeinschaftlich disponieren Menschen in Belangen ihrer eigenen Gesundheit. Sie tun es auch in Abhängigkeit von der ihnen im System der sozialen Sicherheit und der Gesundheitsleistungen gebotenen Versorgung und mit Folgen für sie.

Gesundheitsmanagement bezeichnet auf sozialem Gebiet und auf betrieblicher Ebene die Organisation, Planung, Handhabung und Steuerung von Maßnahmen, die zum Erhalt, zur Förderung oder zur Wiederherstellung der Gesundheit von Personen vorgesehen sind. Der Terminus wird in der Branche der Gesundheitswirtschaft auch benutzt, um Geschäftsaufgaben im Marketing, Controlling, Personalwesen, in der Kundenbetreuung und Öffentlichkeitsarbeit von Unternehmen zu bezeichnen.

Sozialwirtschaft umgreift institutionell und funktional das Geschehen, in dem in organisierter Form unmittelbar für personenbezogenes Wohlergehen gesorgt wird. Dahin wirken Vereinigungen von Menschen, die füreinander und miteinander ihre Versorgung bewerkstelligen und dazu gehört der ganze institutionelle Zusammenhang, in dem (in „gemischter Produktion von Wohlfahrt") Leistungsträger, dienstleistende Einrichtungen und Stellen und Leistungsnehmer als Endnutzer aufeinander bezogen wohlfahrtsdienlich handeln. In diesem Geschehen, seinen Strukturen und seinen Funktionen hat die *Sozialwirtschaftslehre* ihren Erkenntnisgegenstand.

Sozialökonomie bzw. *Sozialökonomik* benennt das wirtschaftswissenschaftliche Fachgebiet, das sich mit Sachverhalten der Sozialwirtschaft (und der Gesundheitswirtschaft) befasst. Der Terminus wurde früher auch gleichbedeutend mit Nationalökonomie gebraucht und er wird zur Bezeichnung eines Studienfaches herangezogen, das sich mit der Ökonomie Sozialer Arbeit oder mit der Sozialwirtschaft befassen soll. Zudem steht der Terminus (auch Soziökonomie) für eine soziologische Disziplin, die sich mit Wechselbeziehungen von Gesellschaft und Wirtschaft befasst.

Sozialmanagement bezeichnet die Leitung und Führung von Organisationen mit sozialer Zwecksetzung und in ihnen die Steuerung des Handelns von mit der Zweckerfüllung intern und extern beschäftigten Akteuren. In anderen Begriffsbestimmungen wird allgemein auf Lenkungs- und Gestaltungsaufgaben in der Sozialen Arbeit („Management des Sozialen") abgehoben.

Gesundheitsmanagement steht für gestaltendes und steuerndes Handeln im Gesundheitswesen. Geplant, organisiert und ausgeführt werden Maßnahmen zum Erhalt, zur Wiederherstellung und zur Förderung von Gesundheit – auf der Makroebene der Sozial- und Gesundheitspolitik, auf der Mesoebene des Betriebs von Einrichtungen und Diensten und auf der Mikroebene gesteuerter Versorgung im patientenorientierten Handeln.

Daseinsvorsorge umfasst auf sozialem Gebiet das politische Ermessen, die Planung, die öffentliche Bereitstellung, generelle Gestaltung und Au: Leistungen, welche die Bevölkerung und jeder Einzelne in bedürftige nicht erbringen kann, aber zu einer menschenwürdigen Existenz unu zu seinem Wohlergehen nach gesellschaftlich anerkannten Maßstäben benötigt. Die Daseinsvorsorge lässt sich in ihrer Ausführung unterschiedlich gestalten, so auch in der Gewährleistung einer zeitgemäßen gesundheitlichen Versorgung.

Leistungsträger und *Leistungserbringer* sind in ihrer Beziehung aufeinander und auf die Leistungsempfänger die hauptsächlichen Akteure in der Gestaltung sozialer und gesundheitsbezogener Versorgung. Sozialleistungsträger sind in Deutschland die (zumeist kommunalen) Gebietskörperschaften, die Träger der Sozialversicherung (Kranken-, Unfall-, Renten- und Pflegeversicherung) und die Bundesagentur für Arbeit. Leistungserbringer (Dienstleister) können frei-gemeinnützige Organisationen, Einrichtungen und Dienste der öffentlichen Hand und privat-gewerbliche Unternehmen in unterschiedlicher Rechtsform sein. Vom Begriff des öffentlich-rechtlichen Leistungs- und Kostenträgers zu unterscheiden ist der Terminus „Träger" als Bezeichnung für Anbieter und Eigentümer von Diensten oder Einrichtungen (z. B. „konfessionelle Träger", „Krankenhausträger").

Humandienste (human services) wird als Oberbegriff für die diversen „Dienste am Menschen" gebraucht, in denen professionell und personenbezogen für das soziale und gesundheitliche Wohl gearbeitet wird. Der Terminus ist in Anwendung gekommen, um unabhängig von herkömmlicher sektorieller und beruflicher Zuordnung die Dienste als Leistungserbringer zu benennen, die zur Bewältigung und Lösung von Problemen im Leben von Menschen tätig sind.

Wohlfahrt soll das fortwährende gedeihliche Ergehen heißen, dem die Sorge einer Person gilt und zu dem die formelle und informelle Versorgung beiträgt. Das soziale, gesundheitliche, seelische und geistige Wohl von Menschen ist wie ihre Lebensqualität mehrdimensionaler Natur und wird subjektiv unterschiedlich erfahren und objektiv auf verschiedene Weise ermessen. Wohlfahrt ist das generelle Sachziel im Sozial- und Gesundheitswesen. Ihr Charakter als dynamischer Daseinszustand übergreift seine physischen, psychischen und sozialen Momente. Theoretisch ist von der „sozialen Wohlfahrt" die „ökonomische Wohlfahrt" zu unterscheiden, die als Konstrukt der volkswirtschaftlichen Wohlfahrtsökonomik die Aggregation von Nutzen bezeichnet.

Wohlfahrtsproduktion bedeutet personenbezogen die Bewerkstelligung guten Ergehens in Faktorkombination von materiellen Mitteln, immateriellen Kräften, Sozialkapital, Arbeit und Zeit. Im sozialen Raum erfolgt die Wohlfahrtsproduktion gemeinschaftlich, insofern das Produkt weder unabhängig von einer Zielperson hergestellt und ihr geliefert werden kann, noch sie für sich allein ihr Wohlergehen ohne Inanspruchnahme Anderer bzw. der sozialen Umwelt erzeugen und erhalten kann.

Wohlfahrtspflege ist die organisierte Form, in der personenbezogen für Wohlfahrt in der Vielfalt der dafür vorgesehenen Dienste und Einrichtungen gesorgt wird. Institutionalisiert gibt es in Deutschland die öffentliche (kommunale) Wohlfahrtspflege und die frei-gemeinnützige Wohlfahrtspflege mit ihren Verbänden, angeschlossenen Organisationen und Unternehmen.

Die Ökonomie der sozialen und gesundheitsbezogenen Gestaltung von Wohlfahrt hat ihren eigenen Horizont, gesondert von der Makroökonomie des auf Erwerb gerichteten Gütertausches. Erfolgt dieser auch im Markt von Dienstleistungen, die nach Bedürfnis eingekauft werden, und im Markt gewerblich angebotener Gesundheitsprodukte, ist die Rationalität wohlfahrtsdienlichen Handelns primär weder bei den Gebenden noch bei den Nehmenden auf Eigennutz gerichtet. Soziales Wohlbefinden und gesundheitliches Wohlbefinden verbinden sich in den inneren und äußeren Dispositionen einer Person und in ihrer Lebensführung. Ihr ist keine das Soziale und die Gesundheit scheidende bereichsspezifische Rationalität eigen.

Wohlfahrtspflege ist als Begriff vor hundert Jahren sozialpolitisch auch deshalb in allgemeinen Gebrauch gekommen, um auf der Ebene politischer und administrativer Gestaltung die Bereiche der Gesundheitsfürsorge, der Wirtschaftsfürsorge, der Jugendfürsorge, der Wohnungsfürsorge, der Gefährdetenfürsorge zu übergreifen (Wendt 2014, S. 43). In der Absicherung gegen Lebensrisiken und Ausführung einer bedarfsentsprechenden Versorgung sind diese Bereiche nicht unabhängig voneinander zu betrachten, weil Menschen Arbeit haben wollen, eine Wohnung brauchen, gesichert aufwachsen, Krisen bewältigen und körperlich und psychisch gesund leben sollen. Was dazu von Diensten und in Einrichtungen getan wird, erfolgt im Verständnis biopsychosozialer Zusammenhänge komplementär und kompensatorisch zu dem, was von den Menschen selber in sorgender Lebensführung für ihr Wohlergehen getan wird oder, bei hinreichender Unterstützung, getan werden kann.

Mit der Erörterung der Begriffe wird erkennbar: es muss nicht bei einer polaren Gegenüberstellung sozialer und gesundheitlicher Versorgung bleiben. Daseinsvorsorge und Wohlfahrtspflege schließen Bereiche des Sozialwesens und des Gesundheitswesens ein. In einem weiten Sinne verstanden, impliziert der Gesundheitsbezug in der Versorgung die sozialen Bezüge. Der Begriff der Humandienste ist eigens dazu da, die Unterscheidung der Einsatzgebiete aufzuheben und eine fachunspezifische, fachübergreifende und transdisziplinäre Kompetenz zu fordern.

Humandienste

1.7   Ein Verständnis von Integration

Die Sozialwirtschaftslehre widmet sich der Art und Weise wohlfahrtsdienlicher Versorgung (Wendt 2016, S. 2). Wohlfahrtsbezogen schließt das sozialwirtschaftliche Arrangement die Gesundheitsdienste ein. Menschen erfahren mit ihren biopsychosozial bedingten Problemen im Leben regelmäßig soziale zusammen mit körperlichen und psychischen Beeinträchtigungen. Die Einflechtung der Gesundheitswirtschaft in die soziale Bewirtschaftung von Wohlfahrt und dazu nötiger Versorgung ist ökonomisch geboten, weil nur so deren Effektivität und Effizienz auf die breite Grundlage der Abstimmung und des Zusammenwirkens der Beteiligten gestellt wird. „Soziale Bewirtschaftung von Gesundheit" meint des näheren die Dominanz von Normen, Regeln und Verabredungen im System der sozialen Sicherung und Versorgung über das Geschehen im Gesundheitswesen. Institutionen sozialer Versorgung sind auch für die gesundheitsbezogene Versorgung zuständig; teils übernimmt umgekehrt diese die Behandlung sozialer Probleme.

Weil Schwierigkeiten, Belastungen, Störungen und andere Beeinträchtigungen im Leben von Menschen sowohl das soziale Zurechtkommen als auch die Gesundheit betreffen und weil das gesundheitliche und das soziale Ergehen einander bedingen, empfiehlt sich eine Integration in der organisierten und in der individuellen Behandlung jener Probleme und Beeinträchtigungen. Sie erfolgt in einer sozialen Konstellation – mal von Gesundheitsprofessionellen und ihren Patienten, mal im Miteinander von Menschen, die Grund zur gesundheitlichen Sorge haben, mal in Verbindung informeller und formeller Bewältigungspraxis etwa bei Pflegebedürftigkeit oder Behinderung.

Begrifflich ist seit den 1970er Jahren der Ausdruck „human service" in Gebrauch gekommen, um übergreifend das System der Leistungserbringung im Sozial- und Gesundheitswesen und auch des beruflichen Handelns in diesem ausgedehnten Feld bzw. in den der sozialen Versorgung zuzurechnenden Feldern zu bezeichnen. Humandienste „encompass a variety of fields: mental health, social welfare, health, education, and criminal justice" (Sauber 1983, S. 1). Oder differenzierter: „Human services are organized activities that help people in the areas of health care; mental health, including care for persons with retardation, disability and physical handicap; social welfare; child care; criminal justice: housing; recreation; and education. Another type of service that might be included is income maintenance, a term that refers to programs like unemployment insurance and social security, which provide income to people who are unemployed or retired" (Burger 2008, S. 8). In dieser Auffassung wären alle Leistungsbereiche des deutschen Sozialgesetzbuches einbezogen, dazuhin die Strafrechtspflege mit ihren sozialen Diensten. Von der Gebietsbeschreibung abzuheben ist das Berufsbild von *human service professi-*

onals, die in den USA neben den eingeführten Sozial- und Gesundheitsberufen als Generalisten mit interdisziplinärer Kompetenz tätig sind (Neukrug 2013, S. 3).

Ist der Begriff der Humandienste auf der Erbringerseite geeignet, die sozialen und gesundheitsbezogenen „Dienste am Menschen" organisatorisch zu umfassen, bezeichnet auf der Makroebene der Politik und Administration der Schlüsselbegriff der *Daseinsvorsorge* die generelle Aufgabenstellung im Gemeinwesen, eine Infrastruktur der Versorgung der Bevölkerung zur Verfügung zu halten. Die Erfüllung dieser Aufgabe liegt zugleich im allgemeinen wirtschaftlichen und im allgemeinen sozialen Interesse. Das Konstrukt der Daseinsvorsorge im Sinne von *services of general interest* bietet sich in der Diskussion der Gestaltung, Bewirtschaftung, Regulierung und Steuerung des Versorgungsgeschehens vor seiner Spezifizierung in den einzelnen Bereichen des Sozial- und Gesundheitswesens an. Auf europäischer Ebene ist diese Diskussion in Hinblick auf die Unterscheidung erfolgt, inwieweit die Dienste marktlicher gleich (erwerbs-)wirtschaftlicher oder nicht-marktlicher gleich sozialer Natur seien (Herrmann 2002; Waiz 2009), eine Differenz, die sich „not for profit" sozialwirtschaftlich aufheben lässt.

1.8 Die Beiträge: gesundheitswirtschaftliche Perspektiven

In diesem Band erläutert Ernst-Wilhelm Luthe im folgenden ersten Beitrag den Gehalt des übergreifenden Konstrukts der *Daseinsvorsorge* in Hinblick auf die Erfüllung des Versorgungsauftrags. Er ist zum Unterhalt des sozialen und gesundheitlichen Gedeihens verbunden mit Erwartungen an Verlässlichkeit, an Kooperation, an Integration und an Patientenorientierung. Nun kann das Sorgen des Staates nicht personenbezogen geleistet werden. Luthe analysiert die Rolle der Kommunen als Mittler der Daseinsvorsorge, der institutionellen Leistungsträger und ihrer korporierten Partner in der Leistungserbringung. Im vertikalen und im horizontalen Zusammenhang wird kooperiert, wobei die Kooperation den Wettbewerb nicht ausschließt. Das System der Versorgung hat viele Optionen, sich in Orientierung auf den Bedarf zu organisieren.

Die Daseinsvorsorge wird administriert und sie wird bewirtschaftet. Von der Makroebene sozialpolitischer Entscheidungen her liefert die öffentliche Daseinsvorsorge der Gesundheitswirtschaft – im engeren Sinne der die Dienste leistenden Unternehmen – vor allem die Regularien für diesen Organisations- und Handlungsbereich und die finanzielle Ausstattung für ihn. Ernst-Wilhelm Luthe erläutert mit dem Begriff der Daseinsvorsorge den Gestaltungsrahmen, in dem die gesundheitliche Versorgung erfolgt.

In den Bezugsrahmen des generellen Versorgungsauftrags stellt der nachfolgende Text die *Gesundheitswirtschaft*. Sie generiert sich als ein Unternehmensbereich und als eine Wirtschaftsbranche, die mit dynamischem Wachstum und als Jobmotor gesamtwirtschaftlich auftrumpfen kann. Dabei gerät aus dem Blick, wie sehr die gesundheitlichen Dienste mit dem Sozialwesen verwoben sind und als Sozialleistungen erbracht werden. Ihre Wirtschaftlichkeit hängt entschieden davon ab, in welchem Umfang und in welcher Weise die Nutzer der organisierten Versorgung selber gesundheitsbezogen agieren. Unter dem sozialwirtschaftlichen Paradigma des Haushaltens in humanen Belangen besehen, sind die Akteure in der Gesundheitswirtschaft gehalten, sich auf individuelle und gemeinschaftliche Teilhabe an der Sorge für gesundheitliches Ergehen einzulassen und sich in die darauf bezogene Hebung von Ressourcen zu fügen.

In der Praxis erweist sich der soziale und gesundheitsbezogene Bedarf von Menschen oft als ein vielseitiger und komplex verwobener. Für die Organisation und den Erfolg integrierter Versorgung ist unter den Beiträgern ein Zusammenwirken vertikal und horizontal geboten. Am Beispiel eines regionalen Verbundes *sozialpsychiatrischer* Dienste erläutert Klaus Dieter Liedke von der *Stiftung Lebensräume* Offenbach, wie sich in der Reform der psychiatrischen Versorgung eine vielseitige und lebensnahe Bedarfsdeckung gestalten lässt, wie Leistungsträger und Leistungserbringer sich dazu vertraglich verständigen und wie Organisationen sich in Verteilung der Versorgungsaufgaben in einer Region vernetzen können und welche Probleme dieses Miteinander für den Betrieb der Dienste und seine Ökonomie mit sich bringt. Der psychiatrische Aufgabenbereich lockt private Gesundheitsunternehmen weniger an, weil hier die Notwendigkeit vielseitiger Zusammenarbeit den einzelwirtschaftlichen Auftritt erschwert und seinen Erfolg begrenzt, wohingegen die Lebensbegleitung zur Krankheitsbewältigung sozialwirtschaftlich umso bedeutender, weil für die betroffenen Menschen und ihre soziale Umgebung von großem Wert ist.

Abgehoben von konkreten Lebenslagen und der Bewirtschaftung von Versorgung unter ihren Umständen baut die Gesundheitsökonomik in ihrer theoretischen Ausformung auf einfache wirtschaftswissenschaftliche Axiome. Auf sie bezieht sich *Axel-Olaf Kern* in seiner Erörterung des Ressourceneinsatzes für Versorgung nach Präferenzen kollektiver und individueller Akteure. Sie handeln nach Abwägung des Nutzens und der Kosten alternativer Einsatzmöglichkeiten. Der marktlichen Allokation von Gesundheitsgütern steht die meritorische Zuweisung gegenüber, wie sie im Sozialstaat großenteils vorgesehen ist. Die disziplinäre Gesundheitsökonomik kann sich darauf beschränken, die Vor- und Nachteile solcher Dispositionen zu untersuchen und darzustellen.

Didaktisch kann es angezeigt und komfortabel sein, der Theorie und der Praxis ihr eigenes Recht einzuräumen und danach Gesundheitsökonomie (Finanzierung, Management und Evaluation) und Gesundheitssystem (System der sozialen Sicherung und medizinische Versorgung) getrennt zu behandeln und für die öffentliche Gesundheitspflege einen Platz daneben vorzusehen (Roeder et al. 2013). Damit wird auch das Wirtschaften innerhalb des Gesundheitsbetriebs von der ökonomischen Regie des Systems, in dem er stattfindet, abgesondert. Mit der Folge, dass die Beziehungen der Nutzer, der Erbringer und der Gewährer von Leistungen aufeinander außen vor bleiben bzw. nur von jeweils einer Akteursseite her und auf deren Ebene behandelt werden: die Bedürfnisse und Erwartungen von Patienten, der Leistungsprozess in einer Einrichtung oder in einem Dienst, der Risikostrukturausgleich der Krankenversicherer, die öffentliche Gewährleistung von Versorgung auf kommunaler und staatlicher Ebene.

An Hochschulen wird für das Management im Handlungsbereich der Sozial- und Gesundheitswirtschaft ausgebildet. In ihrem abschließenden Beitrag stellen *Georg Hensen* und *Peter Hensen* dafür vorhandene Studiengänge vor und analysieren deren curriculare Struktur. Deutlich werden die Überschneidungen der Kompetenzen, die für das Gesundheitswesen und das Sozialwesen angestrebt werden und dazu führen, dass die anbietenden Hochschulen das ganzen Feld einheitlich zu bedienen suchen. Ihre Absolventen werden in flexibler Funktion auf Stellen zur Steuerung des Geschehens gebraucht.

Die Beiträge in diesem Band bieten einen unterschiedlichen Durchblick. Gesundheitswirtschaftlich gibt es die Perspektive des Managements: Wie lassen sich Unternehmen im gesundheitlichen und sozialen Dienstleistungssystem mit Erfolg betreiben und was muss man dafür können? Eine andere Sicht haben die professionellen Akteure, die im System mit seinen ökonomischen Bedingungen die Dienste für und am Menschen leisten. Dessen sorgendes Handeln ist von äußeren und inneren Dispositionen und seinen Mitteln und Möglichkeiten geprägt. Sein Verhalten fällt gesundheitsökonomisch ins Gewicht, nicht nur als Betroffener und Nutzer von Diensten, sondern im Einsatz für sich und für andere, auch als Bürger und Beitragszahler. Gesundheitsunternehmer nehmen ihn aus der anderen Perspektive der Anbieter von gesundheitsrelevanten Gütern wahr. Bei der Perspektive des Geschäfts bleibt es aber nicht. Was sich liefern lässt, gehört großenteils eingebunden in die Gestaltung der Versorgung im Gemeinwesen, in öffentliche und soziale Daseinsvorsorge, womit im Draufblick die Aufgabe der Bewirtschaftung von Gesundheit insgesamt darin besteht, ihren Belangen in jeder Hinsicht im allgemeinen Interesse nachzukommen.

Literatur

Begg, D., Fischer, S., & Dornbusch R. (2005). *Economics.* 8th ed., Maidenhead: McGraw Hill.

Bofinger, P. (2015). *Grundzüge der Volkswirtschaftslehre. Eine Einführung in die Wissenschaft von Märkten.* Hallbergmoos: Pearson.

Burger, W. R. (2008). *Human Services in Contemporary America.* 7th ed., Belmont, CA: Thomson Learning.

Goldschmidt, A. J. W. (2011). Krankenhausmanagement mit Zukunft? In ders und J. Hilbert (Hrsg.), *Krankenhausmanagement mit Zukunft. Orientierungswissen und Anregungen von Experten* (S. 2–8). Stuttgart: Georg Thieme.

Herrmann, P. (Hrsg.) (2002). *European Services of General Interest. Touchstone for the German Social Economy / Europäische Daseinsvorsorge. Prüfsteine für die deutsche Sozialwirtschaft.* Baden-Baden: Nomos.

Neukrug, E. (2013). *Theory, Practice and Trends in Human Services. An Introduction.* 5th ed., Belmont, CA: Brooks/Cole.

Roeder, N., Hensen, P., & Franz, D. (Hrsg.) (2013). *Gesundheitsökonomie, Gesundheitssystem und öffentliche Gesundheitspflege. Ein praxisorientiertes Kurzlehrbuch.* 2. Aufl. Köln: Deutscher Ärzteverlag.

Samuelson, P. A., & Nordhaus, W. D. (2002). *Economics. An Introductory Analysis.* 17th ed.. New York: McGraw Hill.

Sauber, S. R. (1983). *The Human Services Delivery System.* New York: Columbia University Press.

Waiz, E. (2009). Daseinsvorsorge in der Europäischen Union – Etappen einer Debatte. In A. Krautscheid (Hrsg.), *Die Daseinsvorsorge im Spannungsfeld von Europäischem Wettbewerb und Gemeinwohl* (S. 41–76). Wiesbaden: Springer VS.

Wendt, W. R. (2014). Die Evolution der Wohlfahrtspflege. Ihr Herkommen und ihre Institutionalisierung. In W. R. Wendt (Hrsg.), *Sorgen für Wohlfahrt. Moderne Wohlfahrtspflege in den Verbänden der Dienste am Menschen* (S. 36–77). Baden-Baden: Nomos.

Wendt, W. R. (2016). *Sozialwirtschaft kompakt. Grundzüge der Sozialwirtschaftslehre.* 2. Aufl. Wiesbaden: Springer VS.

Gesundheitliche Daseinsvorsorge heute – theoretische Perspektiven

Ernst-Wilhelm Luthe

Der Begriff der Daseinsvorsorge ist ein interpretationsoffener Kunstbegriff, mit dem über die Zeit hinweg seit seiner „Erfindung" durch Ernst Forsthoff immer dieselben Eigenschaften konnotiert werden, – Eigenschaften wie Verlässlichkeit, Effizienz, Problemnähe, Transparenz und Mitsprache und dies in einem historisch wandelbaren Bereich, dem der Grundversorgung der Bürger. Es gilt, die genannten Versorgungskonnotationen mit den heute zur Verfügung stehenden Theoriemitteln im Anwendungsbereich der gesundheitlichen Versorgung zeitangemessen zu rekonstruieren. Hierfür werden Konzepte wie die der Patientenorientierung, der Dezentralisierung, der Kooperation, der Integration und des Wettbewerbs herangezogen.

2.1 Einführung

Begriffe erzeugen Aufmerksamkeit und damit ihre eigene Wirklichkeit. Das gilt auch für „Daseinsvorsorge". Interessant ist – man kommt sogleich zu Ergebnissen, ohne anfangs genau zu wissen, worum es geht. Auch das gilt für „Daseinsvorsorge". Denn kaum ein Begriff ist offener. Man schwimmt im Strom unmarkierter Ereignisse, und allmählich treten Dinge hervor, die plötzlich einen Namen haben. Auch die umgekehrte Reihenfolge ist möglich. Alte Gewissheiten brechen weg, sobald deutlich wird, dass man bislang nur die Hülle, nicht aber deren Inhalt kannte. Man wähle also nur einen einzigen beliebigen Tag und beobachte die Welt unter der Daseinsvorsorge-Perspektive. Der Autor dieser Zeilen hat sich dies am 16.6.2016 vorgenommen – dem Tag, an dem der Text mit dieser Einführung ins Thema begonnen wurde.

„Das Land macht die Kommunen wieder zu Unternehmern" ist die Hauptschlagzeile auf der Niedersachsen-Seite einer Lokalzeitung (DWZ vom 16.6.2016). Es geht um Daseinsvorsorge. Das ist die von staatlicher Hand getragene Grundversorgung der Bevölkerung. Man denkt an die Versorgung mit Energie und Wasser, außerdem die Müllabfuhr und Feuerwehr. Darüber hinaus aber liest man von Gesundheitsdiensten, Alten- und Behindertenbetreuung, öffentlichem Nahverkehr, Telekommunikation, Müllabfuhr, sozialem Wohnungsbau, Sparkassen sowie von sportlichen und kulturellen Angeboten bis hin zum Messe- und Ausstellungswesen. Dies alles sollen Dinge sein, die für den Staat reserviert sind? Geht es wirklich um Grundbedürfnisse des Bürgers? Und ist der staatliche Vorrang damit in jedem Fall gerechtfertigt? Immerhin steht nicht weniger auf dem Spiel als die Ausübung wirtschaftlicher Grundrechte betroffener Unternehmen (Teuteberg 2008).

In Niedersachen wehte bislang aber wohl ein anderer Wind. Kommunen durften über viele Jahre hinweg nur dann Aufgaben der Daseinsvorsorge mit eigens gegründeten Unternehmen übernehmen, wenn sie es besser machen konnten als private Anbieter. Das war schwarz-gelbe Politik. Künftig soll es nach dem Willen der rot-grün geführten Landesregierung genau andersherum sein. Kommunen soll nur dann untersagt werden, ein entsprechendes Unternehmen zu führen, wenn ein privater Anbieter die Aufgaben besser und wirtschaftlicher erledigen kann. Überdies sollen Kommunen bei Übernahme von Aufgaben der Daseinsvorsorge auch nicht mehr wie bisher an den eigenen Wirkungskreis gebunden sein. Damit wird die Erledigung von Aufgaben, etwa mittels Verkauf von Dienstleistungen der Altenbetreuung oder von Windenergie, auch über den eigenen Bedarf und die eigenen Grenzen hinaus ermöglicht – der Staat als Geschäftsmodell. In der Wirtschaft regt sich Widerstand: Kommunen zahlen keine Umsatzsteuer und tragen kein Insolvenzrisiko, so der Einwand. Der Steuerzahler müsse für Verluste aufkommen. Die Situation sei aber nicht viel anders im Falle einer Privatinsolvenz, so die Replik. Dann müssten nämlich – als aktuelles Beispiel die Altpapierentsorgung – die Kommunen wieder einspringen. Und kommunale Unternehmen würden im Insolvenzfall schließlich ebenso behandelt wir die anderen (§ 12 InsO; was aber, das sei klarstellend hinzugefügt, nur für Unternehmen in privatrechtlicher, nicht aber für solche in öffentlich-rechtlicher Rechtsform gilt).

Man wird dieses Spiel von Argument und Gegenargument vermutlich noch eine Weile so weitertreiben können – bei offenem Ausgang! Natürlich kann man dem Gedanken sofort etwas abgewinnen, dass Privatanbieter „nur" Profit machen wollen, dies letztlich auf Kosten der Bürger, und sich sofort aus ihrer Verantwortung zurückziehen, sobald das Geschäft nicht mehr läuft. Das gebotene Maß an Verlässlichkeit, noch dazu in existenziell wichtigen Bereichen wie der Grundversorgung, so das Standardargument, könne nur der Staat bieten. Indes sind auch die Kommunen mit ihren Unternehmen zu wirtschaftlichem Handeln und nach einigen Kommunalordnungen auch zur Gewinnerzielung verpflichtet (§§ 109 Abs. 1 NRWGO, 102 Abs. 3 BWGO). Und dass öffentliche Unternehmen mancherorts geradezu als Musterbeispiele für Parteienfilz und Missmanagement gelten können, es dagegen nicht selten die privaten Unternehmen sind, die „trotz" und vielleicht „wegen" ihrer klaren Orientierung am Kapitalverwertungsinteresse noch in der Lage sind, Mittel für dringend benötigte Investitionen in Einrichtungen der Daseinsvorsorge mitsamt der dazu nötigen Innovationen bereitzustellen, bedarf angesichts schillernder Praxisbeispiele keines gesonderten Nachweises. Bereits als erfolgreich getestete Modelle des „Public Private Partnership" zeigen im Übrigen, dass die Bedeutung der überkommenen Konfrontationsbeziehung „staatlicher /privater Sektor" in der öffentlichen Diskussion weit überschätzt wird. Das beharrliche Festhalten an diesem einfachen Muster wird man über weite Strecken auf parteipolitische Gründe und letztlich auf ideologische Grabenkämpfe zurückführen können. Schon der mit Daseinsvorsorge bedeutungsgleiche Begriff der „Sozial"-Wirtschaft dürfte ein politisch willkommener Anlass für polarisierende Zuspitzungen sein, die mit der eigentlichen Versorgungsproblematik allenfalls noch am Rande zu tun haben. Neu ist dies nicht. Historisch war die Frage der Aufteilung ökonomischer Befugnisse zwischen staatlicher Gewalt und privatem Kapital in fast allen relevanten Kulturen der Weltgeschichte immer auch eingebunden in Fragen der Ausübung von Herrschaft, die nicht nur als allgemeine Staatsräson, sondern auch und gerade in den Niederungen der Verteilungskämpfe ihre je eigenen Formen (in Gestalt von Wirtschaftsmonopolen, Kondominien, Abspaltungen) mitsamt der dazugehörigen ideologischen Gesinnungen hervorgebracht haben (Weber 1980, S. 648 ff.).

Es spricht bei dieser Ausgangslage einiges dafür, sich von scheinbaren Selbstverständlichkeiten im Umgang mit gewohnten Institutionen möglichst zu lösen und insgesamt etwas grundlegender anzusetzen: welche Anforderungen sind an Aufgaben der Daseinsvorsorge heute zu stellen, und zwar ganz unabhängig davon, ob staatlich gelenkt, in gemeinsamer staatlich-privatwirtschaftlicher Verantwortung wahrgenommen oder rein privat durchgeführt. Wir werden dieser Frage im Folgenden am Beispiel der gesundheitlichen Versorgung nachgehen in der Hoffnung, hierbei einige Strukturelemente freizulegen, die möglicherweise auch in anderen Feldern der Daseinsvorsorge mit Aussicht auf Erfolg zum Einsatz gebracht werden können. Gleichwohl sollte von vornherein klar gesehen werden, dass bspw. die Aufgabe der Abfallentsorgung und die Versorgung kranker Menschen in etwa so viel miteinander zu tun haben wie der Theaterbesuch und die Suppenküche. Wenn wir in beiderlei Hinsicht heute gleichwohl von Daseinsvorsorge reden, so zeigt dies nur, wie sehr der Begriff, vor allem im Zuge eines tiefgreifenden und fortwährenden Wandels von Gesellschaft und Technik, zu einer Leerformel verkommen ist, die angesichts der Vielfalt der heutzutage mit ihr in Zusammenhang gebrachten Erscheinungsformen zu brauchbaren Abgrenzungen nicht oder jedenfalls nicht mehr in der Lage ist. Man wird bis zu einem gewissen Punkt durchaus damit zurechtkommen, den Begriff prozedural und sozusagen auf der Basis lebendiger Anschauung abzuarbeiten. Wenn die Garantie der kommunalen Selbstverwaltung in Artikel 28 Abs. 2 des Grundgesetzes den Gemeinden erlaubt, eine grundlegende Systementscheidung darüber zu treffen, ob sie die zur örtlichen Daseinsvorsorge gehörende Aufgaben in eigener Regie oder durch private Dritte erfüllen wollen, so mögen die hierauf fußenden politischen und gerichtlichen Entscheidungen zur Verhältnisbestimmung von Staat und Privatwirtschaft Anschauungsmaterial en masse hervorbringen (bspw. VGH Mannheim, NVwZ-RR 2013, 328; BVerwGE 39, 329; EuGH, NVwZ 2013, 710). Aber wie kann man ausschließen, dass man es dann nur mit ephemeren und zudem kaum übertragbaren Erkenntnissen zu tun hat, die morgen schon nicht mehr zählen (Lange 2014, S. 620)?

Um den Begriff der Daseinsvorsorge mithin in seiner Dynamik und in seinen Strukturelementen zugleich zu verstehen, ist Theorie gefordert. Das ist in diesem Fall allerdings nicht ganz einfach, weil nach wie vor unklar ist, womit man es zu tun hat. Man kann es mit einer Art Bestandsanalyse konzeptioneller und theoretischer Ansätze aus dem Bereich der Sozial- und Gesundheitswissenschaften versuchen. Aber wohin soll das gehen? Man benötigt einen klaren Bezugspunkt. Einen solchen kann der Kunstbegriff „Daseinsvorsorge" aber nicht bieten. Die Suche nach dem Wesen der Daseinsvorsorge beruht mithin in weiten Teilen auf einer Petitio Principii. Es müsste geklärt sein, was noch zu klären ist. Man kommt somit nicht umhin, sich über weite Strecken den Überraschungsmomenten eines sich im Realitätstest bewährenden oder nicht bewährenden Zirkelschlusses anzuvertrauen. Insofern ist das Verfahren klassisch heuristisch. Das heißt: wir setzen so etwas wie die Daseinsvorsorge als gegeben voraus, gehen mit unseren Untersuchungsschritten aber nicht direkt darauf zu, sondern wählen den Umweg über sog. Skripts, die den Begriff begleiten. Das ist leichter als es klingt, weil es, wie wir im Lauf des Beitrages noch sehen werden, typische Versorgungskonnotationen gibt (Verlässlichkeit, Effizienz, Problemnähe, Transparenz, Mitsprache), die ihrerseits bestimmte Informationskomplexe bzw. Wissenszusammenhänge im Erklärungs- und Verwendungskontext des Begriffs verdeutlichen, an denen wiederum kritisch oder weiterführend angesetzt werden kann. Dies alles wird im Anwendungsbereich der gesundheitlichen Versorgung zu klären sein mit dem Ziel eines Strukturbegriffs von Daseinsvorsorge, der nicht an temporären Einzelphänomenen klebt.

Die Vorgehensweise macht, ähnlich wie „Daseinsvorsorge", zugegebenermaßen selbst einen etwas nebulösen Eindruck, vor allem bei gewohntem deduktiv-nomologischen Vorgehen. Dieser Eindruck lässt sich leicht zerstreuen, wenn wir unter der

Daseinsvorsorge-Perspektive des heutigen Tages zum Abschluss unserer Einführung ein paar Informationen einer soeben empfangenen Rundmail ins rechte Licht rücken (einblick@berlin-chemie.de; vom 16.6.2016). Dort ist von einem gesundheitspolitisch hochsensiblen Versorgungsbereich die Rede, der auch bei den Kommunen immer wieder auf der politischen Tagesordnung steht. Gemeint ist die spezialärztliche und sektorübergreifende Versorgung bei schwerer oder seltener Erkrankung, die deshalb so kontrovers im Gespräch ist, weil sie das seit je problematische Verhältnis niedergelassener Ärzte und Krankenhäuser berührt (§ 116 b SGB V). Dazu nur ein Satz: *„Die Ambulante Spezialfachärztliche Versorgung (ASV), einst als erfolgsversprechende neue intersektorale und multidisziplinäre Versorgungsform mit vielen Vorschusslorbeeren bedacht, scheint in den bürokratischen Mühlen zwischen G-BA, Gesundheitsministerium und den unterschiedlichen Interessenlagen der Selbstverwaltungspartner zerrieben zu werden."* Zudem gibt es Neues zur Ärzteselbstverwaltung in der KBV: *„Die Beschlüsse der Vertreterversammlung zur inneren Struktur hat die Fachaufsicht des Bundesgesundheitsministers offenbar insoweit beruhigt, dass der KBV-Vorstand noch auf seinen Stühlen sitzt und nicht dem bereits angekündigten Staatskommissar Platz machen musste. Der Skandal um die Bezüge des ehemaligen Vorsitzenden Dr. Köhler sowie auch der Unklarheiten um die Immobiliengeschäfte der KBV, bei denen auch weiterhin hohe Millionenverluste zur Diskussion stehen, werden nun offenbar getrennt von der aktuellen Führungsarbeit des KBV-Vorstands behandelt."* Und als Lichtblick: *„Die Integrierte Versorgung Gesundes Kinzigtal ist selber mit ihrem Geschäftsmodell des Einsparcontractings eine Innovation und hat darüber hinaus seit mehr als zehn Jahren zahlreiche innovative Versorgungsmodule entwickelt, die auch an anderen Stellen Impulse für die Zukunft geben können.... Der Vergleich mit Versorgungsdaten zwischen Versicherten in Baden-Württemberg ohne Kinzigtal und den im Projekt Gesundes Kinzigtal eingeschriebenen Versicherten zeigt eine Verminderung der Überversorgung in der Projektregion, höhere Zufriedenheit bei Patienten wie Leistungserbringern, positive Effekte der Schulungs- und Präventionsprogramme insbesondere bei weiblichen Versicherten mit einem Anstieg der Lebenszeit und dazu noch eine nachweisbar höhere Effizienz."*

Problemferne, mangelnde Transparenz und Bürokratie auf Kosten des Patienten im einen Fall, dezentrale Lösungen nahe am den Patienten im anderen. Man benötigt nicht viel Fantasie, um sich vorzustellen zu können, in welchen Beispielsfällen es um Daseinsvorsorge gehen könnte und in welchen nicht, zumindest wenn man sich vom gegenwärtigen Versorgungsmonopol der Krankenkasse gedanklich etwas löst und auch andere Versorgungsoptionen ins Auge fasst. Und selbst für denjenigen, der – aus guten Gründen – ein gewisses Maß an Zentralsteuerung durch bundesweit agierende Institutionen für unabdingbar hält, bleibt die Frage, ob es so etwas wie eine Verantwortungsteilung zwischen den Staatsebenen geben kann, aber auch, ob es darüber hinaus automatisch immer und überall der Staat und seine Untergliederungen sein müssen, die die Hauptlast bei der Erledigung von Aufgaben der Krankenbehandlung, der Betreuung behinderter Menschen, der Pflege und der Krankheitsprävention zu tragen haben?

Die Koinzidenz der Ereignisse eines einzigen Tages liefert im Übrigen einen Vorgeschmack auf die Resorptions- und Wandlungsfähigkeit des Begriffs der Daseinsvorsorge und beleuchtet einen im Folgenden zu entwickelnden Grundgedanken: „Daseinsvorsorge", so die Ausgangsthese, ist alles andere als die invariante Verkörperung einer bestimmten Organisationsweise, sondern die stets neu kombinierbare Form eines prinzipiell offenen Spiels organisierter Versorgungsoptionen an der Schnittstelle von Politik und Wirtschaft.

2.2   Ernst Forsthoff als Ausgangspunkt

· · · · · · · · ·

„Daseinsvorsorge" ist ein Begriff des Verwaltungsrechts; mit ihm kann man angeben, in welchen Betätigungsfeldern der Staat die Freiheit hat, sich in der Wahl der Handlungsformen auch privatrechtlicher Mittel zu bedienen. Er ist überdies ein Begriff des Verfassungsrechts; er zeigt an, dass die kommunale Selbstverwaltungsgarantie des Grundgesetzes auch das Recht der Kommune beinhaltet, sich zugunsten der Allgemeinheit wirtschaftlich zu betätigen. Zudem ist er ein Begriff des Kommunalrechts, indem er den Grenzverlauf regelt zwischen legitimer kommunaler Wirtschaftätigkeit innerhalb und legitimer Vorherrschaft privater Unternehmen außerhalb der Daseinsvorsorge. Nicht zuletzt ist Daseinsvorsorge ein Begriff des Europarechts; dort, wo Daseinsvorsorge stattfindet, sind die strengen Wettbewerbsregeln des europäischen Primärrechts in weiten Teilen aufgehoben. Aber man wird dem Begriff der Daseinsvorsorge heutzutage auch die Rolle eines parteipolitischen Kampfbegriffs zuordnen können, der dem Aufeinanderprallen markliberaler und planwirtschaftlicher Grundüberzeugungen von Politikern einen medienwirksamen Schauplatz bietet. Schließlich ist Daseinsvorsorge eine Schatztruhe, gefüllt mit dem Tafelsilber kommunaler Einrichtungen, das leichtfertig zu Geld gemacht wird, um damit Wahlgeschenke und Ideologien zu finanzieren, die man sich eigentlich nicht leisten kann. Wenige aber werden den Ursprung des Begriffs in einer zutiefst kulturpessimistischen Geisteshaltung verorten. Es war der Jurist Ernst Forsthoff, der erstmals in einer Schrift aus dem Jahre 1938 von Daseinsvorsorge sprach (Forsthoff 1938, S. 5 ff.) und damit eine intellektuelle Rebellion gegen die „Entfremdung" des Menschen (Forsthoff 1958, S. 11) im Zuge seiner Auslieferung an den technisch-industriellen Komplex der Moderne im Sinn hatte. Forsthoff war mit seiner Kritik an den Verheißungen der modernen Technik ganz Kind seiner Zeit (etwa Gehlen 1957; Heidegger 1962), die in der Kontrastierung von Technokratie und Humanismus im Grunde bis heute andauert (hierzu Luhmann 1998, S. 528). So kann in die durch den technikbestimmten Verlust des selbstbestimmten Lebensraums entstandene Lücke nach Forsthoff nur der Staat treten. Dieser habe jetzt die Aufgabe, „alles das vorzukehren, was für die Daseinsermöglichung des modernen Menschen ohne Lebensraum erforderlich ist. Was in Erfüllung dieser Aufgabe notwendig ist und geschieht, nenne ich Daseinsvorsorge" (Forsthoff 1958, S. 7).

• •

Daseinsvorsorge ist für Forsthoff eine staatliche Aufgabe, aber gleichwohl nur als „kommunale" Daseinsvorsorge denkbar. Die aktive Teilhabe des Menschen an der Gestaltung seiner Daseinsbedingungen, die Absicherung elementarer Bedürfnisse auch und gerade im Falle wirtschaftlicher und politischer Krisen innerhalb eines Bereichs der Versorgung, der dem Gewinnstreben der Wirtschaft entzogen sein soll, der aber anders als die Privatwirtschaft auch wirtschaftliche Risiken eingehen könne ohne Rücksicht auf Profite, – dies alles sei nur im Rahmen kommunaler Selbstverwaltung denkbar. Zumal: auch ein hochbürokratisierter Zentralstaat wäre den Problemen nicht gewachsen. Dieser agiere zu weit weg von den Menschen, sei typischerweise Gesetzgebungsinstanz, trage aber zu wenig von einer problemnah handelnden Verwaltungsebene in sich, auf der die Aufgabe der Daseinsvorsorge deshalb nur angesiedelt sein könne. Vor allem aber könne der Zentralstaat die vergleichsweise intensivere Kontrolle durch die öffentliche Meinung in den überschaubaren Verhältnissen vor Ort nicht garantieren, wohingegen auf Dauer nur unter kommunalem Einfluss die erforderliche Konzentration auf die Sache selbst gewährleistet sei, eben unter Minimierung jener zentralistischen Einflusszonen, die häufig genug eher dem eigenen Machterhalt als der „bürgerlichen Selbstbestimmung" bei der zielgerichteten Versorgung mit dem Notwendigen gehorchen (Forsthoff 1958, S. 18 ff.). Gleichwohl wird von Forsthoff nicht in Abrede gestellt, dass das Kriterium der Nähe ebenso wie das der Ferne mit je verschiedenen Strukturen der Erfüllung öffentlicher Obliegenheiten in Zusammenhang steht, Staat und Gemeinden sich deshalb die Aufgaben der Daseinsvorsorge grundsätzlich zu teilen haben. „Je verzweigter und umfangreicher die Daseinsvorsorge geworden ist, umso mehr bedarf sie der großräumigen Planung und Ordnung". Die Aufteilung der Aufgaben indes allein in einer rein technisch-funktionalen Vorstellung von Dezentralisierung zu suchen, sei nicht genug. Dies könne nur darauf hinauslaufen, dass Daseinsvorsorge zu einem reinen Verwaltungsgeschäft eines staatlichen Unternehmers zusammen-

schrumpft, während doch ihr Wesenskern genau darin liege, den Menschen „gegen
die Übermächtigung durch technisch ermöglichte Herrschaftsmechanik" und
damit in seiner Freiheit zu verteidigen (Forsthoff 1958, S. 24, 29).

2.3   Daseinsvorsorge und Gesundheitsversorgung heute

• • • • • • • • • • • • • • •

Aus heutiger Sicht wird man dem (vielleicht unter Hintanstellung der etwas speku-
lativen Entfremdungshypothese) zunächst einmal nicht viel hinzufügen können:
Bedürfnisbefriedigung statt Profitstreben, Gemeinschaft statt Entfremdung, prob-
lemnahes Handeln vor Ort statt zentralstaatliche Steuerung, Mitbestimmung statt
Fremdbestimmung, direkte Demokratie statt intransparente Interessenrepräsenta-
tion, „Dienst am Menschen" statt ökonomisierte Leistungsangebote, – all dies sind
Dinge, die im Grunde bereits seit den 1970erJahren mit wechselnder Konjunktur
in der Steuerungsdiskussion immer wieder im Gespräch sind (anstatt vieler Luthe
1989, S. 153 ff.). Es ließe sich vor dem Hintergrund aktueller Themen wie Bürgerbe-
teiligung, zivilgesellschaftliche Selbstorganisation, Netzwerkgesellschaft und unter
den Vorzeichen eines Allerweltsbegriffs wie dem der „Governance" seit Forsthoff
allenfalls noch hinzufügen: Kooperation statt Wettbewerb (Pitschas 1988, S. 1031 ff.).

• •

Vieles davon prägt die heutige gesundheitspolitische Reformdiskussion (anstatt vieler
Brandhorst et al. 2016). Die Konnotationen sind nicht anders als in den Ursprungs-
zeiten von Daseinsvorsorge: Verlässlichkeit, Effizienz, Problemnähe, Transparenz,
Mitsprache. Erinnert sei an die seit zwei Jahrzehnten anhalten Bemühungen deutscher Gesundheitspolitik um den Aufbau und die Verbreitung integrierter Versorgungsformen, an die stetig wachsende Bedeutung sozialer Kontextbedingungen im
Zuge präventiver Gesundheitsstrategien und sich verändernder Erkrankungsbilder,
an die momentan unter dem Leitbild von „Patientenorientierung" kursierenden
Kampagnen deutscher Gesundheitspolitik, aber auch an die vielfältigen Formen
der Qualitätssicherung, die eben nicht nur auf die Behandlungswirksamkeit,
sondern auch auf einen möglichen Zuwachs an Lebensqualität abzielen. Und die
augenscheinlich dezentrale – man ist geneigt zu sagen –„basisdemokratische" Stoßrichtung dieser Ideen scheint sich geradezu harmonisch in das Gesamtbild einer
kommunal verantworteten Gemeinschaft von Leistungserbringern und Patienten
einzufügen. So kann sich das Neue in alten Sicherheiten wiegen. Möglicherweise

aber sind dies falsche Sicherheiten, – jedenfalls wenn man hierbei allein auf Staat und Kommunen setzt.

• •

Zweifelsohne ist der Gedanke einer gesundheitspolitischen Mitverantwortung der Kommune im Sinne einer Beteiligung derselben an der Gesundheitsversorgung mittels eigener Angebote, zumindest aber mittels Einräumung einer diesbezüglichen Planungs- und Koordinationsverantwortung, im Blick auf die Historie kommunaler Sozialpolitik und die übergreifenden Traditionsbestände des Munizipalsozialismus paradoxerweise ebenso alt wie vor dem Hintergrund zukünftiger Herausforderungen einer alternden Gesellschaft derzeit klar unterentwickelt (zu letzterem vgl. die Beiträge bei Luthe 2013). Aber ebenso wenig wie Strukturen der Mitbestimmung von Patienten und kooperativen Ausformungen von Behandlungsprozessen notwendig auf einen dahinterstehenden Staat angewiesen sind, erscheint es gerechtfertigt, den Begriff der Daseinsvorsorge auch heute noch als Alleinstellungsmerkmal rein *kommunaler* Grundversorgungsleistungen in Beschlag zu nehmen. Jedenfalls der Gesundheitssektor zeigt, wie es anders und vielfältiger gehen kann. Insbesondere die integrierte medizinische Versorgung kommt nahezu ohne kommunalen und zentralstaatlichen Einfluss aus, insofern sich die Rolle der Krankenkassen hierbei im Wesentlichen auf die eines Zahlmeisters beschränkt (jedenfalls im Modell des § 140 a SGB V). Sie ist darüber hinaus aber auch offen für eine aktive Beteiligung der Kommunen als (Mit-)Betreiber des Versorgungsnetzes (Luthe 2013-1, S. 23 ff.), die ihre historisch angestammte und verfassungsrechtlich verbürgte Position als Gesundheitsgrundversorger insofern in einer neuartigen Strukturverantwortung für Gesundheitsfragen aufgehen lässt (Burgi 2013, S. 18; Luthe 2013-2). Und die Frage der Mitsprache von Patienten ist heute keine Frage mehr einer allein staatlich organisierten Demokratie, sondern in erster Linie eine Frage der konzeptionellen Ausrichtung des jeweiligen Versorgungsnetzes. Patientenräte, Qualitätszirkel und individuell am Patienten zugeschnittene Behandlungswege sind längst Realität (Herrmann et al. 2006, S. 17 ff.; Amelung et al. 2009 und 2015) und insoweit Beweis genug für das Gelingen einer solchen „funktionalen Demokratie ohne Staat". Und dass allein mit Kooperation und ohne jeden Wettbewerb kaum etwas auszurichten ist und insbesondere der eingefahrene Profit bei richtiger Betrachtung oftmals auch als Indikator dafür verstanden werden kann, ob nahe an den Menschen und ihren Bedürfnissen gewirtschaftet, betreut, gepflegt und behandelt wurde, bedarf an dieser Stelle keines weiteren Nachweises (dazu später). Schließlich muss die von Forsthoff hervorgehobene Verlässlichkeit und Krisenresistenz der Kommunen unter den heutigen Rahmenbedingungen der Eurokrise ernsthaft in Zweifel gezogen werden. Aber auch angesichts der Überschuldung vieler deutscher Kommunen (EY 2015) wäre das purer Anachronismus. Dies gibt Anlass zu einem grundlegenden Überdenken überkommener Vorstellungsbilder von Daseinsvorsorge unter den Vorzeichen neuerer theoretischer Ansätze.

2.4   People Processing als Grundstruktur

• •

Die Problemnähe der Aufgabenwahrnehmung war bei Ernst Forsthoff tonangebend (vgl. 2.2). Problemnähe ist für personennahe Dienstleistungen geradezu prototypisch: Für die Adressaten personenbezogener Dienstleistungen sind „Anweisungen von oben" zumeist nur externe Gründe, sich bestimmten Bedingungen anzupassen. Auf Dauer aber können sie die erwünschte Verhaltensänderung nicht garantieren. Niklas Luhmann hat bereits vor mehr als dreißig Jahren darauf aufmerksam gemacht, dass es für einen Staat nichts Gefährlicheres gibt als sich auf eine solche Politik der „Personenveränderung" einzulassen (Luhmann 1981, S. 94 ff.; auch Klapper 2003, van Maanen 1978 und Prottas 1977). Der moderne Wohlfahrtsstaat als einer zentralisierten Demokratie ist auf funktionierende Mechanismen situationsabstrakter Steuerung angewiesen. „Recht und Geld" sind die beiden Steuerungsmedien, die ihm dies ermöglichen. Geht es jedoch um Personen und die Beeinflussung ihrer persönlichen Kompetenzen, also zum Beispiel um Therapietreue und gesundheitsbewusstes Verhalten, so sind Prozesse im Spiel, die mit zentralistischer Steuerung in letzter Konsequenz nicht mehr erreicht werden können. Man kann neue Gesetze machen, mehr Gelder bereitstellen, Arbeitsgruppen und Krisenstäbe bilden, an die Motivlagen der Bevölkerung appellieren, – ob die Maßnahmen greifen, kann niemand sagen, weil niemand sagen kann, ob in den Köpfen der Betroffenen etwas ankommt. Was allerdings gesagt werden kann ist, dass es um hochdynamische Prozesse geht, die allesamt vor Ort stattfinden (und nicht in irgendwelchen Parteizentralen und Ministerialverwaltungen). Und dass es Steuerungs- und Organisationsstrukturen geben muss, die diesen Anforderungen gerecht werden. Das wiederum kann nur bedeuten: anstatt in hierarchischer Steuerung müssen Lösungen in dezentralen Netzwerken und heterarchischen Managementstrukturen gesucht werden.

• •

Wenn die dezentrale Verortung gleichsam als organisationale Minimalbedingung jenes „People Processing" gelten dürfte, so ist damit noch nicht gesagt, warum dies alles gerade den gesundheitlichen Bereich betreffen sollte. Misst man den Erfolg der Krankenbehandlung allein am ärztlichen Eingriff in den Körper des Patienten so hat dies mit sozialen Kompetenzen des Patienten zunächst einmal nichts zu tun. Anders ist dies, wenn wir an die Bereitschaft des Patienten zur Mitwirkung am Behandlungsprozess, seine Kompetenz zur Krankheitsfolgenverarbeitung und die sozialen Risikofaktoren für Erkrankungen denken, die nicht das Behandlungssystem, sondern nur der Einzelne tagtäglich unter Kontrolle halten kann. Unbestreitbar ist die postindustrielle (Risiko-)Gesellschaft aufmerksamer geworden gegenüber ihrer mentalen und körperlichen „Systemumwelt". Mit einer sprichwörtlichen Verbesserung von Laborparametern kann sich keine Medizin mehr zufrieden geben, für die unter dem Anspruch einer evidenzbasierten Überprüfung gesundheitsfördernder Wirkungen klinischer Interventionen die Lebensqualität des Patienten maßgeblich geworden ist. Eine präventiv und evidenzbasiert ansetzende „Verhaltensmedizin" weist über den engeren Aktionsradius der Medizin weit hinaus und zwingt diese zur Auseinandersetzung mit den sozial präferierten Werten „Gesundheit" und „Teilhabe". Diese sind Fluch und Segen zugleich. Einerseits brechen sie mit überkommenen Professionalisierungsidealen und Selbstbehauptungsstrategien. Andererseits können sie als zeitangepasster Ausdruck eines professionell gepflegten Idealismus der internen Selbstbeschreibung des Medizinsystems dienlich sein und zu einer Erhöhung von Chancen interner und externer Zuschreibung jener kausalhypothetisch immer schwerer fassbaren Behandlungserfolge auf die Interventionen des Systems beitragen. Die ganzheitliche Versorgung des Patienten innerhalb komplexer multizentrischer, sektor-, arzt- und berufsgruppenübergreifender Steuerungsprozesse tritt an die Stelle überkommener „Regeln der ärztlichen Kunst" und überformt das Medizinsystem mit weit ausgreifenden Ansprüchen an Gesundheitsschutz.

Die „Veränderung der Person" aber ist hierbei eine actio sine qua non, auf die alles zuläuft. Geht es allein um die Reparatur von Organschäden, so kann sich der Staat in bewährter Weise auf Finanzierungsfragen und Leistungsansprüche beschränken. Bereits im Falle chronisch degenerativer Erkrankungen etwa aber muss die Person sich aktiv in den Behandlungsprozess einbringen. Vor allem präventive Ansätze setzen ausreichende Einsicht in gesundheitliche Risiken voraus, appellieren an die gesamte Lebensführung von Bevölkerungsgruppen und münden letztlich in hochkomplexen Interaktionen, deren „Technologien" aber unsicher sind. Dies gilt für andere Bereiche wie Bildung, Ausländerintegration, Stadtteilentwicklung, Kriminalprävention nicht minder. Anstatt kausaltechnischer Steuerung von „oben" muss der Staat mithin auf andere Wirkungsmechanismen setzen, wenn er die Leute selbst erreichen will.

Und dass diese Mechanismen nur solche sein können, die „nahe am Menschen" stattfinden, die überdies in weiten Teilen die durch das Leben vor Ort bestimmte

gesundheitliche „Grundbefindlichkeit" der Leute betreffen und die mithin in
staatlich-kommunaler Allein- oder Mitverantwortung im Wechselspiel von lokaler
Infrastruktur und vorherrschenden Bedürfnissen als Aufgaben der Daseinsvorsorge
aufgefasst und von hier aus neu überdacht und geordnet werden müssen, ist der
tiefere und zeitübergreifende Sinn solcher Kategoriebildungen aus dem Arsenal
der Staatswissenschaften.

2.5   Dezentralisierung

Ernst Forsthoffs Daseinsvorsorge ist per se ein Modell mit Primärverantwortung
der kommunalen Ebene für die Grundversorgung der Bevölkerung. Die Möglichkeit
staatlicher Zentralsteuerung wird nicht grundsätzlich verworfen, aber auf gesondert
begründungsbedürftige Zentralisierungserfordernisse beschränkt. Wir werden im
Folgenden den Blickwinkel erweitern und nicht nur die Kommune in den Blick
nehmen. Die allgemeinere Perspektive der Dezentralisierung bietet Chancen für
die Offenlegung weiterer Versorgungsoptionen, die man bei Verengung der Blickrichtung auf Kommunen nicht zu sehen bekommt.

• •

Gesundheitspolitisch soll mit Dezentralisierung ein Mehr an Flexibilität und Betrof-
fenennähe im Interesse einer verbesserten Gesundheitsversorgung erreicht werden.
In erster Linie aber geht es bei Dezentralisierung nicht um Lösungsstrategien für
Versorgungsmängel, sondern um politische Strategien der Verantwortungsverlagerung „nach unten". Eine genauere Differenzierung erscheint nötig, weil beide
Themenkomplexe – Versorgungsoptimierung und Verantwortungsverlagerung – sich
in weiten Teilen überschneiden. So ist bspw. das Gatekeeping mit den korporatistischen Strukturen des hergebrachten Krankenkassensystems vollauf kompatibel. Von
ungleich größerer Bedeutung aber ist Gatekeeping als Komponente eines dezentral
gelagerten, populations- und präventionsorientierten und letztlich gestaltungsof-
fenen Versorgungsnetzwerks. Ebenso ist der Bedarfsplan der vertragsärztlichen
Versorgung (§ 90 SGB V) ein wichtiges Handlungsinstrument zur Sicherstellung der
Versorgung in grundsätzlich jedweder Hinsicht. In dezentralen Versorgungsnetzen
aber kann er ein wirksamer Hebel sein zur Stärkung dezentraler Versorgungsnetze
und nicht zuletzt des kommunalen Einflusses gegenüber Krankenkassen und dem
jeweiligen Bundesland. Gesundheitsberichterstattung, Gesundheitskonferenzen,
Gesundheitsberatung und Selbsthilfeförderung, Case Management und Patientencoaching sind als nachhaltige Strategien der Erhaltung von Gesundheit und Siche-

rung von Behandlungseffizienz im allgemeinen Gesundheitsdiskurs mittlerweile tonangebend. In einem populations- und präventionsorientiert verfassten Behandlungsnetzwerk, dass seine Einnahmen u. a. aus gesunderhaltenden Maßnahmen generiert, sind Elemente wie diese indes unverzichtbar. Ärztliche Unterversorgung mag auf veränderte Lebensgewohnheiten und Einstellungen der jüngeren Ärztegeneration zurückzuführen und ihre Behebung mag in besonderem Maße auf Anreize unterschiedlichster Art angewiesen sein. Die Einbindungen der ärztlichen Tätigkeit in typisch arbeitsteilige Strukturen kooperativ verfasster Versorgungsnetze aber wird dem dominierenden Lebensführungsideal einer Ausbalancierung von Familie und Beruf mehr als sonst gerecht. Dass Schnittstellenmanagement indikationsbezogen (etwa bei einer Knie-TEP) oder als „Entlassmanagement" (etwa im Wechsel von Krankenhaus und Reha-Klinik) sinnvoll sein kann, gilt für das herkömmliche System ebenso wie für neue dezentrale Strukturen. Für dezentrale Versorgungsnetze aber ist Schnittstellenmanagement – und unter Einbeziehung gesellschaftlicher Kontextbedingungen über die herkömmlichen Behandlungsphasen und Sektorengrenzen weit hinausreichend – schlechthin konstitutiv. Kommunen als Träger von Public Health, von Krankenhäusern, der „sozialen Rehabilitation" und als jugendamtliche Wächter der Gesundheit von Kindern und Jugendlichen haben seit jeher ihren besonderen Anteil an der gesundheitlichen Versorgung der Bevölkerung. In ihrer bislang unterbelichteten Rolle als Mitinitiatoren, Teilhaber und Kontextplaner dezentraler Versorgungsnetze aber können sie ihre gewohnten Anteile ausbauen und mit den Angeboten anderer Leistungserbringer vor Ort kombinieren. Und sie können diese nicht zuletzt mit anderen gesellschaftlichen Akteuren ihres Wirkungsbereichs zusammenführen, wie etwa dem Bildungssystem, der Stadt- und Umweltplanung und der betrieblichen Gesundheitsförderung.

• • • • • • • •

Auffallend ist, dass sich dezentrale Lösungsansätze für Versorgungsprobleme zumeist innerhalb des bestehenden Systems bewegen, was bedeutet: innerhalb der Beitragserhebungs- und Finanzierungsverantwortung der Krankenkassen. US-amerikanische oder schweizerische Modelle von der Art haushalts- und leistungsautonomer Health-Maintenance-Organisationen passen so wenig zum bundesdeutschen System eines solidarisch verfassten und staatlich verantworteten Systems der Krankenversorgung, dass sie hierzulande von keiner Seite ernsthaft in Erwägung gezogen werden. Soweit ersichtlich liegen derzeit sieben unterschiedliche Ansätze vor, die eine stärkere Dezentralisierung der Versorgung propagieren:

• Im Interesse einer adäquaten Langzeitversorgung chronisch und mehrfach erkrankter Personen und einer stärkeren Präventionsorientierung plädiert der

Sachverständigenrat zur Begutachtung der Entwicklung im Gesundheitswesen in der Gesamtbetrachtung für eine „Verlagerung möglichst vieler Entscheidungskompetenzen in die Regionen bzw. an die vor Ort verantwortlichen Akteure" und in diesem Rahmen für eine zielorientierte Zusammenarbeit der Gesundheitsberufe mit einer stärkeren Gewichtung von nichtärztlichen Leistungserbringern, Selbsthilfegruppen und kommunalen Einrichtungen (Sachverständigenrat 2007, S. 175; auch 2009). Der Ansatz aber verharrt weitestgehend im Abstrakten; ihm fehlt vor allem die Umsetzungsperspektive im Mehrebenensystem der bundesdeutschen Staatsorganisation.

- Innerhalb des von Greß/Stegmüller (2011) entwickelten Konzepts der Friedrich-Ebert-Stiftung soll der Sicherstellungsauftrag für die ärztliche Versorgung nicht mehr bei den Kassenärztlichen Vereinigungen liegen, sondern auf neu zu schaffende regionale Versorgungskonferenzen übertragen werden. Diesen gehören neben der Kassenärztlichen Vereinigung auch Vertreter der Krankenkassen, der Kommunen und der regionalen Krankenhäuser an.
- Eine stärkere Beteiligung der Kommunen innerhalb der Bedarfsplanung sieht der Vorschlag des Fritz-Beske-Instituts für Gesundheitssystemforschung (IGSF) vor. Das (heute so genannte, vgl. § 90 a SGB V) Gemeinsame Landesgremium soll Sitz einer Koordinierungsstelle werden, der neben den Kommunen auch die Kassenärztlichen Vereinigungen, die Krankenkassen und weitere Gesundheitsakteure angehören. Zu den Aufgaben der Stelle gehört die Entwicklung eines sektorübergreifenden Sicherstellungskonzepts, in dem kommunale Belange rechtsverbindlich zu berücksichtigen sind.
- Ende 2010 hat das Niedersächsische Ministerium für Soziales, Frauen, Familie, Gesundheit und Integration, die AOK – Niedersachsen und die Kassenärztliche Vereinigung Niedersachsen das Modellprojekt „Zukunftsregionen Gesundheit – kommunale Gesundheitslandschaften" initiiert. Durch eine breite Beteiligung sowohl in den Kommunen als auch auf Landesebene sollen im Rahmen gegebener Strukturen verbesserte und neue Formen der gesundheitlichen Versorgung entwickelt und erprobt werden.
- An den Instrumenten, den Koordinationserfordernissen im Staatsaufbau, den gesellschaftlichen Kontextbedingungen und den kommunalverfassungsrechtlichen Mitwirkungsrechten orientiert ist ein weit ausgreifender, indes sich weitgehend innerhalb der Finanzierungskompetenz der Krankenkassen bewegender und daher im Kern evolutiver Ansatz einer polyzentrischen „Kommunalen Gesundheitslandschaft" (vgl. die Beiträge in Luthe 2013 sowie zusammenfassend Luthe, 2015-1). Ziele sind: Mehr Entscheidungskompetenzen auf die Kommune verlagern – die stärkere Zusammenarbeit der Gesundheitsberufe/Anbieter, der Selbsthilfegruppen und der lokal ansässigen Verwaltungsträger – die Organisation

dieser Zusammenarbeit in Netzwerkstrukturen mit lokalem (kommunalem) Bezug unter Einbeziehung gesundheitlich relevanter gesellschaftlicher Akteure – die integrierte Versorgung sowie die bessere Organisation der ärztlichen Versorgung in strukturschwachen Gebieten. Die Rolle der Kommune soll darin bestehen, diese Netzwerkbildung anzuregen und voranzutreiben, sie ist jedoch (z. B. als Krankenhausträger und als Zuständige für die Gesundheitsämter) auch Teil des Netzwerks.

- Die Heinrich-Böll-Stiftung hat im Jahr 2013 ein umfassendes Gesundheitsreformkonzept vorgelegt, in dem dezentrale Gesundheitsnetze als maßgebliche Antwort auf Schnittstellenprobleme und Versorgungsdefizite (vor allem in der Fläche) zur Diskussion gestellt werden (Heinrich-Böll-Stiftung 2013, S. 35 ff.). „Die Kooperation unterschiedlicher Fachgruppen der Gesundheitsberufe, die stärkere Einbindung der Krankenhäuser in die ambulante Versorgung und der Aufbau flexibler Versorgungsangebote (virtuelle Medizinische Versorgungszentren, mobile Stationen, Filialpraxen etc.) sowie die Anwendung moderner Informations- und Kommunikationstechnologien ermöglichen eine Schließung von Versorgungslücken" (ebenda, S. 36). Gemischte Vergütungsformen, ggf. ergänzt durch qualitätsorientierte Vergütungsbestandteile sollen massive Anreize setzen für die effiziente Behandlung der Patienten (ebenda, S. 36). Als mögliche Träger zur auf gesetzlicher Ebene bereits bestehenden, allerdings weiter in den Gestaltungsspielräumen zu öffnenden Integrierten Versorgung (§ 140 a SGB V) treten kommunale Körperschaften und Patientenverbände sowie regionale genossenschaftliche Zusammenschlüsse hinzu.
- In der von Martin Burgi im Auftrag der Robert Bosch Stiftung vorgelegten Expertise zur kommunalen Verantwortung und Regionalisierung der Versorgung liegt der Fokus auf der Frage, inwiefern die Bedeutung der kommunale Ebene für die gesundheitliche Versorgung innerhalb des bestehenden Systems, d. h. unter Nutzung bestehender Strukturelemente und gegebener Kompetenzen gestärkt werden kann (Burgi 2013, S. 18).

• •

Innerhalb des deutschen Gesundheitssystems zeigt sich ein klares Übergewicht der Bundesebene (zur Kompetenzverteilung im Staatsaufbau vgl. Hess 2013). Land und Kommunen sind in ihren Mitwirkungs- und Einflussmöglichkeiten stark unterrepräsentiert (Hoffer 2013, S. 410 ff.). In kommunalverfassungsrechtlicher Perspektive ist dies nicht unproblematisch, da das Feld der gesundheitlichen Versorgung, jedenfalls gemessen am heutigen Paradigma einer präventionsorientierten und damit an den gesundheitlichen Kontextbedingungen ausgerichteten Gesundheitspolitik (hierzu Hoffer 2013, S. 401 ff.), klar den im Sinne des Art. 28 Abs. 2 GG kommunalverfas-

sungsrechtlich verbürgten „Angelegenheiten der örtlichen Gemeinschaft" zugerechnet werden kann (Luthe 2013-2; Burgi 2013, S. 31 f.). Von daher muss die Rolle
der Kommunen nicht nur in Einzelbereichen überdacht werden (bspw. hinsichtlich
etwaiger Mitwirkungsmöglichkeiten in den Verfahren zur Unterversorgung, beim
Ausbau von Kooperationen zwischen Reha-Trägern, Kranken- und Pflegekassen, bei
der Frage der Zulassung von Arztpraxen, im Rahmen fachlicher Delegationsmodelle,
bei Etablierung einer kommunalen Infrastruktur- und Koordinationsverantwortung, im Rahmen feldübergreifender Beratungsangebote für Zielgruppen oder im
Rahmen der Beteiligung an Versorgungsnetzen), sondern auch im Hinblick auf
grundlegende Finanzströme im Verhältnis der Staatsebenen, zumal ausgerechnet
der Bund es ist, der von einem Ausbau dezentraler Versorgungsstrategien unter
den gegebenen Bedingungen am meisten profitieren würde (Luthe 2013-2, S. 19).

• •

Das Thema „Dezentralisierung" wird in kommunalen Kreisen oftmals nur unter
dem Gesichtspunkt einer fachlichen Überforderung und finanziellen Belastung,
insgesamt aber zu wenig hinsichtlich seiner Chancen und Potentiale kommuniziert.
Je deutlicher Gesundheit als Thema lokaler Versorgungsdefizite wahrgenommen
wird – und innerhalb der zurückliegenden Jahre sind die Empfindlichkeiten mit
der Schließung von Krankenhäusern, ihren begrenzten Kompetenzen gegenüber
der ambulanten Versorgungsebene und dem Ärztemangel auf dem Land nicht
unerheblich gewachsen – umso mehr wird Gesundheitspolitik zu einem mobili-
sierungsfähigen Thema im kommunalpolitischen Meinungswettbewerb. Auch sind
gewisse Potentiale für die Gemeindefinanzen und die wirtschaftliche Entwicklung
der Kommune erkennbar (Oswald et al. 2013, S. 431 ff.). Gemeint sind Formen struk-
turpolitischer Clusterbildung wie in NRW, wo die Gesundheitswirtschaft gezielt
als Motor der Regionalentwicklung instrumentalisiert wird. Denkbar sind zudem
Möglichkeiten profitabler Beteiligung von Kommunen an den im SGB V heute schon
geregelten integrierten Versorgungsformen (vor allem nach § 140 a SGB V; hierzu
Luthe 2013-1, S. 23 ff.). Nicht zu vernachlässigen sind nicht zuletzt angesichts der
Herausforderungen einer verlängerten Lebensarbeitszeit die Positiveffekte eines
guten Präventions- und Versorgungsangebots für die lokale Wirtschaft einschließlich
einer in den lokalen Strukturen vernetzten betrieblichen Gesundheitsförderung
(hierzu Vater et al. 2013, S. 417 ff.). Im Dreiklang der Zukunftsthemen „Rationa-
lisierung/Rationierung/Lebensqualität" schließlich sollte erkannt werden, dass
vor dem Hintergrund einer bereits weit entwickelten Medizin präventiven Maßnahmen heutzutage ein deutlich höherer Gesundheitsnutzen für die Bevölkerung
zukommt als rein medizinischen Maßnahmen, womit, da Prävention naturgemäß
in dezentralen Strukturen angesiedelt ist, die kommunale Versorgungsebene an

Bedeutung gewinnen muss. Hinzu kommt, dass drängende Erfordernisse der Rationierung deutlich mit denjenigen staatlichen Ebenen zusammengeführt werden müssen, auf denen entsprechende Fragen der Zuteilung medizinischer Leistungen sowohl der Sache nach als auch im Blick auf ihre legitimatorische Rückbindung angesiedelt sein sollten:

Das Gewinnen von Lebensqualität als sog. patientenrelevanter Endpunkt gesundheitspolitischer Strategien ist unter anderem eine Frage individueller Fairnesspräferenzen (Klonschinski 2013, S. 79) und diese sind per se dezentral gelagert: wenn gefragt wird, ob eine (etwa im Rahmen eines „risikoadjustierten" Regionalbudgets) rationierte Geldmenge für die medizinische Behandlung ‚weniger', die Organisation der Versorgung ‚vieler' oder für die Gesundheitsförderung ‚aller' ausgegeben werden soll, sollte klar sein, dass die betroffenen Bürger dies nur gemäß ihrer Bedingungen vor Ort entscheiden können. Zentralisierte Entscheidungsverfahren machen in der Kombination mit salutogenen Fragestellungen nur wenig Sinn. Die messtheoretischen Aporien und entscheidungslogischen „Maximierungsprobleme" sind damit keineswegs ausgeräumt (Breyer et al. 2013, S. 28 ff.). Aber Dezentralisierung kann bedeuten: man erhält neben vielleicht zielgenaueren Bedarfseinschätzungen einen Legitimationszuwachs für rationierende Zuteilungsentscheidungen in Gestalt kommunaler Demokratie. Derartige Horizonte kommunaler Gesundheitspolitik werden jedoch bislang allenfalls zaghaft und eher abstrakt in den Blick genommen (Ahlert und Kliemt 2013, S. 239).

• • • • • • • • • • • •

Ebenso wichtig wie die Entscheidungsebenen und eigentlichen medizinischen Leistungen sind die Instrumente, mit denen ein dezentrales System koordiniert und qualitativ fortentwickelt wird. Fassen wir die wesentlichen Instrumente einer kommunalisierten Gesundheitspolitik kurz zusammen (vgl. im Einzelnen die Beiträge bei Luthe 2013):

Gesundheitsberichterstattung: Ziel von Gesundheitsberichterstattung ist die Verbesserung der Zielgenauigkeit gesundheitspolitischer Maßnahmen, die Motivierung von Bürgern und Entscheidungsträgern zu verstärktem gesundheitsrelevantem Engagement und die sachgerechte Aufklärung über die gesundheitliche Lage der Bevölkerung bzw. die verfügbaren Angebote (Murza und Hurrelmann 1996). Ihr Gegenstand ist die Diagnose der epidemiologischen Bedingungen in Relation zur Versorgung der Bevölkerung als empirische Grundlage nachfolgender Ziel- und Maßnahmeplanungen.

Gesundheitsplanung: Gesundheitsplanung ermittelt Ziele und Maßnahmen der Gesundheitsförderung und gesundheitlichen Versorgung unter Berücksichtigung von Entscheidungswegen, Ressourcen und erforderlichen Beteiligungsstrukturen

(Schräder et al. 1986). War bislang die Gesundheitsförderung und Krankheits-
prävention Hauptmotiv für entsprechende Planungsaktivitäten, so dürften demgegenüber Planungen im Bereich der ambulanten und stationären Versorgung als
Folge integrierter Versorgungsformen unter Mitberücksichtigung erforderlicher
Komplementärplanungen (wie Gesundheitserziehung in Schule und Betrieb, Vernetzung mit Freiwilligendiensten und Familien, Planung von Gesundheitsimmobilien,
Umweltverträglichkeitsprüfung) zukünftig vermehrt hinzutreten. Ebenso wie die
Gesundheitsberichterstattung muss kommunale Gesundheitsplanung heute als
integriertes Planungsgeschehen unter Einbindung von Sozial-, Bildungs-, Behinder-
tenhilfe-, Altenhilfe-, Jugendhilfe-, Wohnungsbau- und Stadtentwicklungsplanung
verstanden werden (Barth 2011, S. 258).

Netzwerkbildung und Kooperation: In kommunalen Gesundheitslandschaften
ist der Koordinationsbedarf nicht nur ein sektorales Problem, sondern auch an
eine definierte Region gebunden. Formen kommunaler Zusammenarbeit können
zwischen unterschiedlichen Verwaltungsträgern (etwa Krankenversicherung und
Gesundheitsamt), zwischen Verwaltungsträgern gleichen Typs (interkommunale
Zusammenarbeit), zwischen Organisationseinheiten eines Verwaltungsträgers
(Jugendamt und Gesundheitsamt), zwischen Verwaltungsträgern und gesellschaftli-
chen Akteuren sowie zwischen gesellschaftlichen Akteuren entwickelt werden. Das
Zusammenwirken von Staat und gesellschaftlichen Akteuren (§§ 18 SGB II, 2 SGB
III, 17 SGB VII, 4 SGB VIII, 78 und 81 SGB VIII, 4 Abs. 3, 80, 99 SGB IX, 4 und 5
SGB XII, 5 BGG) sowie zwischen staatlichen Trägern (§§ 86, 95 SGB X, 12, 102 Abs.
2 SGB IX) ist vielfach auch sozialgesetzlich vorgeschrieben. Typologisch betrachtet
beruhen Netzwerke auf dem Gedanken der Freiwilligkeit des Zusammenwirkens.
Der Unterschied zwischen Kooperation und Vernetzung ist typischerweise vor
allem darin zu sehen, dass Kooperationen feste Partnerschaften zur Erreichung
vorgegebener Ziele bilden, während Netzwerke sich dagegen tendenziell über eine
offene Mitgliederstruktur auszeichnen.

Qualitätssteuerung: In kommunalen Gesundheitslandschaften stellt sich die
Qualitätsfrage in mehreren Hinsichten und anders als in herkömmlichen Bereichen
der ärztlichen Behandlung, wo die Aufgabe der Qualitätssicherung mittlerweile
auch gesetzlich geregelt wurde (§§ 137 – 137 b, 137 d SGB V). Herkömmlich dominiert die organisationsbezogene im Gegensatz zur räumlichen Perspektive. Erste
Ansätze der Qualitätssteuerung im regionalen Umfeld finden sich dagegen bei
den von Bund und Land geförderten Projekten der Gesundheitswirtschaft. Der
Schwerpunkt liegt hier jedoch nicht so sehr in der gesundheitlichen Versorgung
der Bevölkerung, sondern eher in bestimmten Strategien der Regionalentwicklung
durch Aufbau von Wertschöpfungsketten innerhalb bestimmter Gesundheitsclus-
ter (siehe unter „Netzwerk Deutsche Gesundheitsregionen"). Abgesehen von den

üblichen Formen des Benchmarking (die im Bereich der Gesundheitsversorgung aber wohl nicht sehr hilfreich sind) sind gezielt räumlich ansetzende Strategien der Qualitätsmessung von Gesundheitsnetzen als Ausnahme anzusehen (hierzu Pimperl et al. 2014).

Case Management: Case Management als personenzentrierte Steuerung von Behandlungs- und Betreuungsvorgängen hat eine universell verwendbare Ablauforganisation. Die jeweiligen Einsatzbereiche aber erfordern weitere Differenzierungen. Der Krankenhausbereich etwa sieht sich unter dem Einfluss von DRGs und Komplexpauschalen zu einem rationellen Durchlauf von Patienten im Rahmen genauestens auszutarierender Behandlungspfade gezwungen. In der sektorübergreifenden Koordination von stationärer und ambulanter oder von medizinischer und rehabilitativer Behandlung sind problematische Schnittstellen zu bewältigen, künftig vor allem mit Hilfe einer komplexen Telematikinfrastruktur. Zwischen Jugendamt, psychiatrischer Versorgung und Schule zum Beispiel sind Beteiligte unterschiedlicher Fachdisziplinen zusammen zu bringen. Vor allem in der Integrierten Versorgung gehört Case Management zu den zentralen Bausteinen, ist der Case Manager gleichsam Mediator zwischen medizinischen Behandlungsabläufen und sozialem Gesundheitskontext sowie zwischen den mitwirkenden Berufsgruppen und Organisationen. Im Idealfall kann sich so ein Kreislaufsystem zwischen den Ebenen Fallmanagement und Infrastrukturgestaltung entfalten, indem die Einzelfallinformation in die Strukturgestaltung ein- und diese in modifizierter Form wiederum ins Fallmanagement zurückfließt. In der integrierten Versorgung sind die Verbundsysteme anders als in der herkömmlichen Versorgung grundsätzlich selbst in der Lage, ihre Partner zu bestimmen und Behandlungspfade mit diesen auszugestalten. Die telemetrische Vernetzung ermöglicht hierbei ein Optimum an Kontrolle aller fallbezogenen Behandlungsschritte für alle Mitwirkenden. Gesundheitliches Case Management ist als Methode der Bedarfsfeststellung, Leistungskoordination und Erfolgsüberprüfung in den Konzepten der Sozial-, Gesundheits- und Bildungspolitik mittlerweile fest verankert. Der Kommune kommen hierbei wichtige infrastrukturelle Funktionen zu.

Qualität: Bei der Bewertung kommunaler Versorgungsnetze schließlich kann angesetzt werden bei der Zusammenarbeit von Anbietern (Kooperationsqualität), bei der Bewertung von Anbietern (Anbieterqualität) und bei der Bewertung einzelner Angebote (Angebotsqualität). Eine Kommune, die ihre Gesundheitsverantwortung ernst nimmt, hat sämtliche dieser Qualitätsbereiche in ihre Aktivitäten einzubeziehen. Soll die Gesundheitslandschaft überdies als „Markenzeichen" einer Region oder Kommune genutzt werden, so ist die vorherige Festlegung von Gesundheitsstandards und ihre Kontrolle durch Zertifizierungsinstanzen hierfür eine Grundvoraussetzung. Zudem ist in diesem Zusammenhang die wachsende

Anzahl von Internetportalen zur Bewertung von Leistungserbringern in Rechnung
zu stellen, die ihrerseits als Faktoren kommunaler Wirtschaftskraft nicht ohne
Bedeutung sein dürften (vor allem bei kommunaler Einrichtungsträgerschaft).

2.6   Integration

Daseinsvorsorge muss wesensmäßig als integrierter infrastruktureller Grund-
versorgungskomplex verstanden werden: ohne Energie kein Krankenhaus, ohne
Straßen keine Rettungsdienste, ohne Kreditversorgung lokaler Unternehmen durch
Sparkassen keine Gewerbesteuer und somit auch keine Daseinsvorsorge usw. Aber
auch die einzelnen Versorgungsbereiche sind bei richtiger Betrachtung nicht anders
aufgestellt. Auch hier gilt: funktional betrachtet gehen sämtliche Vorzüge einer
dezentralisierten kommunalen Versorgung verloren, wenn nicht darauf geachtet
wird, dass die Verzahnung auch innerhalb einzelner Aufgabenbereiche funktioniert.

• •

Einen guten Eindruck von der Komplexität eines medizinischen Integrations-Ma-
nagements vermitteln die Autoren des als Lehrbuch vorliegenden Werkes „Management im Gesundheitswesen" (Busse et al. 2013). Anstatt eines Gesamtüber-
blicks werden wir uns hierbei auf zentrale Fragen beschränken müssen: welche
Integrationsformen zeichnen sich ab und in welcher Intensität (Integrationstiefe
und -breite) liegen diese vor? Die Autoren differenzieren das Integrationsgesche-
hen zum einen *sektoral* und zwar getrennt nach Leistungen, Kunden, Finanzen,
Personal sowie Controlling und zum anderen *organisationsinternen* unter dem
Gesichtspunkt medizinischer Integration (Versorgung nach gemeinsamen Leitlinien), organisatorischer Integration (definierte klinische Behandlungspfade über
verschiedene Professionen/Sektoren hinweg), infrastruktureller Integration (gemeinsame Nutzung von Geräten, elektronische Patientenakte oder Internetplattform),
wirtschaftlicher Integration (gemeinsames Budget und gemeinsamer Einkauf) und
rechtlicher Integration (spezifische Versorgungsverträge mit den Krankenkassen,
Kooperationsverträge zwischen den beteiligten Partnern und beim Einkauf von
Leistungen im Außenbezug). Kennzeichen insbesondere des Leistungsmanage-
ments in der integrierten Versorgung ist die Organisation der Versorgung über
Professionen und Sektoren hinweg. Dabei kann Integration horizontal auf einer
einzigen Wertschöpfungsebene verlaufen (etwa im Rahmen der Akutversorgung)
oder vertikal über mehrere Wertschöpfungsstufen hinweg (Hausarzt-Facharzt-
Klinik-Reha; Schreyögg et al. 2013, S. 106 ff.). Insbesondere vertikale Integration

entsteht durch vertragliche Einbindung der Netzwerkpartner auf der Basis eines
dem Vertragsschluss vorangehenden Vertragswettbewerbs.

Der Integrationsgrad kann variieren. Vollintegrierte Versorgungsnetze werden z. B. von einem Konzern, einer Leitstelle oder einer Managementgesellschaft
als Planungs- und Kontrollinstanz geführt. Den Fall eines Versorgungsnetzes,
das sowohl Kostenträger als auch Leistungserbringer integriert, kennen wir als
„Health Maintenance Organisation" vor allem aus den USA und der Schweiz. In
Deutschland, wo die Finanzierung , nicht aber die Leistungserbringung Sache der
Krankenkassen ist , ist der trägerintegrierte Netzwerktyp in den krankenversiche-
rungsrechtlichen Regelungen des SGB V (bis auf den Sonderfall der Knappschaft
Bahn See und zu einem gewissen Teil das System der Berufsgenossenschaften
und der Sozialversicherung Landwirtschaft, Forsten und Gartenbau) jedoch nicht
vorgesehen und wäre mit den herkömmlichen, auf kollektivvertraglicher Ebene
verwurzelten Strukturen des deutschen Systems auch nur schwer zu vereinbaren.
Health Maintenance Organizations sind – wie die US Veteran Health Administration oder Kaiser Permanente beispielhaft zeigen – hinsichtlich der Integrationstiefe
zumeist eng verbunden, insbesondere durch eine elektronische Patientenakte, die
Installation kontinuierlich evaluierter Behandlungspfade, aber auch durch die flexible Kombination von Strukturen der Kooperation mit solchen des Wettbewerbs
zwischen den Netzwerkpartnern (Busse et al. 2013, S. 110, 149 ff.). Einen geringeren
Integrationsgrad weisen dagegen Modelle mit eher netzwerkartigem Charakter auf.
Ihr Unterschied zu den vollintegrierten Systemen liegt darin, dass die Identitäten
der beteiligten Kooperationspartner erhalten bleiben, zentrale Managementfunk-
tionen weitestgehend ausgeschaltet sind und es unter besonderer Berücksichtigung
des individuellen Behandlungsbedarfs vermehrt zu situativen Arrangements der
Behandlung bzw. zeitlich befristeten Kooperationsbeziehungen kommt (Mühlbacher 2007, S. 12 ff.). Hinsichtlich der Integrationsbreite sind indikationsbezogene
und indikationsübergreifende Modelle bekannt, letztere auch im Sinne einer po-
pulationsbezogenen Vollversorgung auf sämtlichen Wertschöpfungsstufen auf der
Basis einer indikationsübergreifenden Budgetverantwortung des Netzwerks für die
Behandlungsfälle einer Region (Hermann 2006, S. 12 f., 19 f.; Luthe, 2013-3, S. 38 f.).

• •

Diese eher statische Betrachtung von Integrationsebenen lässt sich um eine dyna-
mische Betrachtung der Entwicklungsstufen praxisgängiger Integrationskonzepte
erweitern. Die Idee einer optimierten Gestaltung der Versorgung durch Verzahnung der Leistungsanbieter, Mobilisierung von Wirtschaftlichkeitsreserven und
Maßnahmen der Qualitätssicherung ist im Grunde so alt wie die im Kontext von
Managed Care entstandenen Managementphilosophien. Erst in der Verbindung mit

Konzepten der Gesundheitsförderung und Prävention aber werden Entwicklungen angestoßen, die einem Paradigmenwechsel in der Versorgung Kranker gleichkommen. Hildebrandt und Trojan verorten die konzeptionellen Anfänge einer insofern kontextbezogen ansetzenden Integrierten Versorgung im sog. Chronic-Care-Modell gegen Ende der 1990er Jahre (Hildebrandt und Trojan 2015). An diesem wurde jedoch kritisiert, dass es in zu hohem Maße kurativ bzw. Anbieter-fixiert sei und die Interventionsbedarfe im Umfeld der Betroffenen vernachlässige. Erst in der Verknüpfung des Chronic Care-Modells mit dem Konzept der Health Promotion (Ottawa Charta) findet die erforderliche Vermischung statt zwischen primär- bis tertiärpräventiven Elementen der Gesundheitsförderung insbesondere von krankheitsgefährdeten und chronisch kranken Menschen. Gemäß dem Selbstverständnis der integrierten Versorgung finden sich als einzubeziehende Akteure neben dem Behandlungspersonal nunmehr auch Patienten und Community, die kommunale Infrastruktur sowie die vor Ort angesiedelten Unternehmen. Der vorerst letzte Entwicklungsschritt liegt in der Nutzbarmachung der Informationstechnologie: der Effekt des Peer-to-Peer-Trainings, die gesundheitsbezogene Kommunikation in sozialen Medien, die Unterstützung durch Mobile Health, „wearable textile devices" (in die Kleidung integrierte oder implantierbare Überwachungsgeräte), der Einbau von „smart meters" (intelligenten Messgeräten) und vor allem heutige Möglichkeiten eines grenzenlosen telemedizinischen Austauschs patienten- und evidenzbezogener Daten bringen Netzwerkkonzepte in Reichweite, deren Variantenreichtum und Wandlungsfähigkeit alles bislang Dagewesene in den Schatten stellen.

· · · · · · · · · · · · · · · · · ·

Die Einbeziehung des sozialen Umfeldes in die Konzeptentwicklung (siehe zuvor) hat vor allem zweierlei zur Folge: eine dezentrale Sicht der Dinge und die hierauf fußende Erkenntnis, dass der Integrationsgedanke nicht mehr nur an bestimmten Regelungsmaterien und Trägerzuständigkeiten festzumachen ist. Gleichwohl ist die integrierte Versorgung, was die Verhältnisse in Deutschland anbetrifft, derzeit im Wesentlichen beschränkt auf die durch die gesetzliche Krankenversicherung vorgezeichneten Möglichkeiten. Im Zentrum stehen die Beziehungen zwischen Krankenkasse und Versorgungsnetz. Die Bedeutung sonstiger Entscheidungsträger (vor allem sonstige Sozialversicherungsträger) und Entscheidungsebenen (etwa Ländern und Kommunen) ist marginal. Konzeptionell vorherrschend sind mithin trägergebundene indikationsspezifische Modelle sowie populationsbezogene Vollversorgungsmodelle jeweils im Zuständigkeitsbereich der Krankenkassen.

Eher in Umrissen und „auf dem Papier" zu sehen bekommt man dagegen Versorgungsmodelle unter Beteiligung nicht nur unterschiedlicher Behandlungssektoren und Leistungsanbieter, sondern auch unterschiedlicher staatlicher Kostenträger. Die deutlichsten Beispiele hierfür finden sich, traditionell vorgeprägt durch die integrierte Versorgung psychisch Kranker, in den gesetzlichen Regelungen zur Teilhabe behinderter Menschen (SGB IX), abgeschwächt aber auch in den Neuregelungen zum Schnittstellenmanagement in der gesetzlichen Kranken- und Pflegeversicherung (SGB V und XI). Der Integrationsgedanke zielt hier vor allem auf die Koordination der staatlichen Kostenträger und ihrer Leistungen, erfasst die Leistungsanbieter allerdings nur in diesem Rahmen und mithin indirekt (zum Ganzen: Luthe 2013-3, S. 47 f.). Die Möglichkeit einer integrierten Leistungsfinanzierung, also beispielsweise einer Mischfinanzierung durch Kommune und Sozialversicherungsträger, scheitert bereits am verfassungsrechtlichen Verbot von Mischverwaltungen (was einer Kooperation im Bereich der Entscheidungsvorbereitung oder auch Formen der Versorgung in trägerübergreifenden Teams allerdings nicht im Wege steht).

Eine Integration auch des staatlichen Finanziers in das Versorgungsnetz, ähnlich den „Health Maintenance Organizations" (Greiling und Dudek 2009, S. 42), wurde aber weder in den einschlägigen Regelungen des SGB V noch des SGB IX strukturell verankert und wird sozialpolitisch derzeit nur im Bereich der Kinder- und Jugendhilfe ernsthaft in Erwägung gezogen: sog. Trägerverbünde bestehend aus Jugendamt und einigen mittels Vergaberecht ausgewählten Leistungsanbietern sollen eine „sozialräumlich" gestaltete Koordination der Angebote auf der Basis eines sog. Sozialraumbudgets sicherstellen und dabei in die Lage versetzt werden, sowohl Sektoren als auch Infrastruktur- und Anspruchsleistungen des Gesetzes flexibel zu integrieren (Luthe 2001; Nellissen 2006). Hiervon zu unterscheiden ist die (zumindest gesetzlich keineswegs ausgeschlossene) Beteiligung der Kommunen als Netzwerkpartner der integrierten medizinischen Versorgung: Träger der staatlichen Finanzierung bleiben die Krankenkassen, die Kommunen allerdings sind Vertragspartner des Versorgungsnetzes (und damit der Krankenkassen) und können im Management ebenso wie in der Leistungserbringung aktiv werden. Sein weitestes Verständnis hat der Integrationsgedanke derzeit im Leitbild einer „Kommunalen Gesundheitslandschaft" gefunden: die Kommune als bürgernaher Kulminationspunkt der gesundheitlichen Versorgung schlechthin koordiniert das gesamte gesundheitliche Versorgungsgeschehen vor Ort nach Maßgabe sozialräumlicher und infrastruktureller Bedingungen (Luthe 2013-1 und -2). Der Gedanke einer verstärkten kommunalen Verantwortung gilt heute vielen als Antwort auf Probleme der Unterversorgung ländlicher Regionen. Hierbei bleibt man mit einer differenzierteren Bedarfsplanung bei der Ärzteversorgung und der Aufhebung starrer Sektorengrenzen jedoch auf halbem Wege stehen, wenn nicht auch die entsprechenden Entscheidungsverfahren für Impulse „von unten" geöffnet werden (Hess 2013, S. 394 f.).

• •

In diesem Punkt zeigt sich, dass der Integrationsgedanke nicht nur eine informa-
tions- und versorgungstechnische, sondern im Dreiklang von „Rationalisierung/
Rationierung/Lebensqualität" auch eine normative Stoßrichtung besitzt (Luthe
2015, S. 20 f.). Das Gewinnen von Lebensqualität als sog. patientenrelevanter
Endpunkt gesundheitspolitischer Strategien ist unter anderem eine Frage individueller Fairnesspräferenzen und diese sind per se dezentral gelagert. Anders
gesagt – wenn heute von vermehrter Patientenorientierung die Rede ist, so kann
dies letztlich nicht ohne den Patienten geschehen (Candidus 2009; Schmitt 2009).
Wenn also entschieden werden muss, ob eine rationierte Geldmenge für die Behandlung „Einzelner", die verbesserte Organisation der Versorgung „Vieler" oder
für die Gesundheitsförderung „Aller" bereitgestellt werden soll, so kann dies nur
unter Einbeziehung der örtlichen Bedingungen und im Zuge der Bewertung eben
dieser Bedingungen durch die betroffenen Bürger selbst überzeugen. Zentralisierte
Entscheidungsverfahren machen in salutogenen Kontexten nur wenig Sinn. Dies
kann bedeuten: neben vielleicht zielgenaueren Bedarfseinschätzungen erhält man
einen Legitimationszuwachs in Gestalt kommunaler Demokratie, je mehr die
kommunale Ebene (etwa auf der Basis risikoadjustierter Regionalfonds) in die
Versorgungsverantwortung genommen wird.

• • • • • • • • •

Wesentliches Kennzeichen der integrierten medizinischen Versorgung ist ihre
Finanzierung durch risikoadjustierte Pauschalen (Capitation) mit einer zumindest
teilweisen Verlagerung des finanziellen Risikos auf die Anbieter der Gesundheitsleistungen. Dies ist dann der Fall, wenn sich die Finanzierung nicht an der Anzahl der
erbrachten Behandlungsleistungen orientiert, sondern wenn eine Pauschale gewährt
wird für jeden in das Netzwerk eingeschriebenen Patienten. Bei der Feinausgestal-
tung sind aber weitere Differenzierungen denkbar. So kann sich die Finanzierung
entweder auf den *Patienten* (bspw. Patientengruppen mit gleicher Erkrankung,
bestimmte Versichertengruppen, alle Patienten einer Region) oder auch auf die
Leistungen (etwa spezielle Leistungen, Leistungsbündel einer Behandlungsart,
Leistungen bezogen auf Indikationsgruppen oder alle anfallenden Leistungen)
beziehen. Neben oder in Ergänzung der reinen Capitation-Variante sind zudem
weitere Cost-sharing-Verträge für definierte Leistungen einer Behandlungsart
oder auch Risk-sharing-Verträge mit erfolgsorientierter Vergütung denkbar. Da
die gesetzlichen Regelungen im SGB V hinsichtlich der näheren Ausgestaltung der
zwischen Krankenkasse und Anbietern geschlossenen Verträge offen sind können

sehr unterschiedliche Modellvarianten in Betracht kommen (vgl. z. B. Hermann et al. 2006; Zeichhardt und Voss 2009).

Die in Deutschland gängigen Versorgungsmodelle mit Ausnahme sog. populationsorientierter Vollversorgungsmodelle sind in sektoraler und fachlicher Hinsicht differenziert. Teils liegt der Fokus auf bestimmten Versorgungsformen (sektorspezifische oder -übergreifende Angebote wie etwa bei §§ 63-65, 73 b, 140 a, 137 f-g SGB V), teils auf Formen fachgebietsübergreifender Versorgung (etwa §§ 63-65, 140 a, 137 f-g SGB V). Sie kommen zumeist durch selektives Kontrahieren direkt zwischen Kassen und Anbietern einer Region zustande (etwa §§ 63-65, 73 b, 140 a SGB V; § 92 b SGB XI). Welche Behandlungsphasen erfasst werden ist teils gesetzlich, teils aber auch nur vertraglich geregelt bzw. zu regeln (Prävention, ambulante und stationäre Erst- und Sekundärbehandlung, Rehabilitation, Pflege, Palliativ- und Hospizversorgung). Die eigentlichen Versorgungsstrukturen sind gesetzlich jedoch nur in den Grundzügen vorgegeben und damit in den Details frei verhandelbar (vor allem §§ 140 a SGB V). Dies ermöglicht den flexiblen Einsatz aller denkbaren Managementstrukturen wie etwa Gatekeeping, Qualitätsmanagement, Disease- und Casemanagement, Entwicklung von Behandlungsleitlinien, utilization review, Tele-Monitorung und hinsichtlich der Arzneimittelversorgung auch netzspezifische Positivlisten.

2.7 Kooperation – Hierarchie – Wettbewerb

Daseinsvorsorge lebt idealtypisch vom Gedanken einer problemnahen und bedürfnisgerechten Versorgung der Bevölkerung, die anstatt der Orientierung am privaten Profit den inkommensurablen „Dienst am Menschen" in den Vordergrund stellt. Man könnte auch sagen: anstatt Wettbewerb um Marktchancen die Kooperation aller Beteiligter im Sinne eines Versorgungsprimats der Politik gegenüber der Versorgungsfunktion des Marktes. Dies mag der Tagespolitik genügen. Gemessen an der Versorgungsfunktion allerdings sind Kooperationsbeziehungen innerhalb der zur Verfügung stehenden Modelle erheblich komplexer gelagert; die einfache Unterscheidung zwischen Staat und Wirtschaft trägt ebenso wenig wie die Vorstellung reiner Kooperation ohne Hierarchie und ohne Wettbewerb. Dies gibt Anlass, den Kooperationsgedanken in den skizzierten Zusammenhängen genauer zu betrachten.

• • • • • • • • • • •

Kooperationen im Gesundheitswesen sind vielschichtig. Man kann den Kooperationsgedanken im Blick etwa auf die „Gemeinsame Selbstverwaltung", den

„Gemeinsamen Bundesausschuss" oder das Kollektivvertragssystem der GKV auf korporatistische Beziehungen zwischen Krankenkassen oder zwischen diesen und Verbänden der Leistungserbringer ebenso beziehen (vgl. etwa die Beiträge in Schmehl und Wallrabenstein 2006) wie auf die Zusammenarbeit der Anbieter von Gesundheitsleistungen bei der unmittelbaren Versorgung des Patienten. Allein letzteres ist unser Thema. In dieser Hinsicht verdankt sich die Popularität des Kooperationsgedankens vor allem folgenden Aspekten:

- Strukturell unbewältigte Schnittstellen des Behandlungsprozesses führen zu Brüchen im Behandlungsprozess und verursachen überdies Zusatzkosten. Reibungen, Behandlungsdiskontinuitäten und Ineffizienzen treten vor allem dort auf, wo es um die Steuerung des Übergangs zwischen Behandlungsphasen sowie Behandlungseinrichtungen und hier vor allem zwischen dem stationären und ambulanten Sektor geht.
- Die Behandlung chronisch erkrankter multimorbider Patienten ist komplex, umfasst zumeist mehrere Behandlungsphasen, ist in ihrem Verlauf nur schwer zu prognostizieren und erfordert deshalb ein stark individualisiertes Behandlungssetting unter Einbindung verschiedener miteinander kooperierender Leistungserbringer.
- Zivilisationskrankheiten wie etwa Übergewicht und Depressionen lassen sind nur unter Einbeziehung des gesellschaftlichen Umfeldes und der relevanten gesellschaftlichen Akteure nachhaltig bekämpfen.
- Der medizinische Fortschritt führt zu erhöhter Spezialisierung und erhöht so gleichzeitig den Kooperationsbedarf zwischen den Leistungserbringern.
- Die Inklusion kranker und behinderter Menschen ist in besonderem Maße von deren Mitwirkungsmotivation abhängig. Generell gewinnt die Therapietreue des Patienten eine immer größere Bedeutung bei der Sicherstellung von Behandlungseffizienz.
- „Patientenorientierung" schließlich als relativ junges Leitbild der Medizin beinhaltet auch ein gewisses Maß an Kooperation mit dem Patienten.

• •

Kooperationsbeziehungen sind zumeist eingebunden in größere Zusammenhänge. Das Ausmaß ihrer Integration kann jedoch sehr unterschiedlich sein. Kooperationen finden bspw. im stark hierarchisierten Krankenhaus ebenso statt wie in vergleichsweise locker geknüpften Ärztenetzen. Für die Praxis integrierter Versorgungssysteme ist der Kooperationsgedanke prägend: Kooperation wird nicht nur benötigt zur Planung und Ausführung des jeweils richtigen Behandlungsdesigns, sondern auch als Katalysator der Entwicklung eines bestimmten, von Dialogbereitschaft getragenen Selbstverständnisses im Umgang der beteiligten Berufsgruppen untereinander und in ihrem Verhältnis zum Patienten (Siegel et al. 2009, S. 228; Weatherly 2013-1, S. 113; ders. 2013-2, S. 132).

Gleichwohl sind Behandlungsnetzwerke dieser Art niemals frei von Hierarchie und Konkurrenz. Innerhalb der Wertschöpfungskette gibt es vertikale Beziehungen zwischen Arztpraxen verschiedener Fachrichtungen oder Klinikärzten und nicht-ärztlichen Berufsgruppen ebenso wie horizontale Beziehungen zwischen Ärzten gleicher Fachrichtung, etwa bei der Zusammenarbeit in Qualitätszirkeln. Und ebenso wie enge Kooperationen im Innenverhältnis des Versorgungssystems bestehen laterale Beziehungen nach außen etwa zu Beratungsgesellschaften, IT-Dienstleistern sowie sonstigen Akteuren im regionalen und weiteren Umfeld. Hierbei handelt es sich nicht selten um Wettbewerber, die, sobald sie für das Netzwerk innerhalb bestimmter Behandlungspfade tätig sind, sich auch in kooperativen Beziehungen zueinander bewähren müssen (Zeichhart und Voss, 2009, S. 239 ff.; Amelung et al. 2009, S. 16).

• •

Ob und wie sich Kooperationsbeziehungen entfalten ist eine Frage der transzendierenden Strukturation des Verhältnisses von Organisation und Interaktion (Giddens 1984, S. 51 ff.). Hierfür ist nicht nur der in steter Entwicklung begriffene, weil als Medium *und* Ergebnis von Kooperation sich entfaltende Behandlungspfad entscheidend (näher Zeichhart u. Voss, 2009, S. 246 f.), sondern auch der organisationsübergreifende politisch-administrative Rahmen im Sinne präformierender Möglichkeitsbedingungen kooperativer Organisationsbeziehungen. Insofern macht es einen Unterschied, ob Kooperationen zwischen staatlichen Leistungsträgern oder zwischen Leistungserbringern stattfinden, ob sie zentral oder dezentral gesteuert werden und ob sie gesetzesübergreifend oder nur innerhalb einer gesetzlichen Regelungsmaterie anzutreffen sind. Insofern lassen sich für Deutschland vier Modelltypen benennen, die für die jeweilige Art und das jeweilige Ausmaß von Kooperationen bestimmend sind (näher Luthe 2013-1, S. 39 ff.):

• Fachlich homogen und zentriert auf den staatlichen Träger der GKV sind Kooperationsmodelle, die sich auf *bestimmte Indikationen* beschränken, wie etwa der onkologische oder psychiatrische Behandlungsverbund.
• Komplexer gelagert sind *populationsbezogene Vollversorgungsmodelle*. Diese tragen im Normalfall die Finanzierungs-bzw. Budgetverantwortung oder sie finanzieren sich, wie im besonderen Fall des Modells „Gesundes Kinzigtal", über ein differenziertes „Einsparcontracting" mit verbleibender Kostenträgerschaft bei der Krankenkasse. Vollversorgungsmodelle decken grundsätzliche die ge-

samte Versorgung einer bestimmten Population ab und sind sowohl sektor- als auch berufsgruppenübergreifend tätig. Entsprechend heterogen ist die fachliche Ausrichtung des Versorgungsnetzes und sind damit die Koordinationsformen zwischen den beteiligten Leistungserbringern und gesellschaftlichen Akteuren. Die Kontrollverantwortung für das Leistungsspektrum verbleibt bei der gesetzlichen Krankenversicherung.

• Anders ist dies bei den *trägerübergreifenden Versorgungsmodellen* der Rehabilitation. Der Kooperationsgedanke zielt hier ausschließlich auf die Koordination der staatlichen Leitungsträger mit dem Ziel einer möglichst nahtlosen und zügigen Leistungserstellung. Modelle der integrierten Versorgung und Leistungsfinanzierung sind hier, von den Leistungen der Frühförderung einmal abgesehen, trotz des rehabilitativen Ganzheitlichkeitsgrundsatzes auf gesetzlicher Ebene nicht vorgesehen (kritisch Mrozysnski 2011, S. 12 f., 16); sie würden zumindest im Verhältnis der auf Bundes – und kommunaler Ebene beteiligten Rehabilitationsträger auch dem Mischverwaltungsverbot zuwiderlaufen.

• Im (derzeit nur in Ansätzen vorhandenen) Modell einer *kommunalen Gesundheitslandschaft* schließlich sind Kooperationsbeziehungen basierend auf der Idee medizinischer Vollversorgung und angesichts einer verstärkten Öffnung des Versorgungsgeschehens für Prävention stark polyzentrisch ausgerichtet (zur polyzentrischen Organisation: Mühlbacher 2007, S. 15). Eine dominante Führungsposition kommt, abgesehen von gesetzlichen Steuerungsimpulsen in der Kontrollzuständigkeit der gesetzlichen Krankenversicherung, grundsätzlich keinem der beteiligten Kooperationspartner zu. Neben festeren Kooperationsbeziehungen zur bundesstaatlichen Finanzierungsebene und zur kommunalen Koordinationsebene sind die Strukturen mit Rücksicht auf individualisierte Behandlungswege und angesichts der besonderen Bedeutung gesellschaftlicher Akteure für die Präventionsarbeit stark netzwerkförmig ausgestaltet.

• • • • • • • • • • • •

In Organisationen des Managed Care ist der Kooperationsgedanke zentral. Managed Care ist ein marktwirtschaftliches Versorgungs- und Versicherungskonzept mit dem Ziel einer effizienten Allokation knapper Mittel innerhalb eines medizinischen Versorgungsnetzes, das über das gesamte Kontinuum von Gesundheitsbedürfnissen hinweg Leistungen selbst erbringt oder ihre Erstellung organisiert. Hierarchische Formen der Integration von Leistungsanbietern z. B. mit Krankenhäusern an der Spitze und untergeordneten ambulanten Anbietern sind nicht unüblich. Beteiligte Leistungserbringer hierarchisch zu koordinieren bzw. diesen ein gemeinsames Zielsystem vorzuschreiben ist aber aufgrund der rechtlichen Selbständigkeit der Kooperationspartner und ihres eigenständigen Managements oft nur begrenzt möglich; dies zeigt sich vor allem bei Netzwerken mit populationsorientierter Vollversorgung.

An die Stelle vertikaler Integration treten hier eher lose, extern koordinierte horizontale Beziehungen der Kooperation und Vernetzung (zur externen und internen Vernetzung vgl. Schreyögg 2009, S. 219). Die Aufgabe der Managementebene beschränkt sich auf die Auswahl der geeigneten Netzwerkpartner, die Verwaltung und Allokation der zur Verfügung stehenden Ressourcen, die Bewertung und Evaluation der kooperativen Geschäftsaktivitäten und deren Kommunikation im Netzwerk. Die Steuerung der operativen Abläufe erfolgt weitestgehend auf horizontaler Ebene: die Beteiligten verpflichten sich zum Beispiel zur Mitarbeit in strukturierten Qualitätszirkeln und Fallkonferenzen, arbeiten arbeitsteilig im Team, idealerweise unter größtmöglicher Überwindung herkömmlicher Statushierarchien beteiligter (z. B. ärztlicher und pflegerischer) Berufsgruppen, bündeln und koordinieren ihre Kernkompetenzen innerhalb indikationsspezifischer Behandlungspfade und entwickeln Leitlinien im Rahmen einer Evidence based Medicine. Und das Monitoring des jeweiligen Behandlungsverlaufs mittels digitaler Kommunikationstechnologien, zu denen alle Netzwerkpartner Zugang haben, erleichtert die Kommunikation auch über die räumlichen zeitlichen und sektoralen Grenzen beteiligter Behandlungsorganisationen hinweg. Dem Patienten bleiben so die sektoralen Grenzen und Organisationsstrukturen des Gesundheitssystems verborgen: „Er erhält eine speziell für ihn konfigurierte Leistung, die alle notwendigen Behandlungsschritte unabhängig von den beteiligten Institutionen der Leistungserbringer, der funktionalen Zuordnung der Leistungsinhalte und der Vergütungs- und Informationssysteme umfasst" (Mühlbacher 2007, S. 15).

Gleichwohl besteht hinsichtlich der Effizienz medizinischer Versorgungsnetzwerke im Vergleich zu zentralistisch gesteuerten Systemen weitgehend noch Forschungsbedarf, insbesondere was den Beitrag einzelner Instrumente von Managed Care anbetrifft (Gatekeeping, Case Management, Guidelines, Demand Management, Vergütungsformen). Lediglich das im eigentlichen Sinne kooperativ gelagerte Element der Entwicklung von Qualitätsrichtlinien und netzspezifischer Behandlungspfade scheint im Hinblick auf seine Effizienz mittlerweile über jeden Zweifel erhaben zu sein (im Überblick vgl. Berchtold und Hess 2007, S. 7 sowie Pimperl et al. 2014).

• •

Organisationssoziologisch werden im Wesentlichen drei Gründe für das Entstehen kooperativer bzw. netzwerkförmiger Arbeitsbeziehungen angeführt (hierzu Schubert und Vogd 2009, S. 35 ff.). In einer hochgradig arbeitsteiligen Medizin hat der *Wissenstransfer* in Netzwerken besondere Bedeutung. Hochtechnisierte Medizin

wirft eine Schnittstellenproblematik auf, die auf formaler Ebene zu einer Desin-
tegration medizinischer Handlungsstrukturen sowohl im Krankenhaus als auch
zwischen verschiedenen Einrichtungen führt. Die sich hierbei ergebenden Brüche
können nicht mehr über bürokratische Organisationsformen, sondern nur noch
über persönliche Netzwerke der beteiligten Wissensagenten bewältigt werden, in
denen Experten wissen, auf welche Weise sie sich auf andere Experten verlassen
können. Als weiterer Grund wird die *Geschwindigkeit* angeführt, in der Ärzte heute
einerseits auf die in steter Veränderung begriffenen rechtlichen Rahmenbedingungen und andererseits auf den enormen medizinischen Wissenszuwachs reagieren
müssen, – auch dies Entwicklungen, denen ein bürokratisches Steuerungssystem
nicht gewachsen wäre.

Schließlich wird auf die besondere Rolle des *Vertrauens* in Netzwerken hingewiesen. Netzwerke koordinieren die in urbanen Räumen vorhandene Kompetenz und
Spezialisierung der Ärzte und Behandlungseinrichtungen. Überweisungspraktiken
folgen in dieser Hinsicht nicht allein fachlich-technischen Erfordernissen, sondern
eben auch sozialen Konventionen und institutionellen Arrangements. Mehr und
mehr rückt so die Netzwerkkultur in den Vordergrund, die ein Versorgungssystem bei nachlassender Hierarchisierung der Arbeitsbeziehungen zusammenhält
(Walker et al. 1997). Nicht zuletzt der Patient mit seinen gehobenen Ansprüchen
an die Versorgungsqualität orientiert sich heute nicht mehr nur an seinem Arzt,
sondern auch am Prestige des Behandlungsnetzwerks, dem dieser angehört (Keßel
2014). Die Koordination medizinischer Dienstleistungen unterliegt somit weder
rein marktlicher noch rein bürokratischer Kontrolle, sondern in stetem Wandel
begriffenen Netzwerkkonventionen, die als „Skripts" bzw. „frames" die Art des
Umgangs mit formalisierten Wissensstrukturen der Medizin – bildlich von der
wissenschaftlichen Erkenntnis bis zur Patientenakte – mitbestimmen.

• •

Die von Forsthoff apostrophierte Konfrontationsbeziehung zwischen Markt und
Staat ist unterkomplex. Stellt man allein auf die Versorgungsfunktion ab, so empfiehlt
es sich, grundsätzlich beide Komponenten im Spiel zu halten und den Erfordernissen gemäß zu kombinieren, wenn man den strukturell und in ihrer Dynamik
unterschiedlichen Versorgungsbereichen in ihrer makro- und mikrostrukturellen
Verfasstheit gerecht werden will.

Es gilt mithin aufzuzeigen, dass „verlässliche" und von staatlicher Rah-
mengebung getragene Kooperationsbeziehungen einerseits und wettbewerbliche
Mechanismen andererseits einander nicht ausschließen. Vermutlich ist es heute
gerade die Verzahnung beider Prinzipien, mit der sich jene Verlässlichkeit nur noch
erreichen lässt, die Forsthoff früher jedoch ausschließlich im Staat verwirklicht sah.

Innerhalb des von Cassel und Wasem (2014, S. 24) entworfenen Beziehungs-
dreiecks zwischen Patienten als „Prinzipalen" und den Krankenkassen sowie
Leistungserbringern als „Agenten" ergeben sich drei zentrale Wettbewerbsfelder,
wenn man ihnen die Rollen von Nachfragern und Anbietern zuordnet: dem *Behandlungsmarkt*, auf dem Leistungserbringer um Patienten konkurrieren, dem
Versicherungsmarkt, auf dem Krankenkassen um Mitglieder konkurrieren und
dem *Leistungsmarkt*, auf dem Krankenkassen als Nachfrager und Leistungserbringer als Anbieter um den Abschluss von Versorgungsverträgen konkurrieren.
Wenn nunmehr nach der Bedeutung des Kooperationsprinzips innerhalb dieser
Wettbewerbsbeziehungen gefragt werden soll, so handelt es sich angesichts der
im deutschen System nur unzureichend ausgebildeten Wettbewerbsstrukturen
um eine weithin hypothetische Frage nach den (Ideal-)Bedingungen, unter denen
der Kooperationsgedanke im Sinne eines Attraktors (Walter et al. 2000, S. 112)
Wettbewerbschancen generieren kann.

Auf dem sog. Behandlungsmarkt (Cassel und Wasem 2014, S. 25, 33) müssten
sich nach Auffassung der Autoren an sich aus dem Eigeninteresse der Leistungsanbieter Wettbewerbsergebnisse einstellen, die einer patientengerechten Behandlung
entsprechen. Allerdings befinde sich der Patient angesichts fehlender Informationen
über die Behandlungsqualität und angesichts einer weitgehenden Folgenlosigkeit
von Qualitätsmängeln innerhalb des aktuell dominierenden Systems der Kollek-
tivverträge in einer schwachen Wettbewerbsposition. Stattdessen sei ein System
der Selektivverträge zu etablieren. Starre Sektorgrenzen seien zugunsten eines
offenen Anbieterwettbewerbs aufzuheben. Um als Folge der Anbieterrivalität
das Risiko der Fehlversorgung zu vermeiden seien Strukturen der Patientenfüh-
rung und *intersektoralen Vernetzung* zu etablieren und als Kriterium selektiven
Kontrahierens zu verankern. Ferner seien die Patienten von Kassenseite mit den
nötigen Informationen über die Behandlungsqualität und -kosten auszustatten.
Innerhalb dieses wettbewerblich ausgerichteten Modells wird Kooperation mithin
an mehreren Punkten angereizt und erweist sich funktionierende *Kooperation*
wiederum als Mittel der Selektion zwischen Anbietern: Krankenkassen beliefern
den Patienten mit Informationen und stärken so dessen Konsumentensouveränität
gegenüber dem Anbieter. Der Anbieter bemüht sich im Vertragswettbewerb um
mehr Transparenz und mehr Qualität in der Leistungserbringung. Dies geschieht
durch die aktive Entwicklung patientenorientierter Behandlungswege zusammen
mit anderen Anbietern, durch das Bemühen um innovative Behandlungsverfahren
und durch den Ausbau von Strategien zur Stärkung der Therapietreue von Patienten.

Auf dem sog. Versicherungsmarkt (Cassel und Wasem 2014, S. 26, 32) konkurrieren Krankenkassen mit ihrem spezifischen Versorgungsmanagement und

Kundenservice und vor allem mit konkurrenzfähigen Kassenbeiträgen um Versicherte. Das Kassenwahlrecht der Versicherten und insbesondere das Recht zum Kassenwechsel bei Erhöhung der Zusatzbeiträge müsste unter den Bedingungen eines Morbi-RSA an sich zu versichertengerechten Versorgungsangeboten und angemessenen Kassenbeiträgen führen. Tatsächlich kommen solche Ergebnisse nach Meinung der Autoren wegen der dominanten kollektiv-vertraglichen Einbindung der Anbieter aber nur ausnahmsweise zustande; die Annahme allerdings, dass das Instrument der Zusatzbeiträge aufgrund der guten Wirtschaftslage der Kassen nicht genutzt werde, ist mittlerweile überholt. Hier haben sich seit 2015 nach Absenkung des allgemeinen Beitragssatzes und des dadurch hervorgerufenen Zwangs zur dauerhaften Erhebung kassenindividueller Zusatzbeiträge gravierende Änderungen ergeben. Nach wie vor richtig ist jedoch die Einschätzung, dass die selektivvertraglichen Gestaltungsmöglichkeiten der Kassen unterentwickelt sind und, soweit vorhanden, nur wenig genutzt werden, weil die Gesunden der Versichertengemeinschaft dies kaum honorieren und zudem erhebliche Investitionen hierfür erforderlich sind. Eine Investition in langfristig angelegte Prävention und nachhaltige Behandlungsstrategien, so ließe sich ergänzen, ist seit Einführung des Morbi-RSA überdies für die Kassen kaum noch attraktiv. Nicht ausgeschlossen aber ist, dass der *Kooperationsgedanke* und seine Derivate in Gestalt einer patientenorientierten und vernetzten Versorgung zumindest unter anderen Rahmenbedingungen (hierzu Schreyögg 2014, S. 162 ff.; Heinrich Böll-Stiftung 2013, S. 43 ff.; zu neuen Formen des Ergebniswettbewerbs zwischen KKen vgl. Hildebrandt 2015) im Wettbewerb der Kassen im Sinne eines Kundengewinnungs- und Kundenbindungsinstruments mit „Markenwert" positiv genutzt werden kann.

Auf dem sog. Leistungsmarkt (Cassel und Wasem 2014, S. 27, 31) konkurrieren die Kassen als Nachfrager und die Leistungsanbieter als Anbieter um den Abschluss von Versorgungsverträgen. Die Kassen sind an bedarfsgerechten Versorgungsangeboten zu angemessenen Preisen interessiert, um für die Versicherten attraktiv zu sein. Und die Anbieter sind an Patienten und möglichst hohen Preisen für ihre Leistungen interessiert. Positive Wettbewerbseffekte im Sinne einer ebenso bedarfsgerechten wie innovativen Gesundheitsversorgung bleiben jedoch aus, weil das System kollektiver Leistungsvereinbarungen mit Kontrahierungszwang, einheitlichen Preisen und einem kartellähnlichen Zusammenwirken der mitwirkenden Verbände einen Anbieterwettbewerb weitestgehend außer Kraft setzt. Solange selektivvertragliche Lösungen im Gesetz nur als Ausnahme vorgesehen sind und die Bildung von Verbändekartellen mit einem entsprechenden Vergütungsmonopol fördern, kann ein Wettbewerb um individuelle Leistungsverträge zugunsten eines funktionierenden Qualitäts- und Preiswettbewerbs nicht stattfinden. Eben deshalb muss auch der Wettbewerb auf dem Versicherungsmarkt leerlaufen, wenn es an entsprechenden selektivvertraglichen Möglichkeiten fehlt. Und fehlt es an einer wettbewerblich erzeugten Versorgungsvielfalt erlahmt auch der Wettbewerb um Patienten auf dem Behandlungsmarkt. Es besteht daher Grund zu der Annahme, dass die *Potentiale einer kooperativen Versorgung* im derzeitigen System nicht annähernd genutzt werden. Kooperative Versorgungsstrukturen setzen wettbewerbliche Rahmenbedingungen voraus, die sämtlichen Playern die Aussicht bieten, dass es sich lohnt, auf dieses Pferd zu setzen.

• •

Die Frage, ob Markt und Planung, Netzwerk und Hierarchie, Wettbewerb und Kooperation intra- und interorganisatorisch nebeneinander Bestand haben können, ob und inwiefern sie sich paralysieren oder wirksam ergänzen, ob sie synchron oder diachron funktionieren können, ist eingebettet in ein übergreifendes und wachsendes Interesse der Managementwissenschaften an sog. hybriden Organisationsformen. Organisatorische *Hybride* bestehen aus Mischungen von zwei (oder mehr) gegensätzlichen Komponenten, die in den letzten Jahren und häufig unter dem Einfluss neuer Informationstechnologien (Enterprise 2.0, Open Source, Peer Production, Wikinomics, New Industrial Revolution oder Industrie 4.0) durch organisatorische Neuschöpfungen wie Supply Chains, strategische Allianzen, Joint Ventures, Projektgemeinschaften, Open Communities, Unternehmensnetzwerke, virtuelle Teams, Mergers & Acquisitions oder Wertschöpfungskooperationen verstärkt ins Blickfeld des strategischen Managements geraten sind. Hybride Organisationen sind mithin alles andere als akademische Theorie, vielmehr oft genug „gelebte", gleichwohl weithin unreflektierte Praxis ohne Orientierungsrahmen (Reiss 2013, S. 13 ff.).

Im Bereich der medizinischen Versorgung finden wir eine solche Kopplung von Markt, Hierarchie und Kooperation bereits in den Grundaktivitäten vor: Joint Ventures, vertragsbasierte strategische Allianzen, Rahmenverträge für ein In- und Outsourcing und netzinterne Wettbewerbsstrukturen sind Kernelemente von Managed Care-Modellen, wie wir sie in Deutschland mittlerweile auch auf gesetzlicher Ebene vorfinden (z. B. § 140 a SGB V; hierzu Schreyögg et al. 2013, S. 106 ff.). Integrierte Versorgungssysteme dieser Art basieren auf Planung und Programmen (etwa Behandlungspfaden, evidenzbasierten Leitlinien, Finanzierungs- und Führungsformen, gesetzlichen Rahmenbedingungen, Vorgaben für die Auswahl der Netzpartner) ebenso wie auf marktförmig zustande gekommenen Transferpreisen für interne Leistungen oder den externen Zukauf von Leistungen. Gewissermaßen als Mittler zwischen diesen gegensätzlichen Komponenten gibt es im Innen- und Außenverhältnis der Organisation relativ stabile Kooperationsbeziehungen, die sowohl aktiviert als auch aktivierbar sein können und dem

Gesamtgebilde deshalb den Charakter einer Netzwerkstruktur mit entsprechend dezentralen Komponenten verleihen, bei der die organisationalen Entscheidungs-rechte und Eigentumsrechte über die beteiligten Netzwerkpartner hinweg verteilt sind. Beispiele sind: die wettbewerbliche Auswahl externer Anbieter als Partner für interne Kooperationen – der interne Wettbewerb beteiligter Netzpartner um Patienten – die nach Leistung gewichtete Verteilung von Auftragsvolumina auf zwei innerhalb des Netzwerkes kooperierende Anbieter – die Kooperation der gleichen Anbieter innerhalb des einen Funktionsbereichs und ihre Konkurrenz innerhalb eines anderen – die gemeinsame Schulung von Netzwerkkonkurren-ten – die Bildung indikationsspezifischer Organisationseinheiten als Netzwerke innerhalb ansonsten hierarchisch strukturierter Großorganisationen – die ge-meinsame Tätigkeit von Arzt und „Komplementor" oder die Zusammenarbeit von „Aufbereiter" und Einmalprodukthersteller im Bereich der Medizinprodukte (z. B. von Eiff 2002, S. 44 ff.).

Diese Formenvielfalt wird man nicht allein auf moderne Managementstrategien zurückführen können. Es spricht vielmehr einiges dafür, dass man hier Symptome eines weitreichenden gesellschaftlichen Wandels von der streng funktional sor-tierten „modernen" zu einer in dieser Hinsicht offeneren „Netzwerkgesellschaft" (Castells 2004) zu sehen bekommt, in welcher die Erfüllung gesellschaftlicher Funktionen wie etwa solche der Bewältigung von Knappheit oder des Umgangs mit Krankheiten nicht mehr auf die klassische Alternative Markt/Hierarchie oder Kooperation/Wettbewerb beschränkt ist, sondern in der letztlich das Netzwerk im systematischen Offenhalten seiner Möglichkeiten darüber entscheidet, mittels welcher Technologien, Organisationsstrukturen oder Personalkompetenzen ge-sellschaftliche Funktionen erfüllt werden (Baecker 2006, S. 128).

Dieses System in Balance zu halten ist die eigentliche Aufgabe des Managements. Zurecht wird in diesem Zusammenhang darauf hingewiesen, dass vertraglich geregelte Netzwerkbeziehungen als Sicherheitsanker einer bedarfsgerechten Versor-gung zwar unverzichtbar sind, aber gleichzeitig auch sinnvolle Wettbewerbs- und Selbstregulationsstrukturen außer Kraft setzen können, wenn einzelne Anbieter im Wettbewerb auf Kosten einer qualitativ hochwertigen Patientenversorgung kategorisch ausgeschlossen werden und im Zuge eines zu eng gefassten Koopera-tionsverständnisses ggf. auch ausgeschlossen bleiben (Lüdecke 2015, S. 151 ff.). Ob allerdings herkömmliche Professionsideale an die Stelle hierarchischer Steuerung treten können (ebenda) darf bezweifelt werden. Medizinische Großorganisationen, die sich heute in informationstechnologisch gestützten Netzwerken unterschiedli-cher Leistungsanbieter und Leistungsträger und zudem innerhalb unterschiedlicher Behandlungsphasen und Leistungssektoren behaupten müssen, können nicht mehr allein im professionellen Selbstverständnis vor allem von Ärzten verwaltet werden.

Welche Kulturformen indes nötig sind und ob sie immer und überall nötig sind, ob sie durch Steuerung, Information, Wettbewerb oder durch das Zusammenspiel sämtlicher Elemente im Netzwerk kompensiert (Baecker 1999, S. 192, 361) oder auch ob sie hierdurch zerstört werden ist eine weithin offene Frage, weil es „für das Netzwerkdesign keine Rezepte gibt, sondern nur der Sinn für die Dynamik von Netzwerken geschärft werden kann..." (Baecker 1999, S. 367).

2.8   Patientenorientierung

Ernst Forsthoff hatte den Begriff der Daseinsvorsorge vor allem erfunden im Interesse der Mitwirkung der Menschen an ihren ureigenen Angelegenheiten. Ihnen sollte mit dem Instrument der Daseinsvorsorge eine Art Biotop zuwachsen, das Schutz gewährt gegenüber den Zumutungen des technisch-industriellen Zeitalters. Eine ähnliche Stoßrichtung scheint heute dem Begriff der Patientenorientierung zuzu-kommen. Auch dieser verdankt sich ganz wesentlich, um mit Forsthoff zu reden, einem in der Bevölkerung weit verbreiteten Entfremdungsgefühl in Anbetracht der Zumutungen eines „entmenschlichten" Medizinbetriebes.

„Patientenorientierung" ist ein verhältnismäßig neuer Leitbegriff der Medizin. Man fragt sich sofort, wie es hierzu angesichts der an sich selbstverständlichen Aufgabe der Medizin, sich am Wohl des Patienten zu orientieren, überhaupt kommen konnte. Es liegt auf der Hand, dass hier Reaktionen im Spiel sind auf ein stark ökonomisiertes, bürokratisiertes und fragmentiertes Gesundheitswesen, dem mit einer Revitalisierung der Patientenperspektive in allerdings recht unterschiedlichen Bereichen und mit ebenso unterschiedlichen Maßnahmen gegengesteuert werden soll. Entsprechende Ansätze sind (anstatt vieler Dierks et al. 2006; Amelung et al. 2015; Zill et al. 2015):

- die maximale Entfaltung gesellschaftspolitisch und ökonomisch relevanter Gesundheitsförderungs- und Präventionspotenziale bezogen auf die „Lebens-umstände" der Menschen
- der co-produktive Beitrag des Patienten zur Steigerung der Behandlungseffizienz insbesondere bei chronischer Erkrankung (im Sinne von Compliance/Adhärenz/ Co-Produktion/Eigenverantwortung)
- die Messung des Behandlungsnutzens unter Einbeziehung der Patientenbeur-teilung („patientenrelevante Endpunkte")
- der teils demokratisch-freiheitlich, teils funktional gelagerte Aspekt einer Mitsprache des Patienten an medizinischen Entscheidungen auf Mikro-, Meso-

und Makroebene (shared decision making/Partizipation/Partnerschafts- und Konsensmodell/Interessenvertretung)
• Erfordernisse der Aufklärung und Beteiligung des Patienten hinsichtlich schwer kalkulierbarer Behandlungsrisiken.

Letzterer Aspekt hat in den letzten Jahren an Bedeutung gewonnen. Bei wachsenden diagnostischen und therapeutischen Möglichkeiten und angesichts der hiermit zum Teil verbundenen Risiken und Nebenwirkungen für die Gesundheit und Lebensqualität des Patienten wird es für den behandelnden Arzt in einem paternalistischen Modell zunehmend schwieriger, stellvertretend für den Patienten zu entscheiden, was für diesen das Richtige ist. Allerdings sind die Rahmenbedingungen für ein dialogisches Modell in der therapeutischen Praxis nicht sonderlich günstig. Das eingeschränkte Zeitbudget des Arztes und die Orientierung des behandelnden Personals an den Verhaltensnormen und Kommunikationsstilen der Mittelschicht nähren ganz allgemein und auch im Blick auf den Kontakt mit dem „Unterschichtpatienten" Zweifel an der praktischen Wirksamkeit entsprechender Partizipationskonzepte (Horn et al. 1984, S. 142 f.).

Ob den bekannten Defiziten „sozialraumorientiert" allerdings mit Patientencoaching, Selbsthilfegruppen, Case Management, Zielvereinbarungen und vor allem mit „sprechender Medizin" entgegengewirkt werden kann (Horn et al. 1984, S. 151 f.; Erbe et al. 2009; Weatherly 2013, S. 122 ff.) ist nicht nur unter den gegebenen Versorgungsbedingungen, sondern auch unter Berücksichtigung unübersehbarer Eigengesetzlichkeiten des Medizinsektors (anstatt vieler vgl. Fuchs 2006) eine in mancherlei Hinsicht offene Frage. Zweifelsohne aber sind die Verwirklichungschancen in einem integrierten Versorgungssystem, das mit Patientenvereinbarungen, Patientenbeiräten und stark individualisierten Behandlungspfaden von vornherein für entsprechende Vorkehrungen in den Versorgungsabläufen gesorgt hat, ungleich höher als im klassischen System weitgehend unkoordinierter Einzelleistungsangebote (Siegel et al. 2009, S. 228; Zeichardt und Voss 2009, S. 243).

2.9   Zum Wandel der Versorgungsstrukturen

Ernst Forsthoff ist – wie wir alle – ein Kind seiner Zeit. Was kann in die heutige Zeit hinüber gerettet werden? Wie könnte ein gesellschaftstheoretischer Rahmen aussehen, der das Konzept der Daseinsvorsorge unter heutigen Bedingungen angemessen reflektiert und weiterentwickelt?

Der Schmerz hat seine treibende Bedeutung für die Inanspruchnahme medizinischer Hilfe nicht verloren. Aber Neues ist hinzugekommen. Im heutigen System agiert man vielfach nur noch auf der Basis bloßer Ahnungen bzw. statistisch-epidemiologischer, gar genetischer Wahrscheinlichkeiten. Der Wandel gesellschaftlicher Morbiditätsstrukturen, dieser eingebettet in wohlfahrtsstaatliche Bestrebungen vermehrter gesellschaftlicher Teilhabe gesundheitlich beeinträchtigter Personen und ein auf den gesellschaftlichen Funktionssystemen namentlich der Wirtschaft lastender Problemdruck im Umgang mit ihrer physischen und mentalen Systemumwelt („verlängerte Lebensarbeitszeit", „Burnout", „Fehlzeiten") macht im epidemiologisch aufgeklärten Blick der Medizin aus der jederzeitigen Gesundheitsgefahr ein mit der allgemeinen Lebensführung verbundenes Risiko (Luhmann 1991, S. 53).

Man ist geneigt, hier der Anschauung halber von „schmerzfreier" Gesundheitskommunikation zu sprechen, in welcher der ursprüngliche Zusammenhang zwischen erlebter Krankheit und medizinischer Behandlung mehr und mehr verloren gegangen ist. Die Erkrankung hat sich gegenüber ihrem menschlichen Träger, der nur noch als „Behandlungsfall" vorkommt, stark verselbstständigt und ist auf der Basis teilweise hochtechnisierter Verfahrensweisen als Gesundheitsrisiko gedanklich in eine ungewisse Zukunft verlagert worden. Spiegelt sich hier eine zeitlose Wahrheit der Forsthoffschen Entfremdungshypothese?

Nahezu jedwedes körperliche, psychische und soziale Phänomen kann heute, wenn nicht als Erkrankung, so aber als Erkrankungsrisiko und damit als behandlungsbedürftig *kommuniziert* werden, in gewisser Weise sogar die medizinische Behandlung selbst, die ja nicht immer risikofrei ist. „Dieses System proliferiert schließlich so massiv, dass es von seinen Anfängen bis heute nicht nur Krankheiten an Körpern identifiziert, sondern mehr und mehr Krankheiten ‚erfindet', auf die es dann reagieren kann, im Sinne eben einer (fatalen) Proliferation, die für alle Funktionssysteme typisch zu sein scheint" (Fuchs 2006).

Die Referenz auf Krankheit und auf das Sterben ist zweifellos nicht neu. Sie hat bereits in früheren Gesellschaftsformationen als Gegenstand einer teils divinatorischen, teils erfahrungsgesättigten Praxis deutliche Spuren hinterlassen, war aber anders als heute zumeist verstreut und ohne Zusammenschluss der Strukturen und Prozesse der stark zufalls- und milieubehafteten Interaktion zwischen Heiler und Patient überlassen. Heute aber treten vor allem Organisationsfragen neben die hergebrachten Praktiken der ärztlichen Behandlungskunst. Behandlungsabläufe werden neu justiert. Die evidenzbasierte „Programmierung" des Medizinbetriebes ist in vollem Gange. Und fast als Gegenbewegung zur laborgetesteten (Kosten-) Wirksamkeit von Therapien wird im Leitbild der Patientenorientierung aktuell auch das „Subjekt" revitalisiert: kann durch all dies ein Zuwachs an Lebensqualität in Aussicht gestellt werden? Wie steht es mit der Therapietreue des Patienten? Wie weit können wir der subjektiven Dimension von Krankheitsverarbeitung innerhalb vorgegebener Behandlungsabläufe Raum geben? Wenn es stimmt, dass der gesundheitliche Nutzen rein medizinischer Maßnahmen mit höherem Wohlstandsniveau kontinuierlich abnimmt und präventive Maßnahmen für den Gesundheitszustand an Bedeutung gewinnen, so geht es im Übrigen nicht nur um die Behandlung einzelner Leiden, sondern auch um die sozialen Kontextbedingungen von Gesundheit und mit diesen um Fragen sozialer Gerechtigkeit in Ansehung ungleich verteilter Chancen der Gesunderhaltung.

Bei genauer Betrachtung ist auch beim letztgenannten Aspekt eine „Wahrheit" zu verspüren: es sind die Bedürfnisse insbesondere der einkommensschwachen Bevölkerungsschichten, die sich ihre Gesundheitsleistungen im Falle eines Falles auf einem Markt nicht werden beschaffen können und die deshalb mindestens einer „staatlichen Umverteilungsmaschine", wenn nicht eines daseinsvorsorgenden kommunalen „Gemeinwesens" bedürfen, um mit dem Nötigen versorgt zu werden, die Forsthoff (auch) im Auge gehabt haben könnte, wenn er sein Konzept scheinbar mühelos mit sittlichen Freiheitspostulaten in Verbindung bringt (ähnlich auch die Beobachtung von Weber 1980, S. 508).

Dabei wird – nunmehr systemtheoretisch gesprochen – das Gesundheitssystem als „soziales" System dort zur Geltung gebracht, wo die Gesellschaft ihr Verhältnis zu Körper und Psyche im Blick auf Gesundheitsrisiken und die Bedingungen anderer Funktionssysteme (namentlich der Ökonomie und ihrer Verteilungswirkungen) „kommunikativ" bestimmen muss.

„Krankheit" zählt insofern nicht mehr nur als Körperstörung. Wenn sich in der Gesellschaft eine Funktion ausbildet, so reagiert diese damit auf ein Problem. Die Form funktionaler Differenzierung kann sich nur unter bestimmten biopsychischen Grundbedingungen reproduzieren. Die Funktionen des Wirtschaftens, Erziehens, der Machtausübung (usw.) setzen annähernd stabile Verhältnisse in der körperlichen und psychischen Systemumwelt der Gesellschaft voraus. Sie benötigen die gesellschaftliche „Person" als Ankerpunkt. Anders gesagt: Die funktional differenzierte Gesellschaft ist auf die „Multiadressierbarkeit" der Person und damit ihren Gesundheitszustand fundamental angewiesen (Fuchs 2006, S. 25 f.; Baecker, 2007, S. 55). Hierauf kann die Gesellschaft nur mit den ihr eigenen Mitteln reagieren – mit Kommunikation, mit einer Vergesellschaftung von Körper und Psyche. Soll diese Kommunikation mit ihrer besonderen Typik im binären Schema von „krank/ gesund" (Luhmann 1997, S. 359 ff.) auf Dauer gestellt sein, so erfordert dies ein gewisses Maß an Unabhängigkeit vom Leidensdruck des Körpers und der Psyche als kommunikativ unerreichbaren gesellschaftsexternen Phänomenen. An deren

Stelle tritt eine zunehmend artifizielle, sich von den lebensweltlichen Gewissheiten der Patienten immer weiter entfernende Behandlungsmaschine, die den Blick gewissermaßen vom gesellschaftsexternen Körper auf das gesellschaftsinterne Gesundheitsrisiko verlagert.

· ·

Das gesellschaftliche Gesundheitsrisiko und das Entstehen differenzierter Organisationsformen gehen Hand in Hand. Das Gesundheitssystem von heute reproduziert sich unter Bedingungen eines zunehmend artifiziellen und geradezu illusionären (der Gesundheitsbegriff der WHO!) Umgangs mit Krankheit nach Maßgabe dokumentierter Zustandsänderungen und -stabilisierungen am Körper des Patienten (Fuchs 2006, S. 29; Baecker 2008, S. 50 f.). Hierfür braucht es Behandlungswege und -programme, Fachpersonal und Krankenakten, mithin Organisation: diese „kümmert sich … um das laufende Generieren jener Zustandsveränderungen der beteiligten Körper, angesichts derer die Krankheitsdiagnosen plausibel gehalten und die in die asymmetrische Interaktion (zwischen Arzt und Patient, EWL.) investierten Vertrauensvorschüsse bestätigt werden können" (Baecker 2008, S. 50). Die Verselbstständigung des Gesundheitssystems gegenüber dem Körper und das Entstehen einer funktional eingeschärften Kommunikationstypik wird also gewissermaßen mit einem Mehr an Organisation erkauft. Erst sie gibt einer weit ausgreifenden modernen Medizin ihren Halt, die unter diesen Bedingungen an ihrem selbsterzeugten Nichtwissen im Umgang mit außerhalb ihrer Reichweite liegenden Risikophänomenen nicht nur nicht scheitert, sondern dieses Nichtwissen zum Anlass einer weiteren Ausdifferenzierung, ja Professionalisierung machen kann (Baecker 2008, S. 52).

Seit Ausweitung des medizinischen Aktionsradius auf „Verschlimmerungsverhinderung" gerät nicht nur der bisherige, sondern auch der zukünftige Krankheitsverlauf in den Blick des Mediziners. Es ist nunmehr der „fitte" Körper, der im Hinblick auf seine Fähigkeit beurteilt wird, an allen gesellschaftlichen Angelegenheiten teilzunehmen – jetzt und in absehbarer Zukunft. Psychische, somatische, genetische und biografische Krankheitsrisiken korrelieren mit einer Ausdifferenzierung der klassischen Krankenhausorganisation in diesen Krankheitsbildern entsprechende Einrichtungen (Baecker 2008, S. 53). Entstanden sind Beratungs-, Präventions-, Selbsthilfe- und Behandlungssettings, die einem solchen Zuwachs an Komplexität gewachsen sind: von der vollintegrierten Betreuung Multimorbider bis hin zum locker gekoppelten Gesundheitsnetzwerk mit Schulen, Familien und Freizeiteinrichtungen gibt es nichts, was nicht zu einem Thema des Gesundheitswesens gemacht werden könnte. Die ganzheitliche Medikalisierung des Menschen innerhalb komplexer multizentrischer, sektor-, arzt- und berufsgruppenübergreifender

Steuerungsprozesse überlagert die überkommenen „Regeln der ärztlichen Kunst"
sowie die von diesen Regeln lange Zeit getragene Krankenhaushierarchie. War das
nahezu blinde Vertrauen in die Treffsicherheit der ärztlichen Fallinterpretation in
der Interaktion mit dem Patienten einst der entscheidende Faktor beim Umgang
mit ungesicherten Heilungschancen, so sieht sich in der Risikogesellschaft jetzt
das gesamte Behandlungsnetzwerk in vertrauensbildende Managementstrategien
einbezogen – vom ärztlichen Einweiser hin zur Fachabteilung und darüber hinaus
(Keßel 2014, S. 263).

. . . .

Dies sollte jedoch nicht darüber hinwegtäuschen, dass das individuelle Krank-
heitsbild und die darauf bezogene ärztliche Lebensführungsberatung so etwas wie
eine natürliche Grenze für Organisationsmaßnahmen darstellen. Ein Übermaß an
Organisation und Kontrolle unter Verengung situativ offener Interaktionsräume
gefährdet den Behandlungsprozess. Wenn man den Beobachtungen der Feldfor-
schung Glauben schenken darf, so wird man die Kontext und Einzelfall synthe-
tisierenden, von unterschiedlichen Grundorientierungen geprägten (Glouberman
und Mintzberg 2001) informellen Vermeidungs- und Anpassungsstrategien des
Behandlungspersonals zwar als Ausgleichsmechanismen für „Organisations-
versagen" in Rechnung stellen dürfen (Vogd 2005, S. 242 f.). Die Frage ist aber,
wann auch hiermit nicht mehr gerechnet werden kann. Auch wenn sich für den
Organisationsplaner vor diesem Hintergrund die richtige Verhältnisbestimmung
von Aufsicht und Autonomie als Daueraufgabe abzuzeichnen scheint, so bleibt
ein tragischer Rest, der darin besteht, dass die Organisation letztlich immer nur
im Rahmen ihrer Möglichkeiten – mithin als „Organisation", mithin in einem
Netzwerk zurechenbarer Entscheidungen – handeln kann.

. . . .

Die beschriebene Entwicklung aber bietet noch keine zureichende Erklärung
für die enorme Dynamik, die der Entwicklung zu mehr und zu diversifizierter
Organisation zugrunde liegt. Entstand das Armenkrankenhaus mit der sich
ausbreitenden Schrift- und Hochkultur als *institutionalisierte Organisation*, das
Akutkrankenhaus mit der Buchdruck- und modernen Kultur als *standardisierte
Organisation*, so entstehen das heutige Gesundheitszentrum und seine Netzwerke
als *globalisierte Organisation* im Medium der Computerkultur (Baecker 2007, S. 14
ff.). Die Globalisierung der Organisation bedeutet, dass der Vergleichshorizont des
eigenen Therapieangebots wie die zunehmend informierte Suche des Patienten nach
Alternativen der Horizont der Weltgesellschaft insgesamt ist (Baecker 2008, S. 54).

Und die computergesteuerte Netzwerkgesellschaft bedeutet, dass nicht einfach nur mit einem Verlust an kausaler Kontrolle enormer Mengen an Information gerechnet werden muss, sondern dass alle Organisationen unter Ansprüchen der höchsten Zuverlässigkeit stehen, wenn sie Netzwerkpartner finden und bleiben wollen. In diesem Entwurf einer hochtechnisierten Zukunft, die längst begonnen hat, wird – ungewöhnlich zumindest für Systemtheorie – dem „Menschen" eine erstaunliche Karriere vorhergesagt (Baecker 2007, S. 49 ff.): Die „Geistesgegenwart" der Individuen sei im Grunde die einzige Ressource im Umgang mit den Unwägbarkeiten der Netzwerk-Kommunikation, die es mit dem elektronischen Datenfluss zwar nicht in puncto Schnelligkeit aufnehmen, die diesem jedoch ein hinreichendes Verständnis von der Unmöglichkeit seiner kausalen Kontrolle entgegensetzen könne. Kein noch so perfektes Controlling könne mithin die Ausführung jener Abläufe herstellen oder überwachen, die für ein zuverlässiges Arbeiten unter Bedingungen hoher Unsicherheit unerlässlich sind. Hier hilft nur der „Rechner Mensch" als hinreichend komplexe Einheit, die wahrnehmungsfähig und kommunikationsfähig ist, die trainiert und ausgebildet werden kann und die bei all dem zusätzlich in der Lage ist, ihre eigenen Bedingungen zu beobachten, zu reflektieren und zu beschreiben (zur Bedeutung der Ein-Personen-Perspektive für kognitive Leistungen vgl. Metzinger 2013-1 und 2013-2, S. 191, 426).

• •

In einer solchen Ordnung, die durch die Ereignishaftigkeit aller Prozesse gekennzeichnet ist, und die jedes einzelne Ereignis als einen nächsten Schritt in einem prinzipiell unsicheren Gelände definiert (Baecker 2007, S. 50 f.), sind das betriebswirtschaftliche Kalkül und die hierarchische Struktur – wie weitgehend noch in der formalisierten Krankenhausorganisation der Buchdruckkultur – längst nicht mehr die einzigen Determinanten einer erfolgreich agierenden Gesundheitsorganisation. Vielleicht sind sie zunehmend sogar Gründe für Erfolglosigkeit. Integrierte Systeme sind anstatt eines festgefügten Zusammenhangs mehr denn je als projektförmig zu begreifen, weil unter den neuen Bedingungen Anschlussfähigkeit nach außen und innen gewährleistet sein muss: in den Vordergrund rückt jetzt die sog. Organisationskultur, die eine Behandlungseinrichtung bei nachlassender Hierarchisierung der Arbeitsbeziehungen zusammenhält und nicht zuletzt der Patient mit seinen gehobenen Ansprüchen an die Qualität und das Prestige der Einrichtung (Keßel 2014). Wenn „das individuell beste Behandlungsdesign aus dem Gesamtangebot des Versorgungsnetzes" (Zeichardt und Voss 2009, S. 243) die Ideal und Zielmarke sein soll, so führt dies zu ganz neuen Herausforderungen des Umgangs mit Unsicherheit für das Gesundheitsmanagement.

Situative Behandlungsarrangements innerhalb komplex verknüpfter Möglich-
keitsräume sind zunächst einmal nichts anderes als ein Nährboden für latente
Unruhe und Überraschungen. Nie kann der Anbieter bei horizontaler Konkurrenz
wirklich wissen, ob seine Angebote wieder nachgefragt werden. Wenn unklar ist,
ob, wie lange, mit wem und unter welchen Bedingungen die eigene Netzwerkbetei-
ligung fortgeführt wird, wird man auf organisatorische Gestaltungen angewiesen
sein, die die Leistungsanbieter dazu befähigen, sowohl innerhalb kompetitiver als
auch komplementärer Beziehungen zueinander bestehen zu können (Baecker 2007,
S. 56). Das vor allem für multimorbide Patienten entwickelte „komplexe Fallmanagement" könnte einer der Orte sein, wo Kompetenzen wie diese verstärkt zum
Tragen kommen. Und vielleicht lassen sich in ihren Assessments unter veränderten
Vorzeichen auch Situationserfordernisse der klassischen Arzt-Patient-Beziehung
wieder stärker zur Geltung bringen (s. o.). Dass im Übrigen Pauschalfinanzierungen
wie DRGs und Kopfpauschalen zwar ein ökonomisches Kalkül in die Behand-
lungsorganisation einbringen, dieses Kalkül jedoch auch dazu beitragen kann, dass
sich unterschiedliche Akteure auf einem Markt netzwerkartig zusammenfinden
(Schubert und Vogd 2007, S. 41 f.), bestätigt die Tendenz, dass es längst nicht mehr
nur um die richtigen Techniken der ärztlichen Behandlung, sondern viel weitgrei-
fender auch um Strategiefragen bei der Wahl der richtigen Systemebene geht, also
um die Frage, ob der Prozess der Konstruktion gesundheitlicher Wirklichkeiten
stärker mittels „Interaktion" oder mittels „Organisation" moderiert werden soll.

Damit aber muss noch nicht Schluss sein. Auch zum Zuschnitt der modernen
Gesellschaft kann bei klarer Trennung der Systemebenen Stellung bezogen werden,
wenn wir bspw. danach fragen, welche Konsequenzen es haben kann, eine Sache
überhaupt zu einem Problem des Gesundheitssystems zu machen, insofern sich
abzeichnet, hierdurch das Medizinsystem, andere Teilsysteme der Gesellschaft
oder gar die Differenzierungsform der Gesellschaft insgesamt unbeherrschbaren
Risiken auszusetzen (etwa durch die palliativmedizinische Einbeziehung des
Sterbens bzw. der Sterbehilfe in den ärztlichen Behandlungskanon, im Falle einer
Überstrapazierung der Wirtschaft als Folge arbeitsmedizinischer Eingriffe in die
Produktion oder schließlich im Sinne eines gegenüber der Gesellschaft im Zuge von
Religion oder Ökologie gehegten Generalverdachts, die Ausrottung alles Lebendi-
gen voranzutreiben). Nicht zuletzt wird man bei derart weit geöffneter Perspektive
auch die Frage nach den Konsequenzen jenes unaufhaltsamen Vordringens der
Organisationsebene in medizinische Behandlungsvorgänge für das Fortbestehen
des Gesundheitssystems in seiner bisherigen funktionalen Verfasstheit stellen
müssen. Werden die alten Muster jener Engführung der Behandlungsprogramme
auf das individuelle Krankheitsgeschehen wenn nicht heute schon, so doch in
absehbarer Zukunft durch den Zwang zur Teilnahme an unter wechselnden medi-

zinischen, politischen und ökonomischen Bezügen agierenden multifunktionalen Behandlungsnetzwerken überlagert? Und sind dies die evolutiven Vorboten neuer sozialer Formen in Gestalt einer an innerer Dynamik bislang unübertroffenen Netzwerkgesellschaft (Castells 2004), in welcher der Umgang mit Krankheit nicht mehr auf die klassische Alternativen Markt/Hierarchie oder Kooperation/Wettbewerb festgelegt ist, sondern in der letztlich das Netzwerk darüber entscheidet, mittels welcher Technologien, Organisationsformen und Personalkompetenzen gesellschaftliche Funktionen erfüllt werden (Baecker 2006, S. 128)?

2.10   Schluss

Dies war der Versuch, den Begriff der Daseinsvorsorge mit gegenwärtigen Theorieentwicklungen zu konfrontieren und weiterzuentwickeln. Der Begriff der Daseinsvorsorge ist einerseits zu etabliert und andererseits mit neuen Ideen gleichzeitig zu unterversorgt, um ihn weiterhin in den Nischen des Rechts- und Politikalltags vor sich hindämmern zu lassen. Eine Renaissance der Daseinsvorsorge wäre durchaus im Trend. Auch auf europäischer und nationaler Ebene hat man innerhalb der jüngsten Vergaberechtsreform mit einem vereinfachten und flexibleren Vergabeverfahren dem besonderen personalen Charakter sozialer Dienstleistungen, wie wir ihn als ideellen Nährboden von Daseinsvorsorge kennen gelernt haben, die seit langem geforderte Anerkennung verschafft (Luthe 2016). Auch hier gilt, dass diesem Versorgungssegment kaum grenzüberschreitende Bedeutung zugesprochen wird (und es genau deshalb von den strengen Wettbewerbsvorschriften des GWB ausgenommen wurde), es mithin wie die Daseinsvorsorge stark dezentral angelegt ist und maßgeblich von lokalen Eigenarten des Zusammenlebens mit ihren je verschiedenen Auswirkungen auf die Grundversorgung der Bevölkerung geprägt wird (Erwägungsgründe 114 ff. der Richtlinie 2014/24/EU; BT-Drs. 18/6281, S. 2 und S. 114 ff.).

Im Rahmen dieses Beitrages, darauf ist abschließend nochmals deutlich hinzuweisen, ging es ausschließlich um personenbezogene Dienstleistungen und dies unter Schwerpunktbildung im Kontext der gesundheitlichen Versorgung. Inwiefern die gewonnenen Erkenntnisse auch auf stärker technisch orientierte Bereiche anwendbar sind (wie etwa die Energieversorgung, Straßenunterhaltung, Abfallentsorgung usw.) muss offen bleiben. Mindestens als Kontrastfolie für gegenständlich anders gelagerte Einzelbereichsanalysen aber dürften die Ausführungen verwertbar sein.

Literatur

Ahlert, M., & Kliemt, H. (2013). Unverrechenbare Werte, verrechnende Prioritäten. In B. Schmitz-Luhn & A. Bohmeier (Hrsg.), *Priorisierung in der Medizin* (S. 79–86). Berlin: Springer.

Amelung, V. E., Meyer-Lutterloh, K., Schmid, E., Seiler, R., & Weatherly, J. N. (Hrsg.) (2006). *Integrierte Versorgung und Medizinische Versorgungszentren – von der Idee zur Umsetzung.* Berlin: Medizinisch Wissenschaftliche Verlagsgesellschaft.

Amelung, V. E., Sydow, J., & Windeler, A. (2009). Vernetzung im Gesundheitswesen im Spannungsfeld von Wettbewerb und Kooperation. In dies. (Hrsg.), *Vernetzung im Gesundheitswesen* (S. 9–25). Stuttgart: Kohlhammer.

Amelung, V. E., Eble, S., Hildebrandt, H., Knieps, F., Lägel R., Ozegowski, S., Schlenker, R.-U., & Sjuts, R. (Hrsg.) (2015). *Patientenorientierung.* Berlin: Medizinisch Wissenschaftliche Verlagsgesellschaft.

Baecker, D. (1999). *Organisation als System.* Frankfurt am Main: Suhrkamp.

Baecker, D. (2006). *Wirtschaftssoziologie.* Bielefeld: transcript Verlag.

Baecker, D. (2007). *Studien zur nächsten Gesellschaft.* Frankfurt am Main: Suhrkamp.

Baecker, D. (2008). Zur Krankenbehandlung ins Krankenhaus. In W. Vogd & I. Saake (Hrsg.), *Moderne Mythen der Medizin: Studien zur organisierten Krankenbehandlung* (S. 39–62). Wiesbaden: VS Verlag.

Barth, C. (2011). Örtliche Teilhabeplanung für ältere Menschen mit und ohne Behinderung. In D. Lampke et al. (Hrsg.), Örtliche Teilhabeplanung mit und für Menschen mit Behinderungen (S. 257–268). Wiesbaden: VS Verlag.

Berchtold, P. (2006). Nahtstellen zwischen ambulant und stationär. In *Schweizerische Ärztezeitung* 2006, 1018–1020.

Brandhorst, A., Hildebrandt, H., & Luthe, E.-W. (Hrsg.) (2016). *Integration und Kooperation – das unvollendete Projekt des Gesundheitssystems.* Wiesbaden: Springer VS.

Breyer, F., Zweifel, P., & Kifmann, M. (2013). *Gesundheitsökonomik.* 6. Aufl. Wiesbaden: Springer.

Burgi, M. (Hrsg.) (2013). *Kommunale Verantwortung und Regionalisierung von Strukturelementen in der Gesundheitsversorgung.* Baden-Baden: Nomos.

Busse, R., Schreyögg, J., & Stargart, T. (2013). *Management im Gesundheitswesen*, 3. Aufl. Berlin, Heidelberg: Springer.

Candidus, W.-A. (2009). Patientenorientierung für vernetzte Versorgungsstrukturen. In W. Hellmann & S. Eble (Hrsg.), *Gesundheitsnetzwerke managen* (S. 61–69). Berlin: Medizinisch Wissenschaftliche Verlagsgesellschaft.

Cassel, D., Jacobs, K., Vauth, C., & Zerth, J. (Hrsg.) (2014). *Solidarische Wettbewerbsordnung.* Heidelberg: medhochzwei Verlag.

Cassel, D., & Wasem, J. (2014). Solidarität und Wettbewerb als Grundprinzipien eines sozialen Gesundheitswesens. In S. Cassel, K. Jacobs, C. Vauth & J. Zerth (Hrsg.), *Solidarische Wettbewerbsordnung* (S. 3–43). Heidelberg: medhochzwei Verlag.

Castells, M. (2004). *Der Aufstieg der Netzwerkgesellschaft.* Opladen: Leske und Budrich.

Dierks, M.-L., Seidel, G., Horch, K., & Schwartz, F. W. (2006). Bürger- und Patientenorientierung im Gesundheitswesen. In Robert Koch Institut (Hrsg.), *Gesundheitsberichterstattung des Bundes*, Heft 32. Berlin: Robert Koch Institut.

Eiff, W. v. (2002). Mergers & Acquisitions (I). In *Klinik Management Aktuell*, 7. Jg, Heft 5, 44–49.

Erbe, B., Lauer C., & Lange S. (2009). Compliance Assistenten im Gesundheitswesen – Therapietreue von Patienten verbessern. In V. E. Amelung, J. Sydow & A. Windeler (Hrsg.), *Vernetzung im Gesundheitswesen* (S. 335–347). Stuttgart: Kohlhammer.

EY, Ernest & Young (2015). Kommunenstudie 2015: Status quo und Handlungsoptionen. http://www.ey.com/Publication/vwLUAssets/EY-Kommunenstudie-2015/$FILE/EY-Kommunenstudie-2015.pdf. (abgerufen im Juni 2016).

Forsthoff, E. (1938). *Die Verwaltung als Leistungsträger*. Stuttgart: Kohlhammer.

Forsthoff, E. (1958). *Die Daseinsvorsorge und die Kommunen*. Köln-Marienburg: Sigillum-Verlag.

Fuchs, P. (2006). Das Gesundheitssystem ist niemals verschnupft. In J. Bauch (Hrsg.), *Systemtheoretische Betrachtungen des Gesundheitswesens*. Konstanz: Hartung-Gorre-Verlag.

Gehlen, A. (1957). *Die Seele im technischen Zeitalter*. Reinbek: Rowohlt.

Giddens, A. (1984). *Die Konstitution der Gesellschaft. Grundzüge einer Theorie der Strukturierung*. Frankfurt am Main: Campus.

Glouberman, H., & Mintzberg, S. (2001). Managing the care of health and the cure of disease, Teil 1 und 2. In *Health Care Management Review*, Vol. 26, Nr. 1, 56–69, 70–84.

Greiling, M., & Dudek, M. (2009). *Schnittstellenmanagement in der Integrierten Versorgung*. Stuttgart: Kohlhammer.

Greß, S., & Stegmüller, K. (2011). Gesundheitliche Versorgung in Stadt und Land – ein Zukunftskonzept. Expertise für die Friedrich-Ebert-Stiftung. Wiesbaden. http://library.fes.de/pdf-files/bueros/hessen/07866.pdf (abgerufen im Juni 2016).

Heidegger, M. (1962). *Die Technik und die Kehre*. Pfullingen: Neske.

Heinrich-Böll-Stiftung (Hrsg.) (2013). Wie geht es uns morgen – Wege zu mehr Eiffizienz, Qualität und Humanität in einem solidarischen Gesundheitswesen. In *Schriften zu Wirtschaft und Soziales*, Band 11. Berlin.

Hermann, C., Hildebrandt, H., Richter-Reichhelm, M., Schwartz, F. W., & Witzenrath, W. (2006). Das Modell „Gesundes Kinzigtal". In *Gesundheits- und Sozialpolitik*, Heft 5/6, 11–29.

Hess, R. (2013). Staatliche und verbandliche Ebenen bei der Weiterentwicklung der Versorgungsstrukturen. In E.-W. Luthe (Hrsg.), *Kommunale Gesundheitslandschaften* (S. 383–399).• Wiesbaden: Springer VS.

Hildebrandt, H., & Trojan, A. (2015). Gesundheitsförderung und integrierte Versorgung. In Bundeszentrale für gesundheitliche Aufklärung. Internet: http://www.leitbegriffe.bzga.de/alphabetisches-verzeichnis/gesundheitsfoerderung-und-integrierte-versorgung/.

Hildebrandt, H. (2015). Aufbruch in einer erweiterten Wettbewerbsordnung: Krankenkassen im Wettbewerb um Gesundheitsergebnisse. In *G+S* 2015, 41– 49.

Hoffer, H. (2013). Die Kommune im Kontext neuer Versorgungsansätze. In E.-W. Luthe (Hrsg.), *Kommunale Gesundheitslandschaften* (S. 399–414). Wiesbaden: Springer VS.

Horn, K., Beier, C., Kraft-Krumm, D. (1984). *Gesundheitsverhalten und Krankheitsgewinn*. Opladen: Westdeutscher Verlag.

Keßel, S. C. (2014). *Loyalitätswettbewerb in der Patientenversorgung*. Wiesbaden: Springer Gabler.

Klapper, B. (2003). *Die Aufnahme im Krankenhaus: People Processing, Kooperation und Prozessgestaltung*. Bern: Huber.

Lange, K. (2014). Öffentlicher Zweck, öffentliches Interesse und Daseinsvorsorge als Schlüsselbegriffe des kommunalen Wirtschaftsrechts. In *Neue Zeitschrift für Verwaltungsrecht*, 10, 616–621.

Lüdecke, D. (2015). *Patientenorientierung im Kontext der vernetzten Versorgung.* Manuskriptfassung, Diss. Universität Bremen.

Luhmann, N. (1981). *Politische Theorie im Wohlfahrtsstaat.* München, Wien: Olzog.

Luhmann, N. (1991). *Soziologie des Risikos.* Berlin: de Gruyter.

Luhmann, N. (1997). *Die Gesellschaft der Gesellschaft.* Frankfurt am Main: Suhrkamp.

Luthe, E.-W. (1989). *Das Besondere Gewaltverhältnis – Selbstregulationsmodell des Öffentlichen Rechts.* Bern, New York: Lang.

Luthe, E.-W. (2001). Wettbewerb, Vergabe und Rechtsanspruch im Sozialraum der Jugendhilfe. In *Nachrichtendienst des Deutschen Vereins,* 81(8), 247–257.

Luthe, E.-W. (2006). Warum Sozialtechnologie. In *Nachrichtendienst des Deutschen Vereins,* 86(3), 1–5.

Luthe, E.-W. (2009). *Kommunale Bildungslandschaften.* Berlin: ESV.

Luthe, E.-W. (Hrsg.) (2013). *Kommunale Gesundheitslandschaften.* Wiesbaden: Springer VS.

Luthe, E.-W. (2013-3). Modellebenen der integrierten Versorgung. In E.-W. Luthe (Hrsg.), *Kommunale Gesundheitslandschaften* (S. 37–54). Wiesbaden: Springer VS.

Luthe, E.-W. (2013-1). Kommunale Gesundheitslandschaften – das Grundkonzept. In E.-W. Luthe (Hrsg.), *Kommunale Gesundheitslandschaften* (S. 3–35). Wiesbaden: Springer VS.

Luthe, E.-W. (2013-2). Gesundheitliche Versorgung und kommunale Selbstverwaltungsgarantie. In E.-W. Luthe (Hrsg.), *Kommunale Gesundheitslandschaften* (S. 55–66). Wiesbaden: Springer VS.

Luthe, E.-W. (2015-1). Kommunale Gesundheitslandschaften – Bausteine und Perspektiven. In J. Kuhn & M. Heyn (Hrsg.), *Gesundheitsförderung durch den öffentlichen Gesundheitsdienst* (S. 19–29). Bern: Hans Huber. Vgl. auch unter http://www.info-sozial.de/data/Gesundheitsland.pdf (abgerufen im Januar 2016).

Luthe, E.-W. (2016). Kommentierung des § 130 GWB. In *Juris-Vergaberechtskommentar.* Saarbrücken: juris.

Metzinger, T. (2013-1). Selbst, Selbstmodell und Subjekt. In A. Stephan & S. Walter, *Handbuch Kognitionswissenschaft* (S. 420–427). Stuttgart: Metzler.

Metzinger, T. (2013-2). Verkörperlichung und situative Einbettung. In A. Stephan & S. Walter, *Handbuch Kognitionswissenschaft* (S. 184–192). Stuttgart: Metzler.

Mühlbacher, A. (2007). *Integrierte Versorgung: Auf dem Weg zur virtuellen Organisation.* Berlin: Zentrum für innovative Gesundheitstechnologie.

Mrozynski, P.(2011). *Sozialgesetzbuch IX – Kommentar, Teil 1.* 2. Aufl., München: Beck.

Murza, G., & Hurrelmann, K. (Hrsg.) (1996). *Regionale Gesundheitsberichterstattung.* Weinheim: Juventa.

Nellissen, G. (2006). *Sozialraumorientierung im aktivierenden Sozialstaat – eine wettbewerbs-, sozial- und verfassungsrechtliche Analyse.* Baden-Baden: Nomos .

Niedersächsischer Landtag (2014). *Weiterentwicklung der Gesundheitsregionen für eine wohnortnahe, leistungsfähige und sektorenübergreifende Gesundheitsversorgung in Niedersachsen.* 17. Wahlperiode, Drucksache 17/1639.

Oswald, D. A., Henke, K.-D., & Hesse, S. (2013). Das Gesundheitssatellitenkonto: Der zweite Schritt – Wertschöpfungs- und Beschäftigungseffekte der regionalen Gesundheitswirtschaft. In E.-W. Luthe (Hrsg.), *Kommunale Gesundheitslandschaften* (S. 431–450). Wiesbaden: Springer VS.

Pimperl, A., Schreyögg, J., Rothgang, H., Busse, R., Glaeske, G., & Hildebrandt, H. (2014). Ökonomische Erfolgsmessung von integrierten Versorgungsnetzen. In *Das Gesundheitswesen,* Internetpublikation: https://www.researchgate.net/publication/267093722_Okonomische_Erfolgsmessung_von_integrierten_Versorgungsnetzen_-_Gutekriterien_Herausforderungen_Best-Practice-Modell (abgerufen im Januar 2016).

Pitschas, R. (1988). *Kommunale Sozialpolitik*. In von Maydell & Ruland, *Sozialrechtshandbuch* (Seite 1011 ff.). Neuwied: Luchterhand.

Prottas, J. M. (1979). *People Processing. The Street-Level Bureaucrat in Public Service Bureaucracies*. Toronto: Lexington.

Reiss, M. (2013). *Hybridorganisation, Netzwerke und virtuelle Organisation*. Stuttgart: Kohlhammer.

Sachverständigenrat zur Begutachtung der Entwicklung der Entwicklung im Gesundheitswesen. *Gutachten 2007 (Kooperation und Verantwortung), 2009 (Koordination und Integration) und 2012 (Wettbewerb zwischen ambulanter und stationärer Versorgung)*. Internet: http://www.svr-gesundheit.de/index.php?id=6 (abgerufen im Januar 2016).

Siegel, A., Stößel, U., Geßner, D., Knittel, R., Beckebans, F., Hildebrandt, H., Herman, C., Trojan, A., & Pfaff, H. (2009). Kooperation und Wettbewerb im integrierten Versorgungssystem „Gesundes Kinzigtal". In V. E. Amelung, J. Sydow & A. Windeler (Hrsg.), *Vernetzung im Gesundheitswesen*. Stuttgart: Kohlhammer, S. 223–236.

Schmehl, A., & Wallrabenstein, A. (Hrsg.) (2006). *Steuerungsinstrumente im Recht des Gesundheitswesens, Band 2 – Kooperation*. Tübingen: Mohr Siebeck.

Schmitt, N. (2009). Ansprüche an vernetzte Versorgungsstrukturen aus Sicht der Krankenkassen. In W. Hellmann & S. Eble (Hrsg.), *Gesundheitsnetzwerke managen* (S. 69–75). Berlin: Medizinisch Wissenschaftliche Verlagsgesellschaft.

Schubert, C., & Vogd, W. (2009). Die Organisation der Krankenbehandlung. Von der privatärztlichen Konsultation zur vernetzten Behandlungstrajektorie. In V. E. Amelung, J. Sydow & A. Windeler (Hrsg), *Vernetzung im Gesundheitswesen* (S. 25–49). Stuttgart: Kohlhammer.

Schräder, W. F. (1986). *Kommunale Gesundheitsplanung*. Berlin: Birkhäuser.

Schreyögg, J. (2009). Mobilisierung von Netzwerkressourcen in einem vertikal integrierten Gesundheitsnetzwerk. In V. E. Amelung, J. Sydow & A. Windeler (Hrsg), *Vernetzung im Gesundheitswesen* (S. 211–221). Stuttgart: Kohlhammer.

Schreyögg, J., Weinbrenner, S., & Busse, R. (2013). Leistungsmanagement in der Integrierten Versorgung. In R. Busse, J. Schreyögg & T. Stargardt (Hrsg.), *Management im Gesundheitswesen*, 3. Aufl. (S. 106–127). Berlin/Heidelberg: Springer .

Teuteberg, L. (2008). Daseinsvorsorge durch, nicht für kommunale Unternehmen, In *LKV Landes- und Kommunalverwaltung*, 2008, 150–154.

Vater, G., & Hodek, L., & Niehaus, M. (2013). Rehabilitation und berufliche Teilhabe behinderter oder von Behinderung bedrohter Menschen in lokalen Strukturen. In E.-W. Luthe (Hrsg.), *Kommunale Gesundheitslandschaften* (S. 417–429). Wiesbaden: Springer VS.

Van Maanen, J. (1978). People Processing: Strategies of organizational socialisation. In *Organizational Dynamics* 7, 19–36.

Vogd, W. (2005). Medizinsystem und Gesundheitswissenschaften – Rekonstruktion einer schwierigen Beziehung. In *Soziale Systeme*, 11(2), 236–270.

Weatherly, J. N. (2013 -1). Netzwerkmanagement im Gesundheitsbereich. In: E.-W. Luthe (Hrsg.), *Kommunale Gesundheitslandschaften* (S. 103-116). Wiesbaden: Springer VS.

Weatherly, J. N. (2013-2). Qualitätsmanagement im Bereich örtlicher Versorgungsstrukturen. In E.-W. Luthe (Hrsg.), *Kommunale Gesundheitslandschaften* (S. 119–134). Wiesbaden: Springer VS.

Weber, M. (1980). *Wirtschaft und Gesellschaft*. 5. Aufl., Tübingen: Mohr Siebeck.

Zeichhardt, R., & Voss, H. (2009). Integrierte Gesundheitsversorgung im Spannungsfeld von Hierarchie, Kooperation und Wettbewerb. In V. E. Amelung, J. Sydow & A. Windeler (Hrsg.), *Vernetzung im Gesundheitswesen* (S. 238–255). Stuttgart: Kohlhammer.

Zill, J. M., Härter, M., Dirmaier, J., & Scholl, I. (2015). *Which Dimensions of Patient-Centeredness Matter?* In Plos ONE 10(11): e0141978.dd: 10.1371/journal.

Gesundheitsbezogenes soziales Wirtschaften 3

Wolf Rainer Wendt

Für Gesundheit und für die Bewältigung sozialer Probleme wird ein großer Aufwand getrieben. Und er wächst beständig. An den Fakten ist nichts zu deuteln. Aber für die Theorie bleibt die Ökonomie der Humandienste, also all dessen, was direkt zum Wohl von Menschen an Versorgung organisiert ist, ein schwieriges Terrain – nicht zuletzt, weil bei dieser Ökonomie zumeist nur punktuell an das Wirtschaften in einzelnen Bereichen und Betrieben gedacht und dabei ausgeklammert wird, wie dieses partielle Wirtschaften in dem Feld, in dem es stattfindet, bedingt und fundiert ist. Über die Bewirtschaftung des ganzen Aufgabenbereichs im Sozial- und Gesundheitswesen wird auf mehreren Ebenen im ausgedehnten sozialen Leistungssystem bzw. im gesellschaftlichen Regime der Wohlfahrt entschieden. Es ist politisch gestaltet – und insoweit anscheinend nicht ökonomisch. Beauftragte Institutionen und Dienstleister wirtschaften; das Geschehen insgesamt tritt ökonomisch nur summarisch im Sozialbudget und, unzureichend, in der volkswirtschaftlichen Gesamtrechnung in Erscheinung. Die Theorie der Sozialwirtschaft, zuständig für unmittelbar wohlfahrtsdienliches Wirtschaften, hat alle Akteure im ökonomischen Zusammenhang ihres Sorgens für sich selbst, miteinander und füreinander zu bedenken.

Bei genauerer Betrachtung werden im System der sozialen und gesundheitlichen Versorgung viele Interessen bedient, immer auch in wirtschaftlicher Hinsicht. Wer sind die Akteure, die gesundheitsbezogen über den Einsatz von Ressourcen bzw. über Leistungen zu entscheiden haben? Auf der Makroebene der Politik sind es Gremien, die Haushaltsentscheidungen treffen. Dabei handelt es sich nicht nur um die Zuweisung finanzieller Mittel, sondern auch um die Struktur der Versorgung betreffende Dispositionen und um Regularien für das Handeln von Leistungsträgern und Leistungserbringern. Diese sind Akteure, die relativ selbständig die gesundheitsbezogene Versorgung vollziehen – einerseits Kranken-, Pflege- und Rentenkassen, mittelbar auch die kommunalen Gebietskörperschaften, andererseits die behandelnden, pflegenden und betreuenden Einrichtungen und Dienste mit ihrem Personal. Sie handeln in Abstimmung mit ihren Nutzern, die in der Szenerie der Versorgung eine mehr oder minder selbstaktive Rolle spielen.

Die Ökonomie, mit der im Gefüge der Akteure zur Gesundheit beigetragen wird, ergibt sich nicht additiv aus dem wirtschaftlichen Handeln der Beteiligten. Bedarfsgerecht und zweckmäßig wäre es weder, wenn jeder Akteur vorrangig auf Sparsamkeit achtete, noch wenn Großzügigkeit vorherrschte und so viel wie möglich ausgegeben wird. Mag die Branche gesundheitswirtschaftlicher Unternehmen auf den hohen Beitrag zum Bruttoinlandsprodukt verweisen, über die Angemessenheit der Versorgung ist damit wenig ausgesagt. Eine Ökonomie, die der sozialen und gesundheitlichen Versorgung eigen ist, hebt sich notwendig von der üblichen volkswirtschaftlichen Betrachtung ab, in der nach der Menge dessen gefragt ist, was im Markt Produzenten liefern und Konsumenten kaufen. Die Gestaltung von Versorgung fordert von Lieferanten und Abnehmern ein bedarfsgerechtes Handeln unter Gebrauch vorhandener Mittel und Möglichkeiten ein. Im Folgenden wird näher zu erläutern sein, worauf die Ökonomie des gesundheitsbezogenen Handelns im Zusammenwirken der daran Beteiligten ausgerichtet ist bzw. ausgerichtet werden muss.

In einem ersten Schritt seien gesundheitsökonomische Konzepte des Handlungsfeldes der Versorgung diskutiert. Daran anschließend wird das Konstrukt der Gesundheitswirtschaft untersucht. Im Verständnis der Aufgaben, die zu bewirtschaften sind, tritt deren sozialer Charakter hervor. Mit ihm geht das Versorgungsgeschehen in die allgemeine und individuelle Sorge für Wohlfahrt über, die sich sozial und gesundheitlich, personenbezogen und gemeinschaftlich ausbuchstabieren lässt. Sorgend ist Gesundheit von allen Beteiligten auf jeder Ebene der Zuständigkeit in eigener Verantwortung zu bewirtschaften. Die Breite der Sorge mit der durch sie erreichten Wertschöpfung wirkt auf den engeren Leistungsbereich der professionellen Medizin und Pflege zurück.

3.1   Von der Politischen Ökonomie des Gesundheitswesens zu seiner Sozialökonomik

Gesundheitsversorgung erfolgte, wenn wir in ihre Geschichte zurückblicken, bis in jüngere Zeit nicht unternehmerisch; sie war kein Geschäft und hatte keinen offenen Markt. Die Umetikettierung von Einrichtungen und Diensten im Gesundheitswesen wie im weiteren Sozialwesen zu „Unternehmen" fand erst im Gefolge des *New Public Management* resp. der Neuen Steuerung seit den 1980er Jahren statt. Die Anbieter von Versorgung sollten sich wie alle administrativen Einheiten fortan ergebnisorientiert und wie ein Unternehmen betriebswirtschaftlich verhalten und sich dem Wettbewerb in einem Markt aussetzen. Damit entfiel ein wesentlicher Unterschied von im öffentlichen Interesse gebotenen Diensten und privat-gewerblichen Geschäften. Der Auftritt im Markt egalisiert sie in Lieferbeziehungen von Anbietern zu Abnehmern. „Unternehmen" sind nach Feststellung des Europäischen Gerichtshofs alle eine wirtschaftliche Tätigkeit ausübenden Einheiten, unabhängig von ihrer Rechtsform und der Art ihrer Finanzierung. Als „wirtschaftliche Tätigkeit" hat der EuGH jede Tätigkeit industrieller oder kommerzieller Art definiert, die darin besteht, Güter oder Dienstleistungen auf einem bestimmten Markt anzubieten (ECJ 16.6.1987, C-118/85). Was hier unternommen wird, setzt einen funktionierenden Markt voraus, auf dem Anbieter und Nachfrager in einem Austauschverhältnis (von Leistung und Gegenleistung) stehen (vgl. zur Auslegung der Begriffe Krispenz 2011, insbes. S. 177 ff.).

Ob und inwieweit dies auf die gesundheitliche Versorgung zutrifft, bleibt der weiteren Erörterung überlassen. Jedenfalls hat sich im neoliberalen Kontext der Entwicklung der Auftritt der *Gesundheitsunternehmen* ergeben und mit ihnen die *Gesundheitswirtschaft*: sie ist danach der Handlungsbereich der Gesundheitsunternehmen. Parallel wird von *Sozialunternehmen* gesprochen, zugeordnet dem Handlungsbereich der *Sozialwirtschaft*. Seither wird mit dieser Bezeichnung die Mannigfaltigkeit der Wohlfahrtsorganisationen belegt. Indes hat Sozialwirtschaft eine andere und längere Geschichte als Feld solidarischen, genossenschaftlichen Wirtschaftens (Wendt 2014 a, S. 64 ff.). Die Sozialwirtschaft schloss in ihren Anfängen im 19. Jahrhundert keine medizinischen Dienste ein, war aber in Form der Versicherung in Gegenseitigkeitsvereinigungen sehr wohl auch gesundheitsbezogen organisiert.

Im Blick auf die Ursprünge der Sozialwirtschaft kommen wir historisch auch bei den Anfängen öffentlicher gesundheitsbezogener Versorgung an. Vormodern ein Teil der Ökonomie häuslichen Zusammenlebens, blieb nach Verfall des „ganzen Hauses" bzw. der „geschlossenen Hauswirtschaft" diesem Zusammenleben bei wachsender Freizügigkeit die Sorge um Gesundheit und die Pflege von Kranken nicht mehr überlassen: Es begann eine schrittweise Externalisierung gesundheitsbezogener Bedarfsdeckung aus den Individualhaushalten. Ab dem 18. Jahrhundert fiel die Aufgabe der Versorgung der Bevölkerung der öffentlichen Hand zu. Ihre „medizinische Policey" betraf zunächst die Organisation der Abwehr großer Gefährdungen der Allgemeinheit – in der Seuchenbekämpfung und der Hygiene (vgl. Wendt 2016, S. 228 f.). In empirischer Beobachtung ließ sich feststellen, wie es um die Gesundheit der Bevölkerung bestellt ist und wie sehr das Auftreten von Krankheiten mit den konkreten Lebensumständen zusammenhängt.

Entwickelt haben sich aus der einstigen medizinischen Policey die öffentlichen Gesundheitsdienste und der Gegenstandsbereich von *Public Health*, also Gesundheitsschutz, Gesundheitsförderung, Bewältigung chronischer gesundheitlicher Belastungen und Sicherstellung der medizinischen Versorgung der Bevölkerung bzw. von einzelnen Gruppen der Bevölkerung. Es geht um ihre Gesunderhaltung und gesundheitsbezogene Lebensqualität. Dazu rückt unter dem Titel *New Public Health* das ganze Leistungsspektrum des Versorgungssystems in den Fokus (Rosenbrock 2001, Tulchinsky und Varavikova 2014). Es ist in seinen Stärken und Schwächen und seiner Ungleichheit zu erforschen und über es ist Bericht zu erstatten. In den Debatten zur Gesundheitswirtschaft wird Public Health gewöhnlich ausgeklammert, weil und solange es kein Geschäftsfeld von Gesundheitsunternehmen ist.

In seinem frühen Zustand war das öffentliche Gesundheitswesen kein Grund für Kommerz, gehörte aber sehr wohl in die Ökonomie des Staatswesens. Öffentliche Gesundheit erforderte den Einsatz von Mitteln, über den im großen Haushalt des Staates zu entscheiden war. Die Steuerung dieses Einsatzes geschah und geschieht nach Lage der Interessen, mit Macht und bei vielseitiger politischer Einflussnahme. Sie geht nicht nach fachlicher Maßgabe vonstatten, wenn auch die Gutachten der Professionellen (wie des Sachverständigenrats zur Begutachtung der Entwicklung im Gesundheitswesen oder des Gemeinsamen Bundesausschusses und des Instituts für Qualität und Wirtschaftlichkeit im Gesundheitswesen) zur Urteilsfindung herangezogen werden. Reden wir heute von sozialer Bewirtschaftung von Gesundheit, wird auf der Ebene des Gemeinwesens die Beteiligung von Interessengruppen, aushandelnden Gremien und der Bürger an jener Steuerung im Sektor Gesundheit und den ihn betreffenden Allokationsentscheidungen angesprochen.

Dieses Geschehen war von Anfang an als zugleich politisches und ökonomisches zu begreifen. Adam Smith als Begründer der marktwirtschaftlichen Theorie verwandte aus guten Gründen den Terminus Ökonomie nur für die staatlichen Aufgaben und nicht für die materielle Wohlfahrt generierenden Geschäfte durch Gewerbe und Handel, mit denen sich seither die Marktökonomie unternehmensseitig beschäftigt. Ökonomie war zu Zeiten von Adam Smith explizit *Politische Ökonomie* und auf den öffentlichen Haushalt bezogen. Sie hatte somit Belange der Gesundheit der Bevölkerung durchaus zu berücksichtigen. Schließlich beruhte auf ihrer Kräftigung und ihrem Wohlbefinden die Kraft und Leistungsfähigkeit des Gemeinwesens, für das der absolute Staat vollumfänglich einstehen wollte. Adam Smith bezog sich in seinem Verständnis von Ökonomie bekanntlich auf den Arzt François Quesnay, für den der Staatskörper wie die Physis eines Menschen funktionierte.

Geblieben ist im Fokus der Politischen Ökonomie eine haushaltende Funktion des Staates bezogen nicht nur auf seinen Erhalt, sondern auch auf die Versorgung seiner Angehörigen, eingeschlossen die Ermöglichung ihrer Selbstversorgung. Von daher lässt sich das Gesundheitswesen als „politisch gesteuerter Wirtschaftszweig" analysieren (Reiners 2012, S. 370 ff.) und die Gesundheit der Bevölkerung, und was für sie getan wird, im gesamtwirtschaftlichen Zusammenhang diskutieren. In dem Maße, in dem sich im Wege funktionaler Differenzierung die Sphären der Wirtschaft und der Politik voneinander trennten, hat die einschlägige Theorie das staatliche Wirtschaften als Gegenstand verloren. Sie behandelt nunmehr vorrangig Wechselwirkungen von Politik und Wirtschaft. Der Begriff (Neue) Politische Ökonomie wird zudem in Anspruch genommen für die wirtschaftswissenschaftliche Analyse des Handelns politischer Akteure. Unter dem Titel „Politische Ökonomie des Gesundheitswesens" wurden in jüngerer Zeit die Auswirkungen der kapitalistischen Produktionsweise auf die Gesundheit der Menschen und die Funktion von Gesundheit für den Erhalt der Arbeitskraft und damit die Abstützung jener Produktionsweise behandelt (Doyal 1979; Reisman 1993), zudem der Zugriff von Kapital und Markt auf die Gesundheitsversorgung selbst (Hart 2006).

Bleiben wir bei einem Verständnis der Ökonomie der Erledigung öffentlicher Aufgaben: Dienste im öffentlichen Interesse (*services in public interest*) wollen bewirtschaftet sein. Wie speziell die Gesundheitsbelange der Bevölkerung im staatlich organisierten Gemeinwesen zu behandeln sind, welche Mittel für sie eingesetzt und in welchen Strukturen sie verwendet werden sollen, verlangt Entscheidungen, wie sie bis heute zum Repertoire der Steuerung des Gesundheitswesens gehören. Die Vielfalt seiner Stakeholder bedingt ein differenziertes Aushandlungsgeschehen in der Gesellschaft, das in seiner ökonomischen Erstreckung und zur Analyse der zu treffenden und der getroffenen Entscheidungen der Gegenstand einer *Sozialökonomik* sein kann – mit einer Verzweigung zur *Gesundheitsökonomik*.

Auf der Makroebene seiner Gestaltung gibt das nationale Wohlfahrtsregime die grundsätzliche strukturelle und funktionale Ausrichtung des Systems sozialer und gesundheitsbezogener Versorgung vor – u. a. ob sie steuerfinanziert oder beitragsfinanziert erfolgt. Die Entscheidungen darüber haben eine dauerhafte Wirkung in der Versorgung, weil und soweit sich die beteiligten Akteure – Träger, Erbringer und individuelle Nutzer – angepasst verhalten. Es bleiben Desiderate – und in der Folge ergeben sich Rückwirkungen aus dem Versorgungsgeschehen auf die Politik. Es muss immer wieder neu disponiert werden. Die seit Jahrzehnten andauernde Gesundheitsreform kann kein Ende finden.

Sie justiert die Teilung von Verantwortung neu. Dabei rückt die Gesundheitspolitik den Endnutzer des Systems zunehmend in den Fokus: den Patienten bzw. den „Gesundheitsbürger". Auf ihn sind auf jeder Ebene des Systems die Leistungen auszurichten – bei Selbständigkeit und im Wettbewerb der Erbringer. In diesem Sinne hat Rainer Pitschas die These vertreten, „dass nur ein neustrukturiertes Gesundheitswesen in einem sozialgebundenen Wettbewerbsrahmen mit erheblich verstärkter Eigenverantwortung der Gesundheitsbürger sowie mit vermehrter institutioneller und privater Selbststeuerungskraft im übrigen – etwa durch den Umbau der Krankenkassen zu Versicherungsunternehmen – den Herausforderungen der veränderten Rahmenbedingungen gewachsen sein wird" (Pitschas 1999, S. 180).

Es waren zuvörderst die Notwendigkeiten der Reform, die in der wirtschaftswissenschaftlichen Diskussion zur Ausprägung einer *Gesundheitsökonomik* führten. Die Disziplin der Gesundheitsökonomie (health economics) hat ihre amerikanischen Anfänge in den 1960er Jahren (Arrow 1963; Klarman 1965; Fuchs 1986), während sie in Deutschland erst nach und nach als Forschungsrichtung erschien – und zwar von der sozialpolitischen Seite her begründet mit Philipp Herder-Dorneichs „Sozialökonomischer Grundriß der gesetzlichen Krankenversicherung" (Herder-Dorneich 1966, vgl. Herder-Dorneich 1980) und vorangetrieben von der seinerzeit bemerkten „Kostenexplosion" im Gesundheitswesen (Ehrlich 1975, Herder-Dorneich 1976). Ab 1978 bahnten die Kolloquien der Robert-Bosch-Stiftung die Wege der Gesundheitsökonomie (Herder-Dorneich, Sieben und Thiemeyer 1981), auf denen es seither eine ständige Beschäftigung mit der Thematik gibt (vgl. zur Entwicklung Ulrich 2012).

3.2   Richtungen der Gesundheitsökonomik

Es ist ökonomisch vorteilhaft und angebracht, sich gegen das Risiko von Krankheit zu versichern. Dies stellte 1963 Kenneth Arrow in seiner Studie „Uncertainty and the welfare economics of medical care" fest. Mit dem Ausgangspunkt beim Versicherungsschutz und den Bedingungen, unter denen er gesucht und unter denen die medizinische Versorgung erreicht wird, halten wir uns bei persönlichen und sozialen Entscheidungen von Menschen auf und beim professionellen Handeln derjenigen, die mit ihnen zu tun bekommen. Die medizinische Versorgung ist, wie Arrow bemerkte, kein Geschäft, in dem sich wie gewöhnlich die Beteiligten im Markt von ihrem Selbstinteresse leiten lassen. Das Verhalten eines Arztes „is supposed to be governed by a concern for the customer's welfare which would not be expected of a salesman"(Arrow 1963, S. 949). In seiner initialen gesundheitsökonomischen Studie betonte Arrow zusammenfassend, „that the failure of the market to insure against uncertainties has created many social institutions in which the usual assumptions of the marked are to some extent contradicted" (Arrow 1963, S. 967). Aber wiewohl die Gesundheitsökonomik mit der sozialen Situation der Unsicherheit in Gesundheitsbelangen startete, muss sie die sozialen Bedingungen des Wohlergehens generell und damit das explizit sozialwirtschaftliche Umfeld ihres

Erkenntnisobjekts nicht weiter interessieren; für die Sozialwirtschaftslehre liegt die Gesundheitsversorgung dagegen inmitten des Problem- und Handlungsfeldes, mit dem sie sich beschäftigt.

Als wirtschaftswissenschaftliches Gebiet behandelt die Gesundheitsökonomik (*health economics*) in der Lehre das Verhalten und die Entscheidungsfindung aller Akteure, die gesundheitsbezogen wirken. Thematisch ist das Fachgebiet zuständig für das Angebot und die Verteilung von Gesundheitsdienstleistungen, die Nachfrage nach ihnen und für die ökonomische Evaluation der Strukturen und Prozesse des Gesundheitswesens. Studiert werden die Produktion und der Verbrauch von Gesundheitsgütern, die Effizienz ihrer Erstellung, ihre Verfügbarkeit, Disparitäten in der Versorgung und die Art und Weise ihrer Regulierung. Sie erfolgt unter national unterschiedlichen Bedingungen (s. für Großbritannien Hart 2014, für die USA Santerre und Neun 2012, Folland, Goodman und Stano 2012, für Deutschland u. a. Breyer, Zweifel und Kifmann 2012, Matusiewicz und Wasem 2014).

In der Forschung befasst sich die Gesundheitsökonomik (normativ) damit, wie das Gesundheitswesen gestaltet *sein sollte*, und sie untersucht (in der positiven Gesundheitsökonomie) empirisch, *was ist* (Greß et al. 2004, S. 8). In Studiengängen finden wir die gesundheitsökonomische Lehre oft verbunden mit dem *Gesundheitsmanagement*. Ist jene Lehre volkswirtschaftlich konnotiert, wird das Gesundheitsmanagement gewöhnlich betriebswirtschaftlich fundiert (Greiner et al. 2008). Hier liegt eine Parallele zum (allerdings auch sehr unterschiedlichen) Gebrauch der Begriffe *Sozialökonomie* und *Sozialmanagement* vor. Angemerkt sei, dass der englische Terminus „Management" nicht selten deutsch mit „Bewirtschaftung" übersetzt wird.

Wie im Falle der Sozialwirtschaft wird in der wirtschaftswissenschaftlichen Diskussion des Gesundheitssektors terminologisch oft der Objektbereich mit seiner theoretischen Behandlung identifiziert. „Gesundheitswirtschaft oder auch Gesundheitsökonomie ist die Wissenschaft von der Disposition über relativ knappe Mittel zur Bereitstellung von Gütern – Gesundheitsleistungen – für die Befriedigung von Bedürfnissen – Gesundheitsbedürfnissen." (Burchert und Hering 2002, S. 3) Gegenstand der Gesundheitswirtschaft ist danach die Ökonomie des Wirtschaftszweigs Gesundheitswesen (Burchert und Hering 2002, S. 5). In der Branche sind die Nachfrage und das Angebot von Gesundheitsgütern im Markt zu studieren. „Gesundheitsökonomie beschäftigt sich mit der Beschreibung und Analyse von Gesundheitsmärkten" (Beek und Beek 2011, S. 20 f.). Die volkswirtschaftliche Perspektive lenkt den Blick über das Marktgeschehen hinaus darauf, wie die Beteiligten am Gesundheitssektor in ihm Allokation betreiben, also die knappen verfügbaren Ressourcen (Produktionsmittel) verwenden", und darauf, wie die mit ihnen erstellten Gesundheitsgüter verteilt werden, also die Distribution im Gesundheitssystem erfolgt (Beek und Beek 2011, S. 21).

Nicht selten werden in der Gesundheitsökonomie bloß Kosten und Nutzen studiert und in Hinblick auf Wirksamkeit (Effektivität) und Wirtschaftlichkeit (Effizienz) Prozessanalysen und Leistungsbewertungen vorgenommen: Gesundheitsökonomie evaluiert ökonomisch, was im Gesundheitswesen geschieht (vgl. Schöffski und Schulenburg 2011). Gesundheitswirtschaft kann so einfach betrachtet werden als „die Schnittstelle zwischen Gesundheit und Ökonomie" (Mühlbauer et al. 2014, S. 8). In den Fokus rückt, wie das Geld in das System kommt und wie es verteilt wird: die Finanzierung von Krankenversicherungsleistungen steht im Vordergrund (Lünger und Büscher 2015). Was mit dem Geld geschieht, behandelt ein „mikroökonomischer Ansatz der Gesundheitswirtschaft" in einer „Krankenhausbetriebswirtschaftslehre" (Burcher und Hering 2002, S. 161 ff.).

Von daher versteht sich, dass das Studienangebot zum *Gesundheitsmanagement* an Fachhochschulen durchweg dem Fachbereich der Wirtschaft zugeordnet ist. Es wird dort die Sprache der Betriebswirtschaftslehre gesprochen. Von den angehenden Gesundheitsmanager/innen soll kaufmännisch gedacht werden. Die Unternehmen brauchen sie, um sich mit ihren Angeboten auf einem Markt zu behaupten; sie stehen untereinander im Wettbewerb und hängen gleichzeitig in ihrer Finanzierung von Regelungen und Vereinbarungen ab, die außerhalb des Marktes getroffen werden. Das Gesundheitsmanagement der Unternehmen muss sich dementsprechend mehrseitig ausrichten.

Von den Absolventen eines Studiengangs Gesundheitsmanagement wird erwartet, dass sie imstande sind, Wertschöpfungsprozesse zu optimieren und Wettbewerbsvorteile auf dem Gesundheitsmarkt zu suchen. Die betriebswirtschaftliche Qualifikation beinhaltet die Fähigkeit zum rationalen Einsatz der Produktionsfaktoren in einem Unternehmen der *healthcare industry*. Es gibt allerdings auch Studienangebote (insbesondere in der Weiterbildung), die unter dem Titel „Gesundheitsmanagement" Kompetenzen in der Gesundheitsförderung, der Prävention, der Rehabilitation oder zum Gesundheitstourismus vermitteln.

Über die Steuerung des Betriebs hinaus und wirtschaftswissenschaftlich breiter gefasst, untersucht die Gesundheitsökonomie „die Allokation, Effizienz, Verteilung und Wertschöpfung von Gesundheitsleistungen auf der Grundlage des Kosten-Nutzen-Kalküls als Entscheidungsregel und als Verhaltensannahme" (Hajen et al. 2006, S. 15). Gesundheitsökonomik lässt sich als „die umfassende ökonomische Analyse der Interdependenzen und der Verhaltensweisen sowie der Produktionsbedingungen im Gesundheitswesen" (Schulenburg und Greiner 2007, S. 1) verstehen. Die Ergebnisse dieser Analyse sind auch für die Theorie der Sozialwirtschaft relevant. Insoweit sie sich mit dem gesundheitsbezogenen Leistungsgeschehen befasst, blickt sie auch wie die Gesundheitsökonomik auf die „Regeln, nach denen die Mittelverteilung im Gesundheitswesen erfolgt" (Breyer et al. 2012, S. 3).

3.2.1 Das soziale Allokationsgeschehen

Die ökonomisch gewichtige Frage der Mittelzuweisung ist Gegenstand der *Allokationstheorie*. Sie beschäftigt sich damit, „wie die knappen Produktionsmittel, über die eine Gesellschaft (oder auch die Menschheit insgesamt) verfügt, nach bestimmten Kriterien optimal genutzt werden können" (Sohmen 1992, S. 1). Im Gesundheitswesen verbindet sich in der Beantwortung dieser Frage Wirtschaften mit Politik. Die Allokation und Distribution der Ressourcen, die für gesundheitliche „Dienste im allgemeinen Interesse" gebraucht werden, erfolgt größtenteils nach Entscheidung in Haushalten der staatlichen, kommunalen und zweckdienlich öffentlich-rechtlich verfassten Solidargemeinschaften, somit im sozialwirtschaftlichen Bezugsrahmen. Es handelt sich um ein komplexes Entscheidungsgeschehen.

Die Zuweisung und Verteilung der Mittel für den Erhalt, die Pflege und die Wiederherstellung von Gesundheit wird auf mehreren Niveaus politischer, gesellschaftlicher und individueller Interaktion ausgehandelt. Einschlägig ist die Differenzierung von „Diskussionsebenen", die Tristram Engelhardt (1988) getroffen hat. Er unterschied zwischen

- *Makroallokation auf oberer Ebene.* Nach Bewertung öffentlicher Aufgaben wird über die Zuteilung der Mittel für sie entschieden. Es ergeben sich Aufwendungen für Gesundheit insgesamt im Budget der Leistungsträger und mit den Ausgaben der Leistungsnehmer.
- *Makroallokation auf unterer Ebene.* Budgets werden nach bestimmten Versorgungszielen auf Teilbereiche der Versorgung wie die kurative Medizin, Pflege, Rehabilitation, stationäre und ambulante Versorgung, Prävention und Gesundheitserziehung aufgeteilt.
- *Mikroallokation auf oberer Ebene.* Es erfolgt nach Gewichtung und Priorisierung eine Mittelzuweisung für bestimmte Risiko- und Fallgruppen, medizinische und soziale Indikationen. Ressourcen sind unter Umständen – z. B. in der Transplantationsmedizin – nur sehr beschränkt vorhanden; man braucht Kriterien für ihren Einsatz, z. B. einen bestimmten Algorithmus für die Organzuteilung.
- *Mikroallokation auf unterer Ebene.* Aufwendungen für einzelne Personen und Behandlungserfordernisse erfolgen vor Ort nach Diagnose- und Therapieentscheidungen, die von Professionellen mit oder ohne Beteiligung von Patienten getroffen werden. (Engelhardt 1988, S. 41 f., vgl. Wendt 2011, S. 92 ff.)

Auf der Individualebene ist der unteren Ebene des Versorgungssystems gegenüber zu bedenken, worauf einzelne Menschen ihnen verfügbare Ressourcen an Zeit, Kräften und materiellen Mitteln verwenden – mit Folgen für ihre Gesundheit oder die Bewältigung von Krankheit.

Allokationen auf den genannten Ebenen beeinflussen einander. Allokationsentscheidungen erfolgen in sozialen Kontexten, unter politischen Rücksichten, nach ethischen Kriterien und nach Maßgaben, die zumindest auf den oberen Ebenen nicht gesundheitsfachlich festgelegt werden: Mehr Geld für Gesundheitserziehung wird mit sozialen Schwächen in Familien und im Lebensumfeld von jungen Menschen begründet; Hospizdienste werden ausgebaut, weil immer mehr Menschen in hohem Alter allein gelassen sind, aber nicht allein gelassen werden sollen. Auf unterer Ebene erlaubt die Behandlungsfreiheit dem niedergelassenen Arzt, aber auch einem Krankenhaus, betriebswirtschaftliche Beweggründe (zur Erlösgenerierung) unter der Hand bei Versorgungsentscheidungen zuzulassen.

Für Unternehmen aller Art hat zur Allokation der Mittel, die sie für ihren Betrieb brauchen, der *Markmechanismus* den Vorteil, dass sie ihre Produktion am Absatz ausrichten können und mit ihm am im Markt zu erzielenden Preis. Im Gesundheitsbereich gibt es auf der Individualebene zwar eine nicht geringe Zahl kaufkräftiger Kunden, die sich bei Bedarf die nötigen Gesundheitsleistungen über den Preis beschaffen können, aber der größte Teil der Bevölkerung verfügt über die nötige Kundensouveränität bei aktuellem Versorgungsbedarf nicht. Deshalb gibt es für sie, gesetzlich geregelt, die soziale Krankenversicherung, Unfallversicherung und Pflegeversicherung. Eine Steuerung der Mittelzuweisung über den Markt ist damit nicht ausgeschlossen. Sie erfolgt nun primär nicht auf der unteren Ebene, auf welcher ein einzelner Patient dem Dienstleister gegenübersteht, sondern unter Verhandlungspartnern auf der Organisationsebene.

Die Einführung von Marktelementen in das Sozial- und Gesundheitswesen betrifft die Dienstleister, wenn auch in unterschiedlichem Maße. Die marktwirtschaftliche Steuerung von Versorgung soll zur Effizienz der Leistungserbringung beitragen. Einen über den Preis und, wo immer möglich, über Qualität ausgetragenen Wettbewerb gibt es in Form von Helferkonkurrenz, Dienstleisterkonkurrenz und Leistungsträgerkonkurrenz. Sie findet statt auf Teilmärkten, die im Gesundheitswesen als Behandlungs- oder Versorgungsmarkt, als Leistungsmarkt und als Versicherungsmarkt bezeichnet worden sind. „Während auf dem Behandlungsmarkt Leistungsanbieter um die Gunst der Patient_innen konkurrieren, stehen auf dem Leistungsmarkt die Erbringer von Leistungen im Wettbewerb um Kassenverträge. Der Versicherungsmarkt umfasst hingegen den Wettbewerb der Krankenversicherer um Vertragsabschlüsse mit Versicherten" (Blenk et al. 2016, S. 3).

Die Makroallokation der Ressourcen zur Versorgung erfolgt in keinem Markt, sondern nach sozialrechtlichen Ansprüchen, sozialstaatlichen Gestaltungsabsichten, gesellschaftlichen Präferenzen und Prioritäten inklusive der von ihnen beeinflussten und in sie einfließenden parteipolitischen Programmatik einer Regierung. Die jeweilig bezogenen Positionen können zu allokativ wirksamen gesetzlichen Neuregulierungen führen, ohne dass mit ihnen gleich das ganze sozial- und gesundheitspolitische Regime transformiert wird. Die Strukturprinzipien im System der sozialen Absicherung liegen für lange Zeit fest, wenn auch an ihnen mit Effektivitäts- und Effizienzanforderungen gezerrt wird.

In seiner monetären Ausstattung wird der größte Teil der Gesundheitsversorgung in Deutschland solidargemeinschaftlich bewirtschaftet. Institutionell sind hauptsächlich die gesetzlichen Sozialleistungsträger zuständig: Krankenversicherungen, Pflegekassen und Rentenversicherer sowie die Unfallversicherungen. Der Sozialstaat bedient sich ihrer zur Regulierung der Bedarfsdeckung im System der sozialen Sicherung. Er ordnet mit den gesetzlichen Versicherungen die „Ökonomie des Sozialen" in Hinblick auf die Gewährleistung einer angemessenen und verteilungsgerechten gesundheitsbezogenen Leistungserbringung (vgl. Rixen 2005, S. 25 ff. zur „Direktionskraft des Sozialstaatsprinzips bei der Ordnung der Ökonomie des Sozialen"). Den untergeordneten Ebenen, auf denen sie betrieblich, fachlich und personenbezogen erfolgt, ist aber ein erheblicher Spielraum eigen, in dem die zugewiesenen Mittel mehr oder minder angemessen und wirtschaftlich eingesetzt werden und zum Erfolg führen.

3.2.2 Das Gesundheitswesen im Sozialleistungssystem

Mit dem *System der sozialen Sicherung*, zu dem die *Gesundheitssicherung* gehört, ist ein pragmatischer Ausgangspunkt für die Diskussion der Beziehung von Gesundheitswirtschaft, so wie sie sich bei näherer Betrachtung darstellt, auf Sozialwirtschaft gegeben. Rechtlich wird mit diesem System die *Daseinsvorsorge* gestaltet, in der auf sozialem Gebiet Versorgung geleistet wird, des näheren der Gesundheitsschutz und die Gesundheitsversorgung. Ökonomisch besteht die Aufgabe in einem zweckmäßigen und gerechten Einsatz von (knappen) Ressourcen mit möglichst gutem Ergebnis.

Die einzelnen Sektoren der Versorgung sind zu bewirtschaften. Das sind die Krankenhäuser, die Arztpraxen, der Bereich der Rehabilitation, die Pflege, soziale Dienstleistungen. Insoweit kann beispielsweise eigenständig die Pflege der Gegenstand einer „Pflegewirtschaftslehre" sein (Thiele 2010) – und in der „Pflegewirtschaft" oder auch „Altenpflegewirtschaft" (IEGUS/RWI 2015) bewegen sich die

Akteure im „Pflegemarkt". Er bietet Unternehmen angesichts der demografischen Entwicklung eine Menge Chancen. 2015 hat in Deutschland der Bundesverband privater Anbieter sozialer Dienste (bpa) einen *Arbeitgeberverband für die private Pflegewirtschaft* gegründet. Unternehmerisch, beruflich und fachlich gilt es, im Handlungsbereich und seinem politischen Kontext Interessen zu vertreten. Dass dieser Handlungsbereich in seiner Funktion vernetzt mit anderen Bereichen ist und im ganzen Versorgungssystem seinen Platz hat, ist eine andere Sache.

In ihrer Beziehung aufeinander erfolgen wie in speziellen Bereichen der pflegerischen, psychiatrischen, psychotherapeutischen oder suchtmedizinischen Versorgung auch die sozialwirtschaftlichen Prozesse generell, und in ihrem Zusammenhang stellt sich für die Theorie die Frage, inwieweit diese Prozesse die Bewirtschaftung von Gesundheit und mit ihr die der Pflege und der Rehabilitation einschließen. Auf jeder Ebene bringt beispielsweise die demografische Entwicklung eine Zunahme und den Wandel von Versorgungserfordernissen im hohen Alter mit sich – sozialpflegerisch, fachpflegerisch, medizinisch. Darauf antwortet die *Pflegewirtschaft* (Loebe und Severing 2011) bzw. eine „Altenpflegewirtschaft" (IEGUS/RWI 2015), in der soziale und gesundheitsbezogene Dispositionen einander bedingen – örtlich, überörtlich, struktur- und personenbezogen: „Dabei ist die pflegerische Versorgung nicht isoliert zu betrachten, sondern im Zusammenhang mit der gesamten Lebenslage Älterer in den Kommunen, vor allem aber eng verflochten mit der gesundheitlichen Versorgung" (IEGUS/RWI 2015, S. 31 f.). Der Zusammenhang hält zur Klärung der Zuständigkeiten an – die Kommune hier, der Sozialversicherungsträger dort. Wird von der einen Seite her medizinisch gedacht, so auf der anderen Seite sozial bzw. zivil (vgl. zur Schnittstellenproblematik von *cure* und *care* Hoberg und Klie 2015) in kommunaler, bürgerschaftlicher und sozialstaatlicher Verantwortung.

Eine *Pflegewirtschaftslehre* (Thiele et al. 2010) hat jenen Zusammenhang zu beachten. Unter dem Leitbegriff der Sozialökonomie kann die *Pflegeökonomie* als „Ökonomie des Pflegesystems" ihren Platz im Zusammenhang der Gesundheitsökonomie einnehmen (Thiele und Güntert 2014, S. 127 ff.). In einer auf den sozialpolitischen Handlungsbereich ausgerichteten Sozialökonomik können beide – die Gesundheitsökonomie und die Pflegeökonomie – eine wissenschaftliche Basis finden, wie Thiele und Güntert unter der Überschrift „Sozialökonomie als Service Science" formulieren (Thiele und Güntert 2014, S. 157). Begrifflich ist die Pflegewirtschaft dagegen im volkswirtschaftlichen Diskurs nur vage eingegrenzt – als Teilgebiet von Gesundheitswirtschaft oder auch von „Seniorenwirtschaft"- und soll sich auf Pflegedienstleistungen beziehen: „Die Pflegewirtschaft beinhaltet die ambulante oder stationäre Pflege von Pflegebedürftigen." (Ahlert et al. 2015). Schon angesichts der Tatsache, dass (2013) in Deutschland 71 % aller Pflegebedürftigen im häuslichen Rahmen sich selber versorgen oder von Angehörigen versorgt werden, dürfte diese

Definition die Bewirtschaftungsaufgabe verfehlen. Wie setzen die Betroffenen die Gelder aus der Pflegeversicherung ein? In welchem Umfang müssen Eigenmittel eingesetzt werden? Welche Entlastungen erfahren die Angehörigen durch sozialpolitische Maßregeln? Die pflegerische Versorgung wird zum größeren Teil nicht in Einrichtungen und von Diensten der Fachpflege, sondern in Privathaushalten bewirtschaftet.

Gefordert worden ist auch die systematische Entwicklung einer *Rehabilitationsökonomie* (Neubauer und Nowy 2000, S. 251). Sie kann die Träger- und Finanzierungsstrukturen und die Leistungsbeziehungen in der Rehabilitation in Hinblick auf einen rationalen Mitteleinsatz durchleuchten (Krauth und Petermann 2011). Nun geht medizinische Rehabilitation regelmäßig in berufliche Rehabilitation und in soziale Rehabilitation über. Sie vollzieht sich unter den sozialen und ökonomischen Bedingungen im Kontext individueller Lebensführung. Die Theorie wird diesem Bedingungsrahmen gerecht, wenn sie die spezielle Ökonomie eines Aufgabengebiets bzw. die Einzelwirtschaftstheorien der für das eine oder andere Gebiet zuständigen Institutionen in die generelle Ökonomie sozialer Problembewältigung einzuordnen weiß. So verfahren Thiele und Güntert, ausgehend von der „Ökonomik des Pflegesystems" (Thiele 2004), indem sie die wirtschaftlichen Aspekte von Pflege, Medizin, Rehabilitation und Sozialer Arbeit in der ganzen Ökonomie sozialer Versorgung und darauf bezogener sozialpolitischer Entscheidungen unterbringen: „In diesem Sinne wird Sozialökonomie als die Suche nach dem besten Weg für die Lösung der sozialen Probleme in unserer Gesellschaft verstanden. … Dabei wird ‚Sozialökonomie' als Leitbegriff verstanden gegenüber den hier weiter zu behandelnden Thematiken ‚Sozialökonomik', ‚Gesundheitsökonomie' und ‚Pflegeökonomie'. Die drei Disziplinen sind eng mit dem System der sozialen Sicherung in der Bundesrepublik Deutschland verbunden" (Thiele und Güntert 2014, S. 1).

Die Erkenntnis, dass die Ökonomie eines jeden Teilbereiches der Versorgung auf die Ökonomie des Sozialleistungssystems verweist, hält dazu an, die gesundheitsbezogenen Leistungen in diesem Kontext zu betrachten, somit auch in der generellen sozialen Beziehung, in der Menschen umwillen ihrer Gesundheit in organisierter Weise und mit informeller Unterstützung versorgt werden.

3.3   Zur Ökonomie der Gesundheit

Die Kategorie Gesundheit übergreift in der Versorgung und in der Wirtschaft die geläufigen Begriffe Gesundheit und Krankheit insofern, als sich Zustände der Gesundheit über alle Grade ihrer Beeinträchtigung erstrecken und Krankheitsverläufe sich auch mit Gesundung verbinden. Die Ökonomie der Gesundheit wird am Prozess gesunden Lebens einschließlich des Lebens mit Krankheiten ermessen. Die Dimension der Dauer hat hinsichtlich der Zuständigkeit eines Menschen für sein Ergehen Gewicht; sie schließt Vorsorge und Nachsorge ein und sozial die in der Zeit verteilte Intervention und Mitwirkung anderer Personen und Stellen. Die Bewirtschaftung des Prozesses dehnt sich über den Faktoreinsatz bei einzelnen die Gesunderhaltung und die Behandlung von Krankheiten betreffenden Maßnahmen in die ganze individuelle und soziale Lebensführung aus.

Ökonomisch zu betrachten ist der „Dauerbetrieb" gesundheitlichen Ergehens. Es erfordert von der einzelnen Person und von der Gemeinschaft, der er angehört, einen anhaltenden Einsatz. Denn Gesundheit kann nicht fertig geliefert und darauf bezogenes Agieren nicht abgeschlossen werden. Die Weltgesundheitsorganisation hat bekanntlich 1948 deklariert, „Gesundheit ist ein Zustand völligen physischen, mentalen und sozialen Wohlbefindens und nicht nur das Freisein von Krankheit und Gebrechen". Unabhängig davon, wie man die Erreichbarkeit des Idealzustandes völligen Wohlbefindens grundsätzlich beurteilen mag, steht das biopsychosoziale Konstrukt der Gesundheit für eine objektiv und subjektiv mehrdimensionale Gegebenheit, zu deren Erhalt in der Gesellschaft nicht allein die Medizin mit ihren Diensten und Einrichtungen beiträgt, sondern viele andere Aktivitäten, Akteure, Institutionen und Maßnahmen ebenso. Sie bilden einen Zusammenhang gesundheitsbezogener Versorgung, der insgesamt und in seinen Details auf seine Leistung für das Wohlergehen von Menschen hin erforscht, beurteilt, gestaltet und weiterentwickelt werden kann.

Darauf zielen viele Entschließungen der Weltgesundheitsorganisation. So die *Ottawa-Charta zur Gesundheitsförderung, 1986* mit ihren Hinweisen zur Gestaltung gesundheitsfördernder Lebenswelten, zur Befähigung und Ermöglichung von gesundheitsdienlichem Handeln bei Kooperation aller Akteure. Erforderlich sei es, dass sich die Gesundheitsdienste neu orientieren – hin zu einem Versorgungssystem, „das auf die stärkere Förderung von Gesundheit ausgerichtet ist und weit über die medizinisch-kurativen Betreuungsleistungen hinausgeht". Seit 1977 verlangt die WHO in ihrem Konzept „Gesundheit für alle" soziale Gerechtigkeit in Gesundheitsbelangen, gesundheitliche Chancengleichheit und dazu Solidarität aller Handelnden bei „Partizipation und Rechenschaftspflicht des einzelnen wie auch von Gruppen, Institutionen und Gemeinschaften in Hinsicht auf eine kontinuierliche gesundheitliche Entwicklung" (Weltgesundheitsorganisation 1999, S. 9).

Angestrebt wird sowohl die Gesundheit der Bevölkerung insgesamt als auch die Differenzierung der Versorgung gemäß spezifischen Anforderungen bis hin zu individueller Angemessenheit. Ein bloß marktkonformes Verhalten einzelner Gesundheitsunternehmen kann solchen Zielsetzungen nicht nachkommen. Das ganze System wirkt in Partizipation der daran Beteiligten gesundheitsbezogen und gefragt ist seine Ökonomie in Hinblick auf die Sicherung und Förderung von Gesundheit. Entsprechend heißt es im *Weltgesundheitsbericht 2000* der WHO, der dem Funktionieren der Gesundheitssysteme gewidmet ist: „Health systems are defined as comprising all the organizations, institutions and resources that are devoted to producing health actions. A health action is defined as any effort, whether in personal health care, public health services or intersectoral initiatives, whose primary purpose is to improve health" (WHO 2000, S. XI).

Im globalen Rahmenkonzept „Gesundheit für alle" sind vier Hauptstrategien für Maßnahmen vorgesehen, um zielführend voranzukommen:

- „multisektorale Strategien, um sich mit den Determinanten von Gesundheit auseinanderzusetzen und dabei die physischen, wirtschaftlichen, sozialen, kulturellen und geschlechtsspezifischen Perspektiven zu berücksichtigen und sicherzustellen, dass die gesundheitlichen Auswirkungen beurteilt werden,
- auf das Gesundheitsresultat ausgerichtete Programme und Investitionen zur gesundheitlichen Entwicklung und klinischen Versorgung,
- integrierte familienorientierte und gemeindenahe primäre Gesundheitsversorgung, unterstützt durch ein flexibles, reaktionsfähiges Krankenhaussystem sowie
- ein partizipatorischer Gesundheitsentwicklungsprozess, der relevante Partner für die Gesundheit auf allen Ebenen – zu Hause, in der Schule, am Arbeitsplatz, in der örtlichen Gemeinde und auf Landesebene – einbezieht und der ein gemeinsames Vorgehen im Entscheidungsprozess, bei der Umsetzung und hinsichtlich der Rechenschaft fördert" (Weltgesundheitsorganisation 1999, S. 9).

Das ist kein Konzept für die Arztpraxis und kein Geschäftsplan für einen einzelnen medizinischen oder pflegerischen Fachdienst. Ein „qualitätsbewusstes Management der Versorgung" (a.a.O, S. 30) hat zu planen, zu organisieren und auszuführen, wie die Praxen und Dienste sich in ein effektives und effizientes Arrangement der Versorgung fügen. Ob die Akteure privatwirtschaftlich und freiberuflich arbeiten oder den Betrieb in gemeinnütziger Rechtsform führen, ist dabei nicht von Belang.

Indes besitzt die Medizin mit der ihr eigenen wissenschaftlichen Basis und Kompetenz eine Autonomie, die von einem übergeordneten Management nicht aufzuheben ist. Es bleibt in der Gestaltung der Versorgung auf medizinische Kompetenz angewiesen. Das Medizinsystem kann auch ökonomisch mit diesem Pfund wuchern. Es bringt aus sich selbst Innovationen zustande, die mehr Wirksamkeit und bessere Qualität der Versorgung erzeugen. Wenn das Management der Versorgung sich transdisziplinär darum kümmert, den medizinischen Handlungsbereich mit anderen das Ergehen von Menschen beeinflussenden Wirkungssphären zu verknüpfen, geschieht das aus der ökonomischen Einsicht in Bedingungen des Heilerfolgs.

Das Gesundheitswesen ist verwoben mit Bereichen des Sozialwesens, des Bildungswesens sowie mit öffentlichen und privaten Wohlfahrtsbestrebungen. Man weiß, dass Gesundheit sozial determiniert ist, dass es ein Gesundheitsgefälle zwischen Reich und Arm in der Gesellschaft gibt, dass die Arbeitsbedingungen und Arbeitslosigkeit sich auswirken, dass soziale Einbindung und erlebte Zugehörigkeit gesundheitlich von Vorteil sind. Man kennt die Fakten (Wilkinson und Marmot 2004) und weiß, dass in allen diesen Hinsichten soziale Dienste tätig sind. Schließlich ist die Pflege von Gesundheit andauernd Gegenstand der Sorge und des Sorgens von Menschen füreinander und für sich selbst. Der Aufwand, der dazu getrieben wird, und die Mittel, die dafür genutzt werden, berücksichtigt ein sorgendes Wirtschaften von Menschen und nimmt es vor allen Unternehmen wahr, die sich im engeren Sinne der Gesundheitswirtschaft zurechnen. Um die generelle Sorge zu verorten, haben Kickbusch und Hartung (2014) den Begriff der *Gesundheitsgesellschaft* abgehoben von der Gesundheitswirtschaft gewählt und betont: „Im Kern der Gesundheitsgesellschaft steht ein neues *individuelles und aktives Gesundheitsverständnis*, das sich auf vielfältige Weise im Alltag und im Konsum manifestiert, dieses erfordert ein hohes Maß an *Gesundheitskompetenz*" (Kickbusch und Hartung 2014, S. 10).

Daran mangelt es oft. Umso mehr sind die Menschen bei ihrem Sorgen auf die in den *care industries* versammelte Expertise angewiesen. Wie sie diese nutzen können, ist eine Frage wiederum der Kompetenz des Einzelnen als auch des Systems der Versorgung in seiner Zugänglichkeit und Bereitschaft zur Partizipation.

Die Gesundheitsversorgung der Bevölkerung stellt ohne Zweifel eine zentrale Aufgabe dar, die der Sozialstaat zu gewährleisten hat und die in einem Wohlfahrtsregime angemessen gestaltet sein will. Die Bewirtschaftung dieser Aufgabe erfolgt auf der

- *Makroebene* der Politik durch generelle normative Vorgaben, wozu – wie angeführt – insbesondere die Strukturierung der Versorgung und die Regelung ihrer Finanzierung gehören. Gesundheitspolitik richtet sich nicht nur an das Medizinsystem, sondern auch an die gesundheitsrelevanten Bedingungen der Umwelt, des Wohnens, der Arbeit, der Ernährung, der Bildung und Information der Bevölkerung und einzelner Bevölkerungsgruppen.
- organisatorischen *Mesoebene*. Hier sind die Dienstleister der gesundheitsbezogenen Versorgung anzutreffen – von den Praxen der niedergelassenen Ärzte und anderer Gesundheitsberufe bis zu den stationären Einrichtungen der Krankenbehandlung, der Rehabilitation und der Pflege. Es gibt institutionelle Vertreter

wie die Kassenärztlichen Vereinigungen und die Deutsche Krankenhausgesellschaft, die in der Systemsteuerung korporatistisch mitwirken (vgl. Offermanns 2011, S. 19 ff.). Ihr Gegenüber sind die Leistungs- und Kostenträger, vor allem die gesetzlichen Versicherungen.

- *Mikroebene*, auf der fach- und sachkundige Personen sich um Menschen mit Gesundheitsproblemen kümmern und auf der die Menschen selber in Belangen ihrer Gesundheit sich in der einen oder anderen Weise verhalten, ist ebenfalls gewichtig in der Ökonomie des gesundheitsbezogenen Geschehens insgesamt. Welche Anreize haben sie und welchen Motivationen folgen sie in ihrer gesundheitsbezogenen Lebensführung, in ihrem Versicherungsverhalten und in der Beanspruchung von Leistungen?

Die Individualebene muss auch unabhängig von der Ökonomie der organisierten Versorgung betrachtet werden. Denn in den privaten Haushalten wird in vielfältiger Weise nicht nur vor, während und nach formeller Krankenbehandlung für Gesundheit gesorgt. Von daher unterscheidet man wirtschaftswissenschaftlich in Hinblick auf das Individuum als Subjekt und Objekt der Produktion von Gesundheit zwischen der „Ökonomik der Gesundheit" bzw. der „Ökonomie der Gesundheit" einerseits und der Ökonomik bzw. Ökonomie des Gesundheitswesens andererseits (Breyer et al. 2012, S. 11). Die Ökonomik der Gesundheit betrifft das Gesundheitsverhalten des einzelnen Menschen bzw. der Bevölkerung. Was wird individuell für Gesundheit getan und wie werden Mittel und Möglichkeiten zum Erhalt oder zur Besserung von Gesundheit genutzt? Nutzung als Prozess der Verwertung erfolgt in der Lebensführung und im Alltagsverhalten von Menschen jenseits der Schnittstelle, an der sie als Kunden des Anbieters von Dienstleistungen auftreten.

Zu ermessen ist deshalb nicht einfach das *Konsumverhalten* (gemäß der Unterscheidung der Marktökonomen zwischen den nachfragenden Konsumenten und den anbietenden Produzenten). Die Menschen sind nachgerade auch in ihrer Beziehung zum System der Gesundheitsversorgung als eigenständige *Produzenten* ihrer Gesundheit zu begreifen. Sie „halten sich gesund", sie sorgen sich, gehen auch gesundheitliche Risiken ein, wirtschaften als Sorgende in Belangen der Gesundheit und sie stehen als Sorgende der institutionalisierten Versorgung gegenüber. Nehmen sie diese in Anspruch, mögen sie sich momentan einer Behandlung unterziehen oder sich beraten lassen; der *Nutzungsprozess* schließt sich an und dauert länger – und dieser Prozess wird nur sehr bedingt vom professionellen Behandler oder Berater gesteuert. Der Patient „geht seiner Wege" in seiner sozialen Umgebung, in seinem Milieu und mit seinen lebensweltlichen Orientierungen.

Ökonomie der Gesundheit ist nach allem ein soziales Thema. Mit ihm wird angesprochen, welche Ressourcen persönlicher gesundheitsrelevanter Lebensgestaltung vorhanden sind und in welcher Weise sie unter Hinzuziehung von Mitteln und Nutzung von Möglichkeiten des Leistungssystems verwertet werden. Die individuellen Akteure in Belangen der Gesundheit handeln in Abhängigkeit von sozialen Umständen ihrer Lebenslage, ihrer Erziehung und Bildung, ihrer materiellen Verhältnisse, ihres Haushalts, in dem sie allein, in einer Familie oder in anderer Art von Lebensgemeinschaft situiert sind. Wenn wir nun das Konstrukt der Gesundheitswirtschaft in den Blick nehmen, ist zu fragen, inwieweit es diese sozialen Gegebenheiten und des sorgenden Wirtschaftens in ihnen berücksichtigt.

3.4   Gesundheitsversorgung und das Konstrukt der Gesundheitswirtschaft

Das Gesundheitswesen galt lange als ein administrativer Bereich, in dem der Staat die gesundheitsbezogene Versorgung geordnet und ihre Infrastruktur organisiert hat. Für die (produzierende) Wirtschaft stellte das Gesundheitswesen wie das Sozialwesen einen Kostenfaktor dar. Es musste erst entdeckt werden, was sich in diesem Bereich *unternehmen* lässt. Ökonomisch wird aus einem Bereich des (expansiven) Konsums ein Bereich der (ausbaufähigen) *Produktion*. Damit mutiert das Gesundheitswesen zur *Gesundheitswirtschaft* und sie erscheint mit ihrer Dynamik sogar als Treiber für die Gesamtwirtschaft.

> „Unabhängig, ob die Finanzierung nun öffentlich oder privat erfolgt, ist die Basis der Gesundheitsproduktion immer ein wirtschaftlicher Prozess, der unter Verwendung von Vorleistungen und Primärinputs Leistungen generiert. Das Gesundheitswesen kann also als Gesundheitswirtschaft angesehen werden, mit Wertschöpfungs- und Beschäftigungseffekten, die als Output eine gesteigerte Gesundheit und in weiterer Folge wiederum auch gesteigerte Produktivität hat. Damit findet ein Wandel weg von einer reinen inputorientierten Kostenbetrachtung des Sektors Gesundheit, hin zu einem ergebnisorientierten Wachstumsmotor für die Ökonomie eines Landes statt" (Czypionka et al. 2015, S. 12).

Die wirtschaftswissenschaftliche Betrachtung verlässt die Haushaltung des Gesundheitswesens und erfasst den Strom, in dem Güter und Geld bewegt und in ineinander transformiert werden.

Das Konzept der Gesundheitswirtschaft (Grönemeyer 2004, McPake et al. 2013) bezieht sich auf einen unternehmerischen Versorgungs- und Dienstleistungsbereich – und dabei nicht auf die private Sphäre, in der Menschen gesund bleiben oder krank werden und mit Gesundheit auch ihre ökonomischen Sorgen haben. Theoretisch wird gewöhnlich die Abgrenzung der Gesundheitswirtschaft

> „über konsumierte Güter und Dienstleistungen vorgenommen. Der gesundheitsrelevante Konsum als Ausgaben auf der Verwendungsseite führt zu Umsätzen bei Produzenten und Dienstleistern auf der Entstehungsseite, welche somit der Gesundheitswirtschaft zuzuordnen sind. Medizinische Güter und Leistungen gehören zum (Kern-)Bereich Gesundheitswirtschaft. Alle konsumierten Güter und Dienstleistungen, die einen subjektiven (entspricht der Kaufabsicht) Gesundheitsnutzen stiften – somit einen verwendungsseitigen gesundheitsrelevanten Konsum darstellen – werden als gesundheitsrelevant eingestuft (Czypionka et al. 2015, S. 57).

Eine Verbindung zu einem ökonomischen Konzept von Gesundheit auf der Individualebene besteht hier nicht, weil der wirtschaftswissenschaftliche Ansatz – und solange er es tut – auf einem marktlichen Gegenüber von Herstellern und Abnehmern, von Lieferanten und ihren Kunden besteht. So sahen es auch die Gesundheitsunternehmer, die sich im Dezember 2005 in Rostock zu ihrer 1. Nationalen Branchenkonferenz trafen und sich dort auf die Definition verständigten „Gesundheitswirtschaft umfasst die Erstellung und Vermarktung von Gütern und Dienstleistungen, die der Bewahrung und Wiederherstellung von Gesundheit dienen" (vgl. Mühlbauer et al. 2014, S. 8). Wirtschaften besteht hier in dem unternehmerischen Handeln und dem dadurch generierten Umsatz.

Das Angebot erwartet kaufwillige und kaufkräftige Konsumenten. Ob und wie sie mit den angebotenen Gütern und Dienstleistungen zurechtkommen, interessiert bei der Vermarktung erst einmal nicht. Eine soziale Fassung der Verbindung von Versorgung mit dem produktiven Sorgen von Menschen für sich und für einander muss hinzukommen, um die Chancen einer partnerschaftlichen Bewirtschaftung von Gesundheit zu realisieren.

Mit ihren Unternehmen wird die Gesundheitswirtschaft von vielen Akteuren in der Praxis gewöhnlich als eine selbständige Wirtschaftsbranche verstanden, in der für ihre Vertreter kein Grund gegeben scheint, sie in Beziehung auf eine soziale Bewirtschaftungsaufgabe zu diskutieren – es sei denn, sie eröffnet oder erweitert das Geschäftsfeld und beschneidet nicht die unternehmerische Freiheit. Wenn schon der soziale Versorgungsauftrag übernommen wird, dann sollte er im Sinne der Sozialen Marktwirtschaft und ihrer Wettbewerbsordnung auszuführen sein. Verlangt wird ein offener Marktzutritt für die Anbieter und eine „dezentrale wettbewerbliche Preissteuerung". Für nicht zahlungsfähige Kunden ist an einen Ausgleich gedacht: „*Marktschwache Nachfrager* sollten aus sozialen Gründen durch *monetäre Transfers* direkt unterstützt und mit entsprechender Kaufkraft ausgestattet werden" (Neubauer 2012, S. 46). Eine „sozial gebundene Gesundheitswirtschaftspolitik" sichere auf diese Weise eine Basisversorgung, während es der freien Entscheidung jedes Einzelnen überlassen bleibe, sich in einem „Markt für Zusatzversorgung" bzw. in einem „Markt der Selbstzahler" zu bedienen. (a. a. O., S. 51 f.).

Die marktwirtschaftliche Ordnung, die wir haben, legitimiert den Anspruch auf eine freie Geschäftstätigkeit unter Wettbewerbsbedingungen. Die Dienste einzelner Gesundheitsunternehmen können wie jedes andere erwerbswirtschaftliche Geschäft betrieben werden und soziale Zwecke in diesem Geschäft lassen sich, soweit sie nicht vertragliche Geschäftsgrundlage sind, hintanstellen. Gesundheitsunternehmen haben auf einem Markt Erfolg, auf dem sie ihre Produkte absetzen können. Insoweit verweisen die Unternehmen zu Recht auf ihre erwerbswirtschaftliche Leistungskraft, vermöge der sie eine große Branche der Volkswirtschaft bilden. Sie sind ein Jobmotor, der im nationalen und regionalen Arbeitsmarkt im wachsenden Maße für Beschäftigung sorgt (Bogai et al. 2015).

Immerhin teilt das Konstrukt der Gesundheitswirtschaft auf makroökonomischer Ebene mit der erweiterten Konzeption der Sozialwirtschaft in ihrer direkten Wohlfahrtsdienlichkeit die Prämisse, dass es sich hier volkswirtschaftlich nicht um einen Bereich bloß des Konsums und der Kosten handelt, sondern um ein produktives Handlungsfeld mit einer umfangreichen Wertschöpfung. Von den Diensten und Einrichtungen wird nicht einfach verbraucht, was gewerblich erwirtschaftet wird. Es lässt sich ein Perspektivenwechsel vom negativ konnotierten Gesundheitswesen zur wirtschafts- und beschäftigungspolitisch positiv konnotierten Gesundheitswirtschaft feststellen (Fretschner, Grönemeyer und Hilbert 2002, S. 34). Das Gesundheitswesen mutiert „von der Last zur Chance" (Goldschmidt und Hilbert 2009, S. 20 ff.), wenn nicht mehr der Kostenfaktor im Vordergrund steht, sondern seine Perspektive als Zukunftsbranche, zur Gesundheitswirtschaft (vgl. Sachverständigenrat 1996). Ihre volkswirtschaftliche Produktivität (Henke et al. 2011) lässt sich auch in die Volkswirtschaftliche Gesamtrechnung einbeziehen und in einer *Gesundheitswirtschaftliche Gesamtrechnung* spezifizieren (Henke et al. 2010; Schneider et al. 2014).

Das erweiterte Rechensystem der Gesundheitswirtschaftlichen Gesamtrechnung (Schneider et al. 2016) umfasst eine Input-Out-Rechnung, eine Sozialrechnungsmatrix und eine Gesundheitsvermögensrechnung. Die Input-Output-Rechnung hat die gesundheitsbezogenen Güterbewegungen zum Gegenstand: Vorleistungen und Einsatz von Kapital und Arbeit als Input, produzierte Waren und Dienstleistungen als Output. Die Sozialrechnungsmatrix stellt Verteilungs- und Umverteilungsvorgänge dar. Mit der Gesundheitsvermögensrechnung wird bewertet, was die Gesundheit der Bevölkerung (Anstieg der Lebenserwartung bei Abzug krankheitsbedingter Ausfälle, Invalidität und Pflegebedürftigkeit) eines Landes zu dessen wirtschaftlicher Leistungsfähigkeit beiträgt. Die Gesundheitswirtschaftliche Gesamtrechnung soll erfassen, was die privaten Haushalte zur Gesundheitswirtschaft beitragen. Dazu wird das Zeitbudget erhoben, das ausweist, was „für Pflege und Betreuung von kranken Kindern und erwachsenen Familienangehörigen aufgewendet wird" (Bundesministerium 2015, S. 26). Gemeint sind somit nur durch Privathaushalte erbrachte Dienstleistungen, die ergänzen oder ersetzen, was zu gleichem Zweck von Gesundheitsunternehmen erbracht wird.

In der volkswirtschaftlichen Branche der Gesundheitswirtschaft waren 2015 in Deutschland 6,8 Mio. Menschen erwerbstätig. Sie erbrachten (größtenteils in den Gesundheitsdienstleistungen) einen Anteil von 12 % an der Bruttowertschöpfung der Wirtschaft insgesamt (Bundesministerium 2016, S. 2). Die Branche wächst seit Jahren stärker als die übrige Wirtschaft, insbesondere der geschäftlich besonders interessante, privat finanzierte Randbereich, und sie gilt als Jobmotor. Diese Entwicklung ist international zu beobachten und betrifft, wie aus den Statistiken zu entnehmen ist, die Humandienste insgesamt. Die Gesundheitswirtschaft stützt die Erwerbswirtschaft mancher Region in hohem Maße. Wegen des Umfangs an Arbeitsplätzen wird vornehmlich die beschäftigungspolitische Bedeutung der Branche betont (Ostwald et al. 2013; Bogai et al. 2015). Regionen werben für sich als innovative Gesundheitsstandorte. Seit 2008 gibt es zur weiteren Kompetenzentwicklung das „Netzwerk Deutsche Gesundheitsregionen". Es will den Ausbau der gesundheitsbezogenen Angebote fördern und überregional und international die Nachfrage nach ihnen mobilisieren.

3.4.1 Geschäfte für und mit Gesundheit

Gesundheitswirtschaft wird geschäftsseitig als Dienstleistungsbranche und als das Betätigungsfeld von Gesundheitsunternehmen betrachtet. Das können große, finanzkräftige Unternehmen sein, Konzerne wie der Gesundheitskonzern *Fresenius* mit *Helios* als größtem Krankenhausbetreiber oder die *Korian* Gruppe als europaweiter Pflegeheimbetreiber mit über 700 Einrichtungen, und es können praktizierende Ärzte, Physiotherapeuten, Psychologen usw. als Einzelunternehmer sein. Sie leisten etwas für Gesundheit bzw. zur Behebung von Beeinträchtigungen der Gesundheit, indem sie, betriebswirtschaftlich gesprochen, einen Input an materiellen und immateriellen Ressourcen in einen Output an die Gesundheit und Krankheit beeinflussenden Gütern bzw. Vorgängen umwandeln. „Von Gesundheitswirtschaft wird hier im Kontext der Produktion, Verteilung und Ausführung von Dienstleistungen für, an und mit Kranken und Behinderten gesprochen sowie in Bezug auf spezifische präventive Leistungen, die nachweisbare und an Zielen messbare Effekte haben" (Niehoff 2008, S. 30). Erfasst sind die Anbieter von Gesundheitsgütern, die gemäß dem Marktmodell des Verhältnisses von Angebot und Nachfrage agieren.

Mit ständigem Wachstum kann in diesem Bereich gerechnet werden, weil das Gesundheitsbewusstsein zunimmt, mehr Einkommen zur Verfügung steht, um Gesundheitsleistungen nachzufragen, und weil die demografische Alterung der Bevölkerung den Bedarf vermehrt (Heible 2015, S. 2 f.). Wie groß der Wirtschaftssektor gegenwärtig ist, hängt davon ab, wie man ihn eingrenzt. Offiziell wird für 2015 eine Beschäftigtenzahl von 6,8 Mill. in Deutschland und ein Beitrag von 12 % zum Bruttosozialprodukt angegeben (Bundesministerium 2016, S. 2). Auf Kongressen der Gesundheitswirtschaft (vgl. Bundesministerium 2014) werden die Grenzen der Branche naturgemäß weit gezogen und auf zuliefernde Produktionsbereiche und Geschäfte ausgedehnt, die nur indirekt einen gesundheitlichen Nutzen erbringen.

Hierzu ist die Unterscheidung von einem Kernbereich der Gesundheitswirtschaft mit der medizinischen und paramedizinischen Versorgung, hauptsächlich solidarisch finanziert im Sozialleistungssystem, von einer „erweiterten Gesundheitswirtschaft" getroffen worden. Es erfolgt in diesem Verständnis eine Zuordnung des engeren Bereichs der Gesundheitswirtschaft – Krankenhäuser, Pflege- und Reha-Einrichtungen, Haus- und Facharztpraxen, Apotheken – zu einem „Ersten Gesundheitsmarkt" und des übrigen Bereichs privat finanzierter und kommerzieller Angebote zu einem „Zweiten Gesundheitsmarkt" (Kartte und Neumann 2007; Henke et al. 2010). An der Finanzierung (erstattungsfähig vs. nicht erstattungsfähig) orientiert, umfasst der „Erste Gesundheitsmarkt" die Güter und Dienstleistungen, für welche die gesetzlichen und privaten Krankenkassen zahlen, während der „Zweite Gesundheitsmarkt" die Güter und Dienstleistungen enthält, die zum privaten Konsum rechnen und deren Kosten nicht von den Kassen übernommen werden.

Etwas anders teilt das anschauliche „IAT-Gesundheitszwiebelmodell" aus dem Gelsenkirchener Institut Arbeit und Technik (Fretschner et al. 2002, S. 36) die Gesundheitswirtschaft in drei Bereiche auf:

- „den Kernbereich der Gesundheitswirtschaft (stationäre und ambulante Akutversorgung und Altenhilfe sowie die Gesundheitsverwaltung
- Den Vorleistungs- und Zulieferbereich (Pharmaindustrie, Medizintechnik, Gesundheitshandel, Großhandel mit medizinischen Produkten)
- Den gesundheitsrelevanten Randbereich, also etwa den Fitness- und Wellnessbereich, das Betreute Wohnen oder den Gesundheitstourismus" (Goldschmidt und Hilbert 2009, S. 24).

Die Zwiebelringe um den Kern werden zumeist in den „Zweiten Gesundheitsmarkt" eingeordnet, also die Pharmaindustrie und die Medizintechnik mit ihren Produkten, aber auch alles, was ansonsten an Handel und Gewerbe mit Gesundheit zu tun hat und gesundheitsbezogen in der Fitness- und Wellnessbranche, im Gesundheitstourismus oder in der Nahrungsmittelbranche angeboten und nachgefragt wird. Manchmal wird die Gesundheitswirtschaft gar nicht mit den Diensten und Einrichtungen der personenbezogenen Versorgung identifiziert, sondern als Geschäft, das zu ihr beiträgt. So in der Aussage „Zur Gesundheitswirtschaft gehören in erster Linie Arzneimittel- und Medizinproduktehersteller" (Eble 2013, S. 451). Wirtschaft wird hier quasi dem Gesundheitswesen angelagert, dem als solchem kein Unternehmenscharakter zugemutet wird.

Tatsächlich wirken die Waren liefernden Gewerbe zwar als Zulieferer mit, konstituieren aber nicht den Produktionsbereich der direkten Gesundheitsversorgung. Die in einem Forschungsprojekt des Bundesministeriums für Wirtschaft und Energie 2015 erstellte „Gesundheitswirtschaftliche Gesamtrechnung II" hebt die „industrielle Gesundheitswirtschaft" von den gesundheitsbezogenen Dienstleistungen ab. In der getroffenen Klassifikation (Bundesministerium 2015, S. 10) zählen zur „industriellen Gesundheitswirtschaft inkl. Handel"

- (dem Kernbereich zuzurechnen) Humanarzneiwaren, medizintechnische Produkte, Einzelhandelsleistungen und Großhandelsleistungen des Kernbereichs,
- (dem Erweiterten Bereich zuzurechnen) Waren zur Gesundheitsversorgung, Handelsleistungen des erweiterten Bereichs, Bauinvestitionen im Gesundheitswesen, Geräte für E-Health,

während zu den Dienstleistungen gerechnet werden

- (dem Kernbereich zugeordnet) Krankenversicherungen, Dienstleistungen stationärer Einrichtungen, Dienstleistungen nichtstationärer Einrichtungen,
- (dem Erweiterten Bereich zugeordnet) Sport, Wellness- und Tourismusdienstleistungen, sonstige Dienstleistungen der Gesundheitswirtschaft, Investitionen, E-Health.

Analog unterscheidet das Bundeswirtschaftsministerium 2016 von der „Dienstleistungsorientierten Gesundheitswirtschaft" mit Dienstleistungen des Kernbereichs und des Erweiterten Bereichs die „Industrielle Gesundheitswirtschaft" mit den Teilbereichen Produktion sowie Vertrieb und Großhandel. Zum Erweiterten Bereich heißt es nun, er umfasse „Waren und Dienstleistungen, die nicht in den Kernbereich fallen, jedoch einen objektiven Gesundheitsnutzen besitzen und aufgrund einer subjektiven Kaufentscheidung in Hinblick auf Gesundheit erworben werden" (Bundesministerium 2016, S. 15).

Die Zuordnung eines Industrie- und Handelsbereichs zur Gesundheitswirtschaft wirft die grundsätzliche Frage auf, inwieweit eine solche Erweiterung eine sozialwirtschaftliche Rahmung der ganzen Branche eigentlich noch erlaubt. Die gewerbliche Natur als solche hindert an der Zuordnung nicht. Auch werden das oft kostspielige technische Inventar und das Wissen, das für die gesundheitliche Versorgung gebraucht wird, zu einem großen Teil erwerbswirtschaftlich generiert und ebenso zweckdienlich wie rentierlich eingesetzt. Bei der Pharmaindustrie oder medizintechnischen Betrieben dominiert aber nicht das soziale Sachziel das Geschäft, sondern das Formalziel des Gewinns. Die Unternehmen existieren nicht umwillen der gesundheitsbezogenen Versorgung, so sehr die Unternehmen auch zu ihr beitragen mögen. Ebenso werden Dienstleistungen der Fitness- und Wellnessbranche nicht des Patientenwohls, sondern des Umsatzes und Ertrags wegen, der sich mit ihnen erzielen lässt, angeboten. Dafür hat sich längst auch ein *Gesundheitsmarketing* etabliert (Hoffmann et al. 2012), mit dem sich Absatzförderung betreiben lässt, die umso mehr Erfolg verspricht, als sie die Konsumenten dabei zu einem gesunden Lebensstil anzuhalten vorgibt.

Nun hat aber auch die Sozialwirtschaft mit der Produktion und Bereitstellung von Sachgütern zu tun. Sie befasst sich mit der Wohnungsversorgung und zu ihr gehören Wohnungsunternehmen; sie verwaltet Häuser und Heime, Kinderspielplätze und Begegnungsstätten samt ihrer materiellen Ausstattung. Zur Sozialwirtschaft gehören traditionell genossenschaftlich oder in einer anderen Rechtsform organisierte Unternehmen, die Waren herstellen und vertreiben wie etwa landwirtschaftliche Betriebe, Sozialfirmen, Werkstätten für behinderte Menschen usw. Und Wohlfahrtsorganisationen haben u. a. Touristik- und Freizeitangebote in ihrem Portfolio, die in der sozialen und gesundheitsbezogenen Versorgung zweckdienlich sind. Weder die Erzeugung und der Vertrieb von Waren noch die Erzielung von Gewinn mit zusätzlichen Dienstleistungen (als Kuppelprodukt) gemeinnütziger Aufgabenerledigung widersprechen in jedem Falle dem humandienstlichen Charakter eines Versorgungsgeschehens.

Dieser Charakter erfordert eine professionelle Angemessenheit im Handeln nach Bedarf. Versorgung bezieht sich auf ihn und die Personen, deren Situation und Ergehen die Versorgung erfordert. Gesundheitsunternehmen können sich in ihrem Betrieb auf unterschiedliche Weise auf den Versorgungsbedarf einstellen. Sie prüfen, was sie in Hinblick auf Indikationen leisten können und richten Pfade ein, auf denen sie bestimmten Behandlungs-, Pflege- oder Rehabilitationserfordernissen nachkommen. Es gibt dafür ein in der Praxis einzusetzendes Steuerungsinstrumentarium, das fallweise im *Case Management* und über die Inzidenz aller Fälle hinweg im *Care Management* genutzt wird.

Gesundheitswirtschaftlich soll mit dieser Steuerung die Abarbeitung eines Versorgungsauftrags optimiert und rationalisiert werden. Gelenkt wird mit dem Management der Versorgung der Einsatz der vorhandenen Produktionsfaktoren (inklusive des Faktors der Mitarbeit der „Kunden" einer Einrichtung oder eines Dienstes). Um dabei erfolgreich zu sein, bedarf es einer durchgängigen Abstimmung der fall- und personenbezogenen Steuerung und der Steuerung des ganzen Betriebs. Er steht für die Qualität der zu leistenden Versorgung ein. Das gesundheitsbetriebliche *Versorgungsmanagement* koordiniert und integriert zu diesem Zweck den Einsatz aller Beteiligten. Der Versorgungsprozess wird im (sozialen) Interesse seiner individuellen Nutzer und im (wirtschaftlichen) Interesse des dienstleistenden Betriebs gestaltet.

> „Das Versorgungsmanagement bezieht sich auf zwei verschiedene Aufgabenkreise: zum einen auf die Bewältigung eines konkreten bevölkerungsbezogenen Versorgungsproblems, zum anderen auf die Absicherung der Arbeitsfähigkeit einer speziellen Versorgungsinstitution. Es ist dementsprechend hinsichtlich seiner Wirksamkeit für eine Zielbevölkerung (Effektivität) oder hinsichtlich seines Erfolges für eine Anbieterinstitution (Effizienz) zu beurteilen (Niehoff 2008, S. 6).

Dass der Begriff Versorgungsmanagement im Sozialleistungssystem auch anders verwandt wird, nämlich für das Entlass- und Übergangsmanagement von stationärer Behandlung in anderweitige Versorgung, in Pflege oder Rehabilitation (gemäß § 11 Abs. 4 SGB V) zeigt wiederum, dass eine isolierte innerorganisatorische Steuerung von Versorgung nicht den realen Anforderungen an sie entspricht. Das Gesundheitsunternehmen funktioniert im Zusammenhang des Gesundheitsgeschehens nicht allein durch sich selbst. Normativ hat es teil an einem *continuum of care* und faktisch kann es sich als Leistungserbringer seinen Abhängigkeiten im sozialrechtlichen Verhältnis zu Leistungsträgern und leistungsberechtigten Nutzern nicht entziehen.

3.4.2 Leistungsträger als Sozial- und Wirtschaftsorganisationen

Der Gesundheitswirtschaft zugeordnet werden – wie in der bereits genannten Aufstellung zur Gesundheitswirtschaftlichen Gesamtrechnung (Bundesministerium 2015) – auch die Sozialversicherungsträger. Oft ignoriert man sie unter den Leistungen erstellenden Unternehmen; ihnen gelten sie nur als Kostenträger. Tatsächlich stehen sie den Leistungserbringern gegenüber, sind gewissermaßen deren Kunden und im Verhältnis von Anbietern und Abnehmer sind die Leistungsträger dem antipodischen Dualismus der marktwirtschaftlichen Lehre nach *Haushalte*. In betriebswirtschaftlicher Hinsicht folgen Versicherungen ihrer eigenen Ökonomik. (Zweifel und Eisen 2003) Sie müssen mit der Unsicherheit in Hinblick auf Risiken rechnen, wobei Versicherungen als Sozialleistungsträger durch das Transfersystem des Sozialstaats nicht marktabhängig sind, mögen die Krankenversicherungen auch zum Wettbewerb untereinander angehalten werden.

Volkswirtschaftlich erscheinen die Sozialversicherungen erst in der Bilanz der Gesundheitswirtschaft, wenn mit deren Finanzierung und der ihr vorausgesetzten Einkommenstransfers der gesamtwirtschaftliche Einkommenskreislauf geschlossen wird (Bundesministerium 2015, S. 12). Die gesetzlichen und privaten Krankenkassen sowie die Unfallversicherungen und auch Rentenkassen finanzieren in der Tat zum größten Teil die Dienste, die von Gesundheitsunternehmen erbracht werden.

> „Im Jahr 2010 wurden von der Sozialversicherung knapp 189,1 Mrd. € für Gesundheitsgüter des Kern- und des Erweiterten Bereichs der Gesundheitswirtschaft ausgegeben. Verwaltungsleistungen und Ausgaben der Gebietskörperschaften für den öffentlichen Gesundheitsdienst und die Gesundheitsbehörden führen zu weiteren 8,1 Mrd. als Verwaltungsausgaben des Staates. Diese zählen zwar definitorisch nicht als soziale Sachtransfers, sind aber aufgrund ihres Nutzens verteilungsrelevant. Zu erwähnen sind ferner die Übernahme der Krankenbehandlung durch die Sozialhilfe und die Kriegsopferversorgung/-fürsorge. Die Sozialversicherung bezahlt auch in erheblichem Umfang Einkommensleistungen (Transferzahlungen) im Krankheitsfall oder bei Erwerbsunfähigkeit" (Bundesministerium 2015, S. 14).

Die Einfügung der gesundheitsbezogenen Leistungen bzw. der Gesundheitswirtschaft in den weiteren Rahmen der Sozialleistungen erlaubt, die *Gesundheitsökonomie*, wie bereits von Herder-Dorneich (1966) beschrieben, von den *Krankenversicherungsleistungen*, ihrer Finanzierung und Steuerung der Ausgaben her zu explizieren (Lüngen und Büscher 2015).

Die Kassen sind Wirtschaftsunternehmen und sie sind zweifellos soziale Einrichtungen. Sie bilden ihrer Konstitution nach Solidargemeinschaften. Zur gesetzlichen Krankenversicherung heißt es in § 1 SGB V unter der Überschrift „Solidarität und Eigenverantwortung":

> Die Krankenversicherung als Solidargemeinschaft hat die Aufgabe, die Gesundheit der Versicherten zu erhalten, wiederherzustellen oder ihren Gesundheitszustand zu bessern. Die Versicherten sind für ihre Gesundheit mit verantwortlich; sie sollen durch eine gesundheitsbewusste Lebensführung, durch frühzeitige Beteiligung an gesundheitlichen Vorsorgemaßnahmen sowie durch aktive Mitwirkung an Krankenbehandlung und Rehabilitation dazu beitragen, den Eintritt von Krankheit und Behinderung zu vermeiden oder ihre Folgen zu überwinden. Die Krankenkassen

haben den Versicherten dabei durch Aufklärung, Beratung und Leistungen zu helfen und auf gesunde Lebensverhältnisse hinzuwirken.

Die Gesundheitsversorgung baut auf ein Zusammenwirken der Versicherten. Das Solidarprinzip bedeutet nicht nur, dass Gesunde für Kranke, Junge für Alte und Einkommensstarke für Einkommensschwache eintreten, sondern auch dass jeder nach seinem Handlungsvermögen am Erhalt bzw. am Erreichen von Gesundheit beteiligt ist. Die Solidargemeinschaft hat das Mandat, auf diese Teilhabe hinzuwirken. Wie sie das bewerkstelligt (z. B. durch Förderung gemeinschaftlicher Selbsthilfe, per Kostenbeteiligung von Versicherten oder durch individuelle Patientenbegleitung) und welchen Erfolg sie damit hat, mag dahingestellt bleiben. Ihr sozialer Charakter bestimmt die Leistungsbeziehungen, welche gemäß § 2 Abs. 4 SGB V die Kassen, die Dienstleister und die Versicherten einbinden:

> Krankenkassen, Leistungserbringer und Versicherte haben darauf zu achten, dass die Leistungen wirksam und wirtschaftlich erbracht und nur im notwendigen Umfang in Anspruch genommen werden.

Der Gesetzgeber erhebt diese Forderungen als sozialer Haushalter. Im Gesundheitswesen ist sozialwirtschaftlich zu handeln, weil in ihm über die gesetzliche Krankenversicherung eine auf Solidarität basierende Ressourcenallokation erfolgt. Die geteilte Verantwortung hindert die Leistungsträger als Kostenträger bzw. ihre Spitzenverbände (Bund der Krankenkassen und Bund der Pflegekassen) nicht, über Leistungen der Versorgung mit den Interessenvertretern der Erbringer (Deutsche Krankenhausgesellschaft, Kassenärztliche Bundesvereinigung) im Streit zu liegen.

Bei der Mittelverwendung ist zu beachten, dass im Versorgungssystem deren Wirtschaftlichkeit leidet, wenn die Akteure je für sich einzelwirtschaftlich auf ihren Vorteil sehen. Dienstleistenden Unternehmen darf dieses Verhalten unterstellt werden – und ihm kann vertraglich vorgebaut werden. Anders bei den leistungsnehmenden Kunden. Ihr Verhalten wird in der Literatur unter Gesichtspunkten der Informationsasymmetrie diskutiert. *Moral hazard* ist bei Versicherungen, welche die Kosten bei Krankheit tragen, gegeben, wenn einzelne Versicherte mehr als nötig medizinische Leistungen in Anspruch nehmen. Die Last trägt das Kollektiv der Versicherten mit seinen Beiträgen. *Adverse selection* tritt auf Grund des Informationsvorsprungs ein, den ein Kunde bei Abschluss einer Versicherung hat: er kann seine Risiken verschweigen; in Kenntnis dieser generellen Möglichkeit wird das Versicherungsunternehmen sie in die Bemessung des Beitrags für alle Versicherten einrechnen. Als Leistungsträger sind die gesetzlichen Krankenkassen selber nicht frei von einer unfairen Informationsnutzung, wenn sie für die Zuteilung von Mitteln aus dem Risikostrukturausgleich ihre Versicherten kränker machen als sie

sind. Leistungserbringer tragen im einzelwirtschaftlichen Interesse zur unwirt-
schaftlichen Vermehrung der Kosten dadurch bei, dass sie gewünschte, aber nicht
notwendige Behandlungen durchführen oder die Informationsasymmetrie zum
zusätzlichen Einsatz ihrer Praxisausstattung nutzen. Das erwerbswirtschaftliche
Motiv setzt sich gegen die Solidarität durch, auf die das Versorgungssystem baut.
   Sozialwirtschaftlich handeln heißt grundsätzlich solidarisch handeln. Die
frühesten sozialwirtschaftlichen Organisationen – *friendly societies* in England
und *sociétés de secours mutuel* in Frankreich – hatten einen personenbezogenen
Versicherungszweck und bildeten die Vorläufer der heutigen Kranken- und Unfallversicherungen. Wie die Kostenträger im Sozialwesen bei der Diskussion der
Geschäftsfelder von Sozialunternehmen gewöhnlich außen vor und insoweit sozialwirtschaftlich unbeachtet bleiben, so werden die Versicherungen im Markt der
Gesundheitswirtschaft von den darin agierenden Gesundheitsunternehmen nur am
Rande wahrgenommen – weil zur Finanzierung gebraucht. Mit ihr ist der Sozialstaat
ein zentraler (und beispielsweise in England mit dem *National Health Service* der
hauptsächliche) Wirtschaftsakteur im Handlungsfeld, auch bei indirekter Steuerung über die Versicherungsfunktion, die der Staat in der Gestaltung der Sozial-,
Renten-, Kranken- und Arbeitslosenversicherung sowie mit der Grundsicherung
wahrnimmt (Breyer und Buchholz 2009, S. 69 ff.).
   Der Staat ist kein Gesundheitsunternehmer (mögen auch Krankenhäuser und
andere Einrichtungen in öffentlicher Hand sein) und er tritt nicht als Geschäfts-
treibender im Gesundheitsmarkt auf. Er organisiert und regelt die Gesundheitsversorgung intermediär. Auf der Ebene der zuständigen Unternehmen und mit
zivilgesellschaftlicher Beteiligung wird ausgehandelt, wie die Aufgaben in einzelnen
wahrgenommen werden sollen. Beispielsweise waren und sind in Deutschland seit
der Einführung der Pflegeversicherung bei vielseitiger Interessenvertretung durch
Kassen, Kommunen, Fachverbände und Betroffenengruppen eine Menge Änderungen vorgenommen worden: zum Beispiel die Einführung der Pflegestützpunkte,
der Übergang von den Pflegestufen zu den Pflegegraden und die Einbeziehung
von Betreuung bei Demenz. Es ist ein Aushandlungsprozess, in dem es um soziale
Gerechtigkeit und um die soziale Qualität des Lebens miteinander geht.
   Das Pflege-Weiterentwicklungsgesetz von 2008 und die nachfolgenden Pflege-
stärkungsgesetze regeln Beziehungen von Kassen, Kommunen, dienstleistenden
Stellen, Pflegebedürftigen und sorgenden Pflegepersonen und verbinden gesundheitsbezogene und soziale Leistungen. So wird den Pflegestützpunkten nach § 7c
SGB XI die „Koordinierung aller für die wohnortnahe Versorgung und Betreuung
in Betracht kommenden gesundheitsfördernden, präventiven, kurativen, rehabilitativen und sonstigen medizinischen sowie pflegerischen und sozialen Hilfs- und
Unterstützungsangebote einschließlich der Hilfestellung bei der Inanspruchnahme

der Leistungen" aufgetragen und dazu die „Vernetzung aufeinander abgestimmter pflegerischer und sozialer Versorgungs- und Betreuungsangebote". Nur in einem sehr weiten Verständnis von Gesundheitswirtschaft können solche Vorgaben und kann diese Praxis noch unternehmerisch und marktlich eingeordnet werden.

3.5 Sozial sich um Gesundheit kümmern

Im Handlungsbereich der Gesundheitsunternehmen bleibt gewöhnlich außer Betracht, was jenseits von ihm zu gleichem Zweck geschieht. Viele Einrichtungen und Dienste des Sozialwesens haben unmittelbar auch und sogar vorwiegend Gesundheitsprobleme zum Gegenstand ihrer Arbeit, sei es in der Sozialberatung, bei Krisenintervention, in der Drogenhilfe oder in der Altenhilfe. Frühe Hilfen werden auch mit Einsatz von Familienhebammen geleistet usw. Andererseits befassen sich Dienste und Einrichtungen des Gesundheitswesens mit sozialen Problemen, wenn es um Suchtkranke geht, wenn an Selbsthilfegruppen verwiesen wird, medizinische Rehabilitation mit sozialer Rehabilitation verbunden wird, häusliche Pflege zu organisieren ist und Bedingungen im Sozialraum dafür zu schaffen sind, dass behinderte und pflegebedürftige Menschen in ihrem Umfeld zurechtkommen können. Sozialgesundheitliche Dienste in der Psychiatrie sind dazu da, komplementär zur medizinischen Behandlung ein Leben mit der Krankheit im normalen sozialen Umfeld, im Wohnen und in der Arbeit zu ermöglichen. Je prekärer eine individuelle Lebenslage, desto näher rücken die sozialen und gesundheitlichen Probleme von Menschen einander und desto weniger lassen sich die Behandlung und die Bewältigung solcher Probleme samt ihrer Bewirtschaftung voneinander lösen.

Der Zugang zur nötigen gesundheitlichen Versorgung wird für viele Menschen erst mit formeller Beratung (wie sie musterhaft in der Pflegeberatung nach § 7a SGB XI vorgesehen ist) oder mit informeller sozialer Hilfe und Begleitung eröffnet. Mögen Gutverdienende und Bessergestellte sich separat den einen oder anderen Dienst einkaufen, selber kombinieren, was sie brauchen, und auf soziale Unterstützung verzichten, für den Minderbemittelten und Armen ist die Ausdifferenzierung von Angeboten kein Vorteil. In der Wohlfahrtspflege halten die Träger von Diensten und Einrichtungen gewöhnlich sowohl soziale als auch gesundheitsbezogene Angebote bereit.

Die sozialrechtliche Abgrenzung und die unterschiedliche Finanzierung diverser sozialer und gesundheitlicher Leistungen bedeutet in der Praxis nicht zwangsläufig, dass „Dienste am Menschen" in gleicher Trennung erbracht werden müssen. Ihnen gegenüber verhalten sich die Adressaten der formellen Versorgung nach den Gegebenheiten ihrer Lebenslage und nicht geschieden nach der Einteilung von Bedarfen an Gesundheit, Beschäftigung, Wohnen, Bildung, Erziehung und gesellschaftlicher Teilhabe im Sozialgesetzbuch. Die eigenen Lebensbedingungen und Verwirklichungsmöglichkeiten werden individuell in der Bewältigung des Alltags und von allfälligen Belastungen zusammen wahrgenommen.

Zur Überwindung der Fragmentierung von Versorgung im System selber kommt das Erfordernis hinzu, dass sich die Fachdienste mit der Versorgung *in die Lebenswelt* der Menschen begeben. Diese Hinwendung erscheint nötig, weil Personen mehr und mehr selbständig in ihren gesundheitlichen Belangen handeln, weil sie unter Gesundheitsleistungen wählen können, sich dazu in der digitalen Informationssphäre orientieren und in ihren Lebenskreisen und persönlicher Daseinsgestaltung gesundheitsrelevante Entscheidungen treffen. Die erfahrungsgesättigte eigene Kompetenz bestimmt über sie. Die Informationsasymmetrie, von der gewöhnlich angenommen wird, dass sie in einem Vorsprung an professionellen Wissen und Können im Medizinsystem gegenüber dem Wissen und Können von Patienten besteht, erweist sie hier als ein Vorsprung an lebensweltlicher Kompetenz der Nutzer des Systems: Es nimmt im klinischen Blick nur einen Ausschnitt der Lebenswirklichkeit und Erfahrung wahr, über welche die Menschen allein und in ihrem sozialen Kontext verfügen und die sie außerhalb dieses Kontextes nur begrenzt teilen können.

Das Instrumentarium der fachlichen Diagnostik durchdringt nicht die Lebenswirklichkeit und was in ihr steckt. Es erweckt den Anschein hinreichender Angemessenheit, beweist sie aber nicht. Allein schon dieser Unzulänglichkeit wegen ist das System der Versorgung und ist ihre Ökonomie in hohem Maße abhängig von persönlicher Eigenverantwortung und Eigenversorgung in der Prävention, bei chronischen Gesundheitsbelastungen und Krankheiten und in der altersbedingten Pflege. Formelle Versorgung kommt ohne Selbstsorge, Sorge füreinander und gemeinschaftliche Sorge nicht aus.

Damit gerät wiederum in den Blick, dass die Ökonomie von Gesundheit nicht nur eine des Systems der Versorgung ist, sondern in nicht geringerem Maße auch eine der individuellen und gemeinsamen Lebensführung, in der es vor biopsychosozialen Hintergründen dazu kommt, dass Versorgung gebraucht wird. Das individuelle Haushalten mit Gesundheit verschränkt sich mit der Gestaltung des Gesundheitssystems. Und dies in zunehmendem Maße im Zuge der technologischen Entwicklung. Jede Person hat Zugang zu gesundheitsbezogenen Informationen. Sie erhält sie im direkten sozialen Austausch und mehr und mehr per Einbindung in digitalisierte soziale Netze. Sie tragen bei zu in Beziehungen gebildetem Sozialkapital. Es ist in unterschiedlichem Maße vorhanden (Szreter und Woolcock 2004, vgl. Hartung 2014), lässt sich aber auch virtuell erweitern und erhalten. Sozialwirtschaftlich lohnt die Investition in Partizipation und die dabei zu gewinnende Erfahrung von Selbstbestimmung, eigenem Zugang, eigener Kontrolle und von Selbstwirksamkeit in Belangen der Gesundheit und bei Krankheit (vgl. Rosenbrock und Hartung 2012).

Die informelle und formelle Gesundheitskommunikation hat einen sozialen Charakter, wenn sie denn den Menschen ansprechen und ihn in seinem Verhalten beeinflussen soll. Es betrifft die individuelle Regulierung von Gesundheit über Ernährung, über Bewegung und per Vermeidung von Unfällen und anderen Risiken. Vom Verhalten in diesen Hinsichten wird das Auftreten chronischer Leiden beeinflusst, die im Versorgungssystem hohe Kosten verursachen. Andererseits gibt es eine unterschiedlich ausgeprägte aktive Gesundheitssorge, in der Menschen zu wenig oder zu oft, frühzeitig oder zu spät einen Arzt aufsuchen. Auch hierauf kann kommunikativ Einfluss genommen werden.

Die kommunikative Beziehungspflege erstreckt sich inhaltlich nicht bloß auf Fragen zu Gesundheit und Krankheit, sondern auf die ganze Lebenslage mit ihren persönlichen Einschätzungen und auf die Lebensführung mit ihren sozialen Orientierungen. Der einzelne Mensch ist in seinem Verhalten frei; wie er dabei aber seine Verantwortung wahrnimmt, beeinflussen ebensowohl negative wie positive Eindrücke, die ihm seine näheren und weiteren Lebenskreise vermitteln. Diese Gegebenheiten sind somit in einer „Politik der Lebenschancen" und „Politik der Lebensweisen" (Kickbusch und Hartung 2014, S. 216 ff.) zu behandeln und in die Ökonomie der gesundheitsbezogenen persönlichen Lebensführung einzubeziehen

Sozialepidemiologische Untersuchungen belegen die Abhängigkeit des Krankheitspanoramas von Zeit und Ort. Informelle Deutungen des Befindens und Möglichkeiten der Selbsthilfe einerseits und die Zugänglichkeit des Behandlungssystems andererseits bedingen die Prävalenz und die Inzidenz von Krankheitserscheinungen. Zu beobachten ist eine Relation zur jeweils vorhandenen medizinischen Versorgungsstruktur, etwa zur Ärztedichte. Die Diagnostik und die Behandlungsmöglichkeiten bestimmen darüber, was als Krankheit zählt – weil sie diagnostiziert und behandelt wird. Psychische Beeinträchtigungen haben sich bekanntlich in Form von Depressionen, ADHS, Burnout usw. enorm vermehrt, was nicht heißt, dass solche Beeinträchtigungen unabhängig von Diagnostik in gleichem Maße zugenommen haben. Über die Medien ist die Bevölkerung sensibilisiert und so finden sich passende Beschwerden eher und werden öfter vorgebracht. Die Krankenkassen konstatieren eine entsprechende Zunahme der Krankschreibungen. Ohne Zweifel gibt es dafür Gründe in der fortschreitenden Modernisierung des Arbeitslebens und des Alltags mit seinen Verunsicherungen und Belastungen. Gesundheitswirtschaftlich kann darüber nicht hinweggesehen werden. Deshalb wird u. a. Wert auf betriebliche Gesundheitsförderung und auf das *Betriebliche Eingliederungsmanagement* (gemäß § 84 Abs. 2 SGB IX) gelegt – also auf Maßnahmen, die ein soziales Zusammenwirken – hier von Arbeitgebern und Arbeitnehmern – verlangen und eine Bewirtschaftung dieser Aufgaben ohne dass ein Gesundheitsunternehmen tätig wird.

Indes können sie sich in Kooperationsformen und in eine Struktur einbinden, die in Blick auf den komplexen Bedarf eine sozial und gesundheitlich umfassende und integrierte Versorgung zu leisten imstande ist. Beispiele dafür gibt es in Schweden, in Kanada, auch in den USA und in anderen Ländern in Form von *Health Care Centres* bzw. *Community Health Centres*. Sie bedienen den bei den Menschen zusammenhängenden Bedarf und nehmen auch ökonomisch die Beziehung der gesundheitlichen und der sozialen Versorgung aufeinander wahr. Der Blick in den *Local Health Centres* reicht von einem vorbeugend tätigen öffentlichen Gesundheitsdienst bis zu den sozialen Arbeitsbedingungen. „The health and social care model provides a framework to take account of the inter-relationships between the different functions of the health and social care system. It ranges from the funding and provision of hospitals and social care to the role of research, innovation, training and supply chain industries in service redesign" (Whitfield 2015, S. 12).

In Deutschland hat nach den Mustern im Ausland 2015 die Robert-Bosch-Stiftung ein Programm „Patientenzentrierte Zentren zur Primär- und Langzeitversorgung (PORT)" ausgeschrieben und für seine Umsetzung ab 2016 acht Initiativen aus mehreren Bundesländern ausgewählt. In der Ausschreibung heißt es:

> „Mit dem Programm PORT – Patientenorientierte Zentren zur Primär- und Langzeitversorgung will die Robert Bosch Stiftung die (Weiter-)Entwicklung und Einführung von lokalen, inhaltlich umfassenden und exzellenten Gesundheitszentren in Deutschland fördern, die eine Primär- und Langzeitversorgung in einer Region abdecken können.
> Die künftigen PORT-Gesundheitszentren
> - sind auf den regionalen Bedarf abgestimmt,
> - setzen eine patientenzentrierte, koordinierte, kontinuierliche Versorgung um,
> - unterstützen den Patienten im Umgang mit seiner Erkrankung,
> - arbeiten als multiprofessionelles Team aus Gesundheits-, Sozial- und anderen Berufen auf Augenhöhe,
> - nutzen neue Potentiale wie eHealth,
> - schließen Prävention und Gesundheitsförderung mit ein,
> - sind kommunal gut eingebunden."

Auf diese Einbindung wird es ankommen, wenn ein Versorgungszentrum den gesundheitsbezogenen Sorgen im Sozialraum nah sein und mit ihnen in einem *continuum of care* verflochten sein will.

3.5.1   Organisatorische Verknüpfungen

Betriebswirtschaftlich besteht zwischen der Führung von Gesundheitsunternehmen einerseits und Sozialunternehmen andererseits wenig Differenz, wenigstens dann nicht, wenn sie in gemeinnütziger und öffentlicher Trägerschaft betrieben werden. Deshalb finden wir in der Literatur strategisches und operatives Management, Rechnungswesen, Controlling, Benchmarking, Personalwesen und andere Aspekte der Unternehmensführung oft zugleich für Sozial- und Gesundheitsunternehmen behandelt (Kaspers 2016; Reiss 2010; Werner 2016). Die Besonderheiten lassen sich für Sozialunternehmen z. B. unter dem Terminus „Sozial-Betriebswirtschaftslehre" (Zacher und Ochs 2015) behandeln, während in ihrem Studienbuch zur Gesundheitswirtschaft Burchert und Hering Beiträge zu einer „Krankenhausbetriebswirtschaftslehre" unter dem Titel „Mikroökonomischer Ansatz" leisten (Burchert und Herin 2002, S. 161 ff.). Man fasst die zur Sozialwirtschaft im engeren Sinne und zur Gesundheitswirtschaft im engeren Sinne gehörenden Wissensbestände in Studiengängen zusammen (s. Hensen und Hensen in diesem Buch) und behandelt sie auch so kombiniert auf den jährlichen *Sozialwirtschaftlichen Managementtagungen* (swmt.org).

Im Theoriediskurs kann man die Augen vor den Zusammenhang der Handlungsfelder kaum verschließen. Allerdings steht die unklare Begrifflichkeit der Sozialwirtschaft einer Verständigung über ihre Beziehung zur Gesundheitswirtschaft im Wege. Auf der europäischen Ebene ist die Erörterung der *économie sociale* resp. *social economy* von den hergebrachten genossenschaftlichen, kooperativen Unternehmen ausgegangen und erst in einem zweiten Schritt wurden in das Konzept die „Dienste im allgemeinen Interesse" der Wohlfahrtspflege einbezogen (vgl. Wendt 2014 a, S. 71 ff.). In der Debatte der europäischen Gremien über diesen Bereich von „social business" hat man keine feste Abgrenzung vorgenommen und auch darauf verzichtet, sich explizit mit den Gesundheitsdiensten zu befassen.

Die Zurückhaltung ist einesteils der Unterschiedlichkeit der Versorgungssysteme in den einzelnen Ländern geschuldet – vom staatlichen National Health Service in Großbritannien bis zum freien Unternehmertum der niedergelassenen Ärzte in Deutschland, andernteils der professionellen Autonomie, auf die der Medizinbereich besteht. Dabei gibt es in vielen Ländern durchaus *health cooperatives*, die ein Beispiel dafür geben, wie soziale Unternehmungen die gesundheitliche Versorgung inkorporieren können: In ländlichen Regionen mit Mangel an Ärzten tun sich die Bewohner in einer Genossenschaft zusammen, welche das medizinische Personal beschäftigt. So etwa in Kanada (MacKay 2007), während in Italien primär Zusammenschlüsse von Ärzten in Kooperativen (gemäß Gesetz 381/91), auch bei Mitgliedschaft der Patienten, eine lokale Versorgung übernehmen (Girard 2014, S. 85 ff.).

Sie sind eine Form von Sozialgenossenschaften, die einen Versorgungsauftrag übernehmen und ihn rechenschaftspflichtig erfüllen. Abzugrenzen von den primär auf Bedarfsdeckung ausgerichteten und not-for-profit agierenden Kooperativen sind Gesundheitsgenossenschaften, die den erwerbswirtschaftlichen Erfolg von Ärzten sichern sollen und ihre Dienste miteinander verbinden.

Der unternehmerische Auftritt der Gesundheitswirtschaft und der Verweis auf ihre gesamtwirtschaftliche Potenz lässt sich leichter darstellen als die sozialwirtschaftliche Performanz. Aber im Handlungsbereich der Sozialunternehmen, die sich in der Sozialwirtschaft als Branche angesiedelt sehen, wird ebenfalls auf ihren Beitrag zur Wirtschaftskraft und zum Bruttoinlandsprodukt verwiesen. Soweit sie nicht stillschweigend einbezogen wird, ist im sozialen Dienstleistungssektor bzw. dem Bereich der Wohlfahrtspflege indes kaum die Rede von seiner gesundheitsbezogenen Dimension. Selbst auf der Ebene der europäischen Wirtschaftspolitik, die der Sozialwirtschaft als Wachstumsbereich viel Aufmerksamkeit und Förderung angedeihen lässt, wird das Gesundheitswesen mit seinen Diensten und Einrichtungen ausgeklammert. Die Berufsgruppen haben ihre voneinander getrennten Vertretungen und die Arbeitgeber sind hier vorwiegend privat-gewerblich und dort frei-gemeinnützig tätig.

Es gibt, was die Bindung aneinander betrifft, Ausnahmen: Der *Verband der österreichischen Sozial- und Gesundheitsunternehmen* firmiert unter dem Obertitel *Sozialwirtschaft Österreich* und sorgt für die wirtschaftliche Absicherung der Mitgliedsorganisationen, für gute Arbeitsbedingungen, für einen Kollektivvertrag für alle Mitarbeitenden sowie ausdrücklich für einen „Branchenzusammenhalt" seiner vier Fachgruppen Arbeitsmarktpolitische Dienstleistungen, Behindertenarbeit/Psychosoziale Arbeit, Gesundheits- und Soziale Dienste, Kinderbetreuung/ Kinder- und Jugendhilfe. Der Verband wurde 1997 als Berufsvereinigung von Arbeitgebern für Gesundheits- und Sozialberufe gegründet – und zwar von gemeinnützigen Trägern (Volkshilfe Österreich, Österreichisches Hilfswerk, BBRZ, Bundesverband der österreichischen Pflege-, Adoptiv- und Tageselternvereine, Verein Lebenswertes Leben). Profitorientierte private Gesundheitsunternehmen waren nicht darunter. Bei der *Sozialwirtschaft Österreich* sind die Arbeitnehmer einbezogen und sie hat als Tarifpartner eine gewichtige Position.

Indes gibt es auch in Österreich eine von der Sozialwirtschaft abgesetzte Vertretung der Gesundheitswirtschaft. Als Initiative der Gesundheitsunternehmen wurde 2009 von der Wirtschaftskammer Österreich eine *Plattform „Gesundheitswirtschaft Österreich"* ins Leben gerufen. Sie nutzt nach eigenem Bekunden „die Chancen und Möglichkeit im wachsenden Gesundheitsmarkt und stellt soziale Verantwortung gegenüber der Gesellschaft unter Beweis" (wko.at/Content.Node/

Plattform-Gesundheitswirtschaft). In Deutschland setzt sich dafür die *Initiative Gesundheitswirtschaft* ein.

3.5.2 Bleibt die Gesundheitswirtschaft sozial?

Seit ihrer Gründung 2006 tritt die *Initiative Gesundheitswirtschaft* als Vereinigung von Gesundheitsunternehmern unter dem Vorsitz von Heinz Lohmann für eine moderne und innovative Medizin ein, die für alle Menschen zugänglich ist und im marktwirtschaftlichen Wettbewerb der Anbieter die Versorgung sichert (vgl. Lohmann 2004). Insoweit kann der Gesundheitswirtschaft nicht vorgeworfen werden, keine patientenorientierte, bedarfsgerechte und bezahlbare Medizin zu bieten. Es soll „Markenmedizin für informierte Patienten" (Lohmann et al. 2016) sein. Die in Zeiten der Digitalisierung wachsende Kundensouveränität lässt neue Geschäftsbeziehungen mit den Nutzern des Versorgungsangebots erwarten.

Inwieweit es Beziehungen der sozialen Teilhabe werden, muss sich aber erst noch zeigen. Gesundheitsunternehmer setzen auf weniger Staat und mehr Markt und Wettbewerb und somit auf weniger Regulierung. Dabei besteht Konkurrenz bereits im herkömmlich regulierten System. Im Rahmen der gesetzlichen Krankenversicherung gibt es drei Wettbewerbsfelder, nämlich „den Versicherungsmarkt (Kassenwettbewerb um Versicherte), den Behandlungsmarkt (Wettbewerb um Patienten) und den Leistungsmarkt (Wettbewerb um Leistungsverträge)" (Ulrich 2012, S. 608). In jedem Feld erfolgt ein Preiswettbewerb und ein Qualitätswettbewerb. Bei zunehmender Nutzer- und Patientensouveränität müssen sich die Betreiber, z. B. Krankenhäuser, auf den Wandel der Kommunikation mit ihnen einstellen (Burghardt 2016).

In Anlehnung an den Terminus Soziale Marktwirtschaft führte der Gesundheitsunternehmer Wolfgang Glahn 2007 den Begriff „Soziale Gesundheitswirtschaft" ein – mit einem Plädoyer für den Arzt als freiem Dienstleister gegenüber dem Patienten als freiem Konsumenten auf einem freien Angebots- und Nachfragemarkt (Glan 2007, S. 39 ff.). Wie individuelle Gesundheitsprobleme auch mit mehr Selbstmanagement des Einzelnen in den Griff zu bekommen seien, so die Gesundheitsproblematik insgesamt mit einem „nationalen Problem-. und Fehlermanagement" zur Verbesserung der „nationalen Versorgungseffizienz" (Glan 2007, S. 115 ff.).

In einen marktwirtschaftlichen Ordnungsrahmen fügen sich auch die Thesen, die zu einer „Sozialen Gesundheitswirtschaft" 2009 von der Konrad-Adenauer-Stiftung formuliert wurden. Unter sozialen Vorzeichen gibt der Staat Gesundheitsziele vor und beaufsichtigt die Akteure im Gesundheitsmarkt; insbesondere bietet er aber „Freiräume für Anbieter von Gesundheitsleistungen" und verlangt Eigenverantwortung der Kunden, die in ihrer Gesundheitskompetenz gestärkt werden sollen (Konrad-Adenauer-Stiftung 2009, S. 7). Die erste der zehn Thesen lautet: „Die Vielfalt in der gesundheitlichen Versorgung mit ihren marktwirtschaftlichen Strukturen muss in einer sozialen Gesundheitswirtschaft gestärkt werden". Dabei wird den Anbietern gegenüber auf Konsumentensouveränität in der Nutzung der Dienste gesetzt. Der gut situierte, zahlungsfähige Patient wird diese Souveränität haben, und an ihm ist ein freier Gesundheitsunternehmer auch in erster Linie interessiert. Für weniger souveräne Patienten muss dann doch wieder diesseits des Marktes gesichert werden, dass sie bedarfsentsprechend Beistand finden.

Wenn nötig, treten Kommunen zu diesem Zweck unmittelbar als Versorger auf. Sie können sich im sozialrechtlichen Rahmen auch um die Anbieterstrukturen kümmern und sie weiterentwickeln. Zum Beispiel um kommunale Gesundheitszentren und solche in Trägerschaft von Ärzteverbünden und in Kombination mit verschiedenen Gesundheits- und Sozialdiensten. *Community Health Centres* sind charakterisiert durch ihre interprofessionelle Befassung mit „aspects of both health and wellbeing", mit den sozialen Determinanten von Kranksein und Gesundwerden, durch Verpflichtung auf soziale Inklusion und zivile Partizipation (s. unter www.ifchc2013.org). Dem vielseitigen individuellen und überindividuellen Bedarf soll entsprochen werden – auch mit den solchen Zentren angeschlossenen Sozialdiensten. Sie erreichen wohnortnah vor allem ältere und gesundheitlich wie sozial benachteiligte Personengruppen. Gebraucht werden die Einrichtungen besonders im ländlichen Raum und in infrastrukturell schlecht ausgestatteten Regionen. Musterhaft gibt es kommunale Gesundheitszentren in Kanada und in Finnland, die eine umfassende Primärversorgung leisten (Schaeffer et al. 2015).

Die Versorgungsform ist in den Varianten von *communities of care* eine humandienstliche. Einbezogen werden soziale, medizinische und pflegerische Seiten der Bedarfsdeckung. In welchem Umfang und in welcher Weise eine Person sie nötig hat, lässt sich zunächst unabhängig von der Spezialisierung ihrer Bedienung prüfen, planen und vereinbaren. Dafür ist ein Case Management zuständig, das seiner Natur nach nicht die Versorgung leistet, sondern sie in die Wege leitet und koordiniert. Gemanagt wird in Abstimmung mit dem Nutzer die Beibringung sozialer Hilfen und gesundheitlicher Behandlung oder Pflege im Nebeneinander und Nacheinander ihres erforderlichen Einsatzes.

Der Terminus *human service* ist vor Jahrzehnten in den USA ausdrücklich zu dem Zweck eingeführt worden, um die Domänen der einzelnen Sozial- und Gesundheitsberufe zu übergreifen und das bedarfsgerechte Handeln bei Problemen von Menschen interdisziplinär zu bezeichnen (Chenauld und Burnford 1978; Herzberg 2015). Humandienstlich werden in der Beratung von Familien, Eltern und Jugendlichen, von behinderten und pflegebedürftigen Menschen bei sozialen Problemen die gesundheitlichen Komponenten und bei gesundheitlichen Problemen die sozialen Komponenten nicht ausgeklammert. Die Infrastruktur etwa der sozialpsychiatrischen Versorgung würde ihren Zweck verfehlen, wenn sie medizinische, psychotherapeutische, sozial unterstützende Hilfen nur parallel, aber nicht miteinander verknüpft und in Zusammenarbeit anböte. Vernetzung der Humandienste auf lokaler Ebene ist eine alte Forderung (Reid und Chandler 1976). Zu begreifen ist die „Kommunale Gesundheitslandschaft als multizentrisches Versorgungsnetzwerk" (Luthe 2013, S. 49) und gemeint ist im besten Falle eine die Institutionen und die Initiativen übergreifende Verantwortungsgemeinschaft auf kommunaler Ebene (Göpel 2013, S. 165 ff.) im Management von Gesundheitsprojekten, die zugleich soziale Projekte sind. An ihnen können sich bürgerschaftlich Engagierte, Betroffene mit ihren Vereinen, die örtlichen Wohlfahrtsorganisationen und Unternehmen in sozialer Verantwortung beteiligen. Einzelne Dienstleister kommen der Aufgabe auf sich allein gestellt nicht nach.

Kommunale Gesundheitszentren haben in der Versorgungslandschaft insbesondere dort ihren Platz, wo sich gewinnorientierte Gesundheitsunternehmen nicht einfinden. Die bedarfsgerechte Versorgung verlangt die Schaffung und Aufrechterhaltung von Strukturen, die das einzelwirtschaftliche Geschäft einbinden können, von ihm aber nicht getragen und gewährleistet werden. Eine Kompensation der unternehmerischen Gesundheitswirtschaft sieht auch das Konzept der „Sozialen Gesundheitswirtschaft" der Friedrich-Ebert-Stiftung vor, erarbeitet von einer Projektgruppe ab Ende 2009 (Hilbert et al. 2011). Hier ist die Absicht leitend, die vorherrschende Anbieterorientierung in eine Patientenorientierung umzuwandeln. Darauf soll sich das System einstellen:

> „Die Umorientierung bedeutet zunächst einmal, dass die Bedarfe der Bevölkerung an medizinischen und nicht-medizinischen Leistungen im Zentrum konzeptueller Überlegungen und Gestaltungsinitiativen stehen müssen. Zu diesen Leistungen müssen alle Zugang haben. Dies macht das ‚Soziale' in unserem Konzept aus und hierdurch unterscheiden wir uns von allen anderen Ansätzen.
> Die soziale Gesundheitswirtschaft zielt nicht nur auf ein rein quantitatives Wachstum, sondern zuerst auf mehr gesunde Lebensjahre und eine bessere Lebensqualität, auf gute Arbeit und auf qualitatives Wachstum. Ziel ist ein Wachstum der gesamtgesellschaftlichen Wohlfahrt" (Hilbert et al. 2011, S. 5).

Durchaus nicht zurückgenommen wird in diesem Konzept die Markt- und Wettbewerbsorientierung der Gesundheitswirtschaft, aber mit dem Wechsel von der Anbieter- zur Nutzerperspektive wird ihr mit einem sozialen Leitbild der Versorgungsbedarf der Menschen in Hinblick auf ein „gutes Leben" und dazu das Interesse der Beschäftigten in der Gesundheitswirtschaft an „guter Arbeit" vorgeordnet

(Hilbert et al. 2011, S. 9 f.). In Humandiensten sind gute Arbeitsbedingungen auch gute Bedingungen für das Ergehen der Patienten und Klienten. So versteht sich, dass Beschäftigte in Krankenhäusern oder in Kinderbetreuungseinrichtungen nicht nur für eine bessere Bezahlung streiken, sondern auch und eventuell allein für eine bessere Personalausstattung, um den Erfordernissen der Versorgung angemessen nachkommen zu können.

Auf der beschriebenen konzeptionellen Basis, erstellt zunächst für die Friedrich-Ebert-Stiftung, entwickelte das Land Niedersachsen einen ressortübergreifenden „Masterplan Soziale Gesundheitswirtschaft", der 2016 verabschiedet wurde. Seine Schwerpunkte sind

- eine sektorenübergreifende Versorgung
- die Zukunftssicherung der Pflege
- Stärkung der ärztlichen Versorgung im ländlichen Raum
- eHealth
- gute Beschäftigungsbedingungen (Fachkräftesicherung).

Diese Aspekte verdienen auf je eigene Weise das Attribut „sozial". Der erwerbswirtschaftliche Anspruch soll darüber aber nicht zu kurz kommen. Die Ausführungen im Masterplan beginnen mit der Feststellung:

> „Der Gesundheitswirtschaft mit ihren Leistungsanbietern, Vorleistern und Zulieferern kommt sowohl sozial wie auch ökonomisch ein hoher Stellenwert zu. Zum einen gilt es im Kontext der Daseinsvorsorge, die Lebensqualität der Bürgerinnen und Bürger in Deutschland zu sichern und nachhaltig zu verbessern. Zum anderen gilt es, die volks- und regionalwirtschaftliche Bedeutung der Gesundheitswirtschaft und das hohe Innovationspotenzial zu nutzen" (Niedersächs. Ministerium 2016, S. 8).

Der Masterplan wurde unter Federführung des Gesundheitsministeriums zusammen mit dem Wirtschaftsministerium und dem Wissenschaftsministerium erarbeitet. Von daher versteht sich, dass auf (qualitatives) Wachstum gesetzt, die Gesundheitswirtschaft als „Jobmotor" gekennzeichnet, der Gesundheitstourismus gefördert und zur Wirtschaftsförderung das Land Niedersachsen als attraktiver Standort für Gesundheitsunternehmen vorgestellt wird. Das Konzept „Soziale Gesundheitswirtschaft" soll als Leitbild für das Regierungshandeln gelten. Dabei werden „die Wirtschaft", zuständig für die Bereitstellung von Waren und Dienstleistungen, und das Gesundheitsgeschehen auseinandergehalten. Der Kontext der Daseinsvorsorge, in der die soziale Ökonomie ihrer gesundheitsbezogenen Gestaltung zu erörtern wäre, bleibt ausgeblendet.

„Die Soziale Gesundheitswirtschaft ist als ein gesellschaftliches und wirtschaftliches Leitbild zu verstehen, das Gesundheit und Wirtschaft als komplementäre Elemente versteht. Dabei gilt es den Fokus gleichzeitig auf das wirtschaftliche Potenzial, auf die soziale Gerechtigkeit und die Prinzipien ‚guter Arbeit' in den gesundheitswirtschaftlichen Einrichtungen zu richten. Eine bedarfsorientierte, anspruchsvolle und sozial gerechte Gesundheitsversorgung für alle Niedersachsen ist nicht nur wünschenswert, sondern ein sozialpolitisches Muss" (Niedersächs. Ministerium 2016, S. 17).

Die gewählte „übergreifende Sichtweise" knüpft die sozialen Momente (bezahlbar, solidarisch, partizipativ usw.) und die gesundheitlichen Zielsetzungen (in Lebensqualität, Wohlbefinden, Patientenorientierung usw.) an die Wirtschaft mit ihren Leistungen zum Erhalt und zur Wiederherstellung von Gesundheit. Bei steigender Nachfrage sind mit ihnen die Wachstums- und Beschäftigungschancen verbunden, die volks- und regionalwirtschaftlich geschätzt werden. Am Ende bleibt im Masterplan bei aller sozialer Attribuierung ein Schwerpunkt die „Schaffung guter Rahmenbedingungen, Kooperations- und Vernetzungmöglichkeiten und konkreter Unterstützungsangebote – auch finanziell – für Unternehmen der Gesundheitswirtschaft" (Niedersächs. Ministerium 2016, S. 87). Kein Gegenstand der Planung ist die im sozialen Raum außerhalb der Gesundheitsunternehmen zu empfehlende Ressourcenerschließung und -nutzung in der Lebens- und Arbeitswelt und damit die Stärkung dessen, was unter dem Begriff der „Gesundheitsgesellschaft" (Kickbusch und Hartung 2014) gefasst wird.

3.6   Verortung in Wohlfahrt

Mögen in der deutschen Diskussion die Branchen der Gesundheitswirtschaft und der Sozialwirtschaft von den Unternehmen, die darin tätig sind, ohne einen Begriff ihres Zusammenhanges voneinander separiert gehalten werden und mögen die Bereiche des Gesundheitsmanagements und des Sozialmanagements auch im Doppelpack der „Sozial- und Gesundheitswirtschaft" studiert werden, die *Sozialwirtschaftslehre* kommt ihres Anspruchs wegen, die Sphäre des direkt wohlfahrtsdienlichen Handelns zu erfassen, nicht umhin, sich des Konstruktes der Gesundheitswirtschaft anzunehmen. In ihrer Orientierung auf unmittelbare Wohlfahrtsdienlichkeit schließt die Sozialwirtschaft, so darf unterstellt werden, das gesundheitliche Wohlbefinden (*wellbeing*) ein. Zu ihm wird in *care* und *cure*, präventiv, begleitend und nachgehend beigetragen, was heißt, dass es sich im Feld und Umfeld der ganzen Lebensführung vollzieht. Wie von Unternehmen darauf bezogen gewirtschaftet wird, bleibt eine Sache für sich. Sie ist nicht identisch mit der Bewirtschaftung des Bedarfs, auf den bezogen ein Unternehmen seine Dienste anbietet. Der Ausdruck „Sozialunternehmen" und ebenso die Bezeichnung „Gesundheitsunternehmen" sagen über die Wohlfahrts- und Lebensdienlichkeit ihrer Geschäfte, über die „Dienlichkeit" ihres Wirtschaftens (Brunner 1939, S. 287) Näheres nicht aus. Ein betrieblicher Erfolg kann positiv oder negativ mit dem Erfolg für die Menschen korrelieren. Die Sozialwirtschaftslehre beansprucht somit nicht einfach das Geschäftsfeld der Gesundheitswirtschaft für ihre Theoriedomäne, sie hält sich nachgerade eine bestimmte Geschäftstüchtigkeit, für die der Begriff steht, vom Leib.

Die Zuständigkeit der Sozialwirtschaftslehre besteht insoweit, als von Gesundheitsunternehmen bzw. durch ihre Dienste kurativ, pflegerisch, rehabilitativ und auch mit den Waren der Gesundheitsindustrie in Interaktion mit ihren Nutzern *Wohlfahrt* produziert wird. Die Sozialwirtschaftslehre erfasst den Komplex der Wohlfahrt hinsichtlich dessen, was zu ihrem Unterhalt geschieht und unternommen wird.

Nun ist aber das Wohl und das Wohlergehen von Menschen, das wir auch ein „gutes Leben" nennen, nicht stückweise zu haben. Ihm gegenüber kann – abgesehen davon, welche Hilfe im Einzelfall gerade geboten ist – der Bedarf an gesundheitsbezogenen Leistungen in seiner Bewirtschaftung von der Aufgabenerfüllung im Sozialleistungssystem bzw. dem *welfare system* (Schubert et al. 2016) nicht abgetrennt werden. Infrastrukturell ist die Bestellung des ganzen Feldes der Wohlfahrtspflege ohne Pflege von Gesundheit nicht zu denken. Und Gesundheitsversorgung hat an jeder Stelle soziale Implikationen. Die Trennung von gesundheitlichen und sozialen Belangen erscheint nach allem anachronistisch – geschuldet nur der Tradition, etablierten Sektoren und Ressorts und dem Eigensinn zergliederter wissenschaftlicher Disziplinen (Schulz-Nieswandt 2015, S. 138).

Eine Theorie des *Sorgens um die Wohlfahrt* von Menschen erfasst die Ökonomie dieses Sorgens bezogen auf das Leben in Familien, auf jugendliches Leben, Leben im Alter, Leben mit Krankheit oder Behinderung ungeteilt. *Wohlfahrt* sei hier prozessual verstanden als (gutes) Ergehen von Menschen in ihrer und gemeinsamer Lebensführung. Darin und im System der Versorgung erfolgen *Wohlfahrtsdispositionen* (Wendt 2011, S. 90 ff.) nicht nur, aber in großem Maße eben auch in gesundheitlichen Belangen. Vorgegeben sind solche Dispositionen in dem sozialen und natürlichen Milieu, dem Menschen angehören. Die Einbettung von Wohlfahrt in die Lebenskreise eines Menschen, von denen sein Dasein sozial und gesundheitsbezogen abhängig ist, betont die Theorie im ökosozialen Ansatz, den der Autor seit langem vertritt. Die Wahrnehmung des eigenen Ergehens und seine Dynamik sind kontextgebunden. „Indem wir sie dem psychosozialen Prozess der Lebensführung zuordnen, begreifen wir den relationalen Charakter von persönlicher Wohlfahrt besser, bei der die Wohlfahrt der mitmenschlich Anderen immer mitgedacht und selber eingebettet in die gesellschaftliche Situation gesehen wird. Die Ökonomie, mit den eigenen inneren und äußeren Möglichkeiten umzugehen und mit ihnen hauszuhalten, kalkuliert die Qualität der sozialen Umwelt ein" (Wendt 1982, S. 118). Die Infrastruktur der formell organisierten Versorgung gehört zu dieser Umwelt. Und zwar in dem weiten Sinne, in dem sich die vorhandene Infrastruktur nutzen lässt. Sie ermöglicht zusammen mit informellen Hilfsquellen eine *gemischte Produktion von Wohlfahrt*. Das heißt, Komponenten der Bedarfsdeckung werden durch Dienste und in Einrichtungen bereitgestellt, im Markt beschafft, aus dem Engagement zivilgesellschaftlicher Akteure, in Gemeinschaft und im persönlichen Lebenskreis bezogen. Es ergibt sich auf der Organisationsebene und auf der Individualebene von Versorgung ein „Wohlfahrtsmix" (Evers und Wintersberger 1988).

In der Infrastruktur der Versorgung und über die gemischte Produktion von Wohlfahrt erstreckt sich die soziale Bewirtschaftung des auf Sorgen und auf Versorgung bezogenen Handelns institutionell und funktional über mehrere Domänen nicht nur des Sozial- und Gesundheitswesens, sondern mit Schnittmengen des *Bildungswesens*, des *Wohnungswesens* und des *Rechtswesens* (damit die Menschen bekommen, was ihnen zusteht). Den Handlungsfeldern können verschiedene Professionen, Disziplinen und politische Ressorts zugerechnet werden. Und, nicht zu vergessen, das Geschehen schließt wirtschaftlich das informell sorgende Handeln von Menschen in ihrem eigenen und gemeinsamen Leben ein (vgl. Wendt 2015, S. 63 ff.). Der Zugang zu dieser Ökonomie des Sorgens ist ein sozialer, insofern vom gesellschaftlichen und institutionalisierten Bemühen um Wohlergehen ausgegangen wird.

Die Ökonomie des Sorgens unterstellt nicht wie in der herkömmlichen Wohlfahrtsökonomie ein freies Wirtschaften, das unter Bedingungen des Wettbewerbs private Konsumenten optimal zu beliefern verspricht. Wohlfahrt ist nicht einfach Wohlstand und die Generierung von Beiträgen zu ihm trägt nur sehr bedingt zum individuell und gemeinschaftlich guten Ergehen bei. Vom materiellen Nutzen und seiner Ansammlung, wie er herkömmlich in der wirtschaftswissenschaftlichen Wohlfahrtsökonomik berechnet wird (vgl. Meyer et al. 2013, S. 42 ff.), hebt die sozialwirtschaftliche Theorie der Wohlfahrt die „Wertschöpfung am Menschen" (Wendt 2015, S. 71 ff.) ab, mit der zur persönlichen Lebensqualität und zum Humanvermögen (nachgerade an Gesundheit) beigetragen wird. Diese Wertschöpfung ist nicht summierbar; sie bleibt personenbezogen. Personenübergreifend ergibt sich ein Niveau erreichter Lebensqualität im „gesunden Gemeinwesen".

Davon abgesehen können Gesundheitsunternehmen in der Erwerbssphäre ihren Beitrag zur gesamtwirtschaftlichen Produktivität und zum Wohlstand darstellen. Sozialwirtschaftlich ist der Beitrag dessen, was unternommen wird, ein komplementärer und kompensatorischer zum biopsychosozialen Ergehen von Menschen. Wie es ihnen persönlich ergeht, dafür können die Unternehmen mit ihren Produkten nur begrenzt einstehen. Sie lösen sich im humanen *Outcome* in einem physischen, mentalen und sozialen Aneignungsprozess auf. Denn primäre Produzenten von (sozialer) Wohlfahrt bleiben die einzelnen Menschen individuell und in Gemeinschaft, indem sie für sich (allein und gemeinschaftlich) sorgen. Dazu werden sie auch von klein auf angehalten; oft allerdings unzureichend und nicht mit Erfolg. Ihr Lebensweg bringt Beeinträchtigungen und Krisen mit sich. Dennoch gilt: Personen leisten in Selbstführung ihr Ergehen. Dessen objektive Bedingungen nötigen sie zur Einholung von Rat, Unterstützung, Kuration, Pflege und Rehabilitation. Die unterschiedlichen Maßnahmen und mit ihnen der Output von Sozial- und Gesundheitsunternehmen haben in der persönlichen Wohlfahrt ihren gemeinsamen Bezugspunkt.

3.6.1   Der Einzelne als Wirt seiner Gesundheit

Der Personenhaushalt ist nach allem der primäre Gesundheitsstandort. Die gewöhnliche Wahrnehmung erfasst ihn nicht: Die Gesundheitsversorgung wird im Krankenhaus und beim niedergelassenen Arzt lokalisiert. Damit sind auch die Orte benannt, an denen Gesundheit bewirtschaftet wird. Die Haushalte der Nutzer von Versorgung erscheinen nur als Abnehmer der an jenen Orten bereitgestellten und produzierten Gesundheitsgüter. Auch die Verlagerung der Produktion aus der stationären Umgebung in die ambulante Sphäre ändert die Konstellation des Versorgungsbetriebs nicht. Die Erkenntnis, dass eine erfolgsgerichtete Gesundheitsproduktion nicht ohne aktive Mitwirkung von Patienten funktioniert, führt immerhin zur Einbeziehung dieses Faktors in den betrieblichen Prozess. Aber die Generierung und der Erhalt von Gesundheit erfolgen auch unabhängig von ihm und eigenständig.

Das private Zuhause als Gesundheitsstandort ist von Hilbert, Paulus u. a. wiederholt thematisiert worden (Heinz, Hilbert und Paulus 2009, Fachinger und Henke 2010, Paulus und Hilbert 2011). Der demographische Wandel bringt in der Bevölkerung eine sich verlängernde Phase des Alterns mit sich, in der die Menschen zuhause mit gesundheitlichen Belastungen leben und in der sie möglichst lange alleine zurechtkommen wollen. Pflegerische und medizinische Unterstützung verlagert sich zu diesem Zweck in den häuslichen Bereich. Mit assistierenden Technologien und den digitalen Medien der Kommunikation kann den Menschen geholfen werden, ihren Alltag im eigenen Haushalt zu bewältigen. Damit sind wir allerdings wieder bei einem Verständnis von Gesundheitswirtschaft bezogen auf den Absatz von Produkten bei im Markt gegebener Nachfrage.

Ohne auf einem Markt aufzutreten, war historisch der Personenhaushalt die längste Zeit der Hauptort der Versorgung von der Geburt bis zum Tode gewesen (Paulus und Hilbert 2011, S. 672). Die Leistungsfähigkeit des Zuhauses von Menschen für ihre Gesundheit gerät heutzutage wieder in den Blick, weil das System der Versorgung sichtlich überfordert ist, den gestiegenen Anforderungen insbesondere in der Pflege und auch in der Prävention nachzukommen. Nun ist zu erkennen, wie Menschen ihre eigenen Mittel und Möglichkeiten gesundheitsbezogen nutzen, wie unterschiedlich sie es tun und wie dabei begleitet und gefördert werden können. Die Art und Weise gesundheitsbezogener Aktivitäten besitzt ihre ökonomische Relevanz sowohl im positiven Fall wie im negativen Fall.

Die Gesundheitsökonomie hat es auf der Individualebene mit einem selbstbestimmten persönlichen Verhalten zu tun, dass nach seinen Präferenzen nicht andauernd auf Gesunderhaltung konzentriert ist und in der Lebensführung allzu oft gesundheitliche Risiken in Kauf nimmt. In den Fokus geraten die Modalitäten der Gesundheit – und was für sie zu tun ist – häufig erst im Kontakt mit dem Arzt und anderen Stellen des Gesundheitssystems. Dann wird nach Lage des Falles eine zielgerichtete Koproduktion erforderlich, in der ein Patient in der Behandlung einer Krankheit und an der Wiederherstellung seiner Gesundheit mitwirkt, letztlich aber selber für sie Entscheidungen treffen und mit ihr weiter in seiner Lebensführung haushalten muss.

Die Sozialwirtschaftslehre allgemein hebt darauf ab, dass die Bewirtschaftungsaufgabe sich mit der Beanspruchung von Ressourcen in einem sozialen Kontext ergibt und sich damit in „Relationen des Haushaltens" stellt (Wendt 2011, S. 44 ff.). Das Sozialleistungssystem sieht zum großen Teil Geldleistungen vor (die als Renten, Grundsicherung, Sozialhilfe, Kindergeld, Wohngeld usw. gezahlt werden) und baut im übrigen darauf, dass der Einzelne mit seiner Arbeit eigenes Einkommen erzielt. Wofür es ausgegeben wird und was mit materiellen Zuwendungen geschieht, entzieht sich im individuellen und familiären Leben der sozialen Bewirtschaftung (diese beschränkt sich auf die Aggregatebene der Mittelzuweisung und -verteilung). Das Gesundheitsverhalten ist darin eingeschlossen: der Einzelne gelangt gewöhnlich im Erwerbsleben an die Mittel für den Unterhalt seiner Gesundheit. Soweit ihm das nicht oder nicht mehr gelingt, beansprucht er das (soziale) gesundheitsbezogene Versorgungssystem.

Die Bürgerinnen und Bürger sind gesetzlich zur Verantwortung für ihre Gesundheit angehalten. „Sie sollen durch eine gesundheitsbewusste Lebensführung, durch frühzeitige Beteiligung an gesundheitlichen Vorsorgemaßnahmen sowie durch aktive Mitwirkung an Krankenbehandlung und Rehabilitation dazu beitragen, den Eintritt von Krankheit und Behinderung zu vermeiden oder ihre Folgen zu überwinden" (§ 1 SGB V). Mit steigender Patientenkompetenz, wie sie insbesondere die Digitalisierung des medizinischen Wissens ermöglicht, wächst der Spielraum des Einzelnen in der Nutzung des Versorgungssystems. Es seinerseits kann seine Wirtschaftlichkeit dadurch steigern, dass es näher an die Lebensführung der Nutzer rückt, indem es ihnen erlaubt, nach eigener Prüfung des Bedarfs selektiv nach passenden Hilfen oder Behandlungsmöglichkeiten zu suchen. Dazu muss das System transparenter werden und sich auf mehr Teilhabe einstellen, wie das medial auch bereits geschieht. Die Bereitschaft zu persönlicher Steuerung lässt sich fördern; es gibt dafür diverse Vorschläge. Beispielsweise per Zuweisung eines Persönlichen Budgets an gesetzlich Versicherte bzw. per Einrichtung von Gesundheitssparkonten (Wick 2015).

Als *Wirt* seiner Gesundheit ist der Einzelne Partner in der Bewirtschaftung gesundheitsbezogener Versorgung (vgl. zur Figur des Wirtes in der „Ökologie der Sozialwirtschaft" Wendt 2015, S. 154 ff.). Oft ist er es nicht allein; im jungen Alter sind es seine Eltern, später Angehörige, unter Umständen auch Freunde oder Kollegen. Es ergibt sich eine soziale Partnerschaft, die sich entwickeln lässt. Die professionellen Dienste im System der sozialen Sicherung und der gesundheitlichen Versorgung sind Partner und ihrerseits Wirte der Gesundheit, insoweit die individuelle Daseinsvorsorge zeitweilig oder auf Dauer nicht in der Lage ist, gegen beeinträchtigende Lebensverhältnisse aufzukommen.

Dennoch wird die Optimierung der humandienstlichen Wertschöpfung zunehmend per Einbeziehung der Nutzer in den Prozess der Versorgung und in deren Gestaltung erfolgen. Das ist für die Primärprävention selbstverständlich. Aber nachgerade auch bei chronischen somatischen und psychischen Erkrankungen liegen die Ressourcen der Bewältigung (im „Leben mit" Beeinträchtigungen) bei den Zielpersonen kurativer und rehabilitativer Maßnahmen vor. Im Anschluss an Selbsthilfegruppen oder per Psychoedukation können Betroffene lernen, mit ihrer Krankheit und ihren Folgen zurecht zu kommen. Ökonomisch betrachtet, lernen sie angemessene Dispositionen im Einsatz ihres humanen Vermögens. Es erstreckt sich auch auf Möglichkeiten im sozialen Umfeld einer Person, das sie im besten Fall in eine sorgende Gemeinschaft (*caring community*) einschließt.

3.7   Ein argumentatives Fazit

Die Branche der die gesundheitsbezogenen Dienste leistenden Unternehmen stellt nur eine Seite des gesundheitswirtschaftlichen Prozesses dar. Seine soziale Seite bilden die Menschen, die für sich und in Gemeinschaft für ihre Gesundheit sorgen, Krankheiten durchstehen, selber pflegen, mit Behinderungen leben und einander in gesundheitlichen Belangen beraten und unterstützen. Sie tragen in ihren Haushalten zu der gemischten Wohlfahrtsproduktion bei, die zu bewirtschaften allen Beteiligten auferlegt ist.

Die relationale Struktur der Bewirtschaftung von Gesundheit weist eine horizontale und eine vertikale Erstreckung auf: die eine betrifft das partnerschaftliche Zusammenwirken der professionellen Akteure mit Patienten, deren Angehörigen und informellen Helfern sowie die Kooperation dienstleistender Organisationen untereinander und mit den Interessenvertretungen ihrer Nutzer. Die andere, vertikale Erstreckung finden wir in der Aushandlung allokativer und distributiver Entscheidungen zwischen den Ebenen des politischen, unternehmerischen und fachlich-personenbezogenen Handelns vor. Insgesamt ergibt sich eine sozialwirtschaftliche Beziehungskonstellation, in der wissenschaftlich zu untersuchen und praktisch auszumachen ist, wie den gesetzlichen Maßgaben (§12 SGB V: „Die Leistungen müssen ausreichend, zweckmäßig und wirtschaftlich sein") und den individuellen und gesellschaftlichen Ansprüchen an die gesundheitliche Versorgung in geteilter Verantwortung nachgekommen werden kann. Wirte der Gesundheit sind Unternehmer auf der Ebene des Betriebs unter anderen Wirten auf der Makroebene und auf der Individualebene des Geschehens und alle sind auf ihre Weise Stakeholder der Versorgung, über die sie disponieren, die sie leisten oder auf die sie angewiesen sind.

Literatur

Ahlert, G. , Stöve, B., & Wolter, M. I. (2015). *Möglichkeiten der Darstellung der volkswirtschaftlichen Bedeutung der Pflege- und Seniorenwirtschaft. Studie im Auftrag des Bundesministeriums für Wirtschaft und Energie.* Osnabrück: Gesellschaft für wirtschaftliche Strukturforschung.

Arrow, K. J. (1963). Uncertainty and the Welfare Economics of Medical Care. *American Economic Review,* 53(5), 941–973.

Beek, K. van der, Beek, G. van der (2011). *Gesundheitsökonomik. Einführung.* München: Oldenbourg.

Begg, D., Fischer, S., & Dornbusch, R. (2005). *Economics.* 8 Aufl. Maidenhead: McGraw Hill.

Blenk, T., Knötig, N., & Wüstrich, T. (2016). Die Rolle des Wettbewerbs im Gesundheitswesen. Erfahrungen aus Deutschland, den Niederlanden und der Schweiz. *WISO Diskurs* 01/2016. Bonn: Friedrich Ebert Stiftung.

Bofinger, P. (2015). *Grundzüge der Volkswirtschaftslehre. Eine Einführung in die Wissenschaft von Märkten.* Hallbergmoos: Pearson.

Bogai, D., Thiele, G., & Wiethölter, D. (Hrsg.) (2015). *Die Gesundheitswirtschaft als regionaler Beschäftigungsmotor* (IAB-Bibliothek 355). Bielefeld: W. Bertelsmann.

Borchard, M., & Arnold, N. (2012). Soziale Marktwirtschaft als Leitbild der Gesundheitswirtschaft. In H. Lohmann & U. Preusker (Hrsg), *Gesundheitswirtschaftspolitik. Frischer Wind durch neues Denken.* (S. 55–69) Heidelberg: Medhochzwei.

Breyer, F., & Buchholz, W. (2009). *Ökonomie des Sozialstaats.* 2. Aufl. Wiesbaden: Springer.

Breyer, F., Zweifel, P., & Kifmann, M. (2012). *Gesundheitsökonomik.* 6. Aufl. Wiesbaden: Springer Gabler.

Brunner, E. (1939). *Das Gebot und die Ordnungen. Entwurf einer protestantisch-theologischen Ethik.* 3. Aufl. Zürich: Zwingli-Verlag.

Bundesministerium für Wirtschaft und Energie (Hrsg.) (2014). *4. Gesundheitswirtschaftskonferenz. Die deutsche Gesundheitswirtschaft stärken.* Berlin: BMWi.

Bundesministerium für Wirtschaft und Energie (2015). *Die Gesundheitswirtschaftliche Gesamtrechnung für Deutschland. Zusammenfassung des Forschungsprojekts des Bundesministeriums für Wirtschaft und Energie,* April 2015. Berlin: BMWi.

Bundesministerium für Wirtschaft und Energie (2016). *Die Gesundheitswirtschaft in Ost- und Westdeutschland. Fakten und Zahlen 2015.* Berlin: BMWi.

Burchert, H., & Hering, T. (2002). *Gesundheitswirtschaft. Aufgaben und Lösungen.* München: Oldenbourg.

Burger, W. R. (2008). *Human Services in Contemporary America.* 7. Aufl. Belmont, CA: Thomson Learning.

Burghardt, K. (2016). *Einweiser- und Patientenbeziehungsmanagement im Krankenhaus. Die Option der direkten Patientenakquisition und -bindung.* Wiesbaden: Springer Gabler.

Chenault, J., & Burnford, F. (1978). *Human Services Professional Education. Future directions.* New York: McGraw-Hill.

Czypionka, T., Schnabl, A., Sigl, C., Warmuth, J-R., & Zucker, B. (2015). *Gesundheitswirtschaft Österreich. Ein Gesundheitssatellitenkonto für Österreich (ÖGSK).* Wiesbaden: Springer Gabler.

Doyal, L., & Pennell, I. (1979). *The Political Economy of Health.* London: Pluto Press.

Eble, S. (2013). Die Gesundheitswirtschaft als Mitgestalter der integrierten Versorgung. In E.-W. Luthe (Hrsg), *Kommunale Gesundheitslandschaften* (S. 451–465). Wiesbaden: Springer VS.

Ehrlich, D. A. (Hrsg.) (1975). *The Health Care Cost Explosion. Which Way Now?* Bern: Hans Huber.

Engelhardt, H. T. (1988). Zielkonflikte in nationalen Gesundheitssystemen. In H.-M. Sass (Hrsg), *Ethik und öffentliches Gesundheitswesen. Ordnungsethische und ordnungspolitische Einflussfaktoren im öffentlichen Gesundheitswesen* (S. 35-43). Berlin: Springer.

Evers, A., & Wintersberger, H. (Hrsg.) (1988.) *Shifts in the Welfare Mix. Their Impact on Work, Social Services and Welfare Policies.* Wien: European Centre for Social Welfare Policy and Research.

Fachinger, U., & Henke, K.-D. (Hrsg.) (2010). *Der private Haushalt als Gesundheitsstandort. Theoretische und empirische Analysen.* Baden-Baden: Nomos.

Folland, S., Goodman, A. C., & Stano M. (2012). *The Economics of Health and Health Care.* 7. Aufl., London: Routledge.

Fretschner, R., Grönemeyer, D., & Hilbert, J. (2002). Die Gesundheitswirtschaft – ein Perspektivenwechsel in Theorie und Praxis. In Institut Arbeit und Technik (Hrsg.), *Jahrbuch 2001/2002* (S. 33–47). Gelsenkirchen: Eigendruck.

Fuchs, V. R. (1986). *The Health Economy.* Cambridge, MA: Harvard University Press.

Girard, J.-P. (2014). *Better Health & Social Care. How are Co-ops & Mutuals Boosting Innovations & Access Worldwide? An international survey of co-ops and mutuals at work in the health and social care sector (CMHSC14).* Montréal: LPS Productions.

Glahn, W. (2007). *Prosperität statt Offenbarungseid – Soziale Gesundheitswirtschaft. Skizze zur Realisierung einer Vision.* Heidelberg: Economica.

Göpel, E. (2013). Management örtlicher Gesundheitsprojekte. In E.-W. Luthe (Hrsg.), *Kommunale Gesundheitslandschaften* (S. 165–180). Wiesbaden: Springer VS.

Goldschmidt, A. J. W., & Hilbert, J. (Hrsg.) (2009). *Gesundheitswirtschaft in Deutschland – Die Zukunftsbranche.* Wegscheid: Wikom Verlag.

Greiner, W., von der Schulenburg, J.-M., & Vauth, C. (Hrsg.) (2008). *Gesundheitsbetriebslehre. Management von Gesundheitsunternehmen.* Bern: Hans Huber.

Greß, S., Buchner, F., Wasem, J., & Hessel, F. (2004). Grundbegriffe, Fragestellungen und Vorgehensweisen in der gesundheitsökonomischen Analyse. In H. Vogel & J. Wasem (Hrsg.), *Gesundheitsökonomie in Psychotherapie und Psychiatrie* (S. 7–20). Stuttgart: Schattauer.

Grönemeyer, D. (2004): *Gesundheitswirtschaft. Die Zukunft für Deutschland.* Berlin: ABW Wissenschaftsverlag.

Hajen, L., Paetow, H., & Schumacher, H. (2006). *Gesundheitsökonomie. Strukturen – Methoden – Praxisbeispiele.* 3. Aufl. Stuttgart: Kohlhammer.

Hart, J. T. (2006.) *The Political Economy of Health Care. A Clinical Perspective.* Bristol: Policy Press.

Hart, J. T. (2014). *The Political Economy of Health Care. Where the NHS came from and where it could lead.* 2. Aufl. Bristol: Policy Press.

Hartung, S. (2014). *Sozialkapital und gesundheitliche Ungleichheit. Analyse des elterlichen Sozialkapitals in der schulischen Gesundheitsförderung.* Wiesbaden: Springer VS.

Heible, C. (2015). *Langfristige Perspektiven der Gesundheitswirtschaft. Eine CGE-Analyse demografischer und technologischer Wachstumseffekte.* Wiesbaden: Springer Gabler.

Heinze, R. G., Hilbert, J., & Paulus, W. (2009). Der Haushalt – ein Gesundheitsstandort mit Zukunft. In A. J. W. Goldschmidt & J. Hilbert (Hrsg.), *Gesundheitswirtschaft in Deutschland – Die Zukunftsbranche* (S. 772–800). Wegscheid: Wikom Verlag.

Henke, K.-D., Neumann, K., & Schneider M. et al. (2010). *Erstellung eines Satellitenkontos für die Gesundheitswirtschaft in Deutschland. Forschungsprojekt im Auftrag des Bundesministeriums für Wirtschaft und Technologie.* Baden-Baden: Nomos.

Henke, K. D., Troppener, S., Braeseke, G., Dreher, B., & Merda, M. (2011) *Volkswirtschaftliche Bedeutung der Gesundheitswirtschaft. Innovationen, Branchenverflechtung, Arbeitsmarkt.* Baden-Baden: Nomos.

Henke, K.-D., & Podtschaske, B. (2014). Chancen und Risiken genossenschaftlicher Leistungserbringung im Gesundheitssektor. In H. Bauer, C. Büchner & F. Markmann (Hrsg.), *Kommunen – Bürger – Wirtschaft im solidarischen Miteinander von Genossenschaften.* Potsdam (S. 63–72). Universitätsverlag Potsdam.

Herder-Dorneich, P. (1966). *Sozialökonomischer Grundriß der gesetzlichen Krankenversicherung.* Stuttgart: Kohlhammer.

Herder-Dorneich, P. (1976). *Wachstum und Gleichgewicht im Gesundheitswesen. Die Kostenexplosion in der gesetzlichen Krankenversicherung.* Opladen: Westdeutscher Verlag.

Herder-Dorneich, P. (1980). *Gesundheitsökonomik. Systemsteuerung und Ordnungspolitik im Gesundheitswesen.* Baden-Baden: Nomos.

Herder-Dorneich, P., Sieben, G., & Thiemeyer, T. (Hrsg.) (1981). *Wege zur Gesundheitsökonomie.* Stuttgart: Bleicher.

Herzberg, J. T. (2015). *Foundations in Human Service Practice. A generalist perspective on individual, agency, and community.* Boston: Pearson.

Hilbert, J., Mickley, B., & Evans, M. (2011). *Soziale Gesundheitswirtschaft. Mehr Gesundheit – gute Arbeit – qualitatives Wachstum. Expertise im Auftrag der Abteilung Wirtschafts- und Sozialpolitik der Friedrich-Ebert-Stiftung.* Bonn: Friedrich-Ebert-Stiftung.

Hoberg, R., Klie, T. (2015). Strukturreform Pflege und Teilhabe. Erster Teil: Zwischen Cure and Care, Kommunen und Sozialversicherung. *Sozialer Fortschritt*, 64, 1-2, 27-33.

Hoffmann, S., Schwarz, U., & Mai, R. (Hrsg.) (2012). *Angewandtes Gesundheitsmarketing.* Wiesbaden: Springer Gabler.

IEGUS / RWI (2015). Ökonomische Herausforderungen der Altenpflegewirtschaft – Kurzfassung. Studie im Auftrag des Bundesministeriums für Wirtschaft und Energie. Berlin und Essen: IEGUS – Institut für europäische Gesundheits- und Sozialwirtschaft / RWI – Rheinisch-Westfälisches Institut für Wirtschaftsförderung.

Kaspers, U. (2016). *Wirtschaftliche Steuerung von Sozial- und Gesundheitsunternehmen. Gesellschaftsrecht, internes und externes Rechnungswesen, Controlling.* 2. Aufl. Regensburg: Walhalla Fachverlag.

Kartte, J., Neumann, K. (2007). *Der zweite Gesundheitsmarkt. Die Kunden verstehen, Geschäftschancen nutzen.* München: Roland Berger Strategy Consultants.

Kickbusch, I., Hartung, S. (2014). *Die Gesundheitsgesellschaft. Konzepte für eine gesundheitsförderliche Politik.* 2. Aufl. Bern: Hans Huber.

Klarman, H. E. (1965). *The Economics of Health.* New York: Columbia University Press.

Konrad-Adenauer-Stiftung (2009). *Soziale Gesundheitswirtschaft. Ordnungsrahmen für ein zukunftsfähiges Gesundheitssystem.* Sankt-Augustin, Berlin: Konrad-Adenauer-Stiftung.

Krauth, C., Petermann, F. (Hrsg.) (2011). *Gesundheitsökonomie und Reha-Ökonomie.* 2. Aufl. Regensburg: S. Roderer.

Krispenz, S. (2011). *Das Merkmal der wirtschaftlichen Tätigkeit im Unternehmensbegriff des Europäischen Kartellrechts.* Baden-Baden: Nomos.

Loebe, H., Severing, E. (Hrsg.) (2011). *Zukunftsfähig im demografischen Wandel. Herausforderungen für die Pflegewirtschaft.* Bielefeld: W. Bertelsmann.

Lohmann, H. (2004). *Mut zum Wandel – Texte zur Entwicklung der Gesundheitswirtschaft.* Melsungen: Bibliomed.

Lohmann, H., & Preusker, U. (Hrsg.) (2012). *Gesundheitswirtschaftspolitik: Frischer Wind durch neues Denken.* Heidelberg: Medhochzwei.

Lohmann, H., Kehrein, I., & Rippmann, K. (Hrsg.) (2016). *Markenmedizin für informierte Patienten: Strukturierte Behandlungsabläufe auf digitalem Workflow.* Heidelberg: Medhochzwei.

Lüngen, M., & Büscher, G. (2015). *Gesundheitsökonomie.* Stuttgart: Kohlhammer.

Luthe, E.-W. (Hrsg.) (2013). *Kommunale Gesundheitslandschaften.* Wiesbaden: Springer VS.

MacKay, L. (2007). Health cooperations in BC: The unmet potential. *British Columbia Medical Journal*, 49(3), 139–142.

Mankiw, N. G., & Taylor, M. P. (2012). *Grundzüge der Volkswirtschaftslehre.* 5. Aufl., Stuttgart: Schäffer-Poeschel.

Matusiewicz, D., & Wasem, J. (Hrsg.) (2014). *Gesundheitsökonomie. Bestandsaufnahme und Entwicklungsperspektiven.* Berlin: Duncker & Humblot.

McPake, B., Normand, C., & Smith, S. (2013). *Health Economics. An international perspective.* Third edition. London: Routledge.

Meyer, B., Ahlert, G., Diefenbacher, H., Zieschank, R., & Nutzinger, H. (2013). *Eckpunkte eines ökologisch tragfähigen Wohlfahrtskonzepts.* Gws Research Report 2013/1. Osnabrück: Gesellschaft für Wirtschaftliche Strukturforschung.

Mühlbauer, B. H., Kellerhoff, F., & Matusiewicz, D. (Hrsg.) (2014). *Zukunftsperspektiven der Gesundheitswirtschaft,* 2. Aufl. Münster: Lit.

Neubauer, G. (2012). Der Ordnungsrahmen einer Gesundheitswirtschaftspolitik. In H. Lohmann & U. Preusker (Hrsg.), *Gesundheitswirtschaftspolitik: Frischer Wind durch neues Denken* (S. 39-54). Heidelberg: Medhochzwei.

Neubauer, G., & Nowy, R. (2000). Ökonomische Aspekte der Rehabilitation. In J. Bengel & U. Koch (Hrsg.), *Grundlagen der Rehabilitationswissenschaften. Themen, Strategien und Methoden der Rehabilitationsforschung* (S. 239–251). Berlin: Springer.

Niedersächsisches Ministerium für Soziales, Gesundheit und Gleichstellung, Niedersächsisches Ministerium für Wirtschaft, Arbeit und Verkehr, Niedersächsisches Ministerium für Wissenschaft und Kultur (2016). *Masterplan Soziale Gesundheitswirtschaft Niedersachsen.* Stand: 01.06.2016.

Niehoff, J.-U. (2008). *Gesundheitssicherung – Gesundheitsversorgung – Gesundheitsmanagement. Grundlagen, Ziele, Aufgaben, Perspektiven.* Berlin: MWV Medizinisch Wissenschaftliche Verlagsgesellschaft.

Obermann, K., Müller, P., Müller, H.-H., & Glazinski, B. (eds.) (2016). *The German Health Care System. Assessing the German Health Care Market.* 2nd ed. Heidelberg: Medhochzwei.

Offermanns, G. (2011). *Prozess- und Ressourcensteuerung im Gesundheitswesen. Neue Instrumente zur Steuerung von Effektivität und Effizienz in der Versorgung.* Berlin: Springer.

Ostwald, D. A., Henke, K.-D., & Hesse, S. (2013). Das Gesundheitssatellitenkonto: Der zweite Schritt: Wertschöpfungs- und Beschäftigungseffekte der regionalen Gesundheitswirtschaft. In E.-W. Luthe (Hrsg.), *Kommunale Gesundheitslandschaften* (S. 431–450). Wiesbaden: Springer VS.

Paulus, W., & Hilbert, J. (2011). Reflexionen, Ideen und erste Ansätze zum Zuhause als Gesundheitsstandort. *Zeitschrift für Evidenz, Fortbildung und Qualität im Gesundheitswesen,* 105(9), 672–676.

Pitschas, R. (1999). Gesundheitswesen zwischen Markt und Staat. Rechtliche Maßgaben und Grenzen einer Verantwortungsteilung zwischen Bürger, Markt und Staat. In H. Häfner (Hrsg.), *Gesundheit – unser höchstes Gut?* (S. 169–184). Heidelberg: Springer.

Reid, T. A., & Chandler, G. E. (1976). The Evolution of a Human Services Network. *Journal of Community Psychology,* 4(2), 174–180.

Reiners, H. (2012). Steuerung der medizinischen Versorgung und Ideologien: Zur politischen Ökonomie des Gesundheitswesens. In C. Thielscher (Hrsg.), *Medizinökonomie 1* (S. 30–399). Wiesbaden: Springer Gabler.

Reisman, D. (ed.) (1993). *The Political Economy of Health Care.* London: Palgrave Macmillan.

Reiss, H.-C. (Hrsg.) (2010). *Steuerung von Sozial- und Gesundheitsunternehmen.* Baden-Baden: Nomos.

Rixen, S. (2005). *Sozialrecht als öffentliches Wirtschaftsrecht – am Beispiel des Leistungserbringungsrechts der gesetzlichen Krankenversicherung.* Tübingen: Mohr Siebeck.

Roeder, N., Hensen, P. & Dominik, F. (Hrsg.) (2013). *Gesundheitsökonomie, Gesundheitssystem und öffentliche Gesundheitspflege. Ein praxisorientiertes Kurzlehrbuch.* 2. Aufl. Köln: Deutscher Ärzteverlag.

Rosenbrock, R. (2001). Was ist New Public Health? *Bundesgesundheitsblatt,* 44(8), 753–762.

Rosenbrock, R., & Hartung, S. (Hrsg.) (2012). *Handbuch Partizipation und Gesundheit*. Bern: Hans Huber.

Sachverständigenrat für die Konzertierte Aktion im Gesundheitswesen (1996). *Sondergutachten 1996 – Gesundheitswesen in Deutschland. Kostenfaktor und Zukunftsbranche*. Baden-Baden: Nomos.

Santerre, R. G., & Neun, S. P. (2012). *Health Economics. Theory, Insights and Industry Studies*. 6 th ed. Mason, OH: South-Western Cengage Learning.

Sauber, S. R. (1983). *The Human Service Delivery System*. New York: Columbia University Press.

Schaeffer, D., Hämel, K., & Ewers, M. (2015). *Versorgungsmodelle für ländliche und strukturschwache Regionen. Anregungen aus Finnland und Kanada*. Weinheim: Beltz Juventa.

Schneider, M., Karmann, A., & Braeseke, G. (2014). *Produktivität der Gesundheitswirtschaft. Gutachten für das Bundesministerium für Wirtschaft und Technologie*. Wiesbaden: Springer Gabler.

Schneider, M., Ostwald, D. A., & Karmann, A., Henke, K.-D., & Braeseke, G. (2016). *Gesundheitswirtschaftliche Gesamtrechnung 2000-2014. Gutachten für das Bundesministerium für Wirtschaft und Energie*. Baden-Baden: Nomos.

Schöffski, O., & von der Schulenburg, J. M. (Hrsg.) (2011). *Gesundheitsökonomische Evaluationen*. 4. Aufl., Berlin: Springer.

Schubert, K., Kuhlmann, J., & de Villotta, P. (eds.) (2016). *Challenges to European Welfare Systems*. Berlin: Springer.

Schulenburg, J. M. von der, & Greiner, W. (2007). *Gesundheitsökonomik*. 2. Aufl., Tübingen: Mohr Siebeck.

Schulz-Nieswandt, F. (2015). Gesundheitsbezogene und soziale Selbsthilfegruppen als bürgerschaftliches Engagement im sozialräumlichen Kontext kommunaler Daseinsvorsorge. In Deutsche Arbeitsgemeinschaft Selbsthilfegruppen e. V., *Selbsthilfegruppenjahrbuch 2015* (S. 134-149) Gießen: DAG SHG.

Sohmen, E. (1992). *Allokationstheorie und Wirtschaftspolitik*. 2. Aufl. Tübingen: Mohr Siebeck.

Szreter, S., & Woolcock, M. (2004). Health by Association? Social capital, social theory, and the political economy of public health. *International Journal of Epidemiology*, 33(4), 650-667.

Thiele, G. (2004). Ökonomik des Pflegesystems. Heidelberg. Economica.

Thiele, G., Büche, V., Roth, M., & Bettig, U. (2010). *Pflegewirtschaftslehre für Krankenhäuser, Pflege-, Vorsorge- und Rehabilitationseinrichtungen*. 3. Aufl., Heidelberg: Medhochzwei.

Thiele, G., & Güntert, B. J. (2014). *Sozialökonomie. Pflege- und Gesundheitsökonomik*. München: De Gruyter Oldenbourg.

Tulchinsky, T. H., & Varavikova, E. A. (2014). *The New Public Health*. Third edition. San Diego, CA: Academic Press.

Ulrich, V. (2012). Entwicklung der Gesundheitsökonomie in Deutschland. *Bundesgesundheitsblatt*, 55(5), 604-613.

Voigt, C., & Pforr, C. (eds.) (2014). *Wellness Tourism. A destination perspective*. London: Routledge.

Weltgesundheitsorganisation (1999). *Gesundheit 21. Eine Einführung zum Rahmenkonzept „Gesundheit für alle" für die Europäische Region der WHO*. Kopenhagen: Weltgesundheitsorganisation, Regionalbüro für Europa.

Wendt, W. R. (1982). *Ökologie und soziale Arbeit*. Stuttgart: Ferdinand Enke.

Wendt, W. R. (2011). *Der soziale Unterhalt von Wohlfahrt. Elemente der Sozialwirtschaftslehre*. Baden-Baden: Nomos.

Wendt, W. R. (2014 a). Die Geschichte der Sozialwirtschaft. Herkommen und Entwicklung. In U. Arnold, K. Grunwald & B. Maelicke (Hrsg.), *Lehrbuch der Sozialwirtschaft* (S. 64–85). 4. Aufl. Baden-Baden: Nomos.

Wendt, W. R. (2014 b). Die Evolution der Wohlfahrtspflege. Ihr Herkommen und ihre Institutionalisierung. In W. R. Wendt (Hrsg.), *Sorgen für Wohlfahrt. Moderne Wohlfahrtspflege in den Verbänden der Dienste am Menschen* (S. 36–77). Baden-Baden: Nomos.

Wendt, W. R. (2015). *Soziale Versorgung bewirtschaften. Studien zur Sozialwirtschaft.* Baden-Baden: Nomos.

Wendt, W. R. (2016). *Geschichte der Sozialen Arbeit 1. Die Gesellschaft vor der sozialen Frage 1750 bis 1900.* Wiesbaden: Springer VS.

Werner, U. (2016). *Personalmanagement in Sozial- und Gesundheitsunternehmen. Eine systematische Einführung für Studium und Weiterbildung.* Regensburg: Walhalla Fachverlag.

Whitfield, D. (2015). *The New Health and Social Care Economy. Sefton MBC, Liverpool and Greater Manchester City Regions and NorthWest regional economy.* Bootle: European Services Strategy Unit / New Directions.

Wick, A. (2015). *Stärkung der Patientensouveränität in der Gesetzlichen Krankenversicherung. Ein Modell auf Grundlage von Persönlichen Budgets und Gesundheitssparkonten* (Patientensouveränitäts-Stärkungs-Modell, PSSM). Hamburg: Verlag Dr. Kovac.

Wilkinson, R., & Marmot. M. (red.) (2004). *Soziale Determinanten von Gesundheit: Die Fakten.* 2. Ausgabe. Kopenhagen: Weltgesundheitsorganisation.

World Health Organization (2000). *The World Health Report 2000. Health Systems: Improving Performance.* Genf: WHO.

Zacher, J., Ochs, A. (2015). *Sozial-Betriebswirtschaftslehre. Einführung und allgemeiner Teil.* Kempten: SoWiSo Verein für Sozialwirtschaft e. V.

Zweifel, P., & Eisen, R. (2003). *Versicherungsökonomie.* 2. Aufl., Berlin: Springer.

Vernetzte Versorgung

Klaus-Dieter Liedke

Was Soziale Arbeit in Verbindung mit therapeutischem Handeln zur gesundheitlichen Versorgung psychisch kranker Menschen beitragen kann, ist die Ausgangsfrage der folgenden Erörterungen. Es geht um das Verhältnis zwischen psychiatrischen, also vorwiegend medizinischen Maßnahmen, und psychosozialer Arbeit, einer spezifischen Tätigkeit der Sozialarbeit. Im Kontext des gesamten Gesundheitswesens und der Sozialen Arbeit überhaupt wird der Blick auf eine Nische gerichtet. Die ist dennoch bedeutend, denn sie betrifft – von der Befindlichkeitsstörung bis zu schweren und chronischen Erkrankungen, Depression, Abhängigkeit, organische und nichtorganische Psychosen – viele, sehr viele Bürger. Fallzahlen und Krankheitsfolgen, Arbeitsausfall und Frühberentung nehmen rasant zu, die erforderlichen Finanzmittel steigen und der Versorgungsbereich wächst. Für den einzelnen Menschen hängen Wohlbefinden und Leistungsfähigkeit auf vielerlei Weise zusammen mit der körperlichen, geistigen und seelischen Verfassung, eingebunden in die familiäre, nähere Gemeinschaft und ggf. versorgt durch die große Gesellschaft. Ob krank oder gesund, jeder wünscht sich ausgleichenden Beistand und eine gelingende Lebensbewältigung, will ohne Beschwerden zufrieden sein und vielleicht sogar glücklich. Das Gesundheitswesen und die Sozialarbeit sollen dazu beitragen, dass dies ermöglicht wird.

Soziale Arbeit gehört zur klinischen Psychiatrie dazu. Darüber hinaus ist sie die Domäne der Betreuung psychisch kranker Menschen in sozialen Einrichtungen, die ihrerseits nicht ohne Diagnostik und Therapie der Heilberufe auskommen. Psychiatrie und psychosoziale Interventionen sind immer dann gefragt, wenn es um unterstützungsbedürftige Lebenszustände geht, bei denen in irgendeiner Weise sowohl die Psyche eines betroffenen Menschen wie auch das soziale Miteinander der Gemeinschaft eine Rolle spielen. Das erfordert Beratung und Klärung in einem komplizierten Umfeld, welche Art von Behandlung und Betreuung nötig und möglich ist. Im Bedarfsfall führt dies letztlich zu spezifischen Leistungsbereichen, zu den Anbietern psychiatrischer und psychosozialer Dienste und zu öffentlichen Stellen, die für bestimmte Einrichtungen zuständig sind. Das alles ist manchmal klar geregelt und eindeutig herzuleiten, oft aber auch nicht. Denn in Frage kommende Leistungen können sich überschneiden, Maßnahmen erfolgen nacheinander oder nebeneinander, zuständig sein will niemand oder mehrere auf einmal sind es. Meistens arrangieren sich die beteiligten Personen und Stellen und finden eine tragfähige Lösung, aber gerade im akuten Fall gehören Not und dramatische Situationen leider zur psychiatrischen Wirklichkeit.

In der Thematik dieses Buches legt der Beitrag den Fokus auf die Sorge für Menschen mit psychiatrischen Erkrankungen und psychosozialem Hilfebedarf, wie er in einem bestimmten Ausschnitt, der *Integrierten Versorgung im Rahmen der gesetzlichen Krankenversicherung*, abgedeckt wird. Die gemeinte Integrierte Versorgung wurde für das Fachgebiet im „NetzWerk psychische Gesundheit" (NWpG) und ähnlichen Modellen konzipiert und umgesetzt. Im Wesentlichen beteiligt sind die Techniker Krankenkasse und engagierte Wohlfahrtsträger in der ganzen Bundesrepublik. Seit 2010 wird das Versorgungskonzept auch im Rhein-Main Gebiet praktiziert. Bezogen auf dieses moderne Beispiel werden exemplarisch Zusammenhänge zwischen Gesundheitswesen und der Sozialen Arbeit aufgezeigt:

Abschnitt 1 stellt den Arbeitsbereich, das Handlungsfeld Psychiatrie und psychosoziale Versorgung vor. Es geht um die gesundheitlichen und sozialen Bedürfnisse psychisch kranker, psychosozial beeinträchtigter, seelisch behinderter Menschen. Die erforderlichen und möglichen Hilfeleistungen werden als Bedarf von Leistungsträgern anerkannt und durch spezielle Einrichtungen und Dienste erfüllt.

Abschnitt 2 befasst sich mit dem Konzept einer Integrierten Versorgung in der Psychiatrie, wie es das Netzwerk psychische Gesundheit vorsieht. Medizinisch-therapeutische Behandlung und psychosoziale Betreuung sind eingebunden in ein Programm, das für Versicherte individuell ausgestaltet wird. Ziel ist es eine bessere Patientenversorgung und Vermeidung von Krankenhausbehandlung.

Abschnitt 3 zeigt, wie Integrierte Versorgung bei VERSA *Rhein-Main*, dem „Verbund sozialpsychiatrischer Angebote Rhein-Main GmbH", seit 2011 umgesetzt wird. Organisatorische Lösungen spielen eine große Rolle, geregelte Verfahren und die Qualifikation der Leistungserbringer. Es ist von Fortschritten zu berichten, auch von Grenzen. Große Erwartungen werden an eine elektronische Datenverarbeitung gestellt.

Abschnitt 4 schließt mit einer gesundheits- und sozialökonomischen Betrachtung der Integrierten Versorgung Psychiatrie. Es wird deutlich, wie eng Gesundheitssorge und Soziale Arbeit als Fachgebiete miteinander verbunden sind und dass es kluger fachwirtschaftlicher Lösungen bedarf, um Potenziale einer zeitgemäßen psychiatrischen Behandlung und psychosozialen Betreuung zu erschließen.

In den Text sind Grafiken eingebaut. Die bildhaften Darstellungen sollen bisweilen komplexe Zusammenhänge einfach oder eindrücklicher vermitteln, als es womöglich lange Beschreibungen vermögen.

4.1   Psychiatrie und psychosoziale Beeinträchtigung

Psychische Erkrankungen sind nicht einfach ein nervlich fehlgeleitetes Geschehen. Das Seelenleben erscheint grundsätzlich nicht denkbar ohne Interaktion zwischen dem inneren Selbst und äußeren Bezügen, ob dies nun bewusst geschieht oder intuitiv, ob bei gesunden Menschen oder kranken. Soziales Miteinander ist immer dabei, aber gerade dann von Bedeutung, wenn jemand mit seinen Gedanken und Vorstellungen, Gefühlen und Verhalten nicht gut oder nicht allein zurechtkommt. Das ist bei psychisch wenig robusten Menschen der Fall, die nicht einfach so krank sind, sondern deren Besonderheiten, Beschwerden und Nöte im Zusammenleben mit ihren Mitmenschen auffallen und sich ausprägen. Oft sind zuvorderst die Angehörigen und Nahestehenden psychisch Kranker involviert und können Lebensverhältnisse stabilisieren, im Weiteren auch Nachbarn und Kollegen, die Gemeinschaft und manchmal sogar die Öffentlichkeit. Beziehungen zu anderen Menschen und eine ordnende Gemeinschaft sind lebensnotwendig, denn sie schaffen Orientierung und geben Halt, gerade wenn jemand wenig innere Struktur und Sicherheit verspürt. Soziale Einflüsse können natürlich auch belasten und womöglich zusätzliche Probleme schaffen, aber als auslösende oder alleinige Ursache für psychische Erkrankungen werden sie nicht mehr angesehen.

Niemand wird die enge Verwobenheit und wechselseitige Abhängigkeiten zwischen Individuum und Gemeinschaft bezweifeln. Wo die Grenze verläuft, wer auf wen einwirkt und wie das umgekehrt geschieht, wie Gedanken und Verhalten entstehen und was darauf folgt – das lässt sich nicht allgemein bestimmen und auch nicht im Einzelfall. Man kann Risiken und Inzidenzen benennen, davon ausgehen, dass körperliche wie auch seelische und soziale Entwicklungen zusammenwirken, kann belastende Lebensereignisse vielleicht als Auslöser erkennen. Aber was sagt das schon. Das genaue Zusammenspiel der Einflussfaktoren ist viel zu komplex, als dass sich finden ließe, warum psychische Erkrankungen, Angst- und Persönlichkeitsstörungen, wahnhafte Schizophrenie, schwere Depression und andere Leiden beim einen auftreten und beim anderen nicht. Es gab und gibt dazu auch heute viele Theorien, manches ist gewiss mit zu bedenken. Im Ergebnis sagen Beobachtungen und Thesen wenig darüber aus, warum es Veränderungen und Abweichungen gibt bzw. was sie bedeuten. Entsprechend gerne wird der Streit über Ursache und Folge geführt. Hängt die psychische Beeinträchtigung von der Disposition des Menschen ab, oder ist sie Folge äußerer Schädigung? Kann Psychotherapie den inneren Haushalt in Ordnung bringen, gar die benötigten Hormone stimulieren (denn warum werden sie mehr oder weniger produziert usw.)? Oder kann Psychopharmakologie den Zugang für die Aufnahme stabilisierender Beziehungen und Stimmungslagen schaffen? Die Fragen lassen sich so nicht beantworten, sie sind vermutlich schon falsch gestellt. Von allem etwas und noch mehr wird zutreffen und sich bei einem Jeden einmalig ausbilden.

Weil es beim Auftreten psychischer Störungen keine erkennbar kausalen Zusammenhänge zwischen Disposition, Erziehung, Milieu, Schädigung, Lebensentwicklung gibt, bleiben auch die Möglichkeiten einer gezielten Einflussnahme begrenzt. Was genau soll man tun, kann man machen, wenn sich Stimmung und Reaktionen eines Menschen verändern, wenn sich ungewollte Gedanken einschleichen, unpassendes Verhalten auffällt? Das innere Geschehen ist für andere überwiegend unbekannt und der Austausch darüber in belasteten Situationen noch schwerer als sonst. Man kann auch als Profi nur versuchen, jemanden zu verstehen und passende Unterstützung zu finden, versucht und irrt, bis etwas Hilfreiches gefunden ist. Selbst mit der Dosierung von Medikamenten geht es nur so. Jedenfalls vermag niemand, einen seelischen Zustand einfach so absichtsvoll zu bessern, Gesundheit herzustellen, Menschen zu rehabilitieren, integrieren, inkludieren. Grundsätzlich ist jeder Mensch verantwortlich für sein Leben und kann es nur selbst gestalten, mit und ohne gesundheitliche und soziale Handicaps. Helfer, Therapeuten und Pädagogen können das unterstützen und müssen das tun, sie können Einsicht oder Fähigkeiten nicht erzwingen. Die Umgebung sollte vorteilhaft auf Lebensbedingungen des Menschen einwirken. Manchmal helfen schon Zuspruch oder ein gutes Zuhause, Vertrauen und Sicherheit, um eine schwere Zeit zu überstehen.

Das alles mag ein bisschen viel sein und diffus ist es allemal. Aber genau das charakterisiert psychisches Kranksein und, wie zu sehen sein wird, auch das psychiatrisch psychosoziale Hilfesystem. Um es zu erklären, werden die Verhältnisse und das Geschehen tunlichst auf getrennten Ebenen betrachtet. Die Konzentration auf einen bestimmten Ausschnitt erleichtert dessen genaue Beschreibung und definiert den Austausch mit anderen: Das *Individuum*, der Mensch, agiert auf einer Mikroebene, lebt in seiner Welt, ist betroffen und hilfsbedürftig, erwirkt Ansprüche und lässt sich helfen. Es ist immer ein Einzelfall. Auf der Makroebene der *Gesellschaft* spiegeln sich die Nöte vieler betroffener Menschen, zu ordnen nach Merkmalsgruppen. Man versucht, fachlich wie rechtlich gleichartige Bedarfe zu umreißen und Ressourcen zu lenken. Zwischen dem Einzelnen und einer Gemeinschaft operieren *Sozialbetriebe* und ihre Einrichtungen auf einer Mesoebene. Sie vermitteln zwischen individuellen Schädigungen und verfügbaren Mitteln der

Hilfe. *Abbildung 4.1* zeigt die Zusammenhänge und nennt einige Theorien, die im psychosozialen Versorgungsbereich häufig vorkommen. Solche Modelle machen freilich nur das Große und Ganze deutlich, so dass in der Praxis bestenfalls nichts übersehen wird. Im Einzelfall sind die Dinge natürlich konkret zu bestimmen.

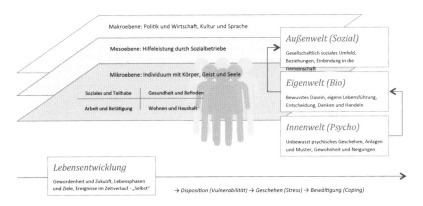

Abbildung 4.1 Einflüsse auf das psychosoziale Geschehen

Quelle: eigene Darstellung

4.1.1 Besondere Hilfen für psychisch kranke Menschen

Es ist nicht lange her, seit Verrücktheit und Irresein als Erkrankung angesehen werden. Nach 1800 erkannten Ärzte wie Philippe Pinel oder Wilhelm Griesinger, dass es sich um Störungen der Gesundheit und des Lebens handelt, setzten sich für „moralische" Umgangsweisen und humane Behandlung ein. Die bis dahin verbreiteten Zucht-, Arbeits- und Tollhäuser wichen nach und nach einer modernen Anstaltspsychiatrie. Viele Anlagen gibt es noch immer, längst umgewandelt in zeitgemäße Fachkrankenhäuser. Auf Emil Kraepelin (1899) geht die bis heute gültige Systematik zurück, nach der affektive Störungen (manisch-depressives Irresein) und Schizophrenie (dementia praecox) unterschieden werden. Überhaupt beginnt die wissenschaftliche Psychiatrie, die Erforschung der Zusammenhänge von Geist und Umwelt und therapeutische Wirkmechanismen nach 1900. Gezielte antipsychotisch neuroleptische Therapie ist erstmals mit Chlorpromazin (1950) und Haloperidol (1958) möglich.

Wie sehr die Welt selbst irren kann, hat Nazi-Deutschland mit irrsinnigen Pogromen gezeigt, die jedes als lebensunwert deklarierte Leben vernichten wollten. Menschen mit psychischen Erkrankungen gehörten dazu und manches Krankenhaus (in Hessen zum Beispiel Hadamar) war in dieser Zeit an der Schreckensherrschaft beteiligt. Die Psychiatrie in Deutschland hatte auch nach dem 2. Weltkrieg keine rühmliche Geschichte. Während Reformen in anderen europäischen Ländern stattfanden, blieb die Versorgungsstruktur hierzulande weitgehend unverändert. Wer ernsthaft erkrankte, dem drohte die Verwahrung in verwahrlosten Anstalten. Die schlimmen Zustände wurden erst infolge der 68er Studentenbewegung publik und die deutsche Psychiatrie wurde zunehmend politisch. 1975 legte die Psychiatrie-Enquete ihren „Bericht über die Lage der Psychiatrie in der Bundesrepublik Deutschland" vor. Sie stellte fest, dass in stationären Einrichtungen „elende, zum Teil als menschenunwürdig zu bezeichnenden Umstände" herrschten, dass ambulante und komplementäre Behandlungsmöglichkeiten gänzlich fehlten. Erst einmal ging es darum, humane Verhältnisse in den Krankenhäusern und Heimen herzustellen, dann kamen Modellprogramme, das Leistungsrecht wurde angepasst, die Ausbildung modernisiert. 1988 legte die Expertenkommission der Bundesregierung ihre Empfehlungen vor, die in weiten Teilen bis heute programmatisch überzeugen. Es wurde festgehalten an den schon von der Psychiatrie-Enquete formulierten Grundprinzipien:

- *Gemeindenahe•Versorgung.* Anstelle zentraler, weit abgelegener Fachkrankenhäuser soll die Behandlung durch Nervenfachärzte und Psychiatrische Abteilungen an Allgemeinkrankenhäusern vor Ort sichergestellt werden.
- *Bedarfsgerechte und umfassende Versorgung aller psychisch Kranken und Behinderten.* Aus der Analyse von Krankheitsbildern und Lebenssituationen wird die Notwendigkeit differenzierter Versorgungseinrichtungen hergeleitet.
- *Bedarfsgerechte Koordination aller Versorgungsdienste.* In Kenntnis der sozialrechtlichen und fachlich begründeten Zersplitterung von Zuständigkeiten sollen spezielle Institutionen für das Zusammenwirken der beteiligten Stellen sorgen.
- *Gleichstellung psychisch Kranker mit körperlich Kranken.* Das Prinzip zielt auf den Anspruch auf Behandlung und Rehabilitation statt Verwahrung, auf den Vorrang ambulanter Behandlung vor stationärer, auf adäquate, zum Beispiel begleitende und Alltagshilfen.

Die Verhältnisse haben sich seitdem vollkommen verändert. Psychiatrische Fachabteilungen am Allgemeinkrankenhaus sind heute Standard, ihnen sind beinahe obligatorisch Tageskliniken und Ambulanzen angeschlossen. Überwiegend gibt es eine ausreichende Zahl niedergelassener Ärzte verschiedener Psycho-Fachgebiete, dazu kommen zehnmal mehr Psychotherapeuten, auch wenn die eine etwas andere

Klientel versorgen. Außerhalb der Zuständigkeit der Krankenversicherung gibt es praktisch in jedem Leistungsbereich – etwa Arbeitsrehabilitation, Jugendhilfe, Pflege – psychosoziale Maßnahmen. Nur die begleitenden, die Behandlung ergänzenden, die sogenannten komplementären Einrichtungen der Psychiatrie sind in der Zuständigkeit der Sozialhilfe geblieben. Die Inanspruchnahme von Hilfen bei der Lebensführung, beim Wohnen, Arbeiten, Teilhabe am Leben in der Gemeinschaft setzt eine anerkannte Behinderung voraus, mindestens eine entsprechende Gefährdung. Dies wiederum hat zur Folge, dass mit Einkommen und Vermögen eigene Mittel einzusetzen und aufzubrauchen sind, bevor die Betreuungskosten übernommen werden. Ab 2017 könnte dieses Relikt aus der Zeit der Armutspsychiatrie durch Regelungen im Bundesteilhabegesetz abgelöst werden.

Die Reformen haben insgesamt funktioniert und die Psychiatrie in Deutschland kann sich wieder sehen lassen. Das Versorgungssystem wurde allerdings komplizierter und zunehmend unüberschaubar. Was sollen und können Betroffene, Angehörige und Nahestehende in einer seelischen Krise tun? Die kommt leider oft überraschend oder der bedrängende Zustand schleicht sich derart ein, dass die Entscheidung, Hilfe in Anspruch zu nehmen, hinausgezögert wird bis irgendwann ein dramatischer Wendepunkt erreicht ist. Unsicherheit und Scham, Angst vor unbekannten Folgen und Stigmatisierung erschweren auch heute die Suche und Inanspruchnahme helfender Dienste. Wohin kann man sich wenden, wenn die Situation eskaliert, wer hat Zeit und Platz, wer ist kompetent? Die Verhältnisse und Zuständigkeiten sind überall anders, selbst professionell Tätige haben oft Schwierigkeiten, sich über ihren unmittelbaren Tätigkeitsbereich hinaus zurechtzufinden. Mehrere Leistungsbereiche können zutreffen, zu jedem gehören eigene Einrichtungen und diverse Maßnahmen. Wie soll man allein schon die speziellen Bezeichnungen kennen? In akuten oder dramatischen Situationen sind Polizei und Notarzt zuständig und hoffentlich gut gerüstet. Ansonsten beginnt eben oft eine Odyssee des Herumfragens, um Hilfeleistung, Termin oder Platz zu bekommen. In der Folge bleiben viele Seelenleiden lange unerkannt: Das ist nicht gut für den Erkrankungsverlauf, verursacht zusätzliche Komplikationen, überlässt vieles schlicht den Angehörigen psychisch Kranker. Betroffene selbst sind nur bedingt in der Lage, ihre Beeinträchtigung oder gar Gefährdung zu erkennen und entsprechend zu handeln.

Trotz erheblich besserer psychiatrisch psychosozialer Versorgungsstandards wird der psychische Gesundheitszustand der Bevölkerung nicht besser. Darauf weisen hohe Fallzahlen der Inanspruchnahme psychiatrischer und psychosozialer Dienste hin, gestiegenen Krankentage und Frühberentungen aufgrund entsprechender Diagnosen, lange Wartezeiten auf eine Konsultation beim Nervenfacharzt oder einen Psychotherapieplatz, selbst auf ein psychiatrisches Krankenhausbett. Woran die Entwicklung liegt, ist umstritten, das Thema in jedem Fall hoch aktuell. Vordergründig scheint es, als würde zumindest der quantitative Ausbau des psychiatrisch psychosozialen Versorgungssystems an Grenzen stoßen. Mehr Hilfe hilft nicht unbedingt mehr, befördert eher weiteren Bedarf und die Grenze zwischen Eigensorge und kollektiver Zuständigkeit verschiebt sich weiter. Es ist vermutlich an der Zeit, über andere Versorgungsformen nachzudenken, die den Besonderheiten des psychiatrisch psychosozialen Sektors besser gerecht werden.

4.1.2 Kompliziertes Versorgungssystem für komplexen Hilfebedarf

Psychische Erkrankungen sind vielfältig und die Lebenssituationen der betroffenen Menschen unterschiedlich. Im Grunde braucht jeder Patient und Klient seine eigenen und jeder braucht andere Interventionen. Welche? Es mag die Versorgungsarbeit erst einmal erleichtern, dass das deutsche Sozial- und Leistungsrecht nach Lebensumständen geordnet ist: Jemand ist arbeitsuchend, berentet, krank und versichert, pflegebedürftig oder behindert und schon gibt es eine zuständige Stelle. Dort hilft man im Zweifel weiter, wie es das Sozialgesetzbuch vorsieht? So einfach ist es selten, denn Merkmale sind nicht immer eindeutig und mehrere mögen zutreffen, es erschließt sich nicht von allein, wofür Ämter und Behörden zuständig sind, was Einrichtungen und Dienste tun. *Abbildung 4.2* zeigt psychiatrisch psychosoziale Einrichtungen im Kontext der sozialrechtlichen Leistungsrundlage und ihrer Schwerpunkte. Leider beginnt an der Grenze einer Institution noch lange nicht die nächste, es gibt Mehrfachleistungen, Schnittstellenprobleme, Versorgungslücken.

Viele Leistungsansprüche sind inzwischen in das Sozialgesetzbuch einbezogen und auf es abgestimmt. Das Werk wird längst umfangreich kommentiert und ausgelegt, bis zur eigenen Sozialrechtsberatung, die für die Psychiatrie und die psychosoziale Arbeit relevant ist. An erster Stelle stehen die gesundheitlichen Belange der „Erkrankungen des Nervensystems", dafür ist die gesetzliche Krankenversicherung (SGB V) zuständig. Reguläre Leistungen sind die Kassenärztliche Versorgung und Versorgung durch Krankenhäuser samt Verordnung mit Medikamenten und Hilfsmitteln. Auch Vorschriften zur Integrierten Versorgung finden sich hier und „Modellvorhaben zur Versorgung psychisch kranker Menschen" (§ 64b SGB V). Wo akute Erkrankung endet und andauernde Behinderung vorliegt, formuliert das SGB IX zur „Rehabilitation und Teilhabe behinderter Menschen" die möglichen Hilfen. Dafür zahlt die Eingliederungshilfe nach SGB XII. Für unter 18jährige ist allerdings die Jugendhilfe (SGB XIII) zuständig und für meist ältere Personen mit Pflegebedarf die soziale Pflegeversicherung (SGB XI). Der Bezug von Grundsicherung entscheidet sich für Arbeitsuchende (SGB II) oder Bezieher von Sozialhilfe (SGB

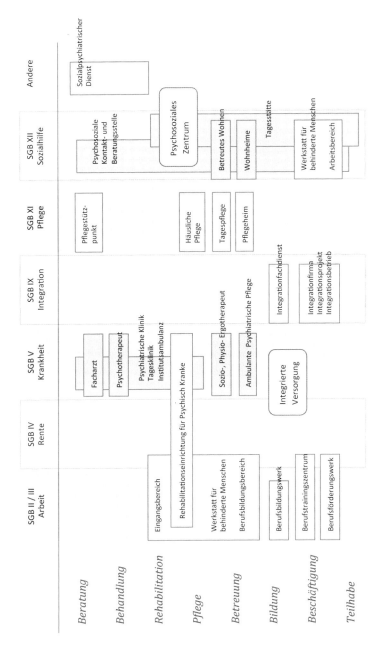

Abbildung 4.2 Psychosoziale Einrichtungen zwischen Zuständigkeit und Aufgaben

Quelle: eigene Darstellung

XII) danach, ob jemand 3 Stunden täglich arbeiten kann. Es gibt weitere Gesetze, die für Gesundheit und Leben psychisch erkrankter Menschen bedeutsam sind: Gesetzliche Betreuung nach Bürgerlichem Gesetzbuch (BGB), Psychisch-Kranken-Gesetze (PsychKG) der Länder, UN-Behindertenrechtskonvention und das anstehende Bundesteilhabegesetz, Wohn- und Betreuungsvertragsgesetz (WBVG), als Landesgesetze fortgeführte Heimgesetze. Im Versorgungsbereich Psychiatrie und psychosoziale Hilfen gilt es wahrlich umfangreiche Bestimmungen zu kennen. Beratung darüber findet oft stellvertretend im Umgang mit begrenzt rational denkenden und handelnden Menschen statt – eine große Herausforderung.

Trotz allem wird es in absehbarer Zeit schon aus rechtssystematischen, ordnungspolitischen Gründen kein Sonderrecht für psychisch kranke Menschen geben. Man müsste die Forderung nach Gleichstellung aufgeben und riskiert eine gefährliche Etikettierung: Wer genau ist psychisch krank und wer nicht, wer ist gefährdet, beeinträchtigt oder einfach nur anders? Fachlich wäre es bedenklich, übergeordnete Stellen allzuständig über die widersprüchlich facettenreiche Ausprägung individuellen Lebens und psychischen Leidens befinden zu lassen. Psychosoziale Zusammenhänge sind nur begrenzt objektiv zu verstehen, manches bleibt Ansichts- und Auslegungssache. Vielleicht ist es ganz gut, wenn Kompetenzen verteilt bleiben und mehrere Akteure eingebunden sind. Das Versorgungssystem mag unscharf, redundant und lückenhaft sein, aber abgesehen von der trotz allem gegebenen Leistungsfähigkeit ist es zumindest für die Psychiatrie von Vorteil, dass ein gewisser Abgleich stattfinden muss und Willkür schwer wird. Für Profis ergeben sich mit den vielen Restriktionen zugleich Spielräume zur Interpretation und Auslegung. Eine große Psychiatrie-Lösung würde man kaum wollen.

Was dann? Was braucht der psychisch beeinträchtigte Mensch? Ohne in therapeutische Tiefen zu gehen. werden in der Fachliteratur durchgängig drei Ansätze empfohlen. Sie passen gut zum biopsychosozialen Modell und zur Vorstellung, dass eine wie auch immer gegebene Empfindsamkeit (Vulnerabilität, Disposition) mancher Menschen, kritische Ereignisse und belastende Entwicklungen im Leben sowie die dann entscheidende Reaktion der Umwelt miteinander zusammenhängen.

• *Betroffene* haben es mehr als gedacht in der Hand, mit Erkrankung und Einschränkungen zurechtzukommen. Es gibt kein Rezept, aber man kann sein Leben eher schicksalhaft ergeben oder aktiv führen, sich auflehnen oder hinnehmen, anpassen oder gestalten, eigenen Gedanken viel oder weniger Raum lassen, dem Handeln auch. Wie das jemand macht, ist einzigartig. Die Resilienz-Forschung gewinnt alltagstaugliche Einsichten, warum manche Menschen größere Widerstandsfähigkeit gegen die Wechselfälle des Lebens besitzen und andere nicht. Neurobiologische Theorien passen gut dazu. Allein die Beschäftigung mit der eigenen Psyche und Lebenssituation scheint vorteilhaft zu wirken, solange man nicht übertreibt, etwa in Grübeleien verfällt und sich nicht von seinen Phantasien distanzieren kann. Selbsthilfe und Recovery, Empowerment und Psychoedukation sind moderne Methoden, die psychische Selbstheilungskräfte unterstützen.

• Die *soziale Umwelt* kann keine psychische Erkrankung beseitigen, wird diese auch selten direkt verursachen (abgesehen von Traumatisierung, Erziehungsschäden, Unfällen). Aber das Leben und Zusammenleben eines Menschen im Kreis der Familie und Freunde, Nachbarn und Kollegen sowie der weiteren Gesellschaft gilt als einflussreich für Wohlbefinden und bei Schädigung. Gerade weil niemand die Entstehungszusammenhänge kennen kann, ist die förderliche Umgebung so wichtig. Wie überhaupt in psychischen Krisen alles hilft, was unter normal gesunden Umständen gut tut. Jeder möchte an- und aufgenommen, akzeptiert und anerkannt sein, niemand isoliert und einsam leben, unverstanden und ausgrenzt. Mancher Ansicht zufolge sind psychiatrische Symptome gerade ein Schutz vor negativen äußeren Einwirkungen. Umgekehrt kann die verständnisvolle und Grenzen setzende, akzeptierende und hilfsbereite Umgebung enorm dazu beitragen, ein insgesamt auskömmliches Leben zu führen, Eskalationen und Krisen zu vermeiden.

• *Experten* sind gefragt, wenn Betroffene und ihre Umgebung nicht weiterwissen. Zunächst gilt es, unverzüglich da zu sein und eine Situation richtig einzuschätzen. Dann kommen womöglich die speziellen Behandlungs- und Betreuungsmaßnahmen in Betracht: Das Krankenhaus in schweren und akuten Fällen zwecks Diagnostik und Medikation, Erkennen von Begleiterkrankungen, Gespräche führen und Sozialgemeinschaft (Stations- und Therapiegruppen) arrangieren, geordnete Ernährung, Entzug der Gifte, Körperhygiene. Die stationären Tage sind von vornherein gezählt und der Aktionsradius der danach folgenden Ärzte und Fachärzte, ambulant psychiatrischer Pflege, Ergo-, Sozio- und Psychotherapeuten ist begrenzt. Damit fehlt oft auch die so wichtige Sicherheit schnell erreichbarer Hilfe im Krisenfall. Die gibt es eher im komplementären Versorgungsbereich, wo Sozialarbeit spezielle Methoden der Alltagsbegleitung und Sozialtraining bzw. Soziotherapie, Beziehungspflege und Milieugestaltung ausprägt.

In *Abbildung 4.3* sind Empfehlungen aufgeführt, was Betroffene, Umwelt und Experten tun können, um im Falle einer psychischen Erkrankung zu helfen. Es mögen allgemeine Ratschläge sein, von denen die meisten einfach dem gesunden Leben zuträglich sein sollten. Nicht alle Hinweise werden immer für jeden gültig und relevant sein. Aber deutlich wird die krasse Verschiebung zwischen professionellen Möglichkeiten, auf ein Geschehen einzuwirken, und den Möglichkeiten des Menschen und der Menschen um ihn herum. Kein Psychiater dieser Welt kann einen Wahn heilen und kein Therapeut die Gefühle des Patienten nach Belieben

Betroffene

Sorge für sich selbst übernehmen, sich mit Erkrankung und Besonderheit befassen, eigene Gesundheit pflegen:

- Dem Arzt vertrauen
- Eigener Gesundheitsexperte
- Rückfälle vermeiden
- Soziale Kontakte pflegen
- Geduld haben
- Regelmäßig Sport treiben
- Gesund ernähren
- Positive Lebenshaltung
- Singen, Musik machen
- Selbst denken, kein Fernsehen
- Keine Nervengifte
- Selbst mehr herausfinden

Umfeld

Unterstützung der natürlichen Umwelt, der familiären und sozialen Umgebung einbeziehen, Beziehungen stärken:

- Kontakt zu Mitmenschen pflegen
- Unterstützung der Person
- Praktische Hilfe entlastet
- Behilflich bei Alltagsverrichtungen
- Guten Zuspruch leisten
- In Krisen beistehen, schützen
- Besonderheiten ausgleichen
- Ggf. rechtzeitig Hilfe holen
- In eine Gemeinschaft einbinden
- Erkrankung ansprechen, aufklären

Experten

Ganzen Menschen mit Lebensbezügen und Besonderheiten akzeptieren, mögliche Behandlung leisten:

- Umfassenden Befund erstellen
- Frühzeitig konsequent behandeln
- Wirksames Medikament finden
- Vertrauen herstellen
- Gespräche führen, Psychotherapie
- In Alltagssituationen begleiten
- Verhandeln statt behandeln
- Zuhören, Geduld haben
- Angehörige einbeziehen
- Behandlungs-Leitlinien beachten
- Formalien erleichtern, abnehmen
- Weitere Hilfen organisieren

Abbildung 4.3 Was kann man bei psychischen Erkrankungen tun?

Quelle: eigene Darstellung

bewegen, so hilfreich die Interventionen auch sein mögen. Diagnosen wie Depression oder Schizophrenie, Abhängigkeitserkrankung oder Persönlichkeitsstörung geben lediglich symptomatische Hinweise, bezeichnen typische Phänomene. Sie erklären nicht, was in jemandem vorgeht. Ob und in welchem Maße die Gedanken und ein Verhalten als verrückt und behandlungsbedürftig ansehen werden und welche Folgen dies für Betroffene hat, das lässt sich nur bedingt objektiv fassen. Für die betroffenen Menschen ist ihre Lebenswirklichkeit entscheidend und die findet weit überwiegend jenseits der therapeutischen Aktivitäten, außerhalb der Sprechstunde und des professionell helfenden Raums statt. Hierauf erheblich mehr Gewicht zu legen, Eigensorge und Selbstbestimmung zu fördern, das passt auch gut zur Vorstellung einer inklusiven Gesellschaft.

4.1.3   Psychosoziale Sorge erfordert Zusammenwirken

Im Idealfall soll das psychosoziale Hilfesystem dafür sorgen, dass beliebige, immer verschiedene Wünsche und Anforderungen der Menschen stets für den Einzelnen passend erfüllt werden. Dienste würden sich darauf beziehen, was Menschen gesundheitlich und im Leben fehlt, was sie nicht allein versehen oder selbstständig regeln können. Dafür stehen vielfältige Möglichkeiten des Hilfesystems bereit, das ganze Spektrum sozialrechtlicher Leistungsgrundlagen und beruflicher Methoden. Etliches überschneidet sich und viele Hilfeleistungen lassen sich nicht genau umreißen, dann stellt man sich bestenfalls aufeinander ein. In der Praxis werden psychosoziale Arbeit nach Hilfebedarf und Leistungsangebot ausgelegt, das System ist elastisch, denn Verabredungen lassen sich verschieben oder umlenken, Leistungen substituieren, Ressourcen anders einsetzen. Das alles gibt Spielräume und nur so funktioniert Versorgung insgesamt. Letztlich müssen die Menschen und Dinge einzeln zueinander kommen. Nicht alle denkbaren Kombinationen, wann wem wie geholfen wird, lassen sich beliebig umsetzen. Dienstleistungen sind organisatorisch und personell limitiert und keiner kann alles zu jeder Zeit für alle tun. Eine gewisse „Produktionsordnung" oder „Fertigungsplanung" ist bei sozialen Diensten ebenso nötig, wie bei der Herstellung materieller Güter oder der Logistik von Versendern.

Im Gesundheits- und Sozialwesen geht man vor wie überall: Die vorgefundenen Verhältnisse werden untersucht und eingeteilt und zielgerichtet geordnet, um einen bestimmten Zweck zu erreichen. Für die Psychiatrie geht es um Mensch und Material, darum, wie sich Helfer und Häuser einsetzen lassen, damit den Betroffenen am besten geholfen wird. In der Psychiatrie hat man auffällige Menschen früher in Armen-, Arbeits- und Zuchthäuser, später in Heil- und Pflegeanstalten gesteckt und dafür gab es schon damals nicht nur Überzeugungsgründe. Die Frage, wie die

Gemeinschaft vertretbar und verträglich mit ihren Irren, Verrückten, Psychikern umgeht wird auch danach beantwortet, was sie sich leisten will und kann. Psychiatrie ist ein Spiegelbild der Gesellschaft, der ökonomischen Basis, der politischen Verhältnisse, der Grundwerte und Ideale. Die heutigen Ansprüche auf umfassende Versorgung und hohe Erwartungen an Gesundheitssorge, Rehabilitation und Teilhabe bedingen die Selektion von Hilfebedarfen und Hilfeleistungen. Das geschieht nach Merkmalen der Person, nach Zielgruppen, Organisationseinheiten, Berufsbildern – das Gesundheitswesen, Fürsorge und Wohlfahrt werden entsprechend kompliziert. Das Versorgungssystem ist differenziert und leistungsfähig, aber für Betroffene und Helfer, Kunden und Anwender leider schwer zu handhaben.

Die Psychiatrie-Reformer hatten sich das anders vorgestellt. Das Versorgungsnetz sollte aus kleinräumigen Bausteinen in Form von Behandlungs- Wohn- und Kontaktstätten bestehen. Mit Hilfe geeigneter Koordinationsmaßnahmen sollte sich das Miteinander steuern lassen, für den Einzelnen und für gemeinschaftliche Belange. Das System der sozialen Sicherung wurde weiter ausgebaut, Einrichtungen entstanden und neue Leistungsformen wurden etabliert. Eine zweite kleine Reformwelle zielte in den 1990er Jahren auf die Enthospitalisierung Langzeitkranker. Patienten, die bis dahin aller Bemühungen zum Trotz manchmal seit vielen Jahrzehnten in den großen Landeskrankenhäusern lebten, sollten wieder an den Heimatort kommen, wofür man dort geeignete Wohn- und Betreuungsstätten benötigte. Die abgebenden Großeinrichtungen und neue Einrichtungen der Sozialpsychiatrie rangen heftig miteinander. Und sie bauten ihre Dienste fleißig aus. Denn die Argumente waren nicht immer nur uneigennützig, die Sorge um Standorte und Beschäftigung, Umsatz und Einfluss gehörte stets dazu. Änderungen des Gesundheits- und Sozialsystems scheinen von psychosozialen Diensten überhaupt gut adaptiert zu werden, denn weniger sind sie nie geworden. Kleinräumige flexible Leistungsstrukturen sind eben auch eine betriebliche Chance. Das ließ sich bereits zu Zeiten des Bundessozialhilfegesetzes (BSHG) so sehen, als 1995 prospektive Entgelte eingeführt wurden. Das Schwerbehindertenrecht fügt sich seit 2001 in das SGB IX ein, Grundsicherungsleistungen sind im Zuge der Agenda 2010 nach Arbeitsfähigkeit aufgeteilt worden, Gesundheitsreformen finden praktisch ununterbrochen statt. Stets gingen die Neuregelungen mit einer Ausweitung der psychosozialen Dienste einher.

Festzuhalten ist: Im einen oder anderen Leistungssektor gelingt es durchaus, Menschen individuell zu behandeln und zu betreuen, Patienten und Klienten passende psychosoziale Maßnahmen anzubieten. Nur ist für die erwünschte Gesamtversorgung nicht allzu viel erreicht worden. Die Versorgungslandschaft ist zersplittert und bietet ein verwirrendes Bild.

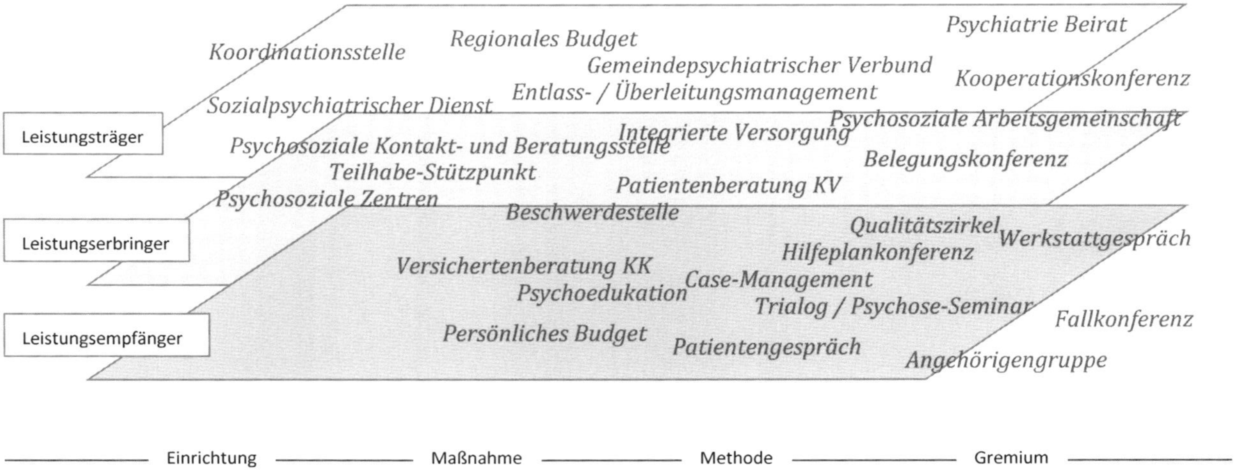

Psychiatrie Beirat
Kooperationskonferenz
Psychosoziale Arbeitsgemeinschaft
Gemeindepsychiatrischer Verbund
Regionales Budget
Entlass- / Überleitungsmanagement
Belegungskonferenz
Psychosoziale
Integrierte Versorgung
Koordinationsstelle
Patientenberatung KV
Qualitätszirkel Werkstattgespräch
Sozialpsychiatrischer Dienst
Psychosoziale Kontakt- und Beratungsstelle
Hilfeplankonferenz
Fallkonferenz
Teilhabe-Stützpunkt
Case-Management
Beschwerdestelle
Trialog / Psychose-Seminar
Psychosoziale Zentren
Versichertenberatung KK
Psychoedukation
Angehörigengruppe
Patientengespräch
Persönliches Budget

Leistungsträger

Leistungserbringer

Leistungsempfänger

———— Einrichtung ———— ———— Maßnahme ———— ———— Methode ———— ———— Gremium ————

Abbildung 4.4 Stellen und Gremien zur Koordination psychosozialer Dienste
Quelle: eigene Darstellung

Abbildung 4.4 vermittelt einen Eindruck, wie viele und welche Einrichtungen und Maßnahmen, Methoden und Gremien vorgesehen sind, eine sektorenübergreifende interdisziplinäre Zusammenarbeit in psychiatrischen psychosozialen Versorgungsbereichen zu befördern.

- Bemühungen um Abstimmung und Einbindung der psychosozialen psychiatrischen Dienste beziehen sich letztlich auf betroffene *Menschen*. Jeder will und soll rechtzeitig Hilfe von den richtigen Stellen bekommen. Um das zu realisieren werden Fallkonferenzen und –Management eingesetzt, Hilfeplanungen und Assessments durchgeführt.
- Innerhalb von *Einrichtungen* ist die Zusammenarbeit der Kollegen von Belang. Dem dienen Teams und Arbeitsgruppen, Abteilungen und Betriebe. Kooperation darüber hinaus ist eine zweiseitige Angelegenheit. Vertraute Beziehungen werden ungern aufgegeben und die Berufsehre gilt vor allem im eigenen Gebiet. Auch droht potenziell Auftragsverlust, Belegungsrückgang und Minderauslastung.
- Die *Gesellschaft* stattet eine Region mit Psychiatriebetten, Heim- und Werkstattplätzen aus, regelt Niederlassung und Fachgebiete von Ärzten und komplementären Diensten. Das Sozialgesetzbuch, § 2 (2) SGB I sieht vor, dass „soziale Rechte möglichst weitgehend verwirklicht werden". Im ersten Absatz (1) wird aber auch klargestellt, dass „Ansprüche nur insoweit geltend gemacht oder hergeleitet werden, als deren Voraussetzung und Inhalt durch die Vorschriften der besonderen Teile dieses Gesetzbuchs im einzelnen bestimmt sind." Damit bleibt jeder Leistungsträger für die eigene Arbeit verantwortlich und eine Leistungsträger übergreifende Arbeit ist im Prinzip nicht vorgesehen.

Ein beachtliches Repertoire steht zur Verfügung, um das Zusammenwirken zu arrangieren. In der Praxis ist vieles nur formal installiert, tatsächlich geht jede Institution und Profession gern eigener Wege. Der Versorgungsaufwand ist hoch und er steigt, die Effekte fragmentierter Behandlung und Betreuung sind wenig effektiv, alle sind unzufrieden. Wenn nach alternativen Versorgungsformen gesucht wird, ist das Thema der Zusammenarbeit ganz nach vorn zu setzen.

4.2   Integrierte Versorgung der Krankenversicherung

Mit dem Abriss zur psychiatrischen psychosozialen Versorgung wird deutlich, warum große Erwartungen an eine Integration der Bausteine gestellt werden. Es geht nicht um spezielle Methoden des Behandelns und Betreuens, da ist nicht viel

Neues gefunden worden. Es geht vorrangig um das WIE – wie wird gearbeitet, zusammengearbeitet, wie werden Dienste besser organisiert. Man möchte fachliche Mängel mindern und Wirkungen entfalten, die im konventionellen Nebeneinander nicht zum Tragen kommen. Zugleich könnte das die Wirtschaftlichkeit verbessern, womit nicht unbedingt Geld sparen gemeint ist. Im Sinne einer voll umfänglichen psychiatrisch psychosozialen Gesamtversorgung muss man freilich einen Schritt zurückgehen. Integrierte Versorgung ist ein Begriff der gesetzlichen Krankenversicherung und zunächst kann ausschließlich über diesen Zuständigkeitsbereich gesprochen werden. Immerhin sind Krankenkassen für die gesamte gesundheitliche Versorgung der Bevölkerung zuständig und das gilt auch für psychische Erkrankungen. Der Integrierten Versorgung stehen damit grundsätzlich alle medizinisch-therapeutischen Leistungen offen: Haus- und Fachärzte sowie Psychotherapeuten, Krankenhäuser, Heil- und Hilfsmittel, darunter häusliche Krankenpflege und Soziotherapie sowie Arzneimittel. Nicht dazu gehören Leistungen für Menschen mit Behinderung oder längerfristigem Pflegebedarf, rehabilitative Dienste, keinesfalls berufliche.

Fragmentierte Fachgebiete und Zuständigkeiten hier im Bereich der Krankenversicherung sind freilich kein exklusives Problem der Psychiatrie. Viele Fachbereiche haben Schwierigkeiten, wenn Haus- und Fachärzte gemeinsam behandeln und miteinander sprechen sollten, wenn ambulante Behandlung zur stationären oder teilstationären wechselt, oder umgekehrt. Wenn Leistungen verordnet werden, andere Dienste oder die ganze Lebensführung eine Rolle für das gesundheitliche Geschehen spielen. Schwierigkeiten bei der Abstimmung können bei allen gesetzlichen Leistungen bei Krankheit und in der Krankenbehandlung auftreten, das ist schon der Gliederung des SGB V zu entnehmen: Teilnahme von Ärzten und Zahnärzten an der vertragsärztlichen Versorgung, Beziehung der Krankenkassen zu Krankenhäusern und anderen Einrichtungen, deren Beziehungen zu Vertragsärzten, Zuständigkeit für Heil- und Hilfsmittel, Psychotherapie. Die Effekte sind bekannt: Das Gesundheitswesen erfordert Mittel durch doppelte, redundante oder unpassende Leistungen. Schwierige Zugänge und schlechte Abstimmung verhindern baldige Genesung und Besserung und haben teure Folgewirkungen. Patienten nehmen unnötige Leidenszustände und Behandlungsmängel in Kauf. Leistungserbringer bauen das eigene Tätigkeitsfeld aus und nicht das Zusammenwirken mit Kollegen.

Die konventionelle Krankenversorgung lässt im Prinzip kaum andere Lösungen zu. Denn in formaler Hinsicht ist jeder Leistungserbringer in das Korsett seiner Zuständigkeit gebunden und keiner Gesamtsorge verpflichtet. Unter wirtschaftlichen Gesichtspunkten gilt das Streben dem eigenen Bestand und Erfolg. Die Mittel sind endlich, was der eine kriegt, kann der andere nicht haben. Die öffentliche Steuerung des Versorgungsgutes Krankenbehandlung und Gesundheitspflege und dessen private Bewirtschaftung harmonieren nicht sonderlich gut miteinander, darin besteht Konsens. Vor diesem Hintergrund wurden die Leistungsmöglichkeiten der Integrierten Versorgung geschaffen, die heute wie folgt gelten:

SGB V § 140 a Integrierte Versorgung. (1) Abweichend von den übrigen Regelungen dieses Kapitels können die Krankenkassen Verträge über eine verschiedene Leistungssektoren übergreifende Versorgung der Versicherten oder eine interdisziplinär fachübergreifende Versorgung mit den in § 140b Abs. 1 genannten Vertragspartnern abschließen. Die Verträge zur integrierten Versorgung sollen eine bevölkerungsbezogene Flächendeckung der Versorgung ermöglichen. Soweit die Versorgung der Versicherten nach diesen Verträgen durchgeführt wird, ist der Sicherstellungsauftrag nach § 75 Abs. 1 eingeschränkt. Das Versorgungsangebot und die Voraussetzungen seiner Inanspruchnahme ergeben sich aus dem Vertrag zur integrierten Versorgung.

Wie von den gesetzlichen Möglichkeiten Gebrauch gemacht wird, muss jedes Fachgebiet für sich klären. Integrierte Versorgung ist relevant für Internisten und Orthopäden, Augenheilkunde und Palliativmedizin und andere Fakultäten. Von der Psychiatrie wurde die Leistungsform anfangs wenig genutzt. Eine nur bis 2008 bundesweit geführte Statistik wies wenige Verträge auf, die das „Nervensystem" betreffen, weit hinter Muskel- und Skelett- oder Erkrankungen der Verdauung. Der Gesetzgeber hat wegen der anhaltend drängenden Probleme und zurückhaltender Umsetzung integrierter Versorgungsmodelle 2012 eine spezielle Möglichkeit für sektorenübergreifende Psychiatrie geschaffen:

SGB V § 64b Modellvorhaben zur Versorgung psychisch kranker Menschen. (1) Gegenstand von Modellvorhaben nach § 63 Absatz 1 oder 2 kann auch die Weiterentwicklung der Versorgung psychisch kranker Menschen sein, die auf eine Verbesserung der Patientenversorgung oder der sektorenübergreifenden Leistungserbringung ausgerichtet ist, einschließlich der komplexen psychiatrischen Behandlung im häuslichen Umfeld. In jedem Land soll unter besonderer Berücksichtigung der Kinder- und Jugendpsychiatrie mindestens ein Modellvorhaben nach Satz 1 durchgeführt werden; dabei kann ein Modellvorhaben auf mehrere Länder erstreckt werden. Eine bestehende Verpflichtung der Leistungserbringer zur Versorgung bleibt unberührt. (…)

Auch diese Öffnungsklausel hat bislang nicht die erhoffte Resonanz gefunden. Der Vollständigkeit halber sei darauf hingewiesen, dass es seit 2015 noch einen weiteren Anreiz für integrierte Versorgungslösungen gibt, den sog. Innovationsfonds. Der gilt diesmal wieder nicht exklusiv für Psychiatrie, ist aber mit jährlich 300 Mio. Euro vier Jahre lang voluminös ausgestattet und auch eine Möglichkeit, moderne Versorgungsformen zu entwickeln.

> *SGB V § 92a Innovationsfonds, Grundlagen der Förderung von neuen Versorgungsformen zur Weiterentwicklung der Versorgung und von Versorgungsforschung durch den Gemeinsamen Bundesausschuss.* (1) Der Gemeinsame Bundesausschuss fördert neue Versorgungsformen, die über die bisherige Regelversorgung hinausgehen. Gefördert werden insbesondere Vorhaben, die eine Verbesserung der sektorenübergreifenden Versorgung zum Ziel haben und hinreichendes Potential aufweisen, dauerhaft in die Versorgung aufgenommen zu werden. Voraussetzung für eine Förderung ist, dass eine wissenschaftliche Begleitung und Auswertung der Vorhaben erfolgt. (…)

Bei so vielen Möglichkeiten verwundert es, dass die im Grunde übereinstimmenden Ziele nicht oder nur schwer umgesetzt werden. Die gesetzlichen Möglichkeiten wurden nicht von ungefähr aufgenommen, sind oftmals von Fachverbänden angestoßen und in jedem Fall unter deren Mitwirkung formuliert worden. Sie folgen durchaus klugen gesundheits- und sozialpolitischen Überlegungen aber, wie gesagt, das allein führt offenbar nicht zur Realisierung. Es stehen andere Hemmnisse im Wege. Das nachfolgende Modell versucht sie zu überwinden und schöpft die Möglichkeiten der Integrierten Versorgung maximal aus.

4.2.1 NetzWerk psychische Gesundheit, ein Vertragsmodell

Die Techniker Krankenkasse hat 2009 auf Grundlage der modernisierten §§ 140 a-d SGB V ein Vertragsmodell für die Psychiatrie entwickelt. Ein umfassendes, qualitativ hochwertiges ambulantes Behandlungs- und Betreuungsangebot soll entstehen, das die Selbstbestimmung und Eigenständigkeit des Versicherten fördert, Selbsthilfepotenziale stärkt, Angehörige entlastet, stationäre Aufenthalte ersetzt und die Teilhabe des Versicherten am gesellschaftlichen Leben ermöglicht. Es geht um Versicherte mit schizo-affektiven, schizophrenen oder depressiven Grunderkrankungen. Deren Behandlungsabläufe sollen verbessert werden, damit die Patienten in ihrem sozialen und beruflichen Umfeld bleiben können. Ressourcen aller Beteiligten sind effektiver und zielgenauer einzusetzen, die Wirtschaftlichkeit der Versorgung kann erhöht werden. Alternativ zur Regelversorgung ist vom Vertragsnehmer eine Versorgungsstruktur zu schaffen, in der die sonst separat tätigen Stellen nach abgestimmten Behandlungsplänen für einzelne Versicherte zusammenwirken.

Das sind die in der Präambel des Vertragsmodells genannte Ziele und Absichten. Als Vertragsnehmer werden Träger aus dem Bereich der Gemeindepsychiatrie und Wohlfahrtspflege angesprochen, die auch an der Konzeptentwicklung mitgearbeitet haben. Der Fokus der Integrierten Versorgung soll auf der sozialpsychiatrischen, psychosozialen Einbindung liegen, deswegen sollen nicht unbedingt Anbieter konventioneller Einzelleistungen die Trägerschaft übernehmen. Angesichts des zu erwartenden Aufwandes und möglicher Schwierigkeiten zeigen sich Kassenärzte und Krankenhäuser ohnehin wenig interessiert an Integrierter Versorgung Psychiatrie, zumal das ökonomische Gewicht relativ gering ist. So beginnt der Text der Vereinbarungen:

> *Techniker Krankenkasse, Versorgungsvertrag NWpG*, § 2 Versorgungsauftrag. Dieser Vertrag regelt Inhalt, Umfang und Ablauf der Integrierten Versorgung psychisch Kranker (NetzWerk psychische Gesundheit). Sie besteht auf der Basis der bisherigen Regelversorgung aus einer alternativen Versorgungsstruktur im Sinne eines fach- und sektorenübergreifenden, multiprofessionell arbeitenden Versorgungsnetzes, welches Leistungsprozesse, die in der traditionellen Versorgung inhaltlich und institutionell getrennt sind, miteinander verknüpft und alle zur Versorgung psychisch Kranker erforderlichen Leistungserbringer einbezieht. Dazu gehören insbesondere Hausärzte, Nervenärzte, Fachärzte für Psychiatrie und Psychotherapie bzw. für Psychosomatik und Psychotherapie, psychologische Psychotherapeuten, ambulante Pflegedienste, Soziotherapeuten und soweit erforderlich auch Psychiatrische Institutsambulanzen (PIA) und Krankenhäuser.
>
> § 4 Pflichten des Vertragsnehmers. Der Vertragsnehmer verpflichtet sich, die Leistungsansprüche der Versicherten gemäß des Vierten Kapitels des SGB V zu gewährleisten. Der Vertragsnehmer schließt zur Erfüllung dieses Vertrages bedarfsgerecht mit Haus- und Fachärzten, medizinischen Versorgungszentren, Leistungserbringern für die psychiatrische Krankenpflege, Soziotherapeuten, psychologischen Psychotherapeuten, Heilmittelerbringern, ermächtigten Institutsambulanzen oder psychiatrischen Fachkrankenhäusern sowie bei Bedarf weiteren Dienstleistern gemäß § 4 Abs. 5 entsprechende Vereinbarungen nach Maßgabe dieses Vertrages ab. Diese Leistungserbringer nehmen an dieser Integrierten Versorgung teil, ohne zugleich Vertragspartner des vorliegenden Vertrages zu sein. Je nach Zahl der eingeschriebenen Versicherten und dem Versorgungsauftrag entsprechend sind gemäß der Anlagen D1 bis D7 ausreichende und wohnortnahe Behandlungs- und Betreuungskapazitäten zur Verfügung zu stellen, insbesondere für außerstationäre Krisenintervention. Wohnortnah bedeutet, dass der jeweils erforderliche Leistungserbringer den Versicherten bzw. der Versicherte den Leistungserbringer in der Regel binnen einer Stunde mit öffentlichen Verkehrsmitteln oder PKW erreichen kann.

Der Vertrag ist mit 200 Seiten Umfang einschließlich Anhängen und Anlagen formal wie substanziell anspruchsvoll. Die vielen sachlich fachlichen Intentionen und formalen Regelungen sind nicht einfach zu verstehen, zumal die kleinen Vertragspartner ohne viel Vertragserfahrung und große Kanzleien auskommen müssen. Aber es galt nun einmal, ambitionierte Ziele mit gegebenen Mitteln in vorstellbare neue Vorgehensweisen umzusetzen, vergütungstechnisch darzustellen und juristisch tragfähig zu formulieren. Das alles in ein Paket gepackt zu haben, ist beachtlich. Im Übrigen spielten Vertrauen und Respekt vor dem Vertragspartner und der gemeinsame Blick auf einen erwarteten Erfolg eine große Rolle. Der NWpG

Vertrag beschreibt das fachliche Konzept und ist zugleich Geschäftsgrundlage. Die folgende Auflistung nennt die wesentlichen Inhalte.

- *Leistungsgrundlage.* Der Elfte Abschnitt SGB V „Beziehungen zu Leistungs-erbringern in der integrierten Versorgung" umfasst die §§ 140 a-d. Nach der bislang letzten Änderung 2011 können Krankenkassen solche Verträge außer mit Vertragsärzten und Krankenhäusern auch mit sonstigen Leistungserbringern oder Gemeinschaften schließen. Träger gemeindepsychiatrischer Dienste zählen dazu, wenn sie häusliche Krankenpflege (§ 132a SGB V) oder Soziotherapie (§ 132b SGB V) anbieten.

- *Ziele und Absichten.* Zumindest hier, im Zuständigkeitsbereich der gesetzlichen Krankenversicherung sollen die Absichten der Reformpsychiatrie umgesetzt werden und die Autoren haben dies als eine Art „Best off" dessen formuliert, was (heute) fachlich empfohlen wird und wünschenswert ist. Allgemein: Vollständige und ggf. umfassend abgestimmte Behandlung unter Einbezug des Patienten zwecks Vermeidung stationärer Krankenhausbehandlung und nachhaltiger Besserung des Gesundheitszustandes.

- *Teilnehmerkreis.* Das Programm der Integrierten Versorgung wird Versicherten angeboten, die festgelegte Einschlusskriterien erfüllen und bei denen keine Aus-schlussgründe vorliegen. In der *Abbildung 4.5* sind die Voraussetzungen genannt.

- *Regelleistungen.* Grundsätzlich übernimmt das NWpG alle Leistungen der gesetzlichen Krankenversicherung soweit sie eine psychiatrische Erkrankung betreffen. Der Vertragsnehmer erfüllt die Ansprüche des Versicherten gegen-über seiner Krankenkasse, indem niedergelassene Kassenärzte, Krankenhaus, Heil- und Hilfsmittel sowie Arznei in das gemeinsame Programm eingebunden werden. Leistungen außerhalb SGB V gehören nicht dazu. *Abbildung 4.6* zeigt die zuzuordnenden Dienste im leistungsrechtlichen Zusammenhang vor dem Hintergrund eines, hier geschätzten, Volumens.

- *Sonderleistungen.* Viele interessante und attraktive Maßnahmen für psychisch erkrankte Menschen sind über die Regelversorgung nicht darzustellen oder zu finanzieren. Das NWpG sieht die genannten Bausteine dennoch obligatorisch vor und setzt auf eine damit mögliche, weitgehend bettenfreie Versorgung. Eingesparte Mittel für teure Krankenhausbehandlung werden quasi auf Son-derleistungen umgelenkt. Hinter den Bezeichnungen der Sonderleistungen verbergen sich teils bewährte Maßnahmen (DGPPN 2013), teils aber auch nicht näher definierte Methoden und Konzepte. Einige Themen, die für Integrierte Versorgung besonders essentiell sind, werden unter nachfolgenden Überschrif-ten behandelt.

Einschlusskriterien

(1) Zum Zeitpunkt der Einschreibung freiwillig oder pflichtversichert bei der Techniker Krankenkasse oder einer der beigetretenen Krankenkassen.

(2) In den letzten 12 Monaten ambulant oder stationär ICD Diagnosen festgestellt

    F 1x Psychische und Verhaltensstörungen durch psychotrope Substanzen

    F 2x Schizophrenie, schizotype und wahnhafte Störungen

    F 3x Affektive Störungen

    F 4x Neurotische, Belastungs- und somatoforme Störungen

    F 5x Essstörungen

    F 6x Persönlichkeits- und Verhaltensstörungen

    F 9x Verhaltens- und emotionale Störungen mit Beginn in der Kindheit und Jugend

(3) Und in den letzten 12 Monaten (4 Jahren) ein Krankenhausaufenthalt von mindestens einem Tag mit einer psychiatrischen Hauptdiagnose (Entlassdiagnose) nach ICD-10

(4) Oder in den letzten 12 Monaten eine ambulante Verordnung von Psychopharmaka (Antipsychotika, Anxiolytica, Antidepressiva) über zwei oder mehr aufeinanderfolgend Quartale

Ausschlusskriterien

Alter unter 10 oder über 80 Jahre, Anspruch auf Leistungen ruht, schwere Begleit- oder Vorerkrankungen, fehlender fester Wohnsitz bzw. Wohnortwechsel, forensische Unterbringung.

Abbildung 4.5   Kriterien zur Teilnahme am NetzWerk psychische Gesundheit

Quelle: eigene Darstellung

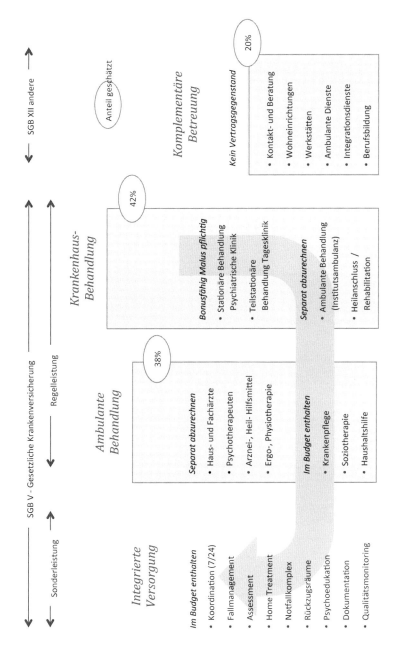

Abbildung 4.6 Regel- und Sonderleistungen im NetzWerk psychische Gesundheit
Quelle: eigene Darstellung

- *Behandlungsverlauf.* Die Integrierte Versorgung NWpG ist als dreijähriges Programm angelegt, eine Verlängerung ist möglich. *Abbildung 4.7* zeigt die wichtigen Schritte: Auswahl und Aufnahme, Assessment und Behandlungsplanung, Durchführung und Überprüfung der Behandlung, Beendigung der Teilnahme. Soweit es darauf ankommt – beispielsweise Kontaktaufnahme, Diagnosestellung, ärztliche Konsultation – sind enge Fristen vorgesehen, die der Vertragsnehmer realisieren muss.
- *Leistungserbringung*: Der eigentliche Schlüssel der Integrierten Versorgung ist das Zusammenwirken der verschiedenen Beteiligten. Im Prinzip funktioniert es so: Die Krankenkasse schließt einen Versorgungsvertrag mit dem Vertragsnehmer, der, soweit er nicht direkt selbst leistet, Verbundpartner damit beauftragt, Vertragsleistungen für ein bestimmtes Gebiet zu erbringen. Die Krankenkasse spricht sodann ihre Versicherten auf eine Teilnahme an. Im Fall der Zustimmung nimmt der Verbundpartner Kontakt zum Versicherten auf und beauftragt ggf. externe Leistungserbringer (Arzt, Krankenhaus), damit, spezielle Leistungen (Arzt, Krankenhaus, Pflege) zu erbringen. Die Inanspruchnahme wird ggf. vermittelt, erfolgt ansonsten direkt. Die übrigen Leistungen und Abrechnungen des Leistungserbringers bleiben unberührt.
- *Finanzierung und Kosten*: Die finanziellen Regelungen sind erwartungsgemäß kompliziert. Im Prinzip sollen Kosten der stationären Behandlung eingespart und daraus zusätzliche Sonderleistungen des NWpG bezahlt werden. Die Vergütung soll sich aus der Berechnung bisheriger Krankenhauskosten ergeben, ein Anreizsystem mit Bonus- und Malus-Zahlungen dafür sorgen, stationäre Behandlungstage zu meiden. Das finanzielle Konzept des NWpG Vertrages ist interessant und entscheidend, aber auch diskussionswürdig (s. u.).
- *Qualitätsaspekte*: Qualitative Aspekte der Behandlung und Betreuung psychisch Erkrankter spielen im NWpG eine vorrangige Rolle. Nur leiden Ansprüche an und Ausführung der Dienste darunter, dass sie sich kaum standardisieren lassen und entsprechend auslegungsbedürftig sind. Die Prämissen sind im Sinne der Reformziele beschrieben, eine Evaluation erfolgt auf mehrfachem Wege anhand von statistischen Qualitätsberichten, periodischer Erhebung der Befindlichkeit jedes eingeschrieben Versicherten (HoNOS 2016) und wissenschaftlicher Auswertung.

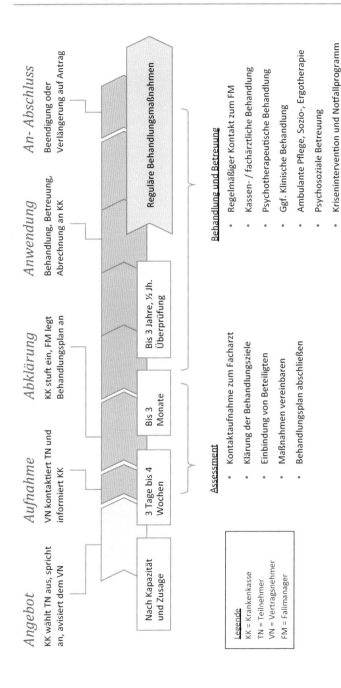

Abbildung 4.7 Programm und Verlauf im NetzWerk psychische Gesundheit
Quelle: eigene Darstellung

4.2.2   Zentrale Aufgaben der Koordinationsstelle

Im ersten Teil dieses Beitrags wurde die Situation der psychiatrisch psychosozialen Versorgung und die Notwendigkeit aufgezeigt, auf verschiedenen Ebenen des Geschehens für eine Abstimmung der einzelnen Aktivitäten zu sorgen. Die nötige Koordination leidet indessen darunter, dass sich die Beteiligten in unterschiedlicher Geschäftsbeziehung und Rechtsstellung befinden und dabei keinen gemeinsamen Verantwortlichen haben. Funktionen und Maßnahmen, Gremien und Stellen, die zur Abstimmung von Behandlung und Betreuung eingerichtet sind, haben keine übergeordnete Stelle und so fehlt die Durchsetzungsmacht, um etwa Absprachen zu fordern oder Handlungen anzuweisen. Wenn das Versorgungssystem nicht direktiv zu lenken ist, dann vielleicht mit dem „Goldenen Zügel", mit Anreizen? Leider fehlen dafür die Mittel. Es gibt kein Geld, mit dem sich das Miteinander der Akteure im freien Spiel der Kräfte beeinflussen ließe. Die Bemühungen um Absprachen beschränken sich auf den jeweiligen Einflussbereich.

Im Netzwerk psychische Gesundheit ist deshalb eine Koordinationsstelle vorgeschrieben und sie wird vom Vertragsnehmer mit entsprechenden Kompetenzen ausgestattet. Eine Zentrale vermittelt Belange der Krankenkasse und Vertragsnehmer, der internen und externen Leistungserbringer. Interessierte und eingeschriebene Versicherte haben jederzeit erreichbare Ansprechpartner. Fachlich inhaltliche Informationen werden gepflegt, formale Vorgaben überwacht. Die Koordinationsstelle versieht ihre Leitungskompetenz gegenüber eigenen Mitarbeitern und als Vertragsgeber externer Leistungserbringer. Die Aufgaben der Koordinationsstelle sind in einer separaten Vertragsanlage zur „Versorgungskoordination, Fallmanagement, Qualitätsbericht, Netzmanagement im NetzWerk psychische Gesundheit" ausgeführt:

- *Kommunikationszentrum*: Das Versorgungsnetz ist ganzjährig 24 Stunden täglich telefonischer Ansprechpartner für teilnehmende Versicherte, beteiligte Leistungserbringer und Krankenkassen. Rund um die Uhr sind geschulte Mitarbeiter insbesondere auch während der Nacht oder an Wochenenden für Krisenfälle über eine Bereitschaftsnummer erreichbar.
- *Fallmanagement• Fallkonferenzen*. Teilnehmern wird obligatorisch ein Fallmanager zugeteilt, der kontinuierlich Ansprechpartner und Bezugsperson bleibt. Er koordiniert die Leistungen, wird zum Assessment hinzugezogen, organisiert bei Bedarf patientenbezogene Fallkonferenzen, koordiniert Gruppensitzungen, stellt Krisenintervention und Anschlussmaßnahmen nach stationärem Aufenthalt sicher.
- *Koordination von Terminen und Leistungen*. Das Fallmanagement organisiert Assessments und sorgt für den Behandlungsplan, verabredet Termine zur

Diagnostik und Therapie sowie Fallkonferenzen. Behandlungspfade werden kontrolliert. Im akuten Fall erfolgt die nötige Krisenintervention. Das Fallmanagement übernimmt nach stationärer Einrichtung und unterstützt Rehabilitationsmaßnahmen.

- *Patientenverwaltung, Patientenstammakte*: Die Koordinationsstelle legt Stammdaten an und dokumentiert den Behandlungsverlauf in einer elektronischen Akte, prüft Unterlagen und Daten im Rahmen des Qualitätsmonitoring bzw. einer wissenschaftlichen Evaluation. Sie rechnet Leistungen ab und klärt Problemfälle für Leistungserbringer, stellt Anträge zur Verlängerung der Teilnahme.
- *Elektronische•Informationsplattform*: Ein EDV-gestütztes Informationssystem wird aufgebaut und betrieben. Leistungserbringer sind über die elektronische Plattform vernetzt, sie können im erforderlichen und zulässigen Umfang auf Patientendaten, verordnete und erbrachte Leistungsmodule, Behandlungspläne und -abläufe zugreifen und sich austauschen.
- *Koordination•der•Qualitätszirkel*: Die Koordinationsstelle organisiert und koordiniert regelmäßige Qualitätszirkel, Termine und Räume. Sie stimmt die Veranstaltungen mit der Kassenärztlichen Vereinigung (Anerkennung) und Landesärztekammer (Fortbildungspunkte) ab. Die Sitzungen werden vorbereitet und moderiert, Themenschwerpunkte ausgewählt, Unterlagen bereitgestellt, Protokoll geführt.
- *Qualitätsberichte*: Spätestens sechs Wochen nach Ende eines Jahres wird ein Bericht zu Entwicklung und Ergebnissen an Vertragspartner und Krankenkassen vorgelegt. Darin wird über teilnehmende Versicherte, Neu- und Wiedereinschreibungen, Widerrufe der Teilnahme, Teilnahmezeiten bei Versicherten (Mittelwert, Range), kumulierte Anzahl der Hauptdiagnosen, abgerechnete Leistungen informiert.
- *Netzmanagement, Aufbau und Ausbau des NetzWerks psychische•Gesundheit*: Die Koordinationsstelle ist Ansprechpartner in vertraglichen Angelegenheiten. Sie rekrutiert Leistungserbringer, klärt die Vertragsteilnahme. Sie informiert über Vertragsinhalte und Behandlungsmodule, Zusammenarbeit und Konditionen, Dokumentation, Qualitätsmonitoring und Qualitätsberichte, Teilnahme von Versicherten.

Das sind viele Aufgaben. Tatsächlich funktioniert die Koordinationsstelle wie eine ständig präsente Drehscheibe, über die sich die Beteiligten jederzeit über alle wichtigen und ihnen zustehenden Informationen austauschen. Das erfordert physische Präsenz und kompetentes Personal, jederzeitige Erreichbarkeit und Wissensfilter, in jedem Fall kluge Organisation. Auf verschiedenste Belange ist einzugehen, von akut kranken Patienten bis zur Abrechnungsstelle der Krankenkasse. Wichtige

Informationen sind aufzunehmen, passende Fragen zu stellen, angemessene Auskünfte zu geben. Stets muss der richtige Ton getroffen werden und das bei sehr verschiedenen Menschen und Anliegen, auch in ungewohnten Situationen. Wie lässt sich das machen? An dieser Stelle enden die Vertragsvorgaben.

Wie Vertragsnehmer die Anforderungen an die Koordinationsstelle umsetzen, ist gewissermaßen ihrem Geschick überlassen und ein bisschen Betriebsgeheimnis. Nicht alles ist dem Buchstaben nach getreu zu leisten, viele der genannten Aufgaben lassen sich dem Umfang und Anspruch nach unterschiedlich versehen. Basisfunktionen müssen natürlich erfüllt sein, sonst kann das Netzwerk nicht funktionieren.

- Die Koordinationsstelle bietet Ort und Arbeitsplatz für Mitarbeiter. Sie ist ausgestattet mit Kommunikationsmitteln einschließlich einer geeigneten Software zum Austausch und Dokumentation der Informationen im Netzwerk. Praktischerweise wird die Koordinationsfunktion mit anderen, passenden Diensten und Dienststellen kombiniert sein.
- Die elektronische Datenverarbeitung erfolgt über Internet. Basisdaten zur Person, zum Geschehensablauf und gegenseitigem Bericht werden aufgenommen. Der Mailaustausch zwischen den Beteiligten erfolgt über verschlüsselte Adressen. Vertragsdokumente, Verfahrensregeln und Formulare sind hinterlegt. Von Krankenkassen ist eine Schnittstelle zur Abrechnung vorgegeben.
- Die Fähigkeit und Eignung des Fachpersonals sind das A und O der Koordinationsstelle. Gute Organisatoren werden gebraucht, um den Informationswust zu durchdringen und Vorgänge zu ordnen. Die Basisfunktionen werden von freundlichen, flexibel aufgeschlossenen Experten versehen. Außerhalb der Regeldienstzeit können Hilfskräfte tätig sein, etwa Studierende eines Sozialberufs.
- Zum Know-how der Koordinationsstelle gehören Regelvorgänge und Informationsroutinen, die den korrespondierenden Stellen zugänglich und vertraut sind. Leistungserbringer besitzen die nötige psychiatrisch psychosoziale Sachkenntnis, Wissen auch von anderen Tätigkeiten und Berufen. Zusammenarbeit im Netzwerk und praktisches Verhalten sind geübt.

In der Praxis bilden die Vertragsnehmer die Koordinationsstelle unterschiedlich aus. Mindestens müssen die von der Krankenkasse avisierten Versicherten an Fallzuständige und Leistungserbringer vermittelt und rückläufige Informationen der Abrechnung und Statistik verwendet werden. Maximal wird man darauf achten, dass das Geschehen rund um einen Versicherten ordentlich dokumentiert wird, dass die Leistungsbeteiligten gut miteinander kommunizieren, dass aus den Informationen für das Netzwerk wichtige Schlussfolgerungen gezogen werden. Was genau und mit welcher Konsequenz getan wird, hängt von Anspruch und

Ambitionen des Vertragsnehmers ab und davon, ob es sich um einen Alleinanbieter oder eine Verbundorganisation handelt. Solche unternehmenspolitischen Entscheidungen werden getroffen, bevor Verträge geschlossen werden und das Netzwerk seine Dienste aufnimmt.

Für alle Vertragsnehmer des NWpG gelten gleiche wirtschaftliche Bedingungen. Der finanzielle Spielraum für die Koordinationsstelle hängt bei der festen Vergütung allein davon ab, wie Mittel zwischen zentralen Aufgaben und direkter, fallbezogener Leistungserbringung verteilt werden. Das einzusetzende Personal, Entwicklung von Know-how und Verfahrensqualitäten (Schulung, Medien), Dienststelle und EDV Ausstattung erfordern einen Grundaufwand, der weitgehend unabhängig vom Auftragsvolumen sprich Anzahl der Versicherten vorgehalten werden muss. Gerade in der Startphase ergeben sich hohe Kosten und erfordern eine Investition, die erst bei einem bestimmten Umsatz abgetragen werden kann. Wann das der Fall ist bzw. ab welcher Größe sich das Netzwerk „rechnet", hängt auch davon ab, wie teuer die Koordinationsstelle ist und welche Mittel den übrigen Diensten entzogen werden. Die Möglichkeiten einer schwach finanzierten Koordinationsstelle sind begrenzt. Bleibt wenig Geld für persönlich gebundene Dienste übrig, können eben die nicht viel tun.

4.2.3 Assessment und Gesamt-Behandlungsplan

Was die Koordinationsstelle bzw. ihre Funktionen und Systeme für das Zusammenwirken der Beteiligten leisten, sollen Fallmanagement und Behandlungsplan für die Abstimmung der Maßnahmen einer Person bewirken. Die Überlegung ist einleuchtend. Anstatt dass Arzt und Sozialarbeiter, Krankenhaus, Alltagshelfer und Pflege jeweils eigene Befunde erheben, separate Programme verordnen und durchführen, sollen Hilfeleistungen und Unterstützung rund um ein einziges Gesundheits- und Lebensproblem zusammengeführt werden. *Abbildung 4.8* zeigt schematisch, welche Einrichtungen und Maßnahmen rund um eine Person an einem Behandlungsplan mitwirken können. Auf diese Weise sollen Ressourcen gespart werden und sich an anderer Stelle sinnvoll einsetzen lassen, mehrere Stellen müssen nicht nebeneinander, doppelt oder widersprechend leisten. Unterstellt wird, dass Bemühungen um Genesung, Besserung und Auskommen besser wirken, wenn sie aufeinander abgestimmt sind.

Wie geht man vor, um die Notwendigkeit einer Behandlung und Betreuung festzustellen und die nötigen Vorgehensweisen abzustimmen. Das professionelle Geschehen beginnt mit dem Kontakt zwischen Hilfesuchendem und der zuerst angesprochenen Stelle. Im NWpG ist das der Fall, wenn der Versicherte einwilligt

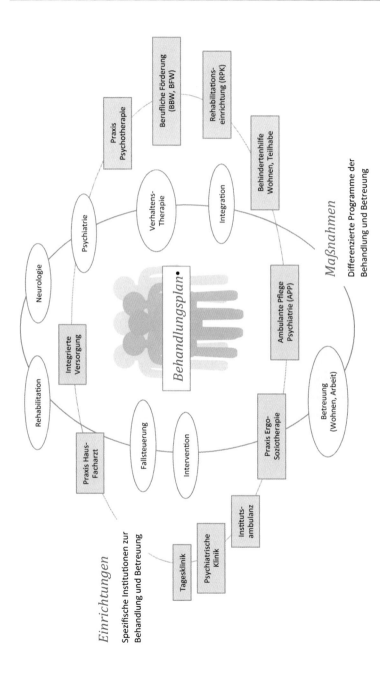

Abbildung 4.8 In den Behandlungsplan eingebundene Einrichtungen und Maßnahmen

Quelle: eigene Darstellung

und am integrierten Versorgungsprogramm teilnimmt. Erste Informationen werden sogleich dokumentiert, es folgt eine mehr oder weniger systematische Erhebung von Angaben, die für Behandlung und Betreuung von Bedeutung sind. Der Ablauf richtet sich sodann nach den medizinisch üblichen Schritten.

- *Symptome*: Der betroffene Mensch hat Beschwerden und leidet, empfindet Unwohlsein oder Mangel. Ein Bedürfnis nach Hilfe und Unterstützung entsteht. Evtl. weisen andere Personen darauf hin.
- *Anamnese*: Der angesprochene Arzt, Therapeut, Berater gewinnt Informationen durch Befragung und andere Quellen, kann die gesundheitliche und Lebenssituation einschätzen.
- *Befund*: Im Hinblick auf psychiatrische und psychosoziale Beeinträchtigungen wird festgestellt, welche psychischen, somatischen und sozialen Einschränkungen gegeben sind.
- *Diagnose*: Arzt und andere Berufe ordnen Krankheit, Beeinträchtigung, Schädigung einer standardisierten Klassifikation zu. Davon hängen Regelbehandlung und Leistungsabrechnung ab.
- *Indikation*: Auf Grundlage der Kenntnis des Menschen und seiner Beschwerden sowie der möglichen Behandlung wird die Heilanzeige erstellt. Darin werden beabsichtigte Maßnahmen festgelegt.

Wenn diese Prozedur jeder gesundheitlich und sozial Beteiligte für sich vornimmt, ist das einigermaßen unnütz. Natürlich gibt es auch andere Aspekte als die bloße Dokumentation, so haben die vorgetragenen Geschichten eigene Bedeutung, der persönliche Kontakt, das Gespräch, Vertrauen könnten im Vordergrund stehen. Integrierte Versorgung muss sehen, was davon einzeln nötig und sinnvoll ist und was doppelt und verzichtbar. Das Verfahren der Behandlungsplanung ist so oder so umfänglich und wird hier als Assessment bezeichnet. Allerdings wird nirgends näher ausgeführt, was das genau ist, etwa wie viel klinische Symptomatik und welche Lebensverhältnisse dokumentiert werden sollen (AMDP 2007). Nach der Diagnostik kommen jedenfalls die entscheidenden Schritte.

- *Therapie*: Auf die Feststellung von Erkrankung, Beeinträchtigung und Mangel folgen zwingend Behandlung und Betreuung mit dazu geeigneten und vorhandenen Maßnahmen.
- *Visite*: Ob die Behandlung zum erwünschten Erfolg führt, wird im Laufe der folgenden Konsultationen und Kontakte festgestellt, ggf. werden Behandlungs- und Betreuungsmaßnahmen angepasst.

Das Konzept des NWpG ist explizit darauf angelegt, ein bestimmtes Behandlungs- und Betreuungsprogramm während einer Zeit von drei Jahren kontrolliert durchzuführen. Lieber einmal richtig, als andauernd ein wenig behandeln. Mit dem Assessment beginnt die Ausrichtung der Therapie und alle wichtigen Gesichtspunkte sollen berücksichtigt werden: Stammdaten und Historie, Befund und Diagnose, Zustand und Veränderungen. Der Behandlungsplan ist mehr als ein Instrument zur bloßen Dokumentation des Geschehens, nämlich eine Plattform über die das Miteinander abgestimmt, geplant und reflektiert wird. Aus der Praxis werden Schlussfolgerungen für die nächste Periode gezogen, dafür sind Re-Assessments vorgesehen.

Im Grunde soll das Behandlungsgeschehen wie ein Regelkreis gesteuert werden: Lege einen erstrebenswerten Zustand fest, handle um das Ziel zu erreichen, prüfe ob das klappt, passe das Nötige an. Das entspricht dem sogenannten PDCA Zyklus (Plan, Do, Check, Act) – Grundlage des kontinuierlichen Verbesserungsprozesses im Qualitätsmanagement. Freilich ist das Verfahren bei psychiatrischen Erkrankungen und psychosozialen Beeinträchtigungen nicht so einfach, denn die Indikatoren sind vielfältig und diffus, Zeitspannen oft lang und unbekannt; über ständig wiederholtes Geschehen (Gespräche, Tabletten) gehen die Ziele verloren oder neue tauchen auf. Auch hier, auf der individuellen Ebene des Menschen und seiner Behandlung ergibt sich ein großer Informationskomplex. Was früher die Arztkarte an Übersicht und Details leistete, nehmen heute Computerprogramme in vielfacher Menge auf. Sofern es überhaupt noch Handakten gibt (vor allem in der Pflege), sind diese zu voluminösen Mappen gewachsen. Zahlreiche Merkmale müssen vorschriftsmäßig festgehalten werden, manches will man wissen, allein weil es möglich ist. Bezieht man die unterschiedlichen Berufstätigkeiten und mehrere Einrichtungen ein, ist die psychiatrisch psychosoziale Informationslage üppig. Um darin überhaupt Entwicklungen zu erkennen und vernünftige Schlussfolgerungen ziehen zu können, müssen die richtigen Informationen herausgefiltert und in den richtigen Kontext gestellt werden. Dies alles erfordert ein geordnetes, systematisches Herangehen, anderenfalls gibt es einfach eine Menge bedingt nützlicher Daten.

Wie soll ein psychiatrisch psychosozialer Behandlungsplan aussehen? Es gibt keine Mustervorlage. Der nachfolgend vorzustellende Vertragsnehmer hat ein eigenes Konzept entwickelt, in das die wesentlichen Anforderungen eingehen: Im Prinzip wird ein idealtypischer Geschehensverlauf abgebildet, dem alle anfallenden und wichtigen Angaben zugeordnet werden. Die Grund- oder Stammdaten sind den an Behandlung und Betreuung einer Person beteiligten Stellen zugänglich. Spezifische Behandlungs- und Betreuungsmaßnahmen lassen sich getrennt dokumentieren, differenzierte Instrumente, Tests, Beurteilungsbögen, Leitfäden usw. einbinden. Die verschiedenen Aktivitäten und Ziele können zum Gesamtplan zusammengefasst

Dokument und Vertrag

A) Grundsätze — Fachliche und berufliche Bezugspunkte und die Systematik des Behandlungsplans

B) Erläuterung — Beschreibung der Abschnitte, Hinweise zur Bearbeitung und Quellenangaben

C) Erklärungen — Vereinbarung, Kenntnis, Einwilligung zum Behandlungsplan (Datenschutz, Schweigepflicht)

Person und Maßnahmen

D) Stammdaten — Basisangaben zur Person des Klienten

E) Kontaktdaten — Personen und Institutionen, die in einer Beziehung (Rolle) zum Klienten stehen

F) Biografie — Beschreibung der Psychosozialen Entwicklung und aktuelle Lebenssituation

G) Maßnahmen — Erfolgte und derzeitige Therapie, Rehabilitation und Betreuungsmaßnahmen

Befund und Behandlung

H) Untersuchung — Gesundheitsstatus, Anamnese und Beschwerden, Befund mit Diagnosen

I) Verordnung — Indikation, Vereinbarung therapeutischer und unterstützender Maßnahmen, der Plan!

J) Behandlung — Maßnahmen der Behandlung und Betreuung im Einzelnen, die Integration!

K) Psychometrie — Aufnahme (Test) und Erfassung sozial- und gesundheitsrelevanter Parameter

L) Vorsorge — Vereinbarung zur Vorsorge und für den Krisenfall, Hinweise bei Intervention

Verlauf und Kontrolle

M) Berichte — Laufende Aufzeichnung sämtlicher Behandlungs- und Betreuungsaktivitäten

N) Prüfung — Datenauswertung, Vorlagen für Gutachten zum Behandlungs- und Hilfeplanung

Abbildung 4.9 Gliederung des integrierten Behandlungsplans VersA Rhein-Main
Quelle: eigene Darstellung

werden. Das laufende Geschehen notiert jeder der Beteiligten in einem gemeinsamen Berichtsformular, so dass der Nächste weiß, was vordem geschah. Im
Behandlungsplan sind die Informationen stringent geordnet und gegliedert: Auf
der obersten Ebene bezeichnen Abteilungen (I-IV) die Art der Daten (Dokumente,
Person, Behandlung, Verlauf). Die fortlaufenden Abschnitte (A-N) entsprechen dem
idealtypischen Vorgehen, Inhalte sind im Prinzip als Formular angelegt. Rubriken
(1-n) bezeichnen sachlich fachliche Einzelheiten. Den Behandlungsplan gibt es in
Papierform und als elektronische Anwendung. *Abbildung 4.9* zeigt die Überschriften.

Die Bezeichnung „Plan" greift angesichts der umfassenden Funktionen dieses
Instruments eigentlich zu kurz, ebenso wie Behandlung. Gemeint sind alle psychosozialen Aktivitäten mit fachlich gegenständlichem Handeln und bewährten
Abläufen, individuell geplant und durchgeführt. Vorgesehen ist eine Abbildung
des gesamten Geschehens.

4.3   Verbund sozialpsychiatrischer Angebote Rhein-Main

Wie beschrieben, leidet die psychiatrische, psychosoziale Versorgung nicht unbedingt unter fehlenden Angeboten und Diensten und wenig Leistungsmöglichkeiten, eher an mangelnder Verständigung und Fehlleitung von Ressourcen, hin
zu Einrichtungen statt auf den Menschen (Abschnitt 1). Der Gesetzgeber hat das
Problem für den gesamten Versorgungsbereich der gesetzlichen Krankenkassen
erkannt und rechtliche Voraussetzungen geschaffen, neben Sektor bezogenen Zuständigkeiten auch übergreifende, integrierte Leistungen anzubieten (Abschnitt 2).
Nun stellt sich die Frage, wer im speziellen Leistungsbereich von Psychiatrie und
psychosozialer Dienste Gebrauch von den neuen Möglichkeiten macht und funktionierende wirksame Modelle etabliert. Zumindest die Techniker Krankenkasse
zieht dafür gemeindepsychiatrische Träger vor. Dürfen und können die das? Bis zur
Gesundheitsreform 2004 musste die Kassenärztliche Vereinigung jedem Vorhaben
der Integrierten Versorgung zustimmen, das war eine hohe Hürde. Die Regelung
entfiel und seit 2011 sind dann auch andere als die klassischen Leistungserbringer,
Krankenhaus und Kassenärzte, als Träger zugelassen. Leistungserbringer im Bereich der gesetzlichen Krankenversicherung müssen sie sein. Die Berechtigung zur
Integrierten Versorgung können nun auch Träger der Wohlfahrtspflege erlangen,
wenn sie Soziotherapie erbringen oder häusliche Krankenpflege oder ohnehin
medizinische Einrichtungen betreiben.

Die Techniker Krankenkasse stellte schon 2009 auf einer Tagung des Dach-
verbandes Gemeindepsychiatrie e. V. das Konzept des NWpG vor. Vielleicht zehn

Trägerorganisationen standen bundesweit im Kontakt, um einen entsprechenden Versorgungsvertrag abzuschließen. Manche unterhielten bereits Vorläufermodelle. In Offenbach am Main nahm die gemeinnützige Stiftung LEBENSRÄUME Gespräche mit der Krankenkasse und anderen Vertragsnehmern auf. Soweit sich gemeindepsychiatrisch (weitgehend in der Behindertenhilfe) tätige Träger engagieren wollten, mussten sie sich freilich die Spielregeln des medizinischen Behandlungsbetriebs erschließen mit Wissen und Vokabular, vom Leistungsrecht der gesetzlichen Krankenversicherung (SGB V) bis zu Vertrags- und Verhandlungsstrategien der Krankenkasse. Dafür stand in Aussicht, die Angebotspalette über komplementäre, rehabilitative und begleitende Dienste hinaus um solche der Krankenbehandlung zu vollständigen. Umsätze ließen sich steigern oder stabilisieren, attraktive Tätigkeiten kämen hinzu, Abstand zu anderen Anbietern würde hergestellt, die Marktpositionen gesichert.

Für die Stiftung LEBENSRÄUME war klar, dass mit dem Vertrag über Integrierte Versorgung Psychiatrie ein nicht ganz unbedeutendes Wagnis eingegangen würde. Für kleine, im medizinischen Leistungsbereich kaum etablierte Vertragsnehmer ist die verpflichtende Vollversorgung eine Herausforderung, denn wer als Versicherter zugewiesen wird und kommt, muss dem Buchstaben nach mit allen psychiatrisch medizinischen Leistungen bedient werden. Woher sollte man die umfangreichen Dienste nehmen, wer würde behandeln, zu Patienten nach Hause fahren, nachts ansprechbar sein? Hinzu kamen ökonomische Unwägbarkeiten, denn Kosten und Erträge waren schwer abzuschätzen. Nur Versicherte würden Ertrag bringen, die sich tatsächlich einschreiben. Wenn etwas schief geht mit der Integrierten Versorgung, zahlt der Vertragsnehmer. Das komplizierte Vertragswerk machte die Entscheidung nicht leichter, Erfahrung und Information von Kollegen gab es noch nicht. Trotzdem wurde unterschrieben. Zunächst vereinbarte man ein Versorgungsgebiet von rund 10 km um den Standort in Offenbach am Main, das ergab bei etwa 800.000 Einwohnern ein Potenzial von 9.000 Versicherten der Techniker Krankenkasse, die für einen Beitritt zum NWpG Programm in Frage kamen. Das erwies sich als krass überschätzt.

Noch bevor das deutlich werden konnte, schloss LEBENSRÄUME mit der örtlichen Klinik für Psychiatrie eine Absichtserklärung ab, warb unter den niedergelassenen Fachärzten um Mitwirkung, sprach mit Kollegen in der Region. LEBENSRÄUME veranschlagte fürs Erste einen Investitionsspielraum von 100.000 Euro, der maximal verbraucht werden durfte, bevor die Gewinnschwelle erreicht würde. Soweit kam es nicht, weil LEBENSRÄUME bald darauf freiwillig und ohne Not seine Alleinstellung aufgab. Im Gespräch über Kooperation mit Trägern benachbarter Gebietskörperschaften (Frankfurt, Main-Kinzig, Groß-Gerau) waren Kollegen an einer Mitwirkung hoch interessiert, so dass man erwog, Integrierte Versorgung

Psychiatrie im Verbund zu betreiben. Der kleine Kreis erweiterte sich durch weitere Anfragen und 2011 entschied man sich, den Verbund sozialpsychiatrischer Angebote *VersA Rhein-Main GmbH* zu gründen. Es wurde darauf geachtet, ein zusammenhängendes Gebiet zu versorgen und einen einzigen Träger je Gebietskörperschaft einzubinden. Innerhalb der Organisation sollte Konkurrenz vermieden und jedem Verbundpartner eine mindeste Leistungsgröße gesichert werden. Bei der Partnersuche spielten im Übrigen das Vertrauen in eine kollegiale Zusammenarbeit und ähnliche Grundhaltungen eine große Rolle. LEBENSRÄUME übertrug schließlich den Versorgungsvertrag auf die neu gegründete Organisation.

Sozialökonomische, gesundheitswirtschaftliche Gesichtspunkte waren für diesen Schritt ausschlaggebend. In fremdem Versorgungsterrain braucht man Kooperationspartner, um vor Ort handeln zu können: Kontakte zu Kliniken, Ärzten, Leistungserbringern, vertraute Bezugspersonen. Nur mit Wissen um regionale Eigenheiten und Gepflogenheiten lässt sich das Feld gut bestellen. Mindestens sollte man im Gebiet andere Versorger keine Gegner haben, besser Personen und Stellen, die einen in der anspruchsvollen Arbeit unterstützen. Der Verbund ist erheblich unempfindlicher gegenüber Schwankungen im Geschäftsverlauf, kann die Risiken verteilen und auf ein erträgliches Maß begrenzen. Ein größerer Einzugsbereich muss allein schon sein, um die teuren zentralen Dienste hinreichend verteilen zu können: Koordinationsstelle, durchgehende Erreichbarkeit, Rückzugsräume, Verfahrensentwicklung, Computeranlage. Der fixe Aufwand der Integrierten Versorgung ist vergleichsweise hoch und die Einzelkosten sinken mit der Anzahl eingeschriebener Versicherter. Das gilt jedenfalls bis zu einer bestimmten Grenze. Ein Betrieb kann nicht beliebig schnell wachsen, sonst kann er seine Größe womöglich nicht beherrschen. Verbundkollegen müssen nah genug angebunden sein, damit sie erreichbar sind und Spielregeln kontrollierbar bleiben. Das optimale Verhältnis zwischen Leistungsfähigkeit und Versorgungsgebiet ist erst einmal unbekannt, es muss fachlich wie wirtschaftlich ausgelotet werden.

4.3.1   Ein trägerübergreifendes Organisationskonzept

Mit der Gründung des *VersA Rhein-Main* schufen die beteiligten Träger die Voraussetzungen einer verantwortlich verpflichtenden Zusammenarbeit, wie sich die Reformpsychiatrie das vorgestellt haben mag. Eingeschränkt auf das Handlungsfeld der gesetzlichen Krankenversicherung (SGB V) und interessanterweise weitgehend entbunden von kommunalen Grenzen. Die spielen nur da eine wichtige Rolle, wo sich der Verbund in Gremien vor Ort präsentiert oder darin Absprachen zu treffen sind. Außerdem stellt die Gebietskörperschaft von vornherein eine vertraute

Grundordnung dar und lässt sich einfach nach Postleitzahlgebieten auszählen, wie sie Krankenkassen verwenden. Die Verteilung von Aufgaben und Verantwortung, auch Aufwand und Ertrag, zwischen Zentrale und Regionalzuständigem muss Vorgaben und Gegebenheiten entsprechen. Zu berücksichtigen sind a) die Zwecke und Aufgaben der Integrierten Versorgung nach Vorgaben des Gesetzes, b) die Umsetzung im Vertrag des NWpG, c) die eigenen Interessen und Spielregeln der Verbundpartner. *Abbildung 4.10* zeigt, welche Gruppen von Akteuren mitwirken und in welcher Funktion sie zueinander stehen.

Dies sind die Eckpunkte der trägerübergreifenden Zusammenarbeit:

1. Die Krankenkasse überträgt die gesetzlichen Versorgungsleistungen an Vertragsnehmer. Die Ansprüche auf reguläre kassenärztliche und Leistungen der Krankenhäuser werden teilweise ersetzt.
2. Der Vertragsnehmer organisiert seine Arbeitsstrukturen im Binnenverhältnis, verteilt die Gesamtaufgabe auf zentrale Dienste der Koordinationsstelle und regionale Aufgaben der Verbundpartner.
3. Die Krankenkasse wählt die in Betracht kommenden Versicherten aus und spricht sie an. Wenn jemand interessiert ist und einwilligt, werden die Kontaktdaten an den Vertragspartner gegeben.
4. Der Vertragsnehmer gibt an den zuständigen Verbundpartner weiter, der spricht mit dem Versicherten. Falls er beitritt, wird das Weitere veranlasst, ein Behandlungsvertrag abgeschlossen.
5. Vom Verbundpartner benannte Fallmanager arrangieren das Behandlungsprogramm mit dem Versicherten, binden Fachärzte ein und beauftragen externe Leistungserbringer.
6. Leistungen der Integrierten Versorgung werden von Mitarbeitern des Vertragsnehmers und der Verbundpartner erbracht, extern sind es eigens beauftragte Leistungserbringer.
7. Dienste von Kassenärzten, Krankenhäusern und anderen Leistungserbringern laufen teils unabhängig von der Integrierten Versorgung weiter, teils sind Erstattungsregelungen vorgesehen.

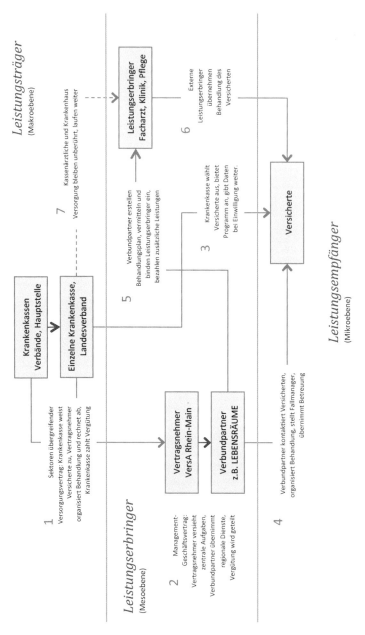

Abbildung 4.10 Beteiligte an VersA Rhein-Main, Aufgaben und Funktionen

Quelle: eigene Darstellung

Aus dieser Konstruktion ergeben sich für den Vertragsnehmer zunächst all die Aufgaben, die sich in der konventionellen Ordnung mehrere Leistungsträger teilen. Während sie unvermeidbar eine Fragmentierung der Zuständigkeiten bedeutet, soll mit der Integrierten Versorgung alles aus einer Hand geliefert werden. Dies heißt aber eben dort umfassende Verantwortung für alle Leistungssektoren, jedenfalls soweit es einzelne Versicherte betrifft. Eingebunden sind niedergelassene Fachärzte und theoretisch auch Psychotherapeuten, Psychiatrische Klinik, zu verordnende Leistungen der ambulanten Krankenpflege und Soziotherapie. Die Aufgabe kann der Vertragsnehmer nur erfüllen, wenn er über eine leistungsfähige Organisation verfügt, kompetente und gewogene Mitstreiter unter den vorhandenen Leistungserbringern hat, im Hintergrund das Nötige klug zu regeln weiß. Über die einzelnen Dienste wird quasi ein ordnendes Netz gelegt, das Werk dazu ist freilich erst einmal in geeigneter Weise zu knüpfen.

Die Trägerorganisation und das strukturelle Gerüst der Integrierten Versorgung nach dem Typ NWpG sind der Krankenkasse nachzuweisen. Daher ist die formale Konstruktion mehr oder weniger überall gleich. Wie dann eine Organisation konkret angelegt ist, welche Personen und Institutionen eingebunden werden, das ist Sache eines Vertragsnehmers. Manche nutzen eine vorhandene Firma und kooperieren lose, VersA Rhein-Main wurde eigens zum Zweck gegründet, Integrierte Versorgung für die Psychiatrie zu praktizieren. So konnte man die Statuten von vornherein auf die Aufgabe abstimmen und so kamen sie zustande.

- Grundlage erster Gespräche war die *Präsentation* der wesentlichen Absichten und Inhalte des NWpG Versorgungsvertrages (übrigens unter Verwendung in diesem Text gezeigter Grafiken).
- Im Zuge gemeinsamer Überlegungen wurde ein *Geschäftsplan* zur Reife entwickelt, der Gründung und Beitritt der Gesellschafter zugrunde lag und bis heute weitgehend unverändert gilt.
  - Der Initiator LEBENSRÄUME stellt für mindestens drei Jahre einen Geschäftsführer, um die Unternehmenspolitik im Gründungssinn fortzusetzen. Es gibt einen zweiten Geschäftsführer.
  - LEBENSRÄUME betreibt die Koordinationsstelle, setzt sein Personal ein. Ein Wechsel ist prinzipiell möglich, dürfte wegen der erheblichen Spezialisierung zunehmend schwer sein.
  - Jeder Gesellschafter verpflichtet sich und erhält Anspruch auf „sein" Versorgungsgebiet, was weitgehend identisch ist mit der angestammten heimatlichen Gebietskörperschaft.
  - Leistungspflichten und Bezugsrechte der Integrierten Versorgung werden soweit möglich dem Verbundpartner übertragen, das Gesamtrisiko wird geteilt.

- Verbundpartner schließen mit VERSA einen *Geschäftsvertrag* ab, in dem für alle einheitlich Einzelheiten zu Leistungsverpflichtung, Vergütung, Zusammenwirken geregelt sind.
- Der schließlich formulierte *Gesellschaftervertrag* war das Ergebnis dieser vorbereitenden Überlegungen und Diskussionen. Im Vertrag heißt es zur VERSA Rhein-Main GmbH:

1. Zweck der Gesellschaft ist die Förderung des öffentlichen Gesundheitswesens und der öffentlichen Gesundheitspflege.
2. Gegenstand der Gesellschaft sind Krankheitsbehandlung, Gesundheitsförderung und soziale Unterstützung für Menschen mit psychiatrischem und psychosozialem Hilfebedarf. Insbesondere sollen Leistungen der Integrierten Versorgung im Sinne des § 140 a-d des Fünften Buches Sozialgesetzbuch (Gesetzliche Krankenversicherung) erbracht werden.
3. Die Gesellschaft versieht insbesondere folgende Aufgaben und Tätigkeiten:
   a. Entwicklung und Durchführung zeitgemäßer psychiatrischer Versorgungskonzepte auf sozialrechtlicher Grundlage, vorrangig für Krankenkassen.
   b. Aufbau und Unterhaltung eines Versorgungsnetzwerks mit Behandlungs- und Betreuungsdiensten sowie einer zentralen Koordinationsstelle.
   c. Schaffung von Angeboten zur Fortbildung und Schulung in spezifischen Arbeitsfeldern der Psychiatrie und Integrierten Versorgung.
   d. Beschaffung von Fördermitteln, die der Gesellschaft und Organisationen zukommen können, die den Gesellschaftszwecken entsprechen.
4. Die Gesellschaft kann die Tätigkeiten selbst erfüllen, oder sich geeigneter Dienste von Dritten bedienen. Die Gesellschafter sind bevorzugt zu berücksichtigen.
5. Die Gesellschaft kann Mitglied in geeigneten Organisationen werden, die den benannten Zielen mittelbar oder unmittelbar dienen. Die Gesellschaft ist befugt, auch andere Gesellschaften zu gründen und zu betreiben.

Im Sozial- und Gesundheitswesen mag es teils ungewöhnlich sein, Geschäftsbeziehungen an Verträge zu binden. Aber es sind auch hier Geschäfte, professionelle Übereinkünfte über Leistung und Gegenleistung, Austausch und Verständigung. Ob nun dem Gemeinwohl verpflichtet und gemeinnützig oder kommerziell gewinnorientiert, es geht einfach darum, klare Absprachen zu treffen und Verbindlichkeiten zu fixieren, auf die sich die beteiligten Seiten verlassen können. Manchmal ist das vorgeschrieben, manchmal angeraten oder einfach sinnvoll. Nur sind subjektive Belange der Gesundheit und sozialen Gemeinschaft, irrationale Angelegenheiten des psychischen Befindens nicht leicht in Verträge zu packen. Man denke an Behandlungsverträge, die trotz Gesetzesregelung in § 630a BGB noch völlig unüblich sind. Oder die Leistungs-, Vergütungs- und Prüfungsvereinbarungen nach § 75 SGB XII (Einrichtungen und Dienste) für Leistungserbringer der Behindertenhilfe, die meist wenig Substanzielles beschreiben. Oder eine rechtlich bindende Kooperation wie den Gemeindepsychiatrischen Verbund (GPV), die praktisch nirgends zustande kam. Die Regelungsvorschriften des Wohn- und Betreuungsvertragsgesetzes (WBVG) sind derart umfänglich, dass sie dem eigentlich bezweckten Verbraucherschutz geradezu absurd entgegenstehen. Selbst der NWpG Vertrag ist ein Unikum mit seinen umfänglich verwobenen fachlich konzeptionellen, formalen und wirtschaftlichen Angelegenheiten.

VersA Rhein-Main hat Wert darauf gelegt, im Binnenverhältnis eindeutige und verbindliche Vereinbarungen zu treffen. Das machte erst einmal zusätzliche Arbeit und schuf Dokumente, aber das Vorgehen erweist sich seit bald fünf Jahren als tragfähig. Die Statuten mussten nicht nachgebessert werden, einmal unterschrieben mussten Vertragsdokumente bislang so gut wie nie herangezogen werden, etwa um einen Streit zu klären.

4.3.2 Regional verbreitetes Versorgungsnetz

Mit den Informationen gelang es in kurzer Zeit, Verbundpartner für das in *Abbildung 4.11* gezeigte Gebiet zu gewinnen. Es umfasst wesentliche Teile des (im Übrigen nicht exakt abgegrenzten) Rhein-Main Raumes mit einer Nord-Süd Ausdehnung von etwa 200 Kilometern. Von der in der geografischen Mitte gelegenen Koordinationsstelle ist bis zur äußersten Grenze maximal eine Stunde mit dem Auto zu fahren, so dass selbst die Zentrale mit einem akzeptablen Aufwand an den Ort des Geschehens gelangen kann. Im Versorgungsgebiet leben etwa 3,4 Mio. Einwohner. Es wäre möglich gewesen, weitere interessierte Trägerorganisationen und Gebietskörperschaften hinzuzunehmen, aber das wurde aus den gerade genannten Gründen verworfen.

Die geografische Struktur von VersA Rhein-Main zeigt die zentral platzierte Koordinationsstelle (großer gezackter Punkt), was eher zufällig und wegen überwiegend virtueller Funktionen nicht sonderlich ausschlaggebend ist. Hier gehen Informationen der Krankenkasse ein und der Vertragsgeber erhält Vertrags-, Statistik- und Abrechnungsdaten. Bereitschaftsdienste werden versehen, Zweifelsfälle und Konflikte geklärt. Soweit das sinnvoll ist, gibt es spezielle Angebote für das ganze Versorgungsgebiet, zum Beispiel Psychoedukation, Psychotherapieberatung, Stressbewältigungskurse. Die originäre Fallarbeit, Betreuung der Versicherten obliegt regional ansässigen Verbundpartnern, die für zwölf Gebietskörperschaften zuständig sind (kleine gezackte Punkte). Sie nehmen die Aufträge, Zuweisung der Versicherten durch die Koordinationsstelle entgegen, beschäftigen eigenes Personal

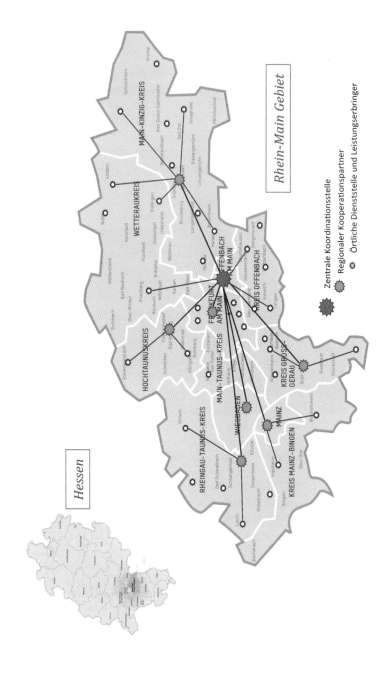

Abbildung 4.11 Einzugsbereich und Organisationsstruktur VERSA Rhein-Main

Quelle: eigene Darstellung

als Fallmanager, Bezugsperson, Fachkräfte der Sozialarbeit und Pflege. Soweit Verbundpartner insbesondere medizinisch therapeutische Leistungen nicht selbst erbringen (können), beauftragen sie externe Leistungserbringer (kleine kreisförmige Punkte). Das sind Fachärzte, die Versicherte mitbringen oder örtlich präsente, manchmal auch besonders ausgerichtete Kliniken. Das gestufte Versorgungsnetz versieht die komplexen Aufgaben der Integrierten Versorgung arbeitsteilig.

Hier ist nochmals auf die Größe des Versorgungsnetzes einzugehen. Wirtschaftliches Arbeiten erfordert ein hinreichend großes Leistungsvolumen und das ist unter den gegebenen Umständen nur über die Ausbreitung des Angebotes zu haben. Um beispielsweise die 24 Stunden 7 Tage Erreichbarkeit der Koordinationsstelle sicherzustellen, braucht man je nach tarifliche Einstufung der Bereitschaftsdienste bis zu fünf Personalstellen in einfacher Besetzung. Fachliche und administrative Tätigkeiten kommen hinzu. Bei 100 eingeschriebenen Versicherten entfallen davon auf den einzelnen Versicherten vielleicht 10 Monatsstunden der Koordinationsstelle; über die Vergütung lassen sich durchschnittlich aber überhaupt nur vier Stunden Arbeit finanzieren, nichts bliebe übrig für direkten Kundenkontakt. Bei 1.000 Versicherten ist das Verhältnis lohnender, die Bereitschaftsdienste dürften zu tun haben und es bleiben Ressourcen für die individuelle Betreuung. Bei 10.000 Versicherten braucht man womöglich bereits eine Doppelbesetzung, auf den Einzelnen entfielen trotzdem nur noch wenige Minuten. 100.000 Personen sind vermutlich nicht mehr von einer Stelle aus zu bedienen.

So ähnlich verhält es sich mit anderen Belangen: Fahrzeiten zum Home-Treatment, Angebote für Gruppen, Intensivmaßnahmen in dringenden Fällen, Qualifizierung des Personals, innovative Projekte. Es gibt kein Patentrezept für die Größe des Versorgungsraums. Ist der Betrieb zu klein, werden zentrale Dienste unbezahlbar, wird er zu groß, sind Abstimmungen kompliziert und Bezüge gehen verloren. Jeder Betreiber wird mit der Zeit herausfinden, wie das Geforderte gut zu leisten und in der richtigen Mischung regional zu verteilen ist. Erst einmal müssen Annahmen genügen, denn Umstände und Auswirkungen sind noch nicht weiter bekannt. In den geografischen Grenzen des NetzWerks kommt es dann darauf an, wie viele Personen für eine Teilnahme in Betracht kommen, ausgewählt und angesprochen werden, vom Angebot zu überzeugen sind. Nur für die wird eine Vergütung bezahlt. Wie sich die Anzahl der eingeschriebenen Versicherten ergibt, zeigt *Abbildung 4.12* für die Verhältnisse des VERSA Rhein-Main.

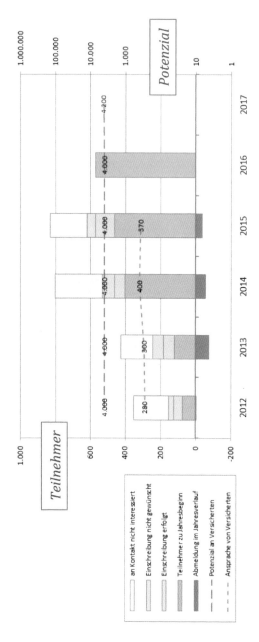

Abbildung 4.12 Teilnahmepotenzial und Einschreibequoten von Versicherten

Quelle: eigene Darstellung

Ausgehend vom Versichertenbestand insgesamt bis hin zur Zahl derjenigen, die in das Programm einmünden, fallen die Werte extrem auseinander. Deswegen gibt es eine analoge (links) und eine exponentielle (rechts) Skala. Im Einzelnen geschieht folgendes:

- 2015 hatte die gesetzliche Krankenversicherung 70,7 Mio. *Versicherte*, die Techniker Krankenkasse davon rund 9,7 Mio. Das entspricht einem Anteil von 13,7 %. Bezogen auf die 3,4 Mio. Einwohner im VERSA Rhein-Main Gebiet entspricht das rund 400.000 Versicherten der Techniker Krankenkasse.
- Eine Potenzialerhebung der Techniker Krankenkasse für Offenbach Stadt und Kreis mit 430.000 Einwohnern ergab 2.700 Versicherte, auf die *Selektionskriterien•* zutreffen. Das sind 0,6 % der Bevölkerung. Vergleiche mit anderen Regionen bestätigen die Größenordnung. Im VERSA Versorgungsraum mit 3,4 Mio. Einwohnern würden sich rund 20.000 Versicherte ergeben.
- Die Techniker Krankenkasse rechnete zu Beginn mit einer *Teilnehmerquote* von 20 % bezogen auf das Potenzial. Je nach Vergütungsgruppe wurden Quoten zwischen 10 % und 90 % angenommen. Für Offenbach Stadt und Kreis ergaben sich knapp 500 Versicherte, bezogen auf den VERSA Versorgungsraum entspräche das 4.000 Versicherten (dick gestrichelte Linie, rechte Skala).
- Tatsächlich hat die Techniker Krankenkasse eine unbekannte Zahl an Versicherten telefonisch angesprochen, im Schnitt hatten 300 bis 400 Personen der *Weitergabe der•Kontaktdaten* zugestimmt. Erreicht wurden demnach 2 % des rechnerischen Potenzials der Beitrittskandidaten (linke Skala, Summe der oberen drei Balken).
- Von den interessierten Kandidaten münden nach persönlicher Ansprache durch die Verbundpartner etwa 50 % in eine *Teilnahme* ein, für VERSA sind das 100 bis 200 Versicherte pro Jahr. Die übrigen sagen bei der Kontaktaufnahme durch Mitarbeiter ab oder entscheiden sich nach Erstgesprächen nicht für einen Beitritt (linke Skala, bezeichneter Balken). Als Gründe lassen sich nennen:
  - Versicherte wurden trotz mehrmaliger Versuche nicht erreicht,
  - Versicherte haben nach eigenen Angaben keinen aktuellen Bedarf, fühlen sich gut und ausreichend behandelt,
    - Versicherten wird durch Personen im Umfeld abgeraten, behandelnde Stellen, Familie,
    - Mitarbeiter der Integrierten Versorgung halten das Angebote selbst nicht für geeignet,
    - Es gibt andere und unbekannte Gründe.

- Von den eingeschrieben Versicherten beenden einige ihre Teilnahme entweder aus eigenem Entschluss oder weil die dreijährige Regelzeit vorbei ist (linke Skala, unterer Balken).

So kommt die Zahl der eingeschriebenen und abrechnungsfähigen Versicherten letztlich zustande. Sie liegt nach ersten Betriebsjahren im relativ großen Versorgungsgebiet bei überschaubaren 500 Personen. Der moderate Zustrom ist überall ähnlich. Bundesweit mögen Ende 2015 bei der Techniker Krankenkasse 10.000 Versicherte eingeschrieben gewesen sein. Das entspricht vielleicht ¼ der Psychiatriebetten, vielleicht 0,1 % der Patienten mit psychiatrischen Leiden, ist fachlich nicht sehr überzeugend und wirtschaftlich unzureichend. Integrierte Versorgung ist gegenwärtig ein Nischenangebot.

4.3.3   Auswahl der Integrierten Versorgung Psychiatrie

Die Anzahl der eingeschriebenen Versicherten ist nicht das einzige Erfolgskriterium des Versorgungsmodells, aber das Auftragsvolumen ist fachpolitisch wie wirtschaftlich wichtig. Ein Selbstläufer ist das NetzWerk psychische Gesundheit offenbar noch nicht. Es geht an dieser Stelle (noch) nicht um eine Gesamtbewertung des Konzeptes, dazu müssen später auch monetäre Aspekte gehören. Hier soll zunächst noch einmal feiner betrachtet werden, wovon die Attraktivität des Modells und letztlich die Einschreibungen oder Absagen abhängen. Dies betrifft diffizile Angelegenheiten und die Verhältnisse werden wohl letztlich entscheidend sein, wie sich die Integrierte Versorgung Psychiatrie weiter entwickelt. Zahlen beziehen sich auf den Tätigkeitsbereich VersA Rhein-Main, sie sind nicht untypisch, wie im kollegialen Austausch zu erfahren ist. Zu beachten ist, dass die Konditionen der Teilnahme geändert wurden, nicht die Grundlagen, während dieser Beitrag entstand. Zu den Folgen neuer Bedingungen gibt es noch keine Erfahrungen.

Ausgangspunkt für die Teilnahme am NetzWerk psychische Gesundheit ist die *Selektion der Zielpopulation*. Weiter vorn, in *Abbildung 4.5* sind die Kriterien dafür genannt, im Wesentlichen psychiatrische Diagnosen und Krankenhausaufenthalte, ggf. eine Medikation mit Psychopharmaka. An dieser Stelle nicht zu sehen sind die Krankenhauskosten, die für eine zurückliegende Periode ermittelt und zur Einstufung in Vergütungsgruppen herangezogen werden. Die Krankenkasse verwendet keine biografischen oder differenzialdiagnostischen Merkmale, sondern nur Daten, die ihr über förmliche Meldungen vorliegen und auf die sie mit hauseigenen Mitteln einfach zugreifen kann. Das ist ein recht grobes Instrumentarium. Fraglich ist, ob die Auswahlkriterien treffsicher genug für die Zwecke einer selektiven Behandlung sind oder der bescheidene Beitrittserfolg zur Integrierten Versorgung nicht von vornherein an der falschen Auswahl liegt. Diese Personen sind (nicht) gemeint:

- Eine ausgeprägte psychiatrische Erkrankung muss vorliegen. Das sollen Diagnose und der Umstand eines Klinikaufenthaltes belegen. Integrierte Versorgung in der Psychiatrie verfolgt die Absicht, besser zeitbefristet einmal richtig mit allen verfügbaren Mitteln behandeln, als ständig ein wenig. Statt Krankenhaus sollen begleitende, lebensbezogene Maßnahmen zur Besserung und Stabilisierung beitragen.
- Es handelt sich nicht um leichte psychische Krisen und einmalige Episoden. Integrierte Versorgung in der Psychiatrie ist nicht angezeigt bei Befindlichkeitsstörungen oder wenn soziale, psychosoziale Beeinträchtigungen im Vordergrund stehen. Auf der anderen Seite gehören Versicherte mit schwer ausgeprägten Störungen, Behinderung oder Pflegebedürftigkeit definitiv nicht ins Programm.
- Nicht erfasst werden aktuelle Merkmale einer Erkrankung, in welcher Verfassung sich der Versicherte befindet, Schweregrad, Lebensverhältnisse. Die Auswahl der Versicherten und Kontaktaufnahme erfolgen zeitversetzt zu den letztbekannten Daten. Damit bleibt unberücksichtigt, ob eine Erkrankungsepisode zu erwarten (befürchten) ist, eine Gesundheitsstörung länger anhält oder gerade abklingt.

Die *Auswahl und erste Ansprache* der Versicherten erfolgt durch die Krankenkasse bzw. beauftragte Call-Center. Von dort rufen speziell instruierte Mitarbeiter die ausgewählten Versicherten an, sie erläutern das Programm und interviewen hinsichtlich Behandlungsbedürftigkeit und Bereitschaft zur Teilnahme am NetzWerk. Das kostet zusätzliches Geld und die Kapazitäten sind begrenzt. Anfangs gab die Krankenkasse eine bestimmte Erfolgsquote an bezogen auf die ausgewählten Versicherten, heute wird einfach eine Zahl interessierter Personen in Aussicht gestellt. Bei 10 %iger Unterschreitung der weitergeleiteten Kontakte wird ein einmaliger Pauschalbetrag für fehlende Versicherte fällig, allerdings muss der Vertragsnehmer zugleich eine unrealistische Einschreibequote von 80 % erreichen. Einen Einblick in das Vorgehen und die Anzahl der angesprochenen Versicherten haben Vertragsnehmer nicht. Eine markante Ausweitung des Netzwerkes wäre zunächst nur über die Zahl der Ansprachen oder eine andere Form der Erstkontakte möglich.

Vertragsnehmer dürfen auch *Eigenwerbung* für das Programm der Integrierten Versorgung machen. Der Interessent wird der Krankenkasse mitgeteilt und dann ist das weitere Verfahren identisch. Bislang hat kein Vertragsnehmer in nennenswertem Umfang selbst Teilnehmer am NWpG akquiriert. Die Möglichkeiten sind auch tatsächlich beschränkt. In der Öffentlichkeit können neue Versorgungsangebote zwar interessant und berichtenswert sein, Beitrittskandidaten gewinnt man über

Medien nicht. In kooperierenden Arztpraxen liegen Prospekte der Krankenkasse und von VERSA aus, aber selten wird der Facharzt aus der Behandlung heraus an die Krankenkassenmitgliedschaft und Bedingungen zur Teilnahme an der Integrierten Versorgung denken und dem Patienten einen Beitritt nahelegen. Die Kontakte zu Kliniken und dort in die Stationen sind selbst im besten Fall nicht einfach. Erstaunlicherweise ist gerade im stationären Setting oft nur geringe Aufmerksamkeit zu erkennen, wie es für Patienten außerhalb des Krankenhauses weitergeht.

Wesentlich ist die weitgehende Alleinstellung der Techniker Krankenkasse in Sachen Integrierte Versorgung Psychiatrie. Zwar wurde und wird *anderen Krankenkassen* angeboten, die Verträge zu übernehmen und entsprechend offen gestaltet sind diese. Davon wurde bislang nicht viel Gebrauch gemacht. Von vornherein war die Kaufmännische Krankenkasse KKH mit dabei und sie verzichtet bis heute auf eigene Spielregeln. Das Potenzial beträgt etwa 10 % der Versicherten der Techniker Krankenkasse. Die Gesellschaft für Wirtschaftlichkeit und Qualität in der Krankenversicherung (GWQ), eine Serviceorganisation für kleinere Ersatz- und Betriebskrankenkassen, bietet ein modifiziertes Modell der Integrierten Versorgung Psychiatrie an: „Seelische Gesundheit leben (SeGel)". Beigetreten sind die Deutschen Bank Betriebskrankenkasse, Siemens, Merck und andere Institute. Die Teilnehmer bei VERSA Rhein-Main machen etwa 20 % der Versicherten der Techniker Krankenkasse aus. Für Enttäuschung unter den Vertragsnehmern sorgte, dass mit der Barmer BEK und regionalen AOKs durchaus große Krankenkassen im Gespräch waren und sich letztlich nicht für einen Anschluss an den NetzWerk Vertrag entscheiden konnten. So bleibt es im Wesentlichen bei den Versicherten der Techniker Krankenkasse.

Ein Grund für die Zurückhaltung der Krankenkassen könnte an der Unsicherheit über die Art der Integrierten Versorgung liegen. Es ist dort wenig über das Modell und die Vertragskonstruktion bekannt, die Unwägbarkeiten dürften als zu groß angesehen werden. Die vage Aussicht, dass das NWpG zu spürbaren Effekten führt, genügt nicht. In Informationsveranstaltungen rücken doch stets die kostenbezogenen Argumente nach vorn, in erstaunlicher Weise vereinfacht zu reinen Durchschnittskosten der spezifischer Diagnosegruppen der Nervenleiden („Können Sie die senken?"). Unbeachtet bleibt die Erkrankungsart im großen Spektrum von Schizophrenie bis Sucht.

Anders als das NWpG sind Modelle·nach § 64b SGB V konstruiert. Von der stationären Psychiatrie ausgehend dürfen Klinikmitarbeiter ihre Patienten nach der Entlassung in die Lebenswelt begleiten, ambulant und ggf. zu Hause versorgen. Für eine längere Laufzeit garantiert ein festes Budget dem Krankenhaus sichere Einkünfte; Verweiltage oder Einzelleistungen spielen keine Rolle mehr. Mit diesem Konzept lassen sich Stationen auflösen und das Personal anders einsetzen. Kurioserweise finanziert die Techniker Krankenkasse in einem Teil des VERSA Gebietes, Hanau und Main-Kinzig-Kreis, parallel ein solches Modell.

Bis hierhin können Vertragsnehmer und Verbundpartner nicht viel dafür tun, mehr Versicherte zum Mitmachen zu gewinnen. Zwischen den theoretisch möglichen Fallzahlen nach Krankenkassen, Versicherten und Erkrankungsraten und den Personen, die dem NetzWerk letztlich avisiert werden, bleibt eine große Diskrepanz. Für deren Erklärung und Aufklärung müssten die Krankenkassen sorgen. Sobald die Vertragsnehmer die Kontaktdaten der Versicherten haben, wird für sie deutlich: Die ausgewählten Personen wurden bereits informiert und interviewt und haben zumindest nicht abgelehnt. Dennoch gelingt es nur etwa die Hälfte zum Beitritt zu gewinnen. Zwar weichen die *Einschreibequoten* bei Verbundpartnern und auch bundesweit teils erheblich ab, bei VERSA liegen die Werte zwischen 38 % und 82 %, aber der Durchschnittswert ist überall relativ gleich.

Das Vorhaben wurde aufwendig wissenschaftlich untersucht. Ausgewertet wurden Angaben zum psychischen Gesundheitsstatus, die etwa halbjährlich zu allen Versicherten erhoben werden. Verwendet wird das Fremdbeurteilungsinstrument HoNOS (Health of the Nation Outcome Scale). Hinzu kamen Interviews mit beteiligten Mitarbeitern und Geschäftsverantwortlichen, Qualitätsberichte mit Angaben zu Art und Umfang der Leistungen. Die Ergebnisse sind wenig spektakulär: Kurz zusammengefasst lauten sie: Mit Integrierter Versorgung gehen Krankenhaustage in der Psychiatrie zurück, aber das würde vermutlich auch sonst passieren. Der Aufwand insgesamt steigt, nimmt man Regelversorgung, Krankenhaus und Integrierte Versorgung zusammen – neuerdings werden auch Lohnausfallkosten einbezogen. Das Funktionsniveau, also die Fähigkeit des Patienten mit einer selbstständigen Lebensführung zurechtzukommen, verbessert sich ganz leicht. Am Krankheitsgeschehen selbst scheint sich nichts zu ändern.

Was die Ausbreitung der Integrierten Versorgung Psychiatrie nach Anzahl der Teilnehmer resp. Volumen der Dienste betrifft, hat das NWpG offenbar einen schweren Stand. Das liegt sicher nicht an einem Fehler oder Ungeschick allein, kommt vielmehr durch eine Reihe von Schwierigkeiten zustande. Anders gesagt, würde sich jeder einzelne Schritt etwas optimieren, jedes Hemmnis etwas mindern lassen, hätte VERSA Rhein-Main ein Vielfaches der 500 eingeschriebenen Versicherten, vielleicht 5000. Man müsste das Publikum sorgfältiger selektieren, die Ansprachen erhöhen, Überzeugung und Vertrauen stärken, das Behandlungsgeschick verbessern, die Quoten steigern. Die Krankenkasse könnte überlegen, wer über die ausgewählten Versicherten der Techniker Krankenkasse hinaus für koordinierte, personenbezogene Vorsorge, Therapie und Begleitung in Frage kämc. Das sind alles hypothetische Überlegungen, die hier lediglich die Größenordnung der psychiatrischen, psychosozialen Versorgung insgesamt verdeutlichen sollen.

4.4   Zur Ökonomie der psychosozialen Versorgung

In vorhergehenden Abschnitten wurde über Psychiatrie, Integrierte Versorgung, Netzwerk und Verbundorganisation gesprochen. Die Arbeitsbereiche und Arbeitsformen haben zunächst rein sachliche Aufgaben zu erfüllen, sie dienen therapeutischen, pädagogischen, betreuenden Zwecken. Umgesetzt in Einrichtungen bedeuten die Maßnahmen und Programme stets einen personellen, materiellen und ideellen Aufwand. Die dafür eingesetzten Mittel sind weitgehend objektiv zu fassen, sie sind eben dinglicher Natur, greifbar, tangibel. Aber zum psychischen und sozialen Geschehen gehören auch subjektive, irrationale Einflüsse und die sind weit weniger gut beschreibbar. Es mag mit ausgesprochenen Zielen beginnen und reicht in jedem Fall zu stillen, insgeheimen Absichten: Auf hilfebedürftige Personen und in Gruppen ist vorteilhaft einzuwirken, sinnvoll Nützliches zu bewirken. Lebensrisiken, Krankheit, Schädigung sollen vermieden oder gemindert werden, Menschen sollen sich stabilisieren und zurechtzukommen, selbstständig unter anderen leben, gesund bleiben. Psychiatrische und psychosoziale Dienste sind Versorgungsleistungen, die nicht zuvorderst wegen des Verdienstes und finanziellen Gewinns erbracht werden, sondern weil sie nötig sind.

Doch selbstverständlich spielen auch im Bereich öffentlicher, dem Gemeinwohl dienender Leistungen die monetären Aspekte eine große Rolle. Die finanziellen Mittel des Staates und der Krankenkassen sind begrenzt und damit müssen viele Aufgaben erfüllt werden. So ist der Integrierten Versorgung Psychiatrie ein Budget vorgegeben, wie immer es berechnet und bezeichnet wird. Der Finanzrahmen der Auftrag gebenden Krankenkassen wird mehrfach auf betriebliches Geschehen umverteilt, dort in Arbeit umgewandelt und kommt letztlich in kleinen Quanten beim persönlichen Haushalt der Versicherten an. Die Obliegenheiten zu erfüllen, ist teuer, Einnahmen sind endlich. Für Gemeinschaft, Unternehmen und Menschen gilt gleichermaßen, dass gute auskömmliche Existenz der Lebenszweck ist, Geld ein limitierender Faktor. Das ökonomische Ziel besteht darin, die verfügbaren Mittel nutzbringend zu verwenden.

Was geschieht in Sozial- und Gesundheitsbetrieben, wie wird psychiatrisch psychosoziale Arbeit bewirtschaftet? Es gibt eine spezielle Betriebswirtschaftslehre der Dienstleistungen, des Krankenhaus-, des Sozial- und des Non-Profit-Managements, aber psychosoziale Komponenten spielen nirgends eine große Rolle. Natürlich ist keine Wirtschaftslehre der Psychiatrie zu erwarten, aber verwunderlich ist schon, dass alle auf dieses Gebiet zu beziehenden ökonomischen Lehrmeinungen allein von rational handelnden Individuen und Organisationen ausgehen. Es fehlen Methoden, nicht Messbares zu berücksichtigen, mit fehlender Kausalität umzugehen, Widersprüche und Unbekanntes einzubeziehen. So sind die betriebswirtschaftlichen

Denkmodelle weitgehend immer dieselben, sie werden lediglich auf besondere Zwecke eines Fachgebietes bezogen. Die Logik ist einfach: Mittel werden eingesetzt (I. Input) und in einem spezifischen Verfahren (II. Kombination) entstehen Dienste und Produkte (III. Output). Da psychiatrisch psychosoziale Leistungen eher ein dynamisches, sich veränderndes Geschehen sind, beziehen sich Input und Kombination wiederholt auf Ergebnisse und Wirkungen, das lineare Input-Output-Modell funktioniert eher als Regelkreis (IV. Rückwirkung).

I. Arbeit wird mit dem zeitlichen Aufwand ausgedrückt, den Arzt, Sozialarbeit, Pflege aufbringen. Das lässt sich in Minuten, Stunden oder anderen Zeiteinheiten darstellen und im Prinzip zu beliebigen Anteilen einer Arbeitskraft umrechnen. Anstrengung, Wissen und Erfahrung lassen sich vielleicht als Qualifikationsfaktoren berücksichtigen und graduell in die Arbeitsleistung einbeziehen. Der insoweit *quantitativ* bemessene Aufwand ist aber nur eine Seite des psychosozialen Geschehens. Von erheblicher Bedeutung sind sehr menschliche, *qualitative* Arbeits-, Wirk- und Erfolgsfaktoren: Jemanden geschickt fördern, Vertrauen herstellen, Beziehungen eingehen, intuitiv handeln, Stimmungen und Erwartungen modulieren – das alles sind oft die eigentlich entscheidenden Variablen und die sind schwer zu operationalisieren. Sozialwissenschaftliche Forschung bringt zwar einige Umstände in Erfahrung, auf die es ankommt und diese Erkenntnisse gehen bestenfalls wieder in die Arbeit ein. Im Umgang mit gesundheitlich beeinträchtigen Menschen bleibt jedoch vieles, was sich nicht genau erklären und bemessen lässt, letztlich als Sinngehalt ausgedrückt. Motive bilden, Arbeitsziele formulieren. Psychiatrische und psychosoziale Dienste lassen sich einigermaßen vollständig nur mit diesen drei Komponenten ökonomisch erfassen: a) Berufliches Tun und Dinge, die in einer b) zeitgebundenen Menge erbracht werden und c) eine spezifische, womöglich nicht endgültig beschreibbare Güte besitzen. Art der Dienste, Ausmaß und Absichten sind nicht voneinander zu trennen.

II. Dienstleistungen kommen in typischen Stufen zustande, so auch Sozial- und Gesundheitsdienste. Zunächst werden Plätze, Betten, Personalstellen in ausgewiesenen Einrichtungen unterschieden. Grobe Leistungseinheiten dienen dazu, dass öffentliche Auftraggeber ihre Zuständigkeiten einteilen und Sozial- und Gesundheitsbetriebe ihre Ressourcen. Der jeweilige Leistungsgegenstand kann verschieden abgegrenzt und beschrieben werden, etwa nach Zweck und Zielgruppen, Personal und Diensten, Räumen, Ausstattung. Im Zuge der *Bereitstellung* werden Räume vorgehalten und Fachkräfte beschäftigt, Dienste verfügbar gemacht und die Einrichtung ist schließlich leistungsbereit. Was tatsächlich gebraucht wird, zeigt sich später mit der *Inanspruchnahme*, wenn Nutzer am Geschehen teilnehmen, wenn Arbeitsleistung für das Gegenüber oder mit ihm erbracht wird. Je genauer die verfügbaren und genutzten Dienste zueinander passen, desto besser wird der

Betrieb funktionieren. Keine Überlastung hier, keine Leer- und Wartezeiten da, hohe Auslastung und wenig Verluste. Optimal funktionierende Dienste sind auch im Interesse der Klienten und Patienten. Denn gute Förderung unterlässt zwar nichts Zwingendes, vermeidet aber unnötige Hilfeleistung. Zudem kommen Nutzer zumindest indirekt für den Aufwand auf und würden den vermutlich gering halten, müssten sie selbst zahlen. Diese Interessen vertreten die Leistungsträger.

In der Praxis ist es freilich nicht so einfach, psychosozialen *Hilfebedarf* und verfügbare *Ressourcen* aufeinander einzustellen. Im dringenden und drängenden Fall, in Krisensituationen, bei hohem Arbeitsanfall und großer Nachfrage wird man die Mittel konzentrieren und dorthin lenken, wo sie vorrangig gebraucht werden. Manchmal gibt es Alternativen, Termine werden verschoben, Wartezeiten eingeräumt, Kollegen hinzugezogen. Umgekehrt haben Psychiatrie und psychosoziale Dienste selten Mittel und Kapazitäten frei, seit geraumer Zeit ist der nachgefragte Bedarf höher als Dienste verfügbar sind. Sollte es doch einmal überschüssige Arbeitszeit und freie Plätze geben, werden Termine vielleicht kurzfristig vergeben oder längere Gespräche geführt, Aufnahmekriterien gelockert, Sonderangebote gemacht. Differenzen zwischen Hilfserwartung sowie Mittel- und Personaleinsatz lassen sich in der Regel jedenfalls ohne große Folgen verschmerzen. Im Bereich bilateral personenbezogener Dienste gibt es generell Spielraum zur Interpretation; in Psychiatrie und psychosozialer Arbeit zeigt er sich beim Aushandeln des Behandlungs- und Hilfebedarfes, bei der Festlegung auf einen bestimmten Leistungstyp bis hin zur Einrichtung: Angebot und Nachfrage sind elastisch, beide Seiten vergleichsweise unbestimmt, wechselhaft, überhaupt schwer dingfest zu machen. Trotz anhaltender Bemühungen fehlen bis heute überzeugende Modelle und Maßstäbe dafür, was „wirklich" gebraucht wird und wie sich das erfüllen lässt.

Ein weiteres muss bedacht werden. Bei aller Absicht und mit allem Geschick werden professionelle Maßnahmen immer nur einen bescheidenen Anteil am Leben und Erleben eines Menschen einnehmen. Die Sprechstunde beim Arzt ist kurz, eine Bezugsperson wird und soll nicht Freund sein, Alltagsaufgaben gibt es reichlich und eigene Gedanken allemal. Der Wirkungsradius von Fachkräften ist begrenzt. Wenn sich Stimmungen, Gedanken und Verhalten der Klienten und Patienten ändern, kann das an Therapie und Pflege liegen oder auch nicht. Neben absichtsvollen Aktionen wirken ständig äußere Ereignisse und Einflüsse auf den Menschen ein und es gibt laufend ein *inneres Geschehen*, bewusst und unbewusst. Die unbekannte Um- und Eigenwelt ist Grund, die Wirksamkeit des professionellen Handelns zurückhaltend einzuschätzen, auf die Bedeutung des Geschehens insgesamt zu achten. Das wenige, was man außerhalb des eigenen Wirkungsraumes als womöglich wichtige Begebenheit des Menschen in Erfahrung bringt, muss berücksichtigt und notiert werden.

III. Mit Informationen auf Seiten der Geschehensfolgen sieht es gut aus. Es gibt eine große Auswahl an Instrumenten der klassischen Diagnostik (Dilling u. a. 2015) über psycho- und soziometrische Schemata (Gahleitner u. a. 2013; Pantucek 2015) bis hin zu speziellen Tests. Mit Untersuchung und Fragebogen lassen sich die gesundheitliche Verfassung und Befindlichkeiten feststellen, Verhaltensmerkmale und Symptomveränderungen abbilden. Freilich decken solche Erhebungen nur begrenzt die realen Lebensumstände des Menschen ab. Man kann nicht ständig detaillierte Interviews führen und das Leben des Versicherten ausleuchten und darüber die knappe Zeit verbringen, es geht nicht zuerst um wissenschaftliche Erkenntnis, sondern um praktische Hilfeleistung. Das rechte Maß zwischen Informationen und Reflektion und begründetem Handeln muss individuell gefunden werden. Dazu liegen neuerdings interessante Anwendungshilfen vor, die sich auf die Internationale Klassifikation der Funktionsfähigkeit, Behinderung und Gesundheit (ICF) beziehen (Witzmann u. a. 2015; Linden u. a. 2015). Im NWpG wird die Health of the Nation Outcome Scale (HoNOS) eingesetzt, ein auf lediglich 12 Items konzentrierter Fragebogen zur Fremdbeurteilung.

IV. Input, Kombination, Output sind abstrakte betriebswirtschaftliche Konstruktionen, es gibt auch andere. Im Sozial- und Gesundheitswesen ist die Unterscheidung von Struktur-, Prozess- und Ergebnisqualitäten populär geworden, das im Prinzip derselben Überlegung folgt. Bewertet werden eingesetzte Mittel, durch ein gestaltetes Geschehen wird eine vorherbestimmte Wirkung erzielt. Die Kategorien allein sagen freilich nichts aus, sie dienen allein dazu, den Leistungskomplex zu analysieren, um ihn in erwünschter Weise lenken zu können. Die Schwierigkeit in psychosozialen Arbeitsfeldern liegt darin, entscheidende Größen der Leistung zu erkennen und geeignete Maßstäbe zu finden, mit denen sich die Dienste treffend wiedergeben lassen. Arbeit wird anders gemessen als Befindlichkeit, professionelle Tätigkeit entspricht nicht der eingesparten Mühe des Klienten, Tagesstruktur lässt sich im Kalender abbilden, das Geschehen währenddessen nur erahnen. Eine Beziehung zwischen diesen Dingen muss aber hergestellt werden, damit Entwicklungen zu beurteilen sind. Erfahrene Fachleute werden das oft zutreffend einschätzen können, erkennen was vorliegt, was zu tun ist und ob das funktioniert. Zu belegen sind die Zusammenhänge jedoch vornehmlich wortreich mit Gutachten, zu beweisen ist nichts. Dem Dilemma aus Erfahrung und Unbestimmbarkeit kann man vielleicht näherungsweise begegnen. Wenn der Mitteleinsatz auf der einen Seite so genau wie möglich bis ins Geschehen erfasst wird, auf der anderen Seite zu jeder Intervention oder Periode sofort Zustand und Befinden festgestellt werden, wird das dazwischen liegende unbekannte Terrain eingegrenzt. Stellt man faktische Leistungen und eingeschätzte Ergebnisse gegenüber, sollten die Aussagen präziser werden, manches wäre auszuschließen und anderes in Erwägung zu ziehen.

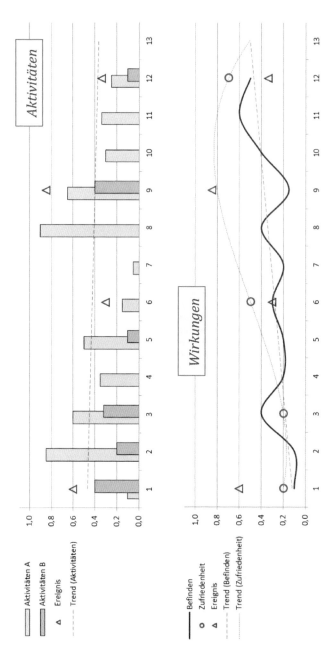

Abbildung 4.13 Gegenüberstellung psychosozialer Aktivitäten und Wirkungen

Quelle: eigene Darstellung

Abbildung 4.13 zeigt exemplarisch, wie sich integriertes psychiatrisch-psychosoziales Geschehen darstellen ließe. In der oberen Grafik sind ärztliche und im engeren Sinn therapeutische Tätigkeiten (Aktivitäten A) abgebildet, ebenso begleitende Dienste der Sozialarbeit, Pflege, Betreuung (Aktivitäten B). Das Schema lässt sich beliebig differenzieren, muss nur übersichtlich bleiben. Die Zeitreihen sind im Beispiel Kalenderwochen zugeordnet, das lässt sich auch anders auffächern oder verdichten. Die Größe der Balken gibt die Intensität der Intervention, Zuwendungen, Aktionen an bezogen auf eine hypothetisch maximale Leistungsmenge. Die Rechengrößen verschiedener Dienste werden äquivalent ermittelt. Dreiecke markieren Ereignisse, die nicht direkt mit dem psychosozialen Geschehen verbunden sind, sie erscheinen genauso in der unteren Grafik. In der sind nun die erzielten Wirkungsmaße (Befinden, Zufriedenheit) aufgetragen, wie sie nach jeder Aktivität auf einer Skala eingeschätzt oder mit speziellen Instrumenten erhoben wurden. Beide Maßstäbe sind aufeinander abgestimmt. Verbindet man Aktivitäten und Wirkungen, werden aktuelle Schwankungen deutlich und schärfen das Verständnis des Behandlungs- und Betreuungsgeschehens. Langfristig sollten Trends erkennbar werden, die zu gesetzten Zielen passen bzw. diese auf ihre Realisierbarkeit hin prüfen. Beispielsweise würde ein rehabilitatives Ziel darauf hinauslaufen, dass eingesetzte Dienste nicht mehr im vorherigen Umfang nötig sind (absteigender Trend) und die gesundheitliche Verfassung besser wird (aufsteigender Trend).

Die bisher erörterten Einflüsse beziehen sich auf tätige Arbeit, auf das *produktive* Geschehen zwischen Hilfebedarf und Ressourceneinsatz, Bereitstellung und Inanspruchnahme, Quantitäten und Qualitäten. Im Zentrum sorgt das fachliche Vorgehen für die entscheidenden Wirkmechanismen der psychiatrisch-psychosozialen Dienste. Diesem Vorgehen folgt die Finanzierung und nicht umgekehrt, wie manchmal argumentiert wird. Ökonomen achten überhaupt darauf, Sachleistung und Geldwert zu unterscheiden: Ein Aktienkurs verändert keine Unternehmensleistung, an der Vergütung einer Stunde oder eines Bettes ist die damit verbundene Leistung nicht abzulesen; Glück und Zufriedenheit haben keinen Preis. Das eine lässt sich als Leistungsmaß bestimmen und steuern, das andere gibt den (Geld)Wert wieder. Sicher lässt sich mit reichen Mitteln mehr anfangen als mit geringen und so sind Vergütung und Honorar auch im Sozial- und Gesundheitsbereichen ein limitierender Faktor. Aber: Wenn psychisch erkrankte und psychosoziale beeinträchtigte Menschen akzeptabel leben und zusammenleben können sollen, erfordert das erstens eine bestimmte Unterstützung und hat zweitens ihren Preis. Eine *wirtschaftliche* Steuerung allein kann wenig ausrichten, sie verwendet nur, was zur Verfügung steht.

4.4.1   Finanzierung und Kosten der · · · ↝ Rhein-Main

Gesundheitspolitische Intentionen des Gesetzgebers und der Krankenkassen mögen auf bessere Patientenversorgung zielen, aber bei jeder Gesundheitsreform und nicht anders bei der Integrierten Versorgung stehen auch Kostenbegrenzung und Kosteneinsparung im Raum. Das Versorgungssystem ist teuer und soll effizient funktionieren, deswegen sind alle guten Absichten in einem endlichen Finanzierungsrahmen unterzubringen. Die Techniker Krankenkasse wollte eigenen Aussagen zufolge mit dem NWpG nicht unbedingt Mittel einsparen, sie vielmehr umlenken. Stationäre Behandlung verursacht hohe Kosten bei fraglicher Wirkung; deswegen sollten integrierte Versorgungsleistungen bevorzugt werden und bessere Ergebnisse zeigen. Zugleich darf der Aufwand nicht höher sein als konventionelle Versorgung, so sind die gesetzlichen Vorgaben. Das Kostenargument gibt es sicher noch in anderer Hinsicht. Psychiatrische Erkrankungen sind teuer und durchaus relevant für die Beitragshöhe der Krankenkassen, mit der sie nicht zuletzt ihren Wettbewerb austragen. Da liegt es nahe, an einer relevanten Stelle zu sparen.

Nur, wie soll das in der Psychiatrie gehen? Behandlung und psychosoziale Betreuung lassen sich im Wesentlichen nur über das fachliche Geschehen steuern. Auf der Finanzseite ist wenig zu bewegen, denn die Ausstattung mit Personal, tarifliche Gehälter, Nebenkosten für Betrieb und Verwaltung sind überall weitgehend gleich, die Spielräume klein. Geschäftsrisiken sowie Investitionen bleiben unberücksichtigt, und dem Sozial- und Gesundheitsbetrieb entnimmt niemand Beträge für andere Zwecke, gemeinnützige Organisationen schon gar nicht. Ein etwas höherer oder geringerer Aufwand hier oder dort spielt keine allzu große Rolle. Wie gesagt, beinahe jeglicher Effizienzgewinn ist allein durch Modulation und Steigerung der Produktivität zu realisieren. Im Wesentlichen geht das durch wenig Arbeitseinsatz, ergiebige Behandlungs- und Betreuungsmaßnahmen, Wirkung im Sinne eines Verzichts auf fortgesetzte Maßnahmen. Das Geld, die Kosten und Vergütungen bilden das ab, sind vergleichbare Rechengrößen.

In Literatur und Vorträgen werden oft eindrucksvolle Beträge zu Volumina und Kosten der psychiatrischen Versorgung genannt, deren Aussagewert ist begrenzt, Behandlungs- und Versorgungsformen sind damit nicht aufzurechnen (Salize und Rössler 1998). Einen Eindruck der monetären Wertigkeit können einige allgemeine, hier grob geschätzte Zahlen vermitteln: Ein Krankenhaustag in der Psychiatrie kostet 200 bis 300 Euro, das Bett in einer Universitätsklinik erheblich mehr. Die Verweilzeit stationärer psychiatrischer Behandlung beträgt über alle Diagnosen hinweg rund 23 Tage, es kommt zu 1,5 Wiederaufnahmen pro Patient und Jahr. Eine psychiatrische Krankenhausbehandlung kostet im Jahr leicht 10.000 Euro, aber die Abweichungen sind im Einzelfall sehr groß. Rehabilitationskosten der

Schizophrenie werden mit 40.000 Euro im Jahr angegeben. Ein niedergelassener Facharzt rechnet 40 bis 50 Euro je Patient im Quartal ab, erzielt mit 600 bis 800 Scheinen im Schnitt einen Jahresumsatz von 150.000 Euro. Für psychopharmakologische Medikamente werden täglich 1 bis 6 Euro aufgewendet, teure Neuroleptika können 1.000 Euro im Quartal kosten. Psychotherapie würde bei 45 Stunden zu 90 Euro rund 4.000 Euro in zwei Jahren ausmachen. Erheblich sind Lohnausfallkosten. Sechs Wochen zahlt der Arbeitgeber, dann für 78 Wochen die Krankenkasse 70 % des letzten Bruttoverdienstes. Die durchschnittliche Erkrankungsdauer bei psychischen Erkrankungen liegt mit 45 Tagen an der Spitze aller Erkrankungsarten.

In den Anfängen der Integrierten Versorgung war sie an enge Voraussetzungen gebunden. Die Kassenärztliche Vereinigung musste jedem Vertrag zustimmen und war daran aus Wettbewerbsgründen wenig interessiert. Die Modelle kamen nicht recht zum Zuge. Ab 2004 entfiel die Bestimmung und es wurde versucht, die Umsetzung mit der Möglichkeit einer Anschubfinanzierung zu beschleunigen. Mit 1 % der Gesamtausgaben für ambulante und stationäre Behandlung standen nicht unerhebliche Mittel zur Verfügung, zumal sie dem Budget für Regelleistungen entzogen wurden und einen deutlichen Anreiz hätten darstellen müssen. Mit der Reform 2011 wurde diese Förderung beendet und seither sind auch Strukturmaßnahmen und Investitionsaufwand allein über die Vergütung zu finanzieren. Andere Finanzierungsquellen für integrierte Versorgung gibt es nicht, dafür die Deckelung nach oben: Modelle der Integrierten Versorgung dürfen im Sinne der Wirtschaftlichkeit und Beitragssatzstabilität (§ 71 (1) SGB V) nicht mehr als die Regelversorgung kosten. Auch wenn dieser Nachweis eigentlich nicht zu führen ist, verlangt das Bundesversicherungsamt entsprechende Belege, wenn es Versorgungsverträge der Krankenkassen prüft und genehmigt.

Wie teuer konventionelle psychiatrische Behandlung mit oder ohne psychosoziale Betreuung ist, weiß keiner zu sagen. Zu unterschiedlich sind die Leistungserbringer und Erkrankungsfälle, zu verschieden Inanspruchnahmen und Verläufe. Kosten der Psychiatrischen Kliniken weichen um bis zu über 100 % ab, Behandlungszeiten liegen zwischen einem und hunderten von Tagen. Niedergelassene Fachärzte können rein zeitlich kaum alle ihre Patienten sehen, was der eine an mehr Behandlung kriegt, entgeht dem anderen. Im komplementären Bereich werden mancherorts Leistungsstunden und Minuten aufgeschrieben, bei intensiven stationären Leistungen dagegen nichts außer der Anwesenheit von Personal. Diagnosen sagen nichts über Schweregrade oder das Stadium einer Erkrankung aus, psychische Störungen sind langwierig und Auswirkungen zeigen sich erst spät. In dem Zusammenhang stehen auch Lohnausfallkosten, ihre momentane Höhe ist sehr relativ.

Das alles zeigt, wie begrenzt oder unmöglich eine konkrete Kostenbeurteilung allein im Hinblick auf die Verschiedenartigkeit der psychiatrischen Einrichtungen und psychosozialen Dienste ist. Dazu kommt, dass es keine verlässlichen Quellen für die Angaben gibt. Routinedaten werden nur Sektor bezogen erhoben, öffentliche Statistiken nennen lediglich Gesamtverbräuche etwa für die Behandlung von Nervenleiden. Krankenkassen geben ihre Informationen nicht weiter, veröffentlichen höchstens allgemeine Trends. Studien über Kostenstrukturen der Psychiatrie sind sehr rar, zu komplementären Leistungen nicht bekannt (Salize und Rössler 1998). Zugänglich sind betriebliche Daten. Für das Netzwerk psychische Gesundheit lässt sich mit den Erfahrungen von VERSA Folgendes sagen:

1. *Budget der Krankenkasse.* Krankenkassen veranschlagen anhand ihrer Leistungsdaten ein finanzielles Budget. Für bestimmte Diagnosegruppen und Variablen werden stationäre und andere Behandlungskosten einer zurückliegenden Periode berechnet. Kassenärztliche Abrechnungen bleiben außer Betracht, Lohnausfallkosten werden inzwischen in die Ermittlung einbezogen.
2. *Vergütung I.* Die spezifischen Ausgaben der Krankenkasse werden zu einem Teil (abzüglich Verwaltung, Sicherheit) auf die Versicherten umgelegt, daraus Vergütungen nach Häufigkeit und Schweregrad errechnet. Mit der Arbeitsgemeinschaft der Vertragsnehmer wird über die Höhe verhandelt, letztlich sind die Preise aber als Jahrespauschale festgelegt.
3. *Bonus und Malus.* Vertragsnehmer sind an Kosten der Krankenhausbehandlung beteiligt. Anfangs war eine evtl. nötige stationäre Behandlung in der Psychiatrie ganz zu übernehmen, aktuell gilt eine pauschale Kostenbeteiligung je Krankenhausfall. Bleibt die Krankenhausbehandlung für einen Versicherten aus, zahlt die Krankenkasse dem Vertragsnehmer einen Bonus zusätzlich zur Jahresvergütung.
4. *Budget Vertragsnehmer.* Für Vertragsnehmer ergibt sich die Haushaltsrechnung aus der Anzahl der prognostizierten Versicherten und der erwarteten Einschreibung, multipliziert mit der jeweiligen Vergütung oder Durchschnittserlösen, zuzüglich erwarteter Boni, abzüglich Mali. VERSA liegt nach 4 Betriebsjahren bei 50 % des erwarteten Volumens.
5. *Durchschnittserlös.* Über alle Vergütungsgruppen und Abrechnungsperioden und Krankenkassen hinweg ergibt sich ein Ertrag je Teilnehmer als Erfahrungswert. Ähnlich anderer Vertragsnehmer im Bundesgebiet erlöst VERSA deutlich unter 2.000 Euro im Jahr, wobei Beträge je Versicherten und Krankenkasse nach Vergütungsgruppe und Krankenkasse erheblich abweichen.
6. *Verteilung der Erträge.* Um die fixen Kosten der Koordinationsstelle zu decken, wird mit einem Aufwand von 40 bis 50 Euro je Versicherten und Monat, also 500 bis 600 Euro im Jahr gerechnet. Das ist auf Sicht erheblich viel, aber die

zentralen Dienste müssen nun einmal versehen werden. Die doppelte Zahl an Versicherten würde den Beitrag des Einzelnen halbieren.

7. *Laufende Kosten.* Erfahrungsgemäß schlagen Personalkosten bei ambulanten Diensten (es wird kein großer Dienstraum benötigt) mit vielleicht 75 % zu Buche, der übrige geringe Teil entfällt auf Sachkosten für Betrieb und Verwaltung. Mit dem durchschnittlichen Salär für einen Versicherten lassen sich keine 2 bis 3 Arbeitsstunden im Monat bezahlen, eine davon bleibt in der Koordinationsstelle.

8. *Investitionskosten.* Vertragsnehmer haben in Erwartung späterer Erträge und eines attraktiven Leistungsbereichs eigene Mittel investiert, um Anlaufkosten zu finanzieren. Spätere Überschüsse sind nötig, um anfängliche Defizite aufgrund geringer Fallzahlen und nicht ausgereifter Verfahren auszugleichen. Wie hoch die Beträge ausfallen, muss jeder für sich ermitteln.

9. *Personalschlüssel.* Werden die verfügbaren Finanzmittel in Arbeitsleistung umgesetzt, ergibt sich für die direkte Betreuung eines Versicherten ein Personalschlüssel von etwa 1 : 70. Schwankungen mögen bei 20 % liegen, andere Dimensionen sind allein kalkulatorisch unrealistisch. Für den Einzelnen ergeben sich rechnerisch zwischen einer und zwei Stunden Behandlungs- und Betreuungszeit.

10. *Kosten Krankenkasse.* Die wissenschaftlichen Begleituntersuchungen ergeben, dass die Gesamtkosten der selektierten Population unter Einwirkung der Integrierten Versorgung steigen. Dies sei insbesondere bedingt durch Krankengeld und zusätzliche Leistungen. Derweil gehen die Krankenhaustage erheblich zurück und hier müssten Kosten deutlich geringer ausfallen. Schlüssig sind die Angaben nicht.

Die finanziellen Verhältnisse der Integrierten Versorgung vom Typ N WpG stellen sich im realen Betriebsgeschehen recht eindeutig dar. Wie immer Krankenkassen ihre (unterschiedlichen) Berechnungen anstellen, sie setzen den finanziellen Rahmen, mit dem sich nur endliche Leistungen erbringen lassen.

4.4.2 Perspektiven integrierter psychosozialer Versorgung

Integrierte Versorgung der Krankenversicherung, zumal für die Psychiatrie, bewerkstelligt viel Aufgaben. Zu integrieren sind Belange der psychisch kranken, beeinträchtigten, behinderten Menschen mitsamt der sozialen Umwelt. Zu integrieren sind das sozialrechtliche Leistungsspektrum und dafür tätige Einrichtungen. Einzubinden sind organisatorische, technische Lösungen und wirtschaftliches Geschehen. Netzwerk ist sicher die richtige Bezeichnung für eine Konstruktion, die so viel Verschiedenes auf einen Nenner bringen will. Anders als einfache Netze ist es ein multidimensionales Unterfangen mit Knoten und Kanten auf mehreren Ebenen und in mehreren Dimensionen. Die Maschen des Netzwerks psychische Gesundheit kommen der Versorgungswirklichkeit näher als vergleichsweise einfache Strukturen, wie sie additiv aufgestellten Einrichtungen entsprechen. Nur verursacht die Integration dieser vielen Berufe und Methoden, Einrichtungen, Dienste und Leistungen erst einmal zusätzlichen Aufwand und ist nicht ganz einfach zu handhaben.

Das alles konnten potenzielle Betreiber vor Beginn ihrer Arbeit höchstens ahnen, nicht wissen. Als das Modell 2010 eingeführt wurde, waren der Optimismus der Initiatoren und das Interesse der Versorgungsbeteiligten groß. In mancher Versammlung herrschte geradezu Aufregung, wie sich das NWpG und seine Akteure in die gewohnte Arbeitsteilung einfügen würden, ob den etablierten Leistungserbringern neue Konkurrenz entstünde. Bei niedergelassenen Psychiatern hielten sich die Sorgen in Grenzen, soweit sie die Entwicklung überhaupt verfolgten. Der Behandlungsauftrag würde ihnen ja nicht entgehen und auch keine Abrechnung. Wer als Leistungserbringer mit der Integrierten Versorgung zusammenarbeitet, hätte seinen Patienten sogar mehr Behandlungsmöglichkeiten anzubieten und erhielte für Sonderleistungen zusätzliches Honorar. Anders die Psychiatrischen Kliniken bzw. ihre Chefs. Hier wurde es mancherorts schon als Zumutung empfunden, dass sich Nicht-Mediziner in die klinische Seite psychischer Erkrankungen einmischten. Argwohn bestand, dass die Inanspruchnahme stationärer Leistungen tangiert würde, dass man Vergütungen künftig mit dem Einkäufer der Integrierten Versorgung zu verhandeln hätte. Auf Seiten der Gemeindepsychiatrie und Wohlfahrtspflege herrschte dagegen Stolz auf das ambitionierte Programm, ärztliche und therapeutische Behandlung wäre erstmals in die ganze Sorge, in alle Lebensbereiche des Menschen zu integrieren. Für die eigenen Unternehmen ergäbe sich ein zusätzlicher Leistungsbereich. Und die Krankenkassen? Sie halten sich oder steuern inzwischen zurück, die Aussicht auf Erfolg wird offenbar vorsichtig eingeschätzt.

Was ist aus den Hoffnungen und Befürchtungen geworden? Zunächst geht es inzwischen überhaupt moderater zu, die Aufregung hat sich gelegt. Auch die Integrierte Versorgung Psychiatrie und das NWpG kochen nur mit Wasser, und ihnen fällt nichts in den Schoß. Schwierigkeiten und Hemmnisse gibt es an vielen Fronten und sie sind größer als gedacht. Die Teilnahmezahlen und der Umsatz bleiben hinter den Erwartungen zurück und die Vorteile zeigen sich weniger eindeutig als vermutet. Aber alle Beteiligten haben Erfahrung gesammelt, das Versorgungssystem hat hier und dort ordentliche Anstöße erhalten. Erfolge wird jeder Beteiligte nach eigener Interessenlage bewerten. Die folgenden Aussagen sind als fachpolitisches Statement zu verstehen und mögen zu einer differenzierten Einschätzung beitragen.

1. *Richtige Intention der Integrierten Versorgung.* Für Psychiatrie und psychosoziale Dienste bleibt es anzustreben, fragmentierte Bausteine konventioneller Behandlung und Betreuung auf die Bedarfe der Patienten und Klienten abzustimmen. Das individuelle Leben und soziale Zusammenleben wird nicht einfacher, das Versorgungssystem eher komplizierter. So werden wirksame Fachdienste und die Integration der Leistungsbausteine an Bedeutung gewinnen.

2. *Gute Zusammenarbeit in verbindlicher Kooperation.* Die von VERSA Rhein-Main praktizierte Verbundorganisation ist insgesamt gelungen und ein gutes Beispiel, wie Leistungserbringer sektorenübergreifend zusammenarbeiten können. Grundlage sind definierte Geschäftsbeziehungen, stimmfähige Gesellschafter, das Einbringen der eigenen und Nutzung anderer Leistungen zum gegenseitigen Vorteil. Das Modell solcher Zusammenarbeit hat gewiss Entwicklungspotenzial.

3. *Das NetzWerk psychische Gesundheit ist ambitioniert.* Ziele des Konzepts sind überzeugend, fachliche und organisatorische Vorgaben begründet. Aber nicht alles lässt sich auf einmal leisten: Zugleich besser behandeln und betreuen und sparen, kostenneutral neue fachliche und organisatorische Strukturen aufbauen. Anspruch und Erfüllung der Integrierten Versorgung fallen auseinander. Gehen die Kompromisse zu weit, werden Sinn und Zweck des Modells selbst in Frage gestellt.

4. *Fachliche Standards und Qualität entwickeln.* Im NWpG sind moderne Behandlungselemente vorgesehen, deren Funktion, Einsatz und Wirken genauer, leitlinienähnlich (DGPPN 2007) beschrieben werden muss. Erklärungsbedürftig sind Kontaktanbahnung und Beziehungspflege, Fallmanagement mit Assessment und Behandlungsplan, Krisenvorsorge und Notfallprogramm, Rückzugsraum und Zuhause-Behandlung, Psychoedukation und Förderung der Selbsthilfe.

5. *Psychiatrische Kliniken, mehr als Ausfallbürge.* Das NetzWerk will vorhandene Institutionen ein- und miteinander verbinden. Die Zusammenarbeit mit Krankenhäusern ist nicht zu erzwingen, aber so wäre sie zu wünschen: Die psychiatrische Klinik leistet ärztliche Beratung (Sprechstunde), ambulante, teil- und stationäre Behandlung und Krisenintervention. Vorsorgende und anschließende Begleitung im Lebensalltag übernehmen die gemeindepsychiatrischen Kollegen.

6. *Es könnte teurer werden.* Die Teilnahme am NWpG kostet weniger als Klinik oder Psychotherapie, mehr als ambulante psychiatrische Behandlung. Die Dienste lassen sich nicht vergleichen. Soweit die Integrierte Versorgung Psychiatrie als Programm für einen selektierten Kreis von Versicherten (und nicht strukturell) konzipiert ist, wird der Aufwand tatschlich erst einmal höher sein müssen, um adäquate Leistungen zu finanzieren und beabsichtigte Wirkungen zu erzielen.

7. *Verlaufsbeurteilung erfordert geeignete Indikatoren.* Psychiatrische Erkrankungen lassen sich nur bedingt klassifizieren und nicht vorhersehen. Allein bezogen auf Diagnose und vorherigen Leistungsverbrauch (Kosten) werden weder Erkrankungsphasen noch Schweregrade, weder Veränderungen noch das aktuelle Befinden der Patienten gesehen. Mögliche Behandlungserfolge und Kostenvorteile der Integrierten Versorgung sind nur in längeren Zeiträumen festzustellen.

8. *Was tragen Sozialbetriebe zur Gesundheitswirtschaft bei.* Soziale Einflüsse wirken erheblich auf Gesundheit und Wohlbefinden des Menschen ein. Das gilt für psychiatrisches, psychosomatisches, psychotherapeutisches Erkrankungsgeschehen, vielfach für somatische Erkrankungen und hausärztliche Versorgung. Aber wer hilft im Alltag, pflegt Beziehungen zu Familie und Freunden, Nachbarn und Kollegen, wer ordnet die Verhältnisse und begleitet den Menschen, gestaltet Milieus?

    *   Soziale Dienste schließen Gesundheitssorge ein, umgekehrt ist das wenig gangbar. Die sogenannte personenzentrierte Hilfe ist im Bereich der Gemeindepsychiatrie relativ weit entwickelt, die Vorstellung von Veränderungen und Übergängen im Lebensverlauf vertraut.
    *   Sozialbetriebe sind in der Regel kleinräumig organisiert und regional präsent, in örtlichen Gemeinschaften verwurzelt. Zumindest gemeinnützige Einrichtungen erschließen auch nicht professionelle, bürgerschaftliche und Selbsthilfen, binden das soziale Umfeld ein.
    *   Sozialbetriebe sind mit vielfältigen Leistungsansprüchen, deren Abgrenzung und Übergängen vertraut. Handlungsfelder sind weniger institutionell geprägt, richten sich nach Lebenslagen und Lebensfunktionen, sehen den ganzen Menschen.
    *   Sozialarbeit ist eine universelle Tätigkeit. Sie umfasst ein breites Spektrum möglicher Maßnahmen, kann fachgerecht beraten und Kontakte knüpfen, Wege zur Hilfe bis hin zur Kostenübernahme klären, Dienste organisieren und den Menschen begleiten.

9. *Arbeitsniveau der Sozialarbeit stärken.* Sozialarbeit ist vom Berufsbild her prädestiniert, Aufgaben der Abstimmung im Gesundheitswesen und insbesondere auch in psychiatrisch psychosozialen Arbeitsbereichen wahrzunehmen. Spezielle Kenntnisse müssen zusätzlich praxisnah vermittelt, die erforderlichen Fähigkeiten entwickelt werden. Integrierte Versorgung Psychiatrie und Verbundorganisation müssen die berufliche Qualifizierung ihrer Mitarbeiter fördern.

10. *Sozial- und Gesundheitsbetriebe verpflichten.* In der Sandwichposition zwischen Leistungsempfänger und Leistungsträger werden entscheidende Beiträge ge

leistet, um Erwartung und Bedarf an psychiatrisch psychosozialer Hilfe auf die Möglichkeiten der Dienste und Einrichtungen abzustimmen. Markt und Wettbewerb funktionieren hier nur bedingt, öffentliche Koordination und staatliche Steuerung ebenso. Die Mission der Sozialbetriebe sollte erkennbar sein und berücksichtigt idealerweise:

- Psychiatrie und psychosoziale Arbeit sind dem Gemeinschaftswohl verpflichtet. Im jeweiligen Zuständigkeitsbereich sind die Dienste allen Bürgern zugänglich, niemand wird wegen Lebenslage, Art oder Schwere einer Beeinträchtigung zurückgewiesen. Bedürftige kommen zuerst.
- Psychiatrie und psychosoziale Arbeit sind ebenso dem Wohl des Menschen verpflichtet. Dienste werden bedarfsgerecht bereitgestellt, so dass sie vom Einzelnen individuell, bedürfnisorientiert in Anspruch genommen und erbracht werden können.
- Psychiatrie und psychosoziale Arbeit bewirtschaften öffentliche Mittel in Zweckbetrieben, die transparent und verantwortlich geführt, in denen Ressourcen sparsam und wirksam eingesetzt werden. Ein auch finanzieller Betriebserfolg ist unverzichtbar und erstrebenswert.

11. *Fachliche und technische Fortschritte entwickeln.* In psychiatrische und psychosoziale Konzepte müssen Handlungsstandards, bedarfs- und leistungsbezogene Indikatoren eingehen. Das Behandlungs- und Betreuungsgeschehen muss nachzuvollziehen und überprüfbar sein. Benötigt werden elektronische Lösungen, um die Dokumentation und Leistungssteuerung im Versorgungsnetz zu unterstützen und Möglichkeiten der Gesundheitsförderung für Patienten und Klienten (E-Health) zu nutzen.

12. *Erfahrung im Modellbetrieb.* Das NWpG ist vermutlich das ambitionierteste, nicht das einzige Programm einer Integrierten Versorgung in der Psychiatrie. Die Erfahrungen sollten genutzt werden. Krankenkassen und Gesundheitspolitik können Chancen und Grenzen alternativer Versorgung abschätzen, formale und finanzielle Regeln überdenken. Vertragsnehmer und Betreiber lernen für die fachliche Arbeit und betriebliche Organisation.

Wie es mit der Integrierten Versorgung nach dem Modell NWpG weitergeht, ist schwer zu sagen. Während dieser Text entstand, wird erneut heftig über das Programm und seine Fortsetzung verhandelt. Einige der dargestellten Sachverhalte treffen schon gar nicht mehr zu, lagen aber den bisherigen Erfahrungen zugrunde. Einerseits bleibt das fachliche Konzept attraktiv und überzeugend, die Hoffnung berechtigt und groß, dass eine Integration der psychiatrischen Behandlungs- und psychosozialen Betreuungsbausteine gelingt. Andererseits sind die Bedingungen für Vertragsnehmer unzureichend, schränken die Arbeit über die Maßen ein und stellen die angestrebten Ziele selbst in Frage. Was also tun? Darüber gibt es keinen Konsens und – das ist an dieser Stelle eine Schwäche der freien Sozialwirtschaft – auch keine gemeinsamen Beschlussgremien. Über Vertrag und Konditionen wird schlicht und einfach verhandelt und wenn ein Gesprächspartner nicht folgt, kann ihn niemand überstimmen. Einigung ist nicht per Mehrheit zu erzwingen. Letztlich wird jeder Beteiligte für sich entscheiden, worin die Erwartungen liegen, worauf die Hoffnungen beruhen, wo eigene Belastungs- und Zumutbarkeitsgrenzen liegen.

Das Programm des NWpG wird einstweilen fortgesetzt, das Finanzierungsvolumen voraussichtlich gekürzt. Neue Krankenkassen sind als Beitrittskandidaten derzeit nicht in Sicht. Die Techniker Krankenkasse und Vertragsnehmer bemühen sich mit dem modifizierten Konzept „Gemeindepsychiatrische Basistherapie" um eine Förderung aus dem neuen Innovationsfonds. Die Herausforderungen werden da keine anderen sein. Die ökonomischen Probleme für Vertragsnehmer nehmen vermutlich zu und drohen, die fachliche Arbeit weiter zu begrenzen. Damit steht wiederum die Wirksamkeit der Integrierten Versorgung für betroffene Menschen in Frage. Aber vielleicht setzt sich das Konzept doch durch, eine wirkliche Kooperation mit Psychiatrischen Kliniken wird gangbar, der Zustrom neuer psychischer Erkrankung geht zurück, Menschen werden und bleiben gesund, womöglich gerade ohne allzu viel professionelle Hilfe? Die Perspektiven einer integrierten psychiatrischen und psychosozialen Versorgung lassen sich nicht geradlinig bestimmten. Der Blick in die Zukunft zeigt in der *Abbildung 4.14* verschieden denkbare Szenarien auf.

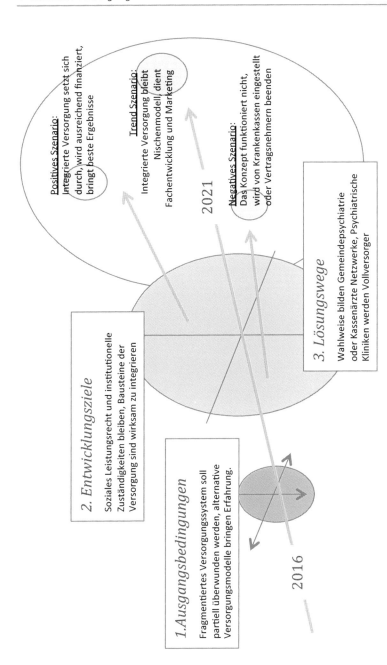

Abbildung 4.14 Zukunftsszenario Integrierte Versorgung Psychiatrie

Quelle: eigene Darstellung

Literatur

Aktion Psychisch Kranke (Hrsg.) (2005). *Der Personenzentrierte Ansatz in der psychiatrischen Versorgung. Individuelle Hilfeplanung (IBRP) und personenzentriert-integriertes Hilfesystem.* 5. Aufl. Bonn: Psychiatrie-Verlag.

AMDP, Arbeitsgemeinschaft für Methodik und Dokumentation in der Psychiatrie (Hrsg.) (2007). *Das AMDP-System, Manual zur Dokumentation psychiatrischer Befunde.* 8. Aufl. Göttingen: Hogrefe.

DGPPN, Deutsche Gesellschaft für Psychiatrie, Psychotherapie und Nervenheilkunde (Hrsg.) (2013). *S3-Leitlinie Psychosoziale Therapien bei schweren psychischen Erkrankungen.* Berlin: Springer.

Dilling, H., Mombour, W., & Schmidt, M. H. (Hrsg.) (2015). *Internationale Klassifikation psychischer Störungen, ICD-10 Kapitel V (F), Klinisch diagnostische Leitlinien.* 10. Aufl. Bern: Hogrefe.

Ehmann, F., Karminski, C., & Kuhn-Zuber, G. (Hrsg.) (2015). *Sozialrechtsberatung, Gesamtkommentar.* Baden-Baden: Nomos.

Faulbaum-Becke, W., & Zechert, C. (Hrsg.) (2010). *Ambulant vor stationär, Psychiatrische Behandlung durch integrierte Versorgung.* Bonn: Psychiatrie-Verlag.

Finzen, A. (1985). *Das Ende der Anstalt, Vom mühsamen Alltag der Reformpsychiatrie.* Bonn: Psychiatrie Verlag.

Gahleitner, S. B., Hahn, G., & Glemser, R. (Hrsg.) (2013). *Psychosoziale Diagnostik, Klinische Sozialarbeit, Beiträge zur psychosozialen Praxis und Forschung 5.* Köln: Psychiatrie Verlag.

Gromann, P. (2001). *Integrierte Behandlungs- und Reha-Planung. Ein Handbuch zur Umsetzung des IBRP.* Bonn: Psychiatrie Verlag.

Health of the Nation Outcome Scale (HoNOS), *HoNOS-D Rating und Glossar für die Beurteilung der HoNOS-D.* Universitätsklinikum Hamburg-Eppendorf, Institut und Poliklinik für Medizinische Psychologie. http://wwwu.uni-klu.ac.at/sandreas/download.html (September 2016).

Liedke, K.-D. (2011). Betriebswirtschaftliche Aspekte der sozialen Hilfeleistung – Ein Funktionsmodell zur betrieblichen Sozialwirtschaft. In W. R. Wendt (Hrsg.), *Sozialwirtschaftliche Leistungen, Versorgungsgestaltung und Produktivität* (S. 197-236). Augsburg: Ziel.

Liedke, K.-D. (2014). Möglichkeiten einer Integrierten Versorgung in der Psychiatrie. In P. Gromann & S. Krumm (Hrsg.), *Kooperation: Anspruch und Wirklichkeit* (S. 112–162). Köln: Psychiatrie Verlag.

Linden, M., Baron, S., Muschalla, B., & Ostholt-Corsten, M. (2015). *Fähigkeitsbeeinträchtigungen bei psychischen Erkrankungen, Diagnostik, Therapie und sozialmedizinische Beurteilung in Anlehnung an das Mini-ICF-APP.* Bern: Hans Huber.

Nolting, HD et al. (2016). Schizophrenie-Versorgung gestalten – Plädoyer für ein nationales Versorgungsprogramm. *Gesundheitsökonomie & Qualitätsmanagement,* 21(1), 46–54.

Pantucek, P. (2012). *Soziale Diagnostik, Verfahren für die Praxis Sozialer Arbeit.* 3. Aufl. Wien: Böhlau.

Salize, H. J., & Rössler, W. (1998). *Kosten und Kostenwirksamkeit der gemeindepsychiatrischen Versorgung von Patienten mit Schizophrenie.* Berlin: Springer.

Witzmann, M., & Kraus, R., Gerlach, T., & Weizel, T. (2015). *ICF-basierte Förder- und Teilhabeplanung für psychisch kranke Menschen.* Bern: Hans Huber.

Ein gesundheitsökonomischer Diskurs zu Aufwand und Nutzen der Versorgung

5

Axel Olaf Kern

Gesundheitswirtschaft und Sozialwirtschaft werden oftmals als sich widersprechend und Sozialwirtschaft sogar als inferior betrachtet. Die Gesundheitswirtschaft erscheint mitunter als bedeutungsvoller im Vergleich zur Sozialwirtschaft gerade in Hinblick auf die Bedeutung von Ärzten, Krankenhäusern und Arzneimitteln in der alltäglichen Wahrnehmung der Menschen. Auch die anhaltenden Diskussionen über die Gesundheitsversorgung und die Ausgaben der Krankenkassen erscheinen die Dominanz dieses Sektors wesentlich zu betonen. Der Sozialsektor und damit die Sozialwirtschaft werden dagegen als randständig erachtet mit einer geringeren Bedeutung für die Gesellschaft in der allgemeinen Wahrnehmung. Vor allem jedoch wird für den Gesundheits- und insbesondere für den Sozialsektor beansprucht, dass diese besonderen Gesetzmäßigkeiten unterlägen und unter der sogenannten Ökonomisierung besonders litten, wodurch die Leistungen für Patienten und Klienten und Bedürftige nicht mehr oder nur noch unzureichend erbracht werden könnten. Dass sich in den Bereichen der Versorgung mit Gesundheits- und Sozialleistungen besondere Umstände im Vergleich zu vielen anderen Märkten beobachten lassen, ist unbestritten. Dass diese unfraglich wichtigen Bereiche des gesellschaftlichen Lebens dennoch ebenso den elementaren Gesetzmäßigkeiten der Ökonomie unterliegen, wird hier dargestellt (ohne auf die Spezifika von Gesundheits- und Sozialmärkten, wie es auf einem advanced level ihrer Untersuchung nötig wäre, im einzelnen einzugehen).

5.1   Ökonomische Weisheiten

Zunächst ist das triviale Faktum festzuhalten, dass alle Ressourcen auf Erden endlich, also beschränkt sind. Demgegenüber, so das Postulat der Wirtschaftswissenschaften, sind die Bedürfnisse aller Menschen unbeschränkt, eigentlich unendlich groß, vielgestaltig und umfangreich. Dieses – seit der Vertreibung aus dem Paradies, wo alles in Hülle und Fülle vorhanden gewesen sein mag – beobachtbare Dilemma endlicher Ressourcen und unbeschränkter Wünsche und Bedürfnisse führt dazu, dass die Menschen, alle Menschen, wirtschaften müssen.

Wirtschaften bedeutet, aus den verfügbaren Mitteln, den Ressourcen, wozu menschliche Arbeit ebenso zählt wie Boden (Rohstoffe, welche in der Natur vorkommen) und Kapital (Sach- und Realkapital), Güter und Dienstleistungen herzustellen, welche wiederum den Menschen nützlich sind, also Nutzen stiften und somit helfen, Bedürfnisse zu befriedigen. Diese Bedürfnisbefriedigung ist alleiniger Antrieb, dass Menschen zum einen arbeiten und dass zum anderen Dinge entwickelt und hergestellt werden, die Menschen nützlich sind. Dass Menschen für andere Menschen etwas herstellen oder arbeiten, hängt alleine damit zusammen, dass ein Mensch in aller Regel nicht vollkommen selbstständig alle die Dinge herstellen kann, über die er gerne verfügen würde, die ihm also Nutzen stiften. Vielmehr ist davon auszugehen, dass Menschen aufgrund ihrer genetischen Prädisposition, ihrer Sozialisation und ihrer kognitiven, psychischen und physischen Leistungsfähigkeit in sehr unterschiedlichem Maße Fähigkeiten und Fertigkeiten entwickeln, die zum einen ihnen selbst, jedoch zum anderen auch anderen Menschen hilfreich sind. Diese Ausbildung von Fertigkeiten stellt die Spezialisierung dar, die wir im Wandel der Zeiten wahrnehmen. So waren früher gleichsam einfachere Berufe wie Fischer, Bauer, Schmied oder bspw. Maurer vorherrschend. Heutzutage jedoch führen erst lange dauernde Schul- und Berufsausbildungen dazu, dass eine Person qualifiziert ist, um in unserer arbeitsteiligen Wirtschaft einen Beruf und Arbeitsplatz ausfüllen zu können und damit seine eigenen Fähigkeiten mit anderen Menschen und deren Fähigkeiten zu tauschen. Die Fähigkeiten anderer sind bei Dienstleistungen, die in Anspruch genommen werden, oftmals direkt erkennbar. Zumeist sind die Fähigkeiten, das Wissen, die Fertigkeiten anderer Menschen gleichsam in den Gütern verborgen, an deren Produktion sie beteiligt waren. So ist das Leben ein stetes Geben und Nehmen, ein andauerndes Tauschen von menschlichen Fertigkeiten, selbst wenn es nicht als solches direkt wahrgenommen wird.

Diese Spezialisierung des Einzelnen zwingt nun alle Menschen, mit anderen Menschen zu tauschen, um Güter und Dienstleistungen zu erlangen, die sie für sich als nützlich erachten, diese jedoch nicht selbst herstellen können. Um diesen Tausch zwischen einzelnen Personen und Personengruppen zu erleichtern, sind mit der Zeit Märkte entstanden für alle möglichen Güter und auch Dienstleistungen. Der Markt ist in seinem Ursprung, wie heute noch am Wochenmarkt erkennbar, der Ort, an dem sich Menschen treffen, die Güter tauschen möchten, eigene Güter anbieten und andere Güter erwerben. Güter werden natürlich nur getauscht, wenn beide Tauschpartner sich einig sind, dass sich jeder nach dem Tausch bessergestellt hat, besser fühlt, da ihm die neu in seinem Besitz befindlichen Güter mehr nützen als die Güter, die er dafür eingetauscht hat.

Da heutzutage eigentlich niemand mehr autark lebt, also alle Dinge zum Überleben und Leben selbst herstellt, sind Tauschbeziehungen ebenso unerlässlich wie Spezialisierung. Autarkie meint, in keiner Weise von anderen abhängig zu sein, um das eigene Überleben und die Bedürfnisbefriedigung sicherzustellen. Das heißt, sein Leben vollkommen selbst zu bewältigen, auch keinen Handel zu betreiben, nichts zu kaufen und nichts zu verkaufen und somit ohne Tauschbeziehungen auszukommen. Die Spezialisierung bedeutet, dass eine Person ihre Fähigkeiten und Fertigkeiten entwickelt und sich dann als Person mit dieser Qualifikation als Arbeitskraft direkt oder als jemand, der Güter oder Dienstleistungen selbst herstellen kann, für andere bereitstellt. Dieses Angebot der eigenen Arbeitskraft findet auf dem Arbeitsmarkt statt und das Angebot von Güter und Dienstleistungen erfolgt auf den verschiedenen Gütermärkten (darüber hinaus gibt es Märkte für Rohstoffe und für Geld/Kapital). Gelingt es, Güter oder Dienstleistungen nur dadurch herzustellen, dass mehrere Personen mit jeweils spezifischen Fähigkeiten und Fertigkeiten zusammenarbeiten, so bilden sich Unternehmen heraus. Handwerker dagegen, und das ist deren besondere Eigenschaft, planen, organisieren und fertigen ein Produkt gleichsam mit eigener Hand.

Die Herausforderung aus der Knappheit der Ressourcen und damit der Knappheit der Güter sowie den unendlich großen Bedürfnissen der Menschen besteht darin, die Ressourcen so zu nutzen, dass möglichst alle Menschen zum selben Zeitpunkt möglichst glücklich sind, das heißt, dass sie ihre Bedürfnisse bestmöglich befriedigt wissen und keinen Mangel leiden. Dies führt zu dem zentralen Problem in einer Gemeinschaft, in einer Gesellschaft und somit auch auf der ganzen Welt, wie am besten koordiniert werden kann, dass die Güter und Dienstleistungen zum einen hergestellt und zum anderen an dem Ort bereitgestellt werden, damit die Menschen ihre Bedürfnisse am besten befriedigen können.

Dies ist unmittelbar mit der Frage verbunden, wer alle Wünsche zu einem bestimmten Zeitpunkt kennen kann und zugleich überblickt, an welchem Ort welche Produkte zu welchem Zeitpunkt produziert und bereitgestellt werden können. Dass diese Herkulesaufgabe alleine der Informationsbeschaffung und Informationsbereitstellung von allen Menschen für alle Menschen weder von einem Individuum noch von einer Gruppe hinreichend befriedigend bewerkstelligt werden kann, erscheint unmittelbar einsichtig. Diese Einsicht vermittelt dann, dass es im Ergebnis einen Unterschied zwischen Planwirtschaft und Marktwirtschaft geben muss, um die Bedürfnisse und Wünsche der Menschen bestmöglich befriedigen und erfüllen zu können.

In der Plan- oder Zentralverwaltungswirtschaft werden die Wünsche und Bedürfnisse mit den Produktionsmöglichkeiten zentral koordiniert. Zentral wiederum bedeutet, dass der Staat es als seine Aufgabe betrachtet, diesen Ausgleich zwischen Gewünschtem, der Nachfrage, und der Produktion, dem Angebot, zu gestalten. Der Staat ist nicht irgendeine Einrichtung fernab. Der Staat ist die Gemeinschaft der einzelnen Bürger, die gemeinschaftlich Dinge entscheiden, welche – nach kollektivem Ermessen – einzelwirtschaftlich nicht befriedigend erledigt werden würden. Der Staat kümmert sich um sogenannte öffentliche, also die Allgemeinheit betreffende Güter und Dienstleistungen, die nach individuellem Kalkül der einzelnen Bürger nicht bereitgestellt würden, da diese entweder nicht gekauft oder nicht produziert würden oder in – an gesellschaftlichen Maßstäben gemessen – zu geringem Maße. Inwieweit dazu eine zentrale Koordination nötig ist, sei zunächst dahingestellt.

In einer Marktwirtschaft wird diese Koordination den Individuen auf den verschiedenen Märkten überlassen. Demnach versuchen die Unternehmen als Anbieter die Bedürfnisse der Nachfrager zu ergründen, um Produkte herzustellen, die tatsächlich auch gekauft werden. Nichts ist für ein Unternehmen bedrohlicher, als Produkte herzustellen, welche die Nachfrager, die Kunden, nicht kaufen. Nicht kaufen bedeutet, dass die Produkte bereits hergestellt und die dafür erforderlichen Materialien sowie die Arbeitskräfte bezahlt sind, jedoch der Verkaufserlös (Umsatz) ausbleibt. Bei Dienstleistungen wie Pflege bedeutet dies, dass alle Arbeitskräfte und Materialien bezahlt sind, um beispielsweise ambulante Pflegeleistungen zu erbringen, dann jedoch kein Auftrag eingeht. Damit sind die Kosten nicht gedeckt und es ergibt sich ein Defizit, welches kurzfristig schulterbar sein mag, jedoch längerfristig zur Insolvenz des Unternehmens führt, da Forderungen von Lieferanten oder Löhne, die Forderungen der Mitarbeiter, nicht mehr erfüllt werden können.

An dieser Stelle ist festzustellen, dass diese Grundwahrheiten auch für den Sozial- und Gesundheitssektor und damit für die Sozial- und Gesundheitswirtschaft gelten. Demnach sind auch hier die Ressourcen endlich und die Wünsche der Klienten, Patienten oder auch Kunden dem Grunde nach unbeschränkt. Die Endlichkeit der Ressourcen drückt sich zum Beispiel darin aus, dass Budgets für die Versorgung vereinbart werden oder in der Sozialversicherung durch die festgelegten Beitragssätze pro Jahr ein bestimmtes Geldvolumen zur Verfügung steht, um die Versorgung zu finanzieren. In anderen Bereichen der Sozialwirtschaft besteht die Beschränkung der Mittel darin, dass aus dem ebenfalls beschränkten Steueraufkommen die Mittel bereitgestellt werden müssen, die für die in der Sozialwirtschaft erbrachten Leistungen verfügbar sind. Es kann natürlich trefflich darüber gestritten werden, wie viele Ressourcen, wie viel Geld für die Leistungen der Sozial- und Gesundheitswirtschaft verfügbar sein sollen. Dieser Streit kann sich jedoch nur zutragen, wenn die Gesellschaft, der Staat, und nicht der Einzelne für die empfangenen Leistungen bezahlt.

5.2 Die Allokationsfrage

Die Entscheidung, wie viele finanzielle Mittel und damit Ressourcen in der Sozial- und Gesundheitswirtschaft verfügbar sein sollen, treffen die Menschen zum einen individuell dadurch, dass sie sich für eine Leistung entscheiden und diese selbst bezahlen oder die Gesellschaft, der Staat, befindet darüber, dass bestimmte Sozial- und Gesundheitsleistungen angeboten werden sollen oder müssen, für die der Einzelne nicht selbst zu zahlen bereit wäre, den geforderten Preis tatsächlich nicht zahlen könnte oder die Leistung nicht angeboten würde. Dies berührt das Thema des Marktversagens, dass nämlich die freien Märkte auf Grund verschiedener Ursachen nicht hinreichend gut funktionieren und somit entweder gar kein Angebot oder ein gesellschaftlich nicht erwünschtes Angebot (zu viel oder zu wenig von einem Gut oder einer Dienstleistung angeboten oder nachgefragt wird) zustande kommt.

Sehr wesentlich ist hierbei, dass die zu einem bestimmten Zeitpunkt verfügbaren Ressourcen in einer Gesellschaft, in einer Volkswirtschaft, nur einmal verwendet werden können. Dies bedeutet, dass die Ressourcen bzw. Geld entweder für das Eine oder das Andere verwendet werden können aber nicht für beides zugleich. Somit wird der Satz verstehbar: „Entscheiden heißt Verzichten". Es muss entschieden werden, wofür Ressourcen verwendet werden sollen. Und wenn diese Entscheidung gefällt ist, bedeutet es zugleich, dass etwas anderes nicht erreicht oder bereitgestellt werden kann. Somit besteht der Preis etwas anzubieten darin, dass etwas anderes nicht verfügbar ist. Werden Mittel für die Kinder- und Jugendhilfe verwendet, so stehen diese nicht für die Behindertenhilfe oder für die Beschaffung eines Computertomographen bereit. Dies berührt insbesondere Entscheidungen, wenn öffentliche Mittel, also Steuern oder Sozialversicherungsbeiträge betrachtet werden. Im Falle der Märkte ist die Entscheidung relativ einfacher. Auf normalen Märkten treffen diese Entscheidungen die Individuen alleine dadurch, dass sich eine Person entsprechend ihres subjektiven Nutzenempfindens entscheidet, ein Gut zu kaufen. Wenn die Zahlungsbereitschaft zumindest dem Marktpreis entspricht, so erhält die Person das Gut, im anderen Falle dementsprechend nicht.

Diese Allokationsfrage wird schon auf dem Arbeitsmarkt deutlich. Wenn ein Sozialarbeiter in der Behindertenhilfe arbeitet, dann kann er nicht zugleich im

Sozialdienst eines Krankenhauses arbeiten. Also muss entschieden werden, in welcher „Verwendung" der Sozialarbeiter arbeiten soll. Nun kann dies zentralverwaltungswirtschaftlich erfolgen durch Zuteilung, wonach der Staat, die Gesellschaft, bestimmt, wo jemand arbeiten soll Dieser Entscheidung geht bereits eine andere mit der Festlegung der Zahl der Studienplätze an öffentlichen Hochschulen oder der Zahl der Schulplätze in Gymnasien und Realschulen voraus. Etwas verborgener steckt noch die Entscheidung dahinter, in welcher Zahl Lehrer und andere Personen in Schulen oder an Hochschulen beschäftigt werden. Dies ist eine Zuteilung, eine Rationierung, fern von Marktpreisen und doch der Tatsache geschuldet, dass die Ressourcen endlich sind.

Wenn nicht in zentraler Verwaltung, erfolgt die Allokation auf dem Arbeitsmarkt so, dass das Sozialunternehmen, die Einrichtung, eine Stelle anbietet und der Sozialarbeiter sich nach eigenem Ermessen für oder gegen das eine oder andere Unternehmen entscheidet, ebenso wie das Unternehmen darüber befindet, welcher der Interessenten sich am besten für die Stelle eignet. Wie sich jemand entscheidet, ist natürlich zutiefst subjektiv und folgt den Erfahrungen, dem Wissen, den verfügbaren Informationen sowie den individuellen Wünschen und Vorstellungen, den sogenannten Präferenzen und den Anreizen, welche die Unternehmen setzen durch Gehaltshöhe, Arbeitszeit, Arbeitsklima, Urlaub, Entfernung zum Wohnort, betriebliche Altersversorgung, betriebliches Gesundheitsmanagement, Image des Unternehmens, u. v. m.

Der Sozialarbeiter wägt unter den gegebenen Anreizen, den Stellenangeboten der verschiedenen Unternehmen ab, für welche Stelle er sich entscheidet. Dabei berücksichtigt er, welches Unternehmen ihm sowohl monetär (Gehalt) als auch nicht monetär das beste Angebot macht, sodass er bereit ist, seine Arbeitskraft dem Unternehmen zu überlassen. Er wägt ab zwischen dem Nutzen, den er aus der Arbeit zieht und den Kosten, die ihm entstehen, dass er arbeiten muss und somit freie Zeit einbüßt. Menschen gehen nur arbeiten, wenn der erwartete Nutzen aus der Arbeit (Gehalt, Spaß, soziale Wertschätzung) größer ist als der Nutzen, der ihnen entsteht, wenn sie nicht oder in einem anderen Unternehmen arbeiteten.

Diese Abwägung ist eine der *Nutzen-Kosten-Entscheidungen*, die Menschen laufend treffen und treffen müssen. Eine Straße überqueren, Aufstehen, Essengehen oder Dinge kaufen und vieles Anderes mehr sind Handlungen, welche nach Abwägung der individuellen Nutzen und Kosten gefasst werden. Und jeder Mensch trifft vor dem Hintergrund seiner individuellen *Präferenzen*, seinem Informationsstand und spezifischen Wissen und seinen kognitiven Fähigkeiten zu einem bestimmten Zeitpunkt stets die richtige Entscheidung. Wären andere Informationen verfügbar gewesen, hätte er andere Präferenzen gehabt oder wäre er intelligenter gewesen, die Informationen zu verarbeiten, hätte er sich anders entschieden. Wenn Stunden oder Tage später über eine Entscheidung befunden wird, dass diese falsch gewesen wäre, so ist dieses Urteil unzutreffend, da zu einem späteren Zeitpunkt die Informationslage eine andere ist und somit die beiden Situationen in den entschieden worden wäre, nicht identisch sind. Im Nachhinein ist man immer klüger, wie der Volksmund weiß. Deshalb ist der viel gescholtene Homo oeconomicus, der rational handelnde Mensch natürlich eine Fiktion, ein Modellmensch, ein Mensch im Modell, der über *alle* Informationen verfügt und weder Gefühle noch Präferenzen hat. In der Realität ist dem natürlich nicht so. Deshalb ist jedoch nicht das (ökonomische) Modell falsch, welches helfen soll, komplexe Zusammenhänge zu verstehen und Handlungsmöglichkeiten zu ergründen. Vielmehr werden in die Modelle Annahmen eingeführt, die gerade diese Einflussfaktoren in der Realität besser abbilden helfen.

5.2.1 Rationierung

Ebenso wie auf dem Arbeitsmarkt, wo die Ressource menschlicher Arbeit getauscht bzw. gehandelt wird, wird in allen anderen Märkten entschieden, welche Dienstleistungen und Güter in welcher Menge hergestellt werden und welche Personen diese erhalten. In einer marktlichen Wirtschaftsordnung ist der *Preis* das Zuteilungskriterium, wonach sich bestimmt, welche Personen Güter erhalten. Dabei ist der Preis das Signal, das entscheiden hilft, welche Nachfrager das Gut erhalten, da grundsätzlich alle Menschen gerne alles hätten, wenn es denn nichts kostete. Da jedoch die Ressourcen knapp sind, können die Güter nicht kostenfrei hergestellt werden, da die Kosten für die Herstellung eines Gutes darin bestehen, dass ein anderes Gut nicht hergestellt werden kann, da die Ressourcen für ein anderes Gut verwendet werden und somit eine bestimmte Zahl von Menschen ihre Bedürfnisse nicht befriedigen können, da das dafür erforderliche Gut nicht verfügbar ist oder zumindest nicht in der Menge, wie dies gewünscht wäre.

Der Preis ist das Kriterium welche bestimmt, welche Menschen das Gut erhalten. Es erhalten die Menschen das Gut, deren Zahlungsbereitschaft und damit die in Geldgrößen ausgedrückte subjektive Einschätzung des individuellen Nutzens dieses Gutes zumindest so hoch ist wie der Marktpreis. Ist der (gefühlte) Nutzen des Gutes für einen Menschen geringer als der Marktpreis, so ist seine Zahlungsbereitschaft nicht so hoch wie der Marktpreis und somit erhält diese Person das Gut nicht. Dabei bedeutet dies nicht zwingend, dass diese Person zu arm ist, das Gut zu erhalten. Es bedeutet vielmehr, dass dieses Gut dieser Person nicht so viel Wert ist, dass sie den Preis dafür zu zahlen bereit wäre. Andere Personen dagegen schätzen dieses Gut möglicherweise als für sie sehr nützlich bzw. wertvoll ein, dass sie sogar bereit wären, einen höheren Preis als den am Markt geforderten zu bezahlen. Diese Menschen haben nun gleichsam „etwas" gespart, da sie weniger ausgeben mussten, um das Gut in ihren Besitz zu nehmen als sie bereit gewesen wären. Auch hier hängt die Zahlungsbereitschaft nicht primär damit zusammen, dass jemand reich ist und es sich leisten kann. Vielmehr entscheidet die Wertschätzung, der Nutzen, der sich aus dem Konsum für eine Person erwarten lässt, darüber, wie viel jemand bereit ist, dafür einzutauschen von den Gütern, die er bereits hat. In unserem heutigen Marktsystem wird Geld als Recheneinheit und Tauschmittel verwendet, da der echte Tausch, der Realgütertausch, zu aufwändig wäre. So müsste man immer den richtigen Tauschpartner finden, der genau das Gut in der Menge, in der es jemand „wegtauschen" möchte, und genau zu demselben Zeitpunkt. Mit Geld können diese Transaktionskosten verringert werden.

Wird der Marktpreis von der Gesellschaft nicht als Zuteilungskriterium akzeptiert, damit auch Personen Güter erhalten können, die sie sich sonst nicht leisten könnten, so müssen andere Zuteilungskriterien festgelegt werden, um der Tatsache der Knappheit der Ressourcen Rechnung zu tragen. Würde festgestellt, dass der Preis gleichsam Null betrage, so würden alle Individuen, die sich dieses Gut wünschen dieses auch kaufen können. Dann müsste jedoch viel mehr von diesem Gut produziert werden, wodurch andere Dinge nicht hergestellt werden könnten, da die erforderlichen Ressourcen bereits verwendet wären.

5.2.2 Zieldefinition

Damit über ökonomische Effizienz, also das ressourcenschonende Handeln in einer Volkswirtschaft und in Unternehmen und in Haushalten nachgedacht und befunden werden kann, ist Voraussetzung, dass Ziele definiert werden. Erst dann kann ermittelt werden, ob ein gewähltes Vorgehen, eine Maßnahme, eine Handlung effizient ist. Im Folgenden wird dies anhand der Gesundheitsversorgung dargestellt. Auf Grund der gleichen Verhältnisse im Sozial- und Gesundheitswesen in Bezug auf die Besonderheiten von Dienstleistungen an und mit Menschen (Humandienstleistungen) sind die Ausführungen zum Gesundheitswesen unmittelbar auf die Sozialwirtschaft übertragbar. (In der wirtschaftswissenschaftlichen Betrachtung kann deshalb im Folgenden das Wort Therapeut oder Behandler sowohl durch Arzt oder Sozialarbeiter, durch Psychologe, Krankenschwester, Pfleger als auch durch eine andere Berufsgruppe im Sozial- und Gesundheitswesen ersetzt werden.)

Da es für die meisten Krankheits- und Störungsbilder keine eindeutige Behandlungslösung gibt, die – einem Naturgesetz gleich – ein festes Verhältnis der Produktionsfaktoren medizinischer und pflegerischer Leistungen sowie von Arznei-, Heil- und Hilfsmittel vorgibt (limitationale Produktionsfunktion), kann in der Regel das

Behandlungsziel mit unterschiedlichen Kombinationen von Produktionsfaktoren, d. h. auf unterschiedliche Art und Weise erreicht werden. Dem Behandler stehen somit in aller Regel mindestens zwei Therapiealternativen zur Verfügung (substitutionale Produktionsfunktion). Führen die verfügbaren Therapien zum Behandlungsziel, so sind sie effektiv. Die Therapiealternative, welche den geringsten Ressourcenaufwand bedeutet und die niedrigsten Kosten verursacht, ist wirtschaftlich, das heißt effizient. Diese Vorgehensweise müsste dann für die Versorgung gewählt werden.

Das Dilemma im Sozial- und Gesundheitswesen besteht nun darin, eben jene Therapie zu identifizieren, welche das beste Nutzen-Kosten-Verhältnis aufweist und damit effizient ist. Entsprechend dem ökonomischen Prinzip ist es dafür unerlässlich, dass das Behandlungsziel definiert ist. Wenn kein Ziel definiert ist, welches erreicht werden soll, kann nicht bestimmt werden, ob eine Therapie effektiv ist und schon gar nicht, ob diese effizient ist.

5.2.3 Leistungsangebot

Gerade vor dem Hintergrund einer erforderlichen und beabsichtigten (Neu-)Definition des Leistungsangebots im Sozial- und Gesundheitswesens ist auch auf der Makro-Ebene, der Gesellschaft als Ganzes und damit der Ebene der Politik explizit zu formulieren, welche Ziele für den Gesundheitszustand und das Befinden der Bevölkerung mit der Versorgung durch Sozial- und Gesundheitsleistungen erreicht werden sollen. Im Zusammenspiel mit einer wirtschaftlichen, das heißt ressourcenschonenden Patienten- und Klientenversorgung kann dann bestimmt werden, in welchem Umfang finanzielle Mittel und Ressourcen von der Gesellschaft, also Sozialversicherungsbeiträge und Steuern für die Versorgung der Bevölkerung und der einzelnen hilfe- und behandlungsbedürftigen Personen bereitzustellen sind. Ressourcenschonend bedeutet, dass nichts verschwendet wird. Wird nichts verschwendet, dann sind noch Ressourcen vorhanden, um andere Güter und Dienstleistungen bereitzustellen, um weitere Bedürfnisse der Menschen befriedigen zu können.

Für alle Bereiche des Sozial- und Gesundheitswesens ist deshalb zunächst sicherzustellen, dass die verfügbaren Mittel wirtschaftlich eingesetzt werden und zwar sowohl im Einzelfall als auch bezogen auf das Gesamtsystem. Deshalb müssten alle Behandlungs- und Therapieverfahren neben Unbedenklichkeit auch die Kriterien Effektivität und Effizienz, also Wirtschaftlichkeit nachweisen, um aus allgemeinen Mitteln finanziert werden zu können.

In Bezug auf die Effizienz des Gesamtsystems dürfte es allerdings fraglich sein, ob alle möglichen Kombinationen von Therapien und Dienstleistungen, wozu auch Pflegeleistungen zählen, evaluiert werden können.

5.3 Sektorenübergreifende Nutzen-Kosten-Vergleiche

Da ein besonderes Augenmerk auf die Verwendung öffentlicher Mittel zu richten ist, ist es von großer Bedeutung, nicht nur für Leistungen für den Bereich der Sozial-, Gesundheits- und Pflegeversorgung Nutzen-Kosten-Analysen anzustellen, sondern die Ergebnisse über alle Verwendungsbereiche öffentlicher Mittel zu vergleichen. So ist es im Sinne optimaler Ressourcenallokation erforderlich, für alle Sektoren festzustellen, in welchem Sektor die öffentlichen Mittel den größten Nutzen für die Gesellschaft stiften. So ist zum Beispiel zu prüfen, ob Steuermittel, die im Straßenbau, als Subventionen im Bereich erneuerbare Energien oder für ICE-Trassen verwendet werden, einen höheren gesellschaftlichen Nutzen stiften als die Verwendung derselben „Menge Geld" für die Sozial-, Gesundheits- und Pflegeversorgung. Nur so kann festgestellt werden, ob die im Sozialbudget ausgewiesenen Finanzmittel in anderen Bereichen mehr Nutzen stiften würden oder umgekehrt in anderen Bereichen verwendete Mittel im Sozial- und Gesundheitssektor mehr Nutzen stiften könnten. Aus dieser Betrachtung kann sich ergeben, dass sogar ein Mehr an Mitteln im Sozial- und Gesundheitssektor sinnvoll ist und damit steigende Ausgaben gerechtfertigt werden können, solange die Einzelmaßnahmen effizient sind und keine Verschwendung oder überhöhte Preise in diesen Sektoren auftreten. Eine solche Vorgehensweise hätte zwei Vorteile:

1. Die Gesamtbelastung mit Steuern und Sozialabgaben würde nicht steigen, da sich zugleich ergibt, in welchen Bereichen Mittel eingespart werden können und damit die Steuern oder Sozialabgaben in diesen Bereichen zurückgehen. Die maximale Belastung der Bürger mit Steuern und Sozialversicherungsbeiträgen wird idealerweise gesellschaftlich bestimmt entsprechend des Nutzens, den die Gesellschaft aus den öffentlich bereitgestellten Gütern und Dienstleistungen im Vergleich zum rein privaten Marktergebnis zieht.
2. Die Nutzen-Kosten-Überlegungen bleiben nicht auf den Bereich der Sozial- und Gesundheitsversorgung beschränkt. Somit kommt es zu keinen zwanghaften Einsparbemühungen alleine in diesem Bereich. Vielmehr würde der Nutzen dieser Leistungen für die Gesellschaft insgesamt berücksichtigt.

Für Evaluationen, die Bestimmung des Kosten-Ergebnis-Verhältnisses ist zudem darauf zu achten, dass alle Dimensionen berücksichtigt werden. So kann sich z. B. die Entscheidung, welches Dialyseverfahren in welchem Umfang finanziert werden soll, nicht alleine an den Kosten orientieren, welche die Krankenkassen tragen. Vielmehr sind gerade für Verfahren der Heimdialyse im Vergleich zur Zentrumsdialyse neben dem medizinischen Outcome und den direkten Kosten für ärztliche und pflegerische Leistungen, Transport und Arzneimittel auch die Kosten und Aufwendungen der Patienten zu berücksichtigen, die nicht von der Krankenkasse erstattet werden und dennoch die Patienten finanziell belasten. Hierzu zählen u. a. Mithilfe von Familienangehörigen sowie kalkulatorische Lagerkosten für Dialysematerial im häuslichen Bereich. Erst bei einer solch umfassenden Betrachtung kann hinreichend sicher eine Versorgungsform bestimmt werden, die im Rahmen der GKV erstattet werden sollte.

5.4 Marktsteuerung im Sozial- und Gesundheitswesen

Marktliche und wettbewerbliche Elemente im Sozial- und Gesundheitswesen sollen dazu beitragen, die Präferenzen der Patienten und Klienten besser zu berücksichtigen. Zudem, so die ökonomische Theorie, erfolgt auf einem privaten Markt die Allokation der verfügbaren Ressourcen in die verschiedenen Verwendungsbereiche entsprechend der Marktpreise optimal. Dies entspricht auch der Erkenntnis, dass Kostenträger und Leistungserbringer der Sozial- und Gesundheitswirtschaft in ihren Vereinbarungen die Bedürfnisse und Präferenzen der Patienten und Klienten nur unzureichend berücksichtigen. Trotz dessen, dass die marktliche Allokation die Wünsche und Präferenzen der einzelnen Menschen am besten berücksichtigen hilft, können Eingriffe in den freien Markt zulässig und erforderlich sein, wenn:

- der Aufwand im Behandlungsfall von den Individuen unterschätzt werden (Minderschätzung zukünftiger Bedürfnisse) und/oder
- in Bezug auf Behandlungsleistungen Informationsmängel bei den Individuen bestehen, wodurch keine rationale Nachfrage möglich ist.

Erfolgt keine oder nur eine unzureichende Absicherung bzw. Vorsorge gegen die Folgen von Krankheit, Pflegebedürftigkeit oder andere Lebensrisiken, da ein Individuum diese unterschätzt oder davon ausgeht, dass ihm die notwendige Versorgung von der Gesellschaft nicht verweigert werden kann, so müssten und würden im Hilfsfalle die anfallenden Kosten für die Versorgung von der Gesellschaft getragen werden. Um dies zu vermeiden und die Individuen zu Eigenvorsorge und eigenverantwortlichem Handeln anzuhalten, kann die Gemeinschaft (Staat) ihre Mitglieder dazu verpflichten, vorzusorgen und so eine Versicherungspflicht beschließen.

Verfügen die Individuen über unzureichendes medizinisches, pflegerisches oder sozialtherapeutisches Wissen, so können Informationen über den Gesundheitszustand und Therapieoptionen nicht optimal beurteilt und somit auch keine souveränen Nachfrageentscheidungen getroffen werden. In einer solchen Situation von Marktunvollkommenheit kann es hilfreich sein, eine Pflichtversicherung einzuführen, in deren Rahmen die Nachfrageentscheidungen der Individuen wesentlich durch den Versicherungsträger bestimmt und somit dessen beabsichtigte Entscheidung korrigiert wird. Diese Situation ist in der Gesetzlichen Krankenversicherung vorzufinden, wo Art und Ausführung sowie Preise und Versicherungsschutz für Versorgungsleistungen im Falle von Krankheit stellvertretend für den Patienten festgelegt werden.

5.4.1   Private Nachfrage nach Sozial-, Pflege- und Gesundheitsleistungen

Für die Bevölkerung führt die Definition eines gesetzlich festgelegten und staatlich zugesicherten Leistungsumfangs im Sozial-, Pflege- und Gesundheitssektor unmittelbar dazu, dass zusätzliche Leistungen privat, nämlich aus Eigenmitteln, zu finanzieren sind. Die Leistungen in der Sozial- und Gesundheitswirtschaft unterscheiden sich aus der Perspektive des Individuums im Grundsatz nicht von Nahrungsmitteln, Kleidung, Wohnen oder anderen Gütern und Dienstleistungen. Die Menschen müssen ihre Wünsche und Bedürfnisse, wozu auch Gesundheit und Pflege zählen, durch den Kauf von Gütern und Dienstleistungen befriedigen. Sie verfügen jedoch nur über begrenzte finanzielle Mittel. Deshalb müssen sie entscheiden, was und wie viel davon gekauft werden soll. Wesentliches Kriterium für die Entscheidung ist dabei der Preis der Güter und Dienstleistungen. Der Preis für ambulante Gesundheitsleistungen setzt sich aus dem ärztlichen Honorar und den Kosten für Pflegeleistungen sowie für Arznei-, Heil- und Hilfsmittel zusammen. Natürlich entscheidet nicht alleine der Preis ärztlicher Behandlung darüber, ob ein Arztbesuch erfolgt und in welchem Umfang Versorgung und damit Gesundheitsleistungen nachgefragt werden. Vielmehr beeinflussen auch Dringlichkeit (Schmerz), Wege- und Wartezeiten sowie Qualitätsaspekte die Entscheidung des Patienten ebenso wie dessen Interesse an anderen Gütern, auf die er beim Kauf von Gesundheitsleistungen verzichten müsste. Dennoch kommt (zumindest aus ökonomischer Perspektive) dem Preis eine zentrale Bedeutung zu.

Sowohl im Sozial- als auch im Gesundheitssektor hat der leistungsberechtigte Patient bzw. Klient bis auf wenige Ausnahmen keine Kosten zu tragen. Diese „Null-Preis-Politik" soll es den Menschen ermöglichen, Leistungen, die erforderlich sind, ohne Ansehen der individuellen wirtschaftlichen Situation in Anspruch nehmen zu können. Neben Therapiefreiheit für die Behandler bedeutet eine zunehmende Privatisierung von Leistungen, dass die Kostenträger von einer

Zahlungsverpflichtung frei sind. Die Preise werden bei privater Abrechnung und bei Marktpreisen deutlich von Null verschieden sein. Die Patienten und Klienten werden dann einen Preis bezahlen und ihre Nachfrage daran ausrichten. Nach allem was die ökonomische Theorie lehrt und empirische Untersuchungen belegen, werden höhere Preise für Sozial- und Gesundheitsleistungen zu einer verringerten Inanspruchnahme und zu einem Rückgang der Nachfrage führen.

Wie aus der Sozialepidemiologie bekannt ist, weisen Angehörige unterer Einkommens- und Bildungsschichten generell ein höheres Krankheitsrisiko auf und benötigen somit tendenziell mehr Leistungen. Durch die Umverteilung in der Sozialversicherung und die Mittel aus den öffentlichen Haushalten werden Angehörige unterer (Einkommens-)Schichten mit vergleichsweise überproportional schlechter Risikostruktur in die Lage versetzt, Sozial- und Gesundheitsleistungen in Anspruch zu nehmen, die sie bei Eigenfinanzierung auf Grund ihres zu geringen Einkommens nicht nachfragen könnten oder auf Grund ihrer gegenwartsnäheren Präferenzen nicht würden.

Der Sozialstaat strebt dabei durch ein Bildungssystem sowie Prävention, Beratung und Empowerment im Rahmen der Sozialen Arbeit, welche den Bürgern und Klienten keinen Beitrag abverlangt, dahin, dass alle Bürger vermehrt einen gesundheitsförderlichen Lebensstil führen können und im Krankheitsfall überwiegend eigenverantwortlich für sich sorgen können. Hier greifen indirekt die Zahnräder der sozialen Sicherungssysteme mit den sonstigen sozialstaatlichen Leistungen ineinander und verfolgen die Ziele für selbstbestimmte und menschenrechtsorientierte Lebensgestaltung und arbeiten so dem Gesundheitssystem zu.

Durch die im Sozialgesetzbuch festgelegten Aufgabe der Gesetzlichen Krankenversicherung verbunden mit der Versicherungspflicht stehen grundsätzlich alle Bürgern Leistungen zum Erhalt, der Wiederherstellung oder der Verbesserung der Gesundheit zur Verfügung. Hierbei greift das System der Solidargemeinschaft, da alle (Zwangs-)Mitglieder entsprechend ihres Einkommens Beiträge zahlen. Die Gewährung von Leistungen wird jedoch nicht nach der Beitragszahlung bemessen, sondern primär am medizinisch und pflegerisch bestimmten Bedarf.

Bei einer zunehmenden Privatisierung ist deshalb davon auszugehen, dass Sozial- und Gesundheitsleistungen auf Grund des dann spürbaren (höheren) Preises weniger nachgefragt werden. Zugleich werden sich jedoch die bislang zwischen Kostenträgern und Leistungserbringern der Sozial- und Gesundheitswirtschaft verhandelten Preise (administrative Preise) nach unten anpassen. Zudem wird die Nachfrage nach Sozial- und Gesundheitsleistungen zurückgehen, die vorwiegend von einkommensschwachen Bevölkerungsgruppen genutzt werden. Dies wird tendenziell auch dann erfolgen, wenn nach „objektivem" Ermessen eine Behandlung, Therapie oder Inanspruchnahme erforderlich und Eigenvorsorge sinnvoll wäre. So sind neben Einnahmeausfällen für die Leistungserbringer auch für die Gesellschaft Folgekosten zu erwarten, die entstehen, wenn sich aus der Nichtinanspruchnahme Folgen ergeben oder Schweregrade erreicht werden, bei denen die Gesellschaft, der Staat sich wieder zum Handeln und Unterstützung verpflichtet sieht.

Es wird jedoch sicherlich auch eine große Zahl von Patienten geben, die selbst bei höheren Therapiekosten in unverändertem Umfang Leistungen in Anspruch nehmen. Viele Individuen werden vermehrt vorbeugen, um nicht behandlungsbedürftig zu werden. Andere werden die höheren Preise nicht zahlen können oder dazu nicht bereit sein, da sie an Stelle von Gesundheitsleistungen andere Dinge kaufen, von denen sie sich mehr individuellen Nutzen versprechen. Die Bürger werden jedoch versuchen, eine Versorgung für so wenig Geld als möglich zu erhalten. Neben dem Preis sind Dringlichkeit und Verzichtbarkeit der Versorgung wesentliche Faktoren, die über eine Inanspruchnahme entscheiden.

5.5   Fazit

Vor diesem Hintergrund ist eine Definition der gesellschaftlich bereitgestellten Leistungen sowohl im Sozial-, Pflege- als auch Gesundheitsbereich von größter Bedeutung. Man wird nicht ohne fundierte Nutzen-Kosten-Analysen und evidenzbasierte Therapieschemata auskommen, um feststellen zu können, in welchem Umfang soziale Leistungen aus gesellschaftlichen Mitteln finanziert werden sollen. Dabei ist zu berücksichtigen, dass Gesundheit Teil des Sozialwesens ist und nicht als getrennter Bereich betrachtet werden kann. Dies resultiert auch aus den Erkenntnissen über den engen Zusammenhang zwischen somatischer und psychischer Gesundheit sowie Krankheit. Die elementare Idee der staatlichen Finanzierung sozialer Leistungen besteht darin, dass die Individuen in schwierigen Lebenslagen aus gemeinschaftlichen Mitteln soweit mitversorgt werden sollen, bis sie wieder in die Lage versetzt sind, für sich weitgehend selbständig wieder sorgen zu können. Die Allgemeinheit strebt an, die Menschen und damit deren Humankapital soweit mittels öffentlicher Mittel zu unterstützen, dass diese Menschen bestmöglich zum Gemeinwohl beitragen können und – in wirtschaftswissenschaftliche Sprache gefasst – das Sozialprodukt steigern helfen und damit die Volkswirtschaft wachsen lassen.

Die Sozialwirtschaft als Ausprägungsform des Sozialstaates ist grundständig geprägt von subsidiären Prinzipien, korporatistischen Strukturen und Vielfalt in den Trägerschaften. Sie agiert über die Bereitstellung sozialer Dienste und Einrichtungen der öffentlichen und freien Wohlfahrtspflege als Teil der Daseinsvorsorge und bezieht Leistungserbringer (z. B. Soziale Dienste, Pflegedienste, freie Träger), Leistungsempfänger (z. B. Klient, Kunde, Ratsuchender) und Leistungsfinanzierer (z. B. „Öffentliche Hand", Sozialversicherungen) gleichermaßen in die Steuerungsprozesse mit ein. Allgemein beschäftigt sich die *Sozialwirtschaft* mit der Bearbeitung sozialer Probleme sowie individuellen und kollektiven sozialen Bedarfen. Als sozial- und verfassungsrechtliche Orientierungspunkte dienen die Ziele und Prinzipien des Sozialstaats, die im internationalen Vergleich keineswegs einheitlich definiert und ländertypisch unterschiedlich ausgeformt sind. Gegenstand der Sozialwirtschaft ist die sozial organisierte und zweckgerichtet gestaltete *Bewirtschaftung* der Aktivitäten in sozialen Kontexten; zusammenfassend beschreibt Sozialwirtschaft demnach ein Leistungs- und Handlungssystem, das im Dienste sozialer Daseinsvorsorge und sozialer Sicherung steht (vgl. Wendt 2003).

Sozialwirtschaftliches Handeln, wie es sich heute darstellt, orientiert sich nicht (mehr) nur an der Metapher eines (ver-)sorgenden Staates, sondern hat sich „der Entwicklung eines Wohlfahrtsregimes der sozialdienstlichen und gesundheitlichen Versorgung der Bevölkerung insgesamt angenommen" (Wendt 2015, S. 99). Einer hier dargestellten integrierten Versorgungsfunktion der Sozialwirtschaft, die eben auch gesundheitliche Leistungen beinhalte (vgl. auch Brinkmann 2010), steht eine zunehmend wachsende *Gesundheitswirtschaft* entgegen, die an vielen Stellen –

wird sie analytisch betrachtet – nicht durchgängig mit Strukturmerkmalen der Sozialwirtschaft korrespondiert. Es ist zu beobachten, dass im Prozess der Theoriebildung um die Funktionen der Sozialwirtschaft aktuell gesundheitsbezogene und soziale Dienste und Einrichtungen in gleicher Weise einbezogen werden (vgl. Brinkmann 2010; Wendt 2016). Parallel zu einem solch integrierten Verständnis von Sozialwirtschaft scheint die Diskussion um die Bewirtschaftung von „Gesundheit" bzw. Gesundheitsleistungen eher „geschlossen" und in voneinander unabhängigen Kontexten stattzufinden. Soziale Bedarfe werden in den meisten Literaturwerken zur Gesundheitswirtschaft lediglich vor dem Hintergrund sozialer Sicherungssysteme wahrgenommen, wobei die Versorgung mit psychosozialen Diensten oftmals als einzige Schnittstelle genannt wird (z. B. Granig und Nefiodow 2011; Heible 2014). Offenbar existieren in den verschiedenen Fach- und Wissenschaftsdisziplinen (z. B. Soziale Arbeit, Volkswirtschaftslehre, Gesundheits- und Pflegewissenschaften) unterschiedliche Zugänge und Auffassungen, die eine einheitliche und in diesem Sinne integrierte Theoriebildung erschweren.

Ein prägendes Merkmal der Sozialwirtschaft in Deutschland ist weiterhin – neben der rechtlichen Rahmung des Handlungsauftrages – die Orientierung am *sozialen Bedarf*, also die Orientierung an einer Steuerungsgröße, die sich individuell und im Gemeinwesen jeweils unterschiedlich darstellen kann und in der Regel das Ergebnis eines politischen Aushandlungs- und Entscheidungsprozesses markiert (z. B. Quoten für Kindertagesbetreuungsplätze, Versorgungsdichte gesundheitlicher und sozialer Dienste etc.). Sozialwirtschaft kann, so Wendt (2003, S. 13 f.), auch als *Bedarfswirtschaft* bezeichnet werden, die einer Doppelstrategie folgt: Zum einen geht es darum, soziale Bedarfe zu erkennen bzw. zu decken; zum anderen wird von Einrichtungen und Diensten der Sozialwirtschaft verlangt, diesen Auftrag wirtschaftlich umzusetzen.

Ein solcher Auftrag der sozialstaatlich gesteuerten Bedarfswirtschaft gilt für soziale und gesundheitliche Dienstleistungserbringer gleichermaßen und findet je nach Provenienz und Konnotation seine Entsprechung in Bezeichnungen wie „Alte Sozialwirtschaft" (Brinkmann 2014, S. 15) und „Erster Gesundheitsmarkt" (Kartte und Neumann 2009) zur Umschreibung von sozialer und gesundheitlicher Regelversorgung. In allen sozialen Bereichen, ggf. mit sichtbarerer Ausprägung im Bereich der gesundheitlichen Versorgung, zeigt sich seit vielen Jahren eine Tendenz der zunehmenden Steuerung über *marktwirtschaftliche Prinzipien* (z. B. Einführung einer Wettbewerbslogik) und einer stärkeren Betonung der wirtschaftlichen Dimensionen der Leistungserbringung (z. B. Einführung fallpauschalierte Vergütungsmodelle, Ausweitung von Wahlleistungsangeboten) (vgl. Hensen und Hensen 2008). Insgesamt kann daher nicht mehr nur allein von einer „Bedarfswirtschaft" im Sinne einer staatlichen Versorgung gesprochen werden, die sich an der

Ermittlung von sozialen bzw. gesellschaftlichen Bedarfen und einer diese Bedarfe deckende Mittelbereitstellung orientiert.

Eine weitere Entwicklung ist der Einsatz von Privatkapital und soziales Unternehmertum in Ergänzung zur staatlichen Versorgungslogik, deren Finanzreserven und Infrastrukturen sich zunehmend an Standards einer „Mindestversorgung" und weniger an tatsächlichen gesellschaftlichen bzw. individuellen Bedarfen orientiert. Privatunternehmerische Investitionen in die Sozialwirtschaft werden dort getätigt, wo „soziale Lösungen" gebraucht werden; zugleich aber auch betriebswirtschaftliche Aspekte einer renditeorientierten Marktfähigkeit mit Aspekten einer nachhaltigen Leistungssicherheit in Einklang gebracht werden oder zumindest ausreichend Berücksichtigung finden können. Auf diese Weise ergänzt *Soziales Unternehmertum* die Prinzipien der sozialstaatlich geprägten Bedarfswirtschaft durch marktwirtschaftliche Prinzipien im Sinne einer Kompensationslogik.

Die Gesundheitswirtschaft kann taxonomisch einerseits als Teilbereich eines gemeinsamen Sozialwirtschaftsmarktes („Sozialwirtschaft im weiteren Sinne") verstanden werden (Abbildung 6.1). Andererseits lässt sie sich trotz großer Schnittmengen und zahlreicher Gemeinsamkeiten inhaltlich und in bestimmten Bereichen auch strukturbedingt von rein sozialpädagogisch geprägten Leistungsangeboten (z. B. Kinder- und Jugendhilfe) abgrenzen („Sozialwirtschaft im engeren Sinne"). In der Gesundheitswirtschaft ergänzen private Investitionen (z. B. durch private Klinikbetreiber, ambulante Pflegedienste) seit längerem schon defizitäre Infrastrukturen und gelten als etablierte – wenngleich nicht unkritisch hinterfragte – Mittel zur Sicherung der gesundheitlichen und pflegerischen Versorgung. Neben dem Einsatz von Privatkapital und unternehmerischen Investitionen im Sinne kompensatorischer Aktivitäten, versteht sich die Gesundheitswirtschaft insbesondere auch als eine Branche, in der gesundheitsbezogene Güter und Dienstleistungen erstellt und vermarktet werden, die über den Bereich der solidarisch/staatlich finanzierten Leistungssysteme hinausgehen (vgl. Kuratorium Gesundheitswirtschaft 2006). Das solidarisch finanzierte Gesundheitssystem wird damit um die Bewirtschaftung „marktfähiger" Angebotsprodukte erweitert. Ein solcher Markt, der durch privat finanzierte Konsumausgaben gekennzeichnet ist und privatwirtschaftlichen Gesetzen folgt, wird im Rahmen der Diskussion um die Zukunft der gesundheitlichen Leistungssysteme auch als *Zweiter Gesundheitsmarkt* bezeichnet (Kartte und Neumann 2009; Henke 2009). Das Prinzip des Zweiten Gesundheitsmarkts – welcher keineswegs geschlossen gegenüber einem ersten Gesundheitsmarkt abgrenzbar wäre, man denke an privat finanzierte „Individuelle Gesundheitsleistungen" oder „Over-The-Counter"-Arzneimittel – korrespondiert mit dem Prinzip des *Neuen Sozialunternehmertums* (Brinkmann 2014), auch wenn die Angebotsgestaltung in den klassischerweise sozialpädagogisch geprägten Leistungssystemen sich noch

nicht so weit in Richtung Privatwirtschaft entwickelt hat wie die Angebots- und
Nachfragesituation in der Gesundheitswirtschaft.

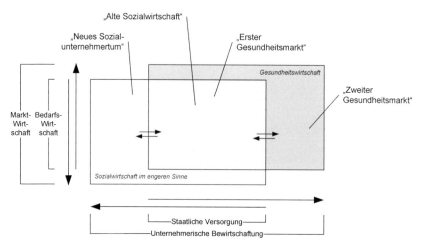

Abbildung 6.1   Sozialwirtschaft in einem taxonomisch weit gefassten Verständnis
und die Erweiterung der klassischerweise sozialstaatlich gesteuerten
Bedarfswirtschaft um unternehmerische Wirtschaftsfelder

An diese Erweiterung der klassischen Bedarfswirtschaft um markt- und privat-
wirtschaftliche Aspekte werden aus gesellschaftspolitischer und volkwirtschaftli-
cher Sicht Hoffnungen geknüpft, die strategisch in Richtung „Treiber des sozialen
Wandels" (ebd.) und „Wachstumsmotor" (Händeler 2004) gedeutet werden. Die
Chancen liegen insbesondere in einem Wechsel der Blickrichtung vom defizitären
„Kostenfaktor" zum prosperierenden „Wirtschaftspotenzial". Eine wirtschaftlich
derart neu markierte *Wachstumsbranche Sozial- und Gesundheitswirtschaft* erweitert den ehemals rein sozialpolitischen Blick auf die Versorgung mit Sozial- und
Gesundheitsleistungen um eine wirtschafts- und beschäftigungspolitische Pers-
pektive (vgl. Hensen 2011).

6.1.2   Herausforderungen und Anforderungen

Die Gestaltung und Steuerung der einzelnen Funktions- und Handlungsebenen der Sozial- und Gesundheitswirtschaft (Makro-, Meso- und Mikroebene, vgl. auch Kolhoff 2010; Offermanns 2011, S. 19 f.) stellt zahlreiche Anforderungen an die professionellen Akteure, insbesondere an jene mit Leitungs- und Budgetverantwortung in sozialen Organisationen. Diese müssen – unter Bezugnahme auf die Mittelallokation beeinflussenden volkwirtschaftlichen, politischen oder gesetzlichen Veränderungen – auch über neue und zum Teil auch beruflich anderen Fächerkulturen entspringenden Kompetenzen verfügen. Solche über die zugrunde liegende, in der Regel primär fachwissenschaftlich begründete Beruflichkeit der Sozial- und Gesundheitsberufe hinausgehenden Kompetenzen werden zumeist vereinfachend mit dem Oberbegriff „Managementkompetenzen" umschrieben und zusammengefasst.

Die Managementlehre gilt als ein eigenständiger, interdisziplinärer Wissenschaftszweig, der Vorgänge der *Führung* und der *Organisation* von gesellschaftlichen Institutionen untersucht und unter Beachtung spezifischer Werte- und Zielsysteme konkrete Handlungsempfehlungen ableitet (vgl. Merchel 2015). Management in der Sozial- und Gesundheitswirtschaft – allgemein verstanden als Planung, Organisation und Steuerung sozialer und gesundheitsbezogener Dienstleistungen – ergänzt die interdisziplinär geprägten Bezugsebenen der Sozial- und Wirtschaftswissenschaften zusätzlich durch die Dimension der Fachlichkeit der Sozial- und Gesundheitsberufe (Professionen), die durch ihre autonomen und berufsspezifischen Haltungen die Wert- und Zielmaßstäbe jeglichen Managementhandelns maßgeblich vor- und mitbestimmen. Im Bereich der sozialen Bedarfswirtschaft bildet traditionell die Soziale Arbeit die Referenzprofession, wogegen im Bereich der Gesundheitswirtschaft die Pluralität der Heil-, Gesundheits- und Pflegeberufe die Identifizierung eines professionellen Kerns erschwert. Personen in Leitungsverantwortung müssen gleichermaßen Fachkräfte (also Experten in ihrem Beruf) sein, wie auch aber über ausreichende Managementkompetenzen verfügen, um die Aufgaben der Führung und Organisation des Leitungsgeschehens sinnvoll wahrnehmen zu können (s.*Abbildung 6.2*).

Jenseits ihrer professionsbezogenen und -theoretischen Unterscheidungsmerkmale sind Sozial- und Gesundheitseinrichtungen grundsätzlich *Expertenorganisationen*, in denen hoch qualifizierte Fachkräfte (Ärzte, Sozialarbeiter, Psychologen, Gesundheits- und Krankenpfleger, Heilpädagogen etc.) zusammenarbeiten. Ihre Fähigkeiten und Handlungsspektren müssen im Bereich der fachlichen Aufgabenerfüllung angemessen eingesetzt werden; auf der anderen Seite sollen sie aber auch durch überfachliche Kenntnisse und Fertigkeiten in der Weise ergänzt werden, dass Veränderungen und neue Herausforderungen durch die Institution und ihre Mitglieder gemeistert werden können.

Managementanforderungen beinhalten aufgrund der damit einhergehenden Planungs-, Gestaltungs- und Steuerungsaufgaben innerhalb des zu bewirtschaftenden Leistungsrahmens zwangsläufig auch betriebswirtschaftliche resp. wirtschaftswissenschaftliche Kenntnisse und Fähigkeiten. „Betriebliche Wirtschaftlichkeit" fordert zum einen, die zugewiesenen und erworbenen Mittel zweckgebunden einzusetzen; zum anderen aber auch, mit ihnen so zu wirtschaften, dass das Überleben der eigenen Organisation (Existenzsicherung) und damit die Aufrechterhaltung der Leistungsangebote gesichert ist (Leistungssicherheit).

Betriebswirtschaftliches Handeln in Sozial- und Gesundheitseinrichtungen folgt damit durchaus auch sozialen Gerechtigkeitsfragen, wenn es darum geht, verantwortungsvoll mit den vorhandenen Mitteln umzugehen (Verteilungsgerechtigkeit). Es darf sich jedoch nicht in einem unreflektierten Import betriebswirtschaftlicher Instrumente, die ursprünglich für andere Leistungsbereiche oder Branchen entwickelt wurden, erschöpfen.[1]

Berufliches bzw. professionsbezogenes Handeln im Umfeld der unmittelbaren Leistungserstellung auf der Mikroebene kann weder allein „sich selbst genügen", noch findet es in einem „luftleeren Raum" mit unbegrenzten Freiheitsgraden statt. Die personenbezogene Leistungserstellung ist stets eingebunden in einen institutionellen Leistungsrahmen, der auf der Makroebene von gesellschaftlichen und politischen Erwartungen und Ansprüchen sowie auf der Mesoebene von einrichtungsinternen bzw. einzelbetrieblichen Anforderungen und Erfordernissen einer sachgerechten Mittelerschließung und -verwendung geprägt ist. Darüber hinaus muss sich das Bewirtschaften von Gesundheit und Sozialem in den Institutionen und Organisationen der Sozial- und Gesundheitswirtschaft mit Veränderungen und Herausforderungen auseinandersetzen, die im Folgenden nur beispielhaft genannt und kursorisch zusammengefasst werden:

---

1 Veränderungen in professionellen Institutionen und Organisationen, die allein auf den Einsatz von aus der Industrie (oder anderen fremden Wirtschaftsbereichen) entlehnten Managementtechniken und -konzepten bei der Betriebsführung setzen und die professionsbezogenen Bezüge vernachlässigen bzw. deren Handlungslogiken zurückdrängen, werden prozesshaft auch als *Managerialisierung* bezeichnet (vgl. Bär und Pohlmann 2016, S. 233).

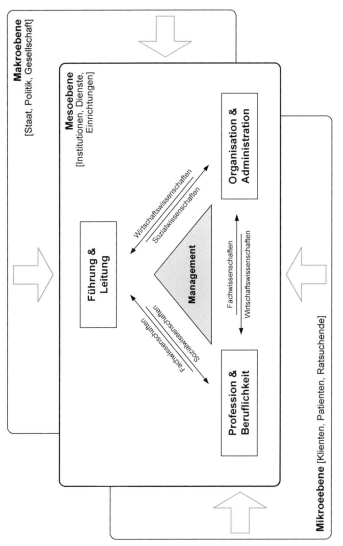

Abbildung 6.2 Aufgabenbezogene und wissenschaftstheoretische Verortung von Management in der Sozial- und Gesundheitswirtschaft

• *Demografische Entwicklung*: Der Rückgang der Geburtenrate und die steigende Lebenserwartung werden das Leistungsspektrum qualitativ an den
Anforderungen einer alternden Bevölkerung ausrichten und quantitativ zu
einer Nachfragesteigerung führen. Die Abnahme der Erwerbspersonen wird
bei gleichzeitig steigender Nachfrage nach Fachkräften im Gesundheits- und
Sozialwesen die Anforderungen an die Leistungsfähigkeit der Beschäftigten
erhöhen („Agemanagement").

• *Ökonomisierung und Marktorientierung*: Der Rückbau staatlicher Daseins-
vorsorge und die Vermarktlichung sozialstaatlicher Leistungen erhöhen den
Wettbewerbs- und Leistungsdruck und stellen zunehmend Fragen nach der
Qualität, der Wirksamkeit und der Wirtschaftlichkeit der Leistungserbringung
(„New Social Management").

• *Neue Versorgungs- und Betreuungsmodelle*: Die langsame Aufweichung der ausgeprägten Sektoralisierung durch neue(re) Versorgungsformen und integrierte
Versorgungsketten über Finanzierungsgrenzen und historisch gewachsenen
Leistungsstrukturen hinweg stellt besondere Anforderungen an das Schnitt-
stellen- und Kooperationsmanagement.

• *Neue Geschäftsfelder und Teilmärkte*: Die Erschließung eines stetig wachsenden
zweiten Gesundheitsmarkts und der Einsatz von Privatkapital in der Sozial- und
Gesundheitswirtschaft erfordert unternehmerisches Denken und Handeln
(„Social Entrepreneurship").

• *Verlagerung von Verantwortungs- und Risikoebenen*: Die steigende Privatisierung von gesundheitlichen und sozialen Leistungen (individuelle Verantwortungsübernahme) und fallpauschalierte Vergütungsmodelle (institutionelle
Verantwortungsübernahme) fordern neue Maßstäbe an die Transparenz und
Überprüfbarkeit des Leistungsgeschehens.

• *Institutionelle und mitarbeiterbezogene Gesundheitsförderung*: Die Implemen-
tierung eines betrieblichen Gesundheitsmanagements ist nicht nur Ausdruck
von Wertschätzung gegenüber den Beschäftigten, sondern – funktionalistisch
gedacht – auch eine Maßnahme zum Erhalt ihrer Leistungs- und Beschäftigungsfähigkeit („Gesundheit als Produktionsfaktor").

• *Qualitäts- und Verwendungsnachweise*: Zunehmend werden von Dritten Nach-
weise über die Entwicklung und Aufrechterhaltung von Leistungsstrukturen
und -prozessen, die Messung und Verbesserung der eigenen Ergebnisse und
erzielten Wirkungen sowie den wirtschaftlichen Umgang mit den bereitgestellten
Mitteln verlangt („Legitimationsdruck").

• *Nachfragemacht und steigende Individualisierung*: Die gesellschaftlichen Veränderungen und die Verschiebung der Machtverhältnisse hin zu einer stärker
werdenden Nachfragemacht und einer steigenden Kundensouveränität (auch

mit der Gefahr eines unterwünschten „Konsumerismus"[2]) fordern zunehmend individualisierte Leistungen, die u. a. durch innovative und flexible Organisationsgestaltung und Mitarbeiterqualifizierung realisiert werden können.

Unter den Vorzeichen der bisher skizzierten Ausgangslage setzt sich dieser Beitrag im Folgenden mit den Qualifizierungsmöglichkeiten und dem Kompetenzerwerb durch hochschulische Bildungsangebote auseinander. Hierzu werden Überlegungen angestellt, wie sich sozial- und gesundheitswirtschaftliche Studiengänge in der Hochschullandschaft spiegeln, wie den Anforderungen der Sozial- und Gesundheitswirtschaft durch (neue) Studienangebote Rechnung getragen werden kann und welche Möglichkeiten und Herausforderungen der Programmgestaltung sich den Hochschulen und Absolventen dieser Studiengängen bieten.

6.2 Sozial- und Gesundheitswirtschaft in der Hochschullandschaft

6.2.1 Entwicklungen und Zielsetzungen

Im beruflichen Bildungssektor haben sich in den letzten 20 Jahren Aus- und Weiterbildungsbereiche entwickelt, die den besonderen Anforderungen einer institutionellen Bewirtschaftung von Sozial- und Gesundheitsleistungen und den Herausforderungen einer sich verändernden und wachsenden Sozial- und Gesundheitswirtschaft Rechnung tragen sollen. Neben spezialisierten *Ausbildungsberufen*, wie z. B. Kaufmann/Kauffrau im Gesundheitswesen (vgl. Birkner et al. 2014), haben sich *Bildungsgänge* an Fachschulen entwickelt, z. B. mit Schwerpunkten in Organisation und Führung im Sozialwesen oder Management im Gesundheitswesen (vgl. Krippner-Stikklas und Stiklas 2006), die Berufstätige und bereits Berufserfahrene für spezialisierte Managementaufgaben und für Leitungsaufgaben im mittleren

---

2 Im Gegensatz zum Begriff der Kunden- oder Konsumentensouveränität, womit im Sozial- und Gesundheitswesen positive Entwicklungen wie der Abbau von Informationsasymmetrien durch Verbesserung von Informations- und Mitwirkungschancen von Patienten bzw. Klienten oder allgemein die Stärkung und Durchsetzung von Klienten- und Patientenrechten betont werden („Patient/Klient als Partner"), spiegelt der Begriff *Konsumerismus* eher unerwünschte Entwicklungen im Sinne einer Überformung professioneller Handlungspraxis durch die Regeln des Marktes („Patient/Klient als Verbraucher") und einer ökonomisch bedingten Einschränkung der beruflichen Autonomie (vgl. Beckmann 2009, S. 86; Siegrist 2012).

Management qualifizieren sollen (z. B. Sozialwirt/Sozialwirtin, Fachwirt/Fach-
wirtin im Sozial- und Gesundheitswesen). Vergleichbare Entwicklungen konnten
im Hochschulbereich beobachtet werden, die zum Auf- und Ausbau sozial- und
gesundheitswirtschaftlich ausgerichteter *Studienprogramme* geführt haben. Die
2000er Jahre waren überwiegend durch die mit dem „Bologna-Prozess" ausgelösten
Studienreformen geprägt (vgl. Friedrich 2005). Die Einführung von zweistufigen
Studienprogrammen – im engeren Sinne das Bachelor/Master-System – hat nicht
nur die Einführung, sondern auch die *Diversifizierung* neuer Studiengänge beflügelt, was nicht zuletzt auch darauf zurückzuführen ist, dass sich die Hochschulen
selbstständig neue Tätigkeitsfelder und Qualifizierungsangebote erschlossen
(vgl. Kälble 2009). Die heutige Hochschullandschaft bietet ein breites Spektrum
hochgradig differenzierter Studienangebote; eine Differenzierung, die fast schon
als *Zergliederung* gedeutet werden kann, und für Adressaten, Wettbewerber und
Arbeitgeber gleichermaßen unübersichtlich geworden ist.

Im *Gesundheitswesen* war die Entwicklung der Hochschullandschaft zunächst
durch den Beginn der Akademisierung der Gesundheitsberufe, vor allem der Pflege-
und Therapieberufe, geprägt. Gleichzeitig haben sich neue Fächer im Umfeld der
Gesundheitswissenschaften etabliert, die bisher in Deutschland nur randständig
oder überhaupt nicht akademisch vertreten waren (vgl. Borgetto und Kälble 2007,
S. 143 ff.). Die Entwicklung von Studiengängen, die sich inhaltlich bzw. hinsichtlich ihrer Ausrichtung und Zielsetzung auf die Bewirtschaftung von Sozial- und
Gesundheitsleistungen spezialisiert haben, erlangten einen wichtigen Wachstums-
schub durch den Auf- und Ausbau eines hochschulischen Weiterbildungsmarktes
für Hochschulabsolventen und qualifizierte Berufspraktiker (vgl. ebd.). Dieser
Trend ist vor allem durch die Entwicklung von postgradualen Managementstu-
diengängen mit den Möglichkeiten einer Nachqualifizierung etwa im Bereich des
„Gesundheitsmanagements" bzw. des „Managements im Gesundheitswesen" geprägt.
Konjunktur hatten dabei Studienprogramme, die Führungskräften ökonomische
und betriebswirtschaftliche Zusammenhänge und Kenntnisse vermitteln und damit
neue Karrierechancen eröffnen sollten (Pundt und Matzick 2008). Vor allem die
zahlreichen neugegründeten privaten Fachhochschulen haben sich diesem Thema
mit der Entwicklung neuer Angebotsprodukte zugewandt. Häufig engagieren sich
auch Unternehmen und Bildungsträger, die zum Teil in anderen Feldern des Gesundheitswesens wirtschaftlich aktiv sind. In den letzten Jahren sind zunehmend
grundständige, vor allem Bachelorprogramme hinzugekommen, die für spezielle
Aufgaben und mittlere Führungspositionen qualifizieren (z. B. „Gesundheitswirtschaft", B.A.) und Karrierewege in kaufmännischen bzw. verwaltungsbezogenen
Bereichen in Gesundheitseinrichtungen bieten.

Im *Sozialwesen* sind seit etwa 20 Jahren Konzepte und Methoden des Sozial-managements Bestandteil von Fort- und Weiterbildungsangeboten; anfänglich als Zertifikatskurse und beruflicher Fortbildung verstanden, haben sich bis heute eine Vielzahl an diesbezüglichen Studiengängen etabliert, bei denen es im Kern um die Vermittlung von Kompetenzen zur Bewirtschaftung von sozialen Diensten und Dienstleistungen geht, die vereinzelt aber auch im Übergangsbereich sozialpädagogisch geprägter zu gesundheitsbezogenen Leistungen zu verorten sind (z. B. Einrichtungen der Altenhilfe oder psychosoziale Dienste). Ähnlich wie im Gesundheitsbereich waren es vor allem diese Angebote der Weiter- und Nachqualifizierung für berufstätige Angehörige der Sozialberufe, die als Impulsgeber den weiteren Ausbau sozialwirtschaftlich ausgerichteter Studiengänge auch im Bachelorbereich beflügelt haben. In jüngster Zeit haben sich hier ebenfalls Programme entwickelt, deren Ausrichtung und Zielsetzung die primär betriebswirtschaftliche bzw. managementbezogene Qualifizierung von Schulabgängern ist und Karrierewege in den kaufmännischen bzw. verwaltungsbezogenen Bereichen von Sozialeinrichtungen eröffnen (z. B. „Sozialwirtschaft", B.A.). Die Entwicklung der Angebotsgestaltung gestaltete sich in gewisser Weise ähnlich zum Gesundheitswesen und fand ihre Zuspitzung darin, dass mittlerweile neben disziplinär und professionell ausdifferenzierten Studienprogrammen zunehmend Studienangebote entstehen, die auf eine Verschränkung von Sozialwirtschaft und Gesundheitswirtschaft im Sinne eines „gemeinsamen Lernens" zielen.

6.2.2   Fachlichkeit und Management

Die Auseinandersetzung mit Fragen und Problemstellungen des „Managements" in der sozialen und gesundheitsbezogenen Leistungserstellung und der Bewirtschaftung von Institutionen, Leistungssystemen und einzelbetrieblichen Einrichtungen, in denen soziale und gesundheitsbezogene, in der Regel personenbezogene Dienstleitungen, erbracht werden (betriebswirtschaftlich gesprochen: produziert werden), ist nicht neu. Sie ist aber notwendig, wenn die Verfügbarkeit von Mitteln begrenzt, die Systeme, in denen diese Mittel verteilt werden, komplex, und die darin Handelnden über unterschiedliche Vorstellungen über das Auskommen dieser Mittel und ihrer Verteilungsgerechtigkeit verfügen. Sie muss als fortwährender *Aushandlungsprozess* zwischen Machbarem und Wünschenswertem gesehen werden; ein Aushandlungsprozess, der viele Perspektiven, insbesondere die Expertenkultur der Professionellen und die organisatorischen und überorganisatorischen Belange komplexer Leistungssysteme umschließt.

Das Zusammentreffen von ökonomischen Sichtweisen und betriebswirtschaftlichen Anforderungen mit weitgehend an die Professionen bzw. an einen „Professionsstatus" gebundenen Rationalitäten, in denen „Management" oft als Chiffre für Fremdbestimmung, Rationierung und Deprofessionalisierung (miss-)verstanden wird, erweisen sich in der Praxis oft als problematisch.[3] Das Spannungsfeld hat Tradition: Fachwissenschaftlich geprägte Beruflichkeit – im weiteren Sinne verstanden als professionsbezogenes Handeln der Sozial- und Gesundheitsberufe – trifft auf bürokratisch geprägte Organisationslogik. Die darin enthaltene Polarisierung von Selbstbestimmung und professioneller Expertise einerseits und Rationalisierung und bürokratischer Disziplin anderseits lässt sich weit bis auf den Bürokratieansatz von Max Weber und der sich daran anschließenden, bis heute organisationssoziologisch geführten Bürokratiekritik zurückverfolgen (vgl. Weber 2002; Kieser 2014).

In einem solchen Diskurs erscheint *Fachlichkeit*, begründet in der jeweils zugrunde liegenden Fachwissenschaft, stets in Gefahr, bürokratisch überformt zu werden: In einer von „Bürokratie" dominierten, d. h. in erster Linie institutionellen Regeln bzw. abstrakten Anforderungen und Zwecken dienenden, Organisation wird die professionelle Handlungsautonomie durch bürokratische Handlungslogiken eingeschränkt; Professionelle werden zu Routinearbeitskräften deklassiert; gleichzeitig setzt ein Prozess der Deprofessionalisierung ein, der unter dem Primat eines fach- und berufsfremden Effizienzdenkens zur Erosion der eigenen berufsständigen Werte und Normen führt. Unter der Bedingung, dass ein solches Szenario unter bestimmten Voraussetzungen durchaus denkbar wäre, kann die Gefahrenabwehr aber nicht allein durch einen Rückzug auf die fachliche bzw. professionelle Position gelingen, die mit der Bewirtschaftung ihres Leistungsumfelds und dem Umgang mit gesellschaftlichen und politischen Veränderungen nichts zu tun haben will. Die als polarisiert dargestellten „Konfliktlinien" beider Handlungslogiken werden im täglichen Arbeitsprozess nicht immer so deutlich, spätestens jedoch mit der Übernahme von Leitungsverantwortung („Management" durch Professionsangehörige; Professionelle als „Manager") sichtbar und spürbar. Jede fachlich/beruflich getroffene Entscheidung und Maßnahme bedeutet stets einen Ressourcenverbrauch, der auch die Prinzipien der *Verantwortlichkeit* für das eigene Handeln und des *Einstehenmüssens* für die beabsichtigten und unbeabsichtigten Folgen berührt.

---

3   Problematisch erscheint in diesem Zusammenhang der häufig unkritische und stimmungsvoll aufgeladene Gebrauch des Begriffs des *Managerialismus*, mit dem Management und jegliches Management- und Steuerungshandeln in professionellen Expertenorganisationen fälschlicherweise als Unterwerfung professioneller Handlungspraxis einer bürokratischen Verwaltungslogik markiert werden und folglich grundsätzlich abzulehnen sind.

Es kann daher nur im Interesse der sozialen und gesundheitsbezogenen Fachlichkeit bzw. der professionell Handelnden sein, sich mit den Fragen und Herausforderungen gesellschaftlicher Anforderungen, ökonomischer Bedingungen und betriebswirtschaftlichen Handelns auseinanderzusetzen, um die potenziellen „Konfliktlinien" bestmöglich im Sinne einer gemeinsamen Ziel- und Wertebasis zusammenzuführen. Nicht jeder Angehörige eines Sozial- oder Gesundheitsberufs muss gleichzeitig Betriebswirt, aber jede Leitungsperson („Manager") sollte zumindest kompetenter Ansprechpartner für die Belange seines institutionellen Leistungsrahmens sein, in dem er Verantwortung übernimmt. Eine derart verbindende, brückenbauende Position lässt den Handlungs- und Ermessensspielraum der Professionellen *durch* Professionelle (mit-)bestimmen und einer möglichen Überformung der professionellen Praxis durch „Formalisierung"[4] (Freidson 1984) entgegenwirken. Die wahrgenommene Fremdbestimmung durch Berufsferne kann so zur Selbstbestimmung durch Professionsangehörige umgedeutet werden. Ein Organisationsmodell, in dem Managern die *Vermittlungsfunktion* zwischen professioneller und bürokratischer Handlungslogik zukommt, wird entgegen der gängigen Managerialismuskritik von einem „nicht-manageriellem Management" (Schnurr 2005, zit. in Beckmann et al. 2007, S. 277) getragen.

Managementkompetenzen und Kompetenzen zur Bewirtschaftung von Diensten und Dienstleistungen werden damit gerade eben nicht zu einem Werkzeug einer schleichenden Deprofessionalisierung. Der Erwerb und der Einsatz von Managementkompetenzen wird im Gegenteil zu einem Merkmal beruflicher und organisatorischer Professionalität[5] (vgl. Brenner et al. 2016) und sollte auch als solcher wahrgenommen werden.

---

4   *Formalisierung* professioneller Praxis beschreibt nach Freidson (1984) ein Gegenkonzept zur bürokratisch geprägten Form der Fremdkontrolle. Sie ist dadurch gekennzeichnet, dass die Kontrollstruktur von professionellen Organisationen und der Arbeitsbedingungen durch die Professionellen selber übernommen und beeinflusst wird. In dem Sinne wird Formalisierung als eine Form der „reflexiven Routinisierung" von Arbeitsabläufen verstanden, die auf einer formalen Festschreibung von erfolgreichen Verfahrens- und Vorgehensweisen beruht, und die sich gegenüber restringierenden Formen einer „technischen Standardisierung" im Sinne bürokratisch geprägter Kontrollstrukturen, die eine Einengung von Handlungs- und Ermessensspielräumen bedeuten würden, positioniert (vgl. Oevermann 2000, Beckmann 2009, S. 99 ff.)

5   *Professionalität* kann aus einem strukturtheoretischen Ansatz heraus stark verkürzt als die „Arbeit der Professionellen", oder im engeren Sinne als einen Handlungsmodus verstanden werden, der die reflexive Erschließung der eigenen vollzogenen Tätigkeiten wie die Bewältigung von komplexen Aufgaben in konkreten Situationen unter Nutzung wissenschaftlicher und abstrahierter Kenntnisse umfasst (vgl. Dewe 2006, S. 31; Perkho-

Ich gleicher Weise kann auch die Form der Spezialisierung und Akademisierung der „Betriebswirtschaftung" von Sozial- und Gesundheitseinrichtungen (z. B. durch die Ausbildung von grundständigen Bachelorstudiengängen) als Merkmal einer Professionalisierung, allerdings der kaufmännischen bzw. verwaltungsbezogenen Berufe gedeutet werden. Die Qualifizierung dieser Berufsgruppen setzt auf spezielle Sozial- und Gesundheitswirtschaftskenntnisse, die auch Kenntnisse der professionsgeleiteten Leistungserstellung beinhaltet. Durch eine solche, neu entwickelte Professionalität bei den Angehörigen der als „bürokratisch" markierten Berufe wird nicht nur ein größeres Verständnis für die Belange der personenbezogenen Dienstleistungen und der damit verbundenen Professionskulturen der Sozial- und Gesundheitsberufe entstehen. Sie kann auch die gemeinsame Annäherung in Form von berufsgruppenübergreifender Zusammenarbeit, nicht nur unter den Sozial- und Gesundheitsberufen, sondern auch hinsichtlich der Schließung bzw. Überbrückung der als polarisiert beschriebenen Konfliktlinien zwischen einer möglicherweise fremdbestimmenden Organisationslogik und einer genuin selbstbestimmten Professionslogik fördern.

6.2.3   Systematisierung und Gestaltungsansätze

Mit Blick auf die bestehende Hochschullandschaft und die bereits existierenden Studienangebote scheinen Begrifflichkeiten und Bezeichnungen der Studienprogramme beliebig zwischen betriebswirtschaftlichen, ökonomischen und managementorientierten Bezeichnungen einerseits und spezifischen Bezügen zu einer jeweils zugrunde liegenden fachlichen bzw. fachwissenschaftlichen Ausrichtung auf Studieninhalte des Sozialen oder der Gesundheit (einschließlich Pflege) andererseits zu variieren (*Abbildung 6.3*). Die Variabilität auf der einen Seite lässt sich dadurch erklären, dass die Grenzen der Leistungs- und Bezugssysteme in der Sozial- und Gesundheitswirtschaft fließend ineinander verlaufen. Auf der anderen Seite existiert kein einheitliches Verständnis bzw. keine vollständig geschlossene Theorie für die Wissenschaftszweige und Handlungsfelder der Ökonomie, (Betriebs-)Wirtschaft und Management in der Sozial- und Gesundheitswirtschaft, sodass eine Abgrenzung gegeneinander nur unvollständig gelingen kann.

---

fer-Czapek und Potzmann 2016, S. 50); Es besteht eine inhaltliche Nähe zum Konzept bzw. der Begrifflichkeit der „Beruflichen Handlungskompetenz".

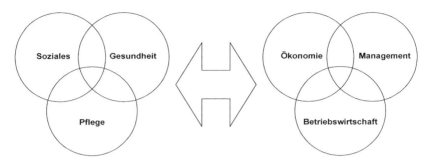

Abbildung 6.3 Begriffliche Vielfalt und Schnittmengenbildung von sozial- und gesundheitswirtschaftlich ausgerichteten Studienprogrammen

Für eine Systematisierung des Betrachtungsgegenstands erscheint trotz der beschriebenen Abgrenzungsprobleme eine Kategorisierung erforderlich. Als Vorlage können bereits publizierte Vorstudien zu dem Thema herangezogenen werden (vgl. Hensen 2010; 2012). Die Betrachtung sämtlicher Studienprogramme mit Bezug zur Sozial- und Gesundheitswirtschaft liefert eine enorme Bandbreite von beruflichen Grund- und Studientypen. Um eine Fokussierung auf „sozial- und gesundheitswirtschaftliches Lernen" zu erreichen, sollte bei den zu betrachtenden und als relevant einzuordnenden Studiengängen das primäre (eigentliche) Aus- und Weiterbildungsziel auf der Vermittlung von Kenntnissen und Fertigkeiten bzw. von Kompetenzte der sozial- und gesundheitswirtschaftlich ausgerichteten (Betriebs-)Wirtschaft und des Managements liegen.[6]

---

6   Eine genaue Definition von „sozial- und gesundheitswirtschaftliches Lernen" und sozial- und gesundheitswirtschaftliche Studiengänge gelingt sicherlich nur in Ansätzen. Wichtigstes Merkmal ist die primäre Ausrichtung auf den Kompetenzerwerb hinsichtlich der Bewirtschaftung von sozialen und gesundheitsbezogenen Diensten und Dienstleistungen in einem institutionellen Kontext. Dabei bleiben gesundheits-, sport-, ernährungs-, pflege- und therapiewissenschaftlich geprägte und auch medizinische Studiengänge unberücksichtigt, da deren Grundausrichtung vorrangig auf die fachliche und/oder methodisch-wissenschaftliche Qualifizierung in der zugrundliegenden Fachdisziplin bzw. auf sozialwissenschaftliche Betrachtungen gesellschaftlicher und individueller Zusammenhänge von Gesundheit und Krankheit (z. B. Gesundheitsförderung, Public Health, Pflegepädagogik) und nicht primär auf die Vermittlung von Management- und Wirtschaftskompetenz im Sozial- und Gesundheitswesen zielt, auch wenn sie zum Teil ähnliche Elemente (z. B. betriebliches Gesundheitsmanagement) mit beinhalten. Vergleichbares gilt für Studiengänge der Informatik und Informationswissenschaften mit Bezug zum Sozial- und Gesundheitswesen, die vorrangig auf die Vermittlung informationeller und informationstechnischer Kenntnisse und Fertigkeiten zielen.

• • • • • • • • •

Neben einer grundsätzlichen Unterscheidung von Qualifizierungsstufen (Bachelor, Master) kann innerhalb dieser Stufen die mit dem Studienziel angestrebte Qualifizierungsrichtung betrachtet werden. *Primär qualifizierende Studienprogramme* ermöglichen eine primär ausgerichtete Qualifizierung bzw. einen ersten (fachlichen und berufsbildenden) Kompetenzerwerb in der Bewirtschaftung und des Managements in der Sozial- und Gesundheitswirtschaft. Als Bachelorstudiengänge wären hier grundständige, sozial- und gesundheitswirtschaftlich ausgerichtete Studienprogramme mit ökonomischen, betriebswirtschaftlichen oder managementbezogenen Ausrichtungen denkbar (z. B. „B.A. Sozialwirtschaft"). Korrespondierend kämen auf der Masterstufe Studiengänge in Betracht, die (konsekutiv) die primär erworbenen sozial- und gesundheitswirtschaftlichen Kompetenzen vertiefen oder verbreitern (z. B. „M.A. Gesundheitsökonomie"). *Sekundär qualifizierende Studienprogramme* sind dagegen als Qualifizierung zu verstehen, die auf eine bereits bestehende anderweitige Grundqualifizierung (z. B. Soziale Arbeit, Gesundheits- und Krankenpflege) aufbauen und diese soziale und/oder gesundheitsbezogene Fachqualifizierung um sozial- und gesundheitswirtschaftliche Kompetenzen erweitern und ergänzen. Als Bachelorstudium wären hier Studiengänge zu nennen, die beispielsweise auf eine fachschulische Ausbildung (z. B. Pflegeausbildung) aufsetzend eine managementorientierte Qualifizierung anbieten (z. B. „B.A. Pflegemanagement"). Auf der Masterstufe wären hier Studiengänge denkbar, die aufbauend auf einem grundständigen, sozialen und/oder gesundheitsbezogenem Studium (z. B. Soziale Arbeit, Nursing) ein (weiterbildendes oder nicht-konsekutives) Masterstudium mit sozial- und gesundheitswirtschaftlichen Bezügen anbieten (z. B. „M.A. Sozialmanagement").

• • • • • • • • • • • • •

Innerhalb des „sozial- und gesundheitswirtschaftlichen Lernens" kann trotz der bereits skizzierten Abgrenzungsprobleme eine gewisse Schwerpunktlegung der Studienprogramme hinsichtlich des angestrebten Kompetenzerwerbs auf betriebswirtschaftliche, managementbezogene oder ökonomische Kompetenzen erkennbar sein. Grundsätzlich werden die Wirtschaftswissenschaften von zwei Wissenschaftszweigen geprägt: Die volkswirtschaftliche Perspektive betrachtet die wirtschaftlichen Zusammenhänge von verfügbaren Ressourcen und sachgerechter Mittelverwendung (Allokation) auf nationaler und/oder internationaler Ebene und hat Bezüge zur Wirtschafts- und Sozialpolitik (Makroebene). Die Betriebswirtschaftslehre dagegen nimmt die Perspektive von Institutionen, einzelner Betriebe und Organisationen bzw. der darin Handelnden ein (Meso- und Mikroebene). Die meisten sozial- und gesundheitswirtschaftlich ausgerichteten Studiengänge zielen auf *betriebswirtschaftliche* und *managementbezogene Kompetenzen*. Im gleichen Sinne anschlussfähig sind die grundsätzlich eher volkswirtschaftlich ausgerichteten Studiengänge der *Sozial- und Gesundheitsökonomie*, die (zumindest im deutschsprachigen Raum) zu großen Anteilen auch betriebliches und managementorientiertes Handlungswissen (mit-)vermitteln. Das besondere an der (auch begrifflich dominierenden) *Managementlehre* ist ihr Wesen als interdisziplinäre (Teil-)Wissenschaft, die Vorgänge der Führung und der Organisation von gesellschaftlichen Institutionen stets auch aus dem Blickwinkel der Leistungserbringer bzw. der Ziele, Werte und Normen der Sozial- und Gesundheitsberufe betrachtet. Die Besonderheit, dass Management auf verschiedenen Funktions- und Handlungsebenen als Gestaltungs- und Steuerungsrahmen der Leistungserbringung (z. B. Steuerung auf Makroebene, Leitung auf der Ebene der Organisation, Handlungsrahmen für die Ausübung personenbezogener Dienstleistungen) verstanden werden kann, verleiht diesem Begriff inhaltlich den Charakter einer integrierenden Klammer, die gleichermaßen betriebswirtschaftliche, sozialwissenschaftliche und gesamtökonomische Aspekte mit einschließt.

• • • • • • • • • • • • • •

Einige Studienprogramme weisen einen mehr oder weniger engen Zielgruppenbezug auf, d. h. sie sind auf bestimmte Berufsgruppen als Adressaten zugeschnitten, der oft bereits in der Studiengangbezeichnung deutlich wird (z. B. „Pflegemanagement" für Angehörige der Pflegeberufe, „Betriebswirtschaft für Ärztinnen und Ärzte" für Mediziner). Auch wenn diese eng zugeschnittenen Studiengänge eher eine Minderheit im großen Kanon der sozial- und gesundheitswirtschaftlichen Studiengänge stellen, werden Zielgruppen aber auch durch die Formulierung von Zulassungsbedingungen – vor allem in der Mehrheit der sekundär qualifizierenden Studienprogramme – definiert, was zu Ein- und Ausschlüssen von potenziellen Studienanfängern führt. Diese Ein- und Ausschlüsse haben vor allem den Zweck, den Kompetenzerwerb sinnvoll und anschlussfähig an Vorkenntnisse und Berufserfahrung zu binden (z. B. Sozialmanagement für Bewerber mit sozialpädagogischer Primärqualifizierung, Pflegemanagement für Angehörige der Pflegeberufe).

Eine exemplarische Betrachtung der zurzeit bestehenden Angebotsstrukturen zeigt, dass die eingangs skizzierte Theoriebildung einer „umgreifenden Sozialwirtschaft", die gleichermaßen die Bewirtschaftung von sozialen und gesundheitsbezogenen Diensten und Dienstleistungen umschließt, sich mittlerweile vielerorts auch in den Studienangeboten spiegelt und als „gemeinsames Lernen" sichtbar wird. So haben sich mittlerweile Studiengänge herausgebildet, die nicht nur isoliert die Bewirtschaftung von Leistungen in einem geschlossenen Sozialwesen (z. B.

Sozialmanagement) oder die Bewirtschaftung von gesundheitlichen Leistungen (z. B. Management in der Gesundheitswirtschaft) adressieren, sondern gerade den Zugang eines „gemeinsamen sozial- und gesundheitswirtschaftlichen Lernens" wählen (*Abbildung 6.4*). Quantitative Aussagen sind naturgemäß anhand derart exemplarischen Betrachtungen nicht möglich. Tendenziell – vor allem in der Bezeichnung und Namensgebung – dominieren bei den sekundär qualifizierenden Studiengängen die managementbezogenen Ausrichtungen, was auf die Qualifizierung ür Leitungs- und Führungsaufgaben in Einrichtungen der Sozial- und Gesundheitswirtschaft hindeutet. Bei den primär qualifizierenden Studiengängen, also jenen Studiengängen, die eine grundständige und vertiefende Qualifizierung sozial- und gesundheitswirtschaftlicher Kenntnisse und Fertigkeiten anstreben, legt die Namensgebung häufig eine betriebswirtschaftlich oder ökonomisch orientierte Schwerpunktlegung nahe. Verlässliche Aussagen lassen sich jedoch nur durch genauere Analysen des Angebotsmarkts vornehmen.

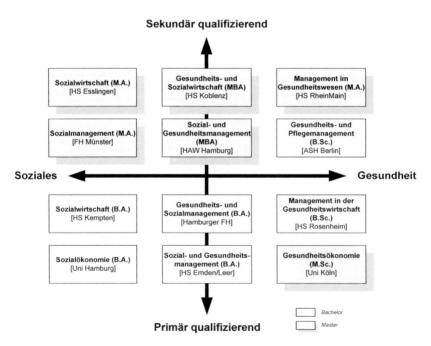

Abbildung 6.4   Kategorisierung von existierenden Studienangeboten (exemplarische Auswahl und Zuordnung)

6.3   Perspektiven der Programm- und Kompetenzentwicklung

6.3.1   Ermittlung von Qualifizierungsbedarfe

Anhand der exemplarischen Analysen lassen sich weder Aussagen zur Studierendennachfrage noch zur Nachfrage nach Absolventen der jeweiligen Studiengänge auf dem Arbeitsmarkt treffen. Beide Informationen hätten eine Indikatorfunktion hinsichtlich der Frage, welche Qualifizierungsbedarfe tatsächlich bestehen. Um den Qualifizierungsbedarf in der Sozial- und Gesundheitswirtschaft bzw. die inhaltliche Relevanz von Studienangeboten in Bezug zur Arbeitsmarkt- und Nachfragesituation besser einzuschätzen, können mit Hilfe gezielter Marktanalysen die Erfahrungen und Einschätzungen der Hochschulabgänger („Wirklichkeit") und/oder die Erfahrungen und Anforderungen des Arbeitsmarktes („Wunsch" und „Wirklichkeit") ermittelt werden. Die folgenden Vorgehensweisen adressieren im Wesentlichen die Perspektive der Hochschulabgänger (vgl. Pasternack 2006; Matzick 2008, S. 111):

- *Verbleibstudien*: Systematische Untersuchungen des Verbleibs der Studierenden nach Erhalt des Abschlusses. Absorptionsquoten liefern quantitativ darüber Aufschluss, wie viele Studierende in welchem Zeitraum eine Beschäftigung gefunden haben. Dabei sind nicht nur Zahlen wichtig, wie viele Absolventen auf dem Arbeitsmarkt untergekommen sind, sondern auch Informationen darüber, in welchen Bereichen bzw. Unternehmen.
- *Absolventenbefragungen*: Regelmäßige Befragungen der Absolventen könnten systematisch im Rahmen qualitativer (z. B. Einzelinterviews) oder quantitativer (z. B. Fragebogenmethode) Erhebungen erfolgen. Eine Kopplung an Verbleibstudien ist möglich, um erweiterte Informationen zum Verbleib ermitteln zu können (z. B. Art der Beschäftigungsverhältnisse, Vertragsgestaltung). Darüber hinaus bieten Befragungen dieser Art die Möglichkeit, realistischen Einschätzungen der Arbeitsmarktsituation aus Sicht der Absolventen zu erhalten (z. B. Zusammenhang von Studium und Berufssituation).
- *Berufsweganalysen*: Für derartige Untersuchungen stehen sämtliche Methoden der empirischen Sozialforschung zur Verfügung. Im Mittelpunkt steht nicht die Sammlung und Auswertung von Querschnittsdaten wie bei regelmäßigen Befragungsstudien, sondern vor allem auch die Langzeitbeobachtung von Lebens- bzw. Berufswegen der Absolventen, die methodisch eher Panelstudien entsprechen. Über Längsschnittstudien dieser Art könnten sehr genaue Daten über die Nachhaltigkeit der erworbenen Hochschulqualifikation und der damit

verbundenen beruflichen und individuellen Chancen und Risiken gewonnen werden.

Mit Hilfe dieser Verfahren können Einschätzungen darüber getroffen werden, ob tatsächlich arbeitsmarktrelevante Qualifikationen vermittelt werden oder der erfolgreiche Abschluss, beispielsweise eines sekundär qualifizierenden Studienprogramms, zu einer erkennbaren Verbesserung der Beschäftigungssituation führt. Bei all den genannten Methoden spielen Alumni-Netzwerke und ein professionell geführtes Datenmanagement über ehemalige Studierenden eine große Rolle, ohne die Analysen dieser Art kaum oder nur erschwert möglich wären.

Weitere Möglichkeiten, Qualifizierungsbedarfe und künftige Qualifizierungsanforderungen in der Sozial- und Gesundheitswirtschaft qualitativ und quantitativ zu ermitteln, wären (vgl. Schade 2002):

- *Betriebsbefragungen*: Systematische und/oder regelmäßige qualitative (z. B. explorative Einzelinterviews) oder quantitative (z. B. Fragebogenstudie, Telefonsurvey) Befragung von Einrichtungen und Institutionen über technologische und organisationsbezogene Entwicklungen, die Rückschlüsse auf Qualifikationsbedarfe liefern.
- *Stellenanzeigenanalysen*: Mit Hilfe systematischer Auswertungen von Stellenanzeigen der einschlägigen verwaltungs- resp. managementbezogenen Fachpresse oder Fachzeitschriften von Sozial- und Gesundheitsberufen können empirisch abgesicherte Informationen über den Fachkräftebedarf am Stellenmarkt und die von den Betrieben gewünschten Qualifikationsprofile gewonnen werden (Ermittlung von „Wunschprofilen").
- *Inserentennachbefragungen*: In Ergänzung zur Stellenanzeigenanalyse können die jeweiligen Inserenten systematisch nachbefragt werden, um somit Informationen zur Besetzung bzw. zu den Gründen der Nichtbesetzung der ausgeschriebenen Stellen zu erhalten (Ermittlung von „Wirklichkeitsprofilen").
- *Beraterbefragungen*: Neben Einrichtungen und Institutionen (Arbeitgeber) können gleichsam Befragungen von branchenspezifischen Beratern bzw. Beratungsfirmen durchgeführt werden, um Expertenwissen über betriebliche Veränderungs- und Qualifizierungskonzepte zu erhalten und einen Überblick über den Stand und die Entwicklung des Arbeitsmarktes zu erhalten.

6.3.2 Fachaufgabenkompetenzen

Primär qualifizierende Studienprogramme in der Sozial- und Gesundheitswirtschaft sind vor allem auf die Vermittlung von betriebswirtschaftlich und/oder ökonomisch geprägten Grundkompetenzen gerichtet. Die hierzu gehörenden Bachelorprogramme verfolgen das Ziel, zukünftige Fach- und Führungskräfte auszubilden, die zwar über eine gewisse sozialberufliche bzw. gesundheitsbezogene Fachlichkeit verfügen, jedoch nicht originär Angehörige der Sozial-und Gesundheitsberufe sind, sondern sich eher dem kaufmännischen bzw. verwaltungsbezogenen Personal zuzurechnen lassen. Um Fach- und Führungspositionen jenseits der Ebene der Sachbearbeitung – für die insbesondere die Ausbildungsberufe im dualen Ausbildungssystem qualifizieren – einnehmen zu können, sollten die Absolventen über eine wissenschaftliche Grundqualifikation verfügen. Neben den spezifisch zu ermittelnden Qualifizierungsbedarfen (s. o.) können auch anhand der vergleichenden Betrachtung von bereits am Markt angebotenen Studienprogrammen theoretische Überlegungen angestellt werden, welche Schwerpunkte eine solche Grundqualifizierung aufweisen sollte.

Die *Qualifikationsziele* primär qualifizierender Studiengänge sind sowohl auf die Übernahme von Führungsaufgaben (z. B. mittlere Leitungspositionen) als auch auf die Bearbeitung anspruchsvoller Fachaufgaben (z. B. Controlling in der Sozialverwaltung) gerichtet. Inhaltlich sollten allgemeine und spezielle betriebswirtschaftliche Kompetenzen im Sinne einer Basisqualifizierung im Vordergrund stehen, die zur Erfüllung von Aufgaben eines gehobenen Fachaufgabenniveaus benötigt werden. Primär qualifizierende Masterprogramme – in der Regel konsekutive Masterstudiengänge – bauen auf eine derart ausgerichtete Grund- und Basisqualifizierung entweder in Richtung höherer Fachqualifizierung auf (z. B. Personalwesen, Finanzcontrolling, wissenschaftliche Evaluation) oder sind auf die Vermittlung von Managementkompetenzen (z. B. Mitarbeiterführung, Organisationsentwicklung) für höhere Führungsaufgaben gerichtet. Die Unterscheidung in Fach- und Führungsaufgaben ist nicht trennscharf vorzunehmen, und es besteht naturgemäß (und sinnvollerweise) eine Durchlässigkeit in beide Richtungen bei der weiteren beruflichen Entwicklung der Beschäftigten.

Konzeptuell lassen sich in diesem Kontext Managementaufgaben von Controllingaufgaben unterscheiden (vgl. Schirmer 2006). Liegen die *Managementaufgaben* vor allem in der Erfolgs- und Ergebnisverantwortung, und sind demnach eher als Führungsaufgaben zu deuten, sind die Controllingaufgaben vorrangig auf die Erfolgssteuerung gerichtet, und damit eher den Fachaufgaben zuzuordnen. Die *Controllingaufgaben* entsprechen denen betriebswirtschaftlicher „Serviceleistungen" für das Management im Sinne von strategischer und operativer Planung und

Steuerung der Aufgaben, interner Beratung, Schaffung von Kosten-, Ergebnis-
und Strategietransparenz, Organisation eines führungs- und steuerungsgeeig-
neten Berichtswesens, Verantwortung für die Methodik der Wirtschaftlichkeit,
Soll-Ist-Vergleichen und Festlegung von Kennzahlen, Erwartungs- und Hochrech-
nungen, Informationsversorgung für die Unternehmenssteuerung, Vorbereitung
von Tätigkeiten zur Umsetzung der Strategien, ganzheitliche Koordination der
Zielvereinbarung und -realisierung, permanente Analysen der Umwelt und vieles
mehr (vgl. ebd.). Im Zuge der gesteigerten Anforderungsvielfalt der Sozial- und
Gesundheitswirtschaft (z. B. integrierte Versorgungsmodelle, fallpauschalierte
Vergütungsstrukturen, „Mixed Economy of Welfare") hat dieses Berufsfeld an
Komplexität und Aufgabenfülle gewonnen und ist andererseits auch nur in Zusammenarbeit mit dem Know-how der unmittelbaren Leistungserbringer (sozial- und
gesundheitsberuflichen Fachlichkeit) gestaltbar.

Einige Qualifikationsanforderungen lassen sich vor dem Hintergrund der theoretischen Ausführungen zur Erfüllung von sozial- und gesundheitswirtschaftlich
geprägten Fachaufgaben beispielhaft aufführen: Dazu gehören Grundpositionen
der allgemeinen Betriebswirtschaftslehre (z. B. Finanzbuchhaltung, Kennzah-
lenanalysen), Kostenrechnungsverfahren (z. B. Kosten- und Leistungsrechnung),
Wirtschaftlichkeits- und Investitionsrechnungen (z. B. Budgetierung, Deckungs-
beitragsrechnung), Strategische und operative Controllinginstrumente (z. B. Balan-
ced-Scorecard, Portfolio-Analysen), Koordination des Informationsversorgungs-
systems (z. B. Informationsaufbereitung, Berichtswesen), Marketingkonzeptionen
(z. B. Umweltanalysen, strategische Frühwarnsysteme) sowie rechtliche Grundlagen
(z. B. Gesundheits- und Sozialrecht, Arbeitsrecht). Sie sind insgesamt eher dem
betriebswirtschaftlichen und ökonomischen Kompetenzerwerb zuzuordnen.

6.3.3   Führungsaufgabenkompetenzen

Die als polarisiert dargestellten Rationalitäten und Bewusstseinsunterschiede zwischen dem klassischen, eher kaufmännisch geprägten Berufsbild des „Managers"
und den in ihren jeweiligen Fachwissenschaften verorteten Angehörigen der Sozial-
und Gesundheitsberufe („Professionals") nähern sich im Sinne einer zunehmenden
Aufgabenintegration an. Das Aufgabenfeld der leitenden Professionals wird sich
künftig mehr in Richtung Management verändern, da von diesen Berufsgruppen
zunehmend Erfolgs- und Ergebnisverantwortung erwartet werden (vgl. Weiser
2007). Auf der anderen Seite müssen ökonomisch bzw. kaufmännisch ausgebildete
Manager sich zunehmend mit den Bedingungen und Belangen der direkten (sozial-
und gesundheitsbezogenen) Leistungserbringung auseinandersetzen. Die sekundär

qualifizierenden Studienprogramme bieten Qualifizierungsangebote, um beide Berufsfelder miteinander zu verbinden. Ihr *Qualifikationsziel* ist vorrangig auf die Vermittlung von Führungsaufgaben- bzw. übergeordneten Managementkompetenzen gerichtet. Sekundär qualifizierende Bachelorprogramme sind vielfach auf bestimmte Zielgruppen zugeschnitten (z. B. Pflegemanagement) und bauen in der Regel auf eine fachschulisch erworbene Primärqualifikation auf (mittlere Führungsebene). Bei den sekundär qualifizierenden Masterstudiengängen – im Wesentlichen handelt es sich dabei um nicht-konsekutive bzw. weiterbildende Masterprogramme – ist dieser Zielgruppenbezug in vielen Fällen ähnlich ausgeprägt, wenn es darum geht, an bestimmte Grundkompetenzen inhaltlich anzuknüpfen; in vielen anderen Fällen sind sie aber sowohl für Professionals als auch für Angehörige der kaufmännischen bzw. verwaltungsbezogenen Berufe zugänglich (höhere Führungsebene).

Managementaufgaben für Führungskräfte bedeuten, Erfolgs- und Ergebnisverantwortung zu tragen, die Ziele der Einrichtung zu bestimmen, das Leistungsprofil, Qualitätsparameter und zukünftige Innovationen festzulegen, Strategien zu entwickeln, die Arbeits- und Ablauforganisation zu planen und zu kontrollieren, gleichzeitig für die Zeitsouveränität der Mitarbeiter verantwortlich zu sein, Leitlinien zur Erfolgsteuerung und Gewinnoptimierung zu erarbeiten sowie im Sinne einer übergeordneten Managementaufgabe, die langfristige Existenzsicherung – und damit auch das gesellschaftspolitische Ziel der Leistungssicherheit – zu verantworten. Die hier beschriebenen Aufgaben entsprechen zwar eher denen der höheren Managementebene; Führungsaufgaben müssen aber auf nachgelagerten Ebenen ebenso verstanden, mitgetragen, fortgeführt und ausgeübt werden. Die Erfüllung von Führungsaufgaben erfordert daher auch Kenntnisse und Fertigkeiten der Fachaufgabenebene, da von Führungskräften im Grunde nur verantwortet werden kann, was von ihnen letztendlich auch verstanden wird. Daher schließen managementbezogene Führungsaufgabenkompetenzen gleichsam auch grundständig betriebswirtschaftlich geprägte Fachaufgabenkompetenzen mit ein.

Die Komplexität und Diversität der unterschiedlichen Strukturen und Arbeitsorganisationen in den Institutionen und Einrichtungen erschwert die Unterscheidung in Fach- und Führungsaufgaben, was sich wiederum in der hohen Diversität der ausgewiesenen Qualifikationsziele bei den beobachtbaren Studienangeboten spiegelt. Typische Führungsaufgabenkompetenzen sind z. B. Kenntnis und Anwendung von Führungskonzepten und -techniken (z. B. Führungsverhalten, „Management by"-Konzepte), Kenntnisse und Methoden der Personalentwicklung (z. B. Teamentwicklung, Laufbahn- und Aufstiegsmanagement), Grundlagenwissen der Unternehmensführung (Planungs- und Organisationsfunktionen, Organisationsentwicklung), Kenntnisse hinsichtlich Wirtschaftsrecht und Wirtschaftsethik (z. B. Corporate Governance Kodex, Social Corporate Responsibility), Arbeitsorganisation (z. B.

Gestaltung von Aufbau- und Ablauforganisation), Unterscheidung und Anwendung von Managementkonzepten (z. B. Qualitätsmanagement, Lernende Organisation), Managementmethoden (z. B. Kontinuierliche Verbesserung, Qualitätssicherung) und Managementinstrumenten (z. B. Benchmarking, Selbstbewertung) sowie Evaluationsgrundlagen (z. B. Maßnahmenevaluation, Implementationskontrolle).

6.3.4 Überfachliche Aufgabenkompetenzen

6.3.4.1 Von der Qualifikation zur Handlungsfähigkeit

Grundsätzlich beinhalten die Ansätze der überfachlichen Qualifikation zwei Dimensionen. Die Vermittlung von Handlungswissen und Fertigkeiten, um im Rahmen der täglichen Routinetätigkeiten die geforderten Aufgaben zu bewältigen, entspricht insgesamt eher einem *zweckorientierten Qualifikationsansatz*. Hierunter lassen sich all jene übergreifenden Fach- und Führungsaufgabenkompetenzen zuordnen, die auf die Erfüllung der institutionellen „Zwecke", d. h. auf die Vollziehung des gesellschaftlichen Handlungsauftrags und die Bewirtschaftung des dazugehörigen institutionellen Leistungsrahmens, gerichtet sind. Demgegenüber entsprechen die Qualifikationen zu individueller und organisationaler Gestaltungs-, Problemlösungs- und Handlungsfähigkeit eher dem Aspekt einer *zwecksetzenden* und damit *handlungsorientierten Qualifikation*, die auf die Selbstorganisationskräfte und deren organisationalen Wirkungen bauen und somit im Kontext der Bewältigung spezieller Kooperations- und Organisationsanforderungen von besonderer Bedeutung sind.

Die Notwendigkeit überfachlicher Qualifikationen in der heutigen Arbeitswelt ist eng gekoppelt mit der Kompetenzaneignung, Entscheidungen treffen zu können und Verantwortung für die eigenen Entscheidungen zu übernehmen (vgl. Blättner und Georgy 2008). Dies gilt in veränderten Arbeitsumwelten nicht nur für die Sozial- und Gesundheitsberufe, sondern zunehmend auch für die Fach- und Führungskräfte der kaufmännischen bzw. verwaltungsbezogenen Berufe in Einrichtungen des Sozial- und Gesundheitswesens. In Ergänzung zu den berufsgruppen- und aufgabenspezifischen Kenntnissen und Fertigkeiten erlangt das Konzept der *Schlüsselqualifikationen* (wieder) an Bedeutung. Schlüsselqualifikationen bezeichnen außerfachliche bzw. überfachliche Qualifikationen, welche die vorhandenen fachlichen Qualifikationen ergänzen und erweitern. Meist werden hierunter Fähigkeiten gefasst, konkrete Handlungen situationsgerecht neu zu generieren bzw. zu aktualisieren. Gelerntes soll auf neue Situationen und Anforderungen transferierbar sein und somit Selbstständigkeit bei der Problemlösungssuche erreicht werden. Nach Mertens können Schlüsselqualifikationen theoretisch in vier Typen unterteilt werden (vgl. Mertens 1974):

- *Basisqualifikationen*: Qualifikationen auf dem Gebiet der Denkschulung und des Transfers auf spezielle Anwendungsgebiete (z. B. selbstständiges, logisches und kritisches Denken).
- *Horizontalqualifikationen*: Qualifikationen, die weitgehend auf die Gewinnung, Verarbeitung und Sicherung von Informationen ausgerichtet sind (z. B. Umgang mit Suchsystemen, Informationsbeschaffung).
- *Breitenelemente*: berufsübergreifende, allgemeinbildende Kenntnisse und Fertigkeiten: z. B. Fremdsprachen, wirtschaftliche und soziale Allgemeinbildung, Kulturtechniken.
- *Vintagefaktoren*: Qualifikationen, die intergenerative Bildungsdifferenzen aufheben sollen, (z. B. neu neuaufkommende Kenntnisse und Fertigkeiten der Informationstechnologie).

Ziel dieser Schlüsselqualifikationen ist es, nicht nur über Sachwissen, sondern auch über sogenanntes Handlungswissen zu verfügen, das es erlaubt, aus einer allgemeineren, dispositiven Handlungskompetenz heraus einen Transfer auf konkrete berufliche Situationen zu ermöglichen. Die somit geforderte Verallgemeinerung und Entspezialisierung zielt nicht auf die Schaffung von „Generalisten", die innerhalb dieses Kontexts neben ihren berufsgruppen- bzw. professionsspezifischen Fachkenntnissen ebenso umfangreiche ökonomische, technische oder pädagogische Fertigkeiten beherrschen. Vielmehr soll ein überfachlicher, entspezialisierender Kompetenzerwerb zu berufsgruppen- und hierarchieübergreifenden Fähigkeiten qualifizieren, der es ermöglicht, sich konstruktiv mit den gestellten Anforderungen und institutionellen Bedingungen der Leistungserstellung auseinanderzusetzen und sich in verändernde Wirklichkeiten einzubringen. Eine durch den Erwerb von Schlüsselqualifikationen erworbene *berufliche Handlungsfähigkeit* ist aufgrund ihrer Eigenschaften einer bloßen „Funktionsfähigkeit" deutlich überlegen. Entsprechende Inhalte sollten sich daher auch in primär und sekundär qualifizierenden Studienprogrammen niederschlagen, da sie eine Art „zweckorientierte überfachliche Grundqualifizierung" des sozial- und gesundheitswirtschaftlichen Lernens gelten können. Beispielhaft für zu vermittelnde übergreifende Kompetenzen wären Kommunikationstechniken (z. B. Teamfähigkeit, Konfliktmanagement) zu nennen; ebenso auch Kompetenzen des Projektmanagements (z. B. Projektplanung und -steuerung, Projektorganisation), Kenntnisse hinsichtlich des Sozial- und Gesundheitssystems im gesellschaftspolitischen Kontext (z. B. sozial- und wirtschaftspolitische Steuerung, Finanzierung und Management von Leistungssystemen), sozialpädagogische und gesundheitsbezogene Grundlagen (z. B. Gesundheits- und Lebenskonzepte, Methoden der Sozial- und Gesundheitswissenschaften), Sprachen (z. B. Wirtschaftsenglisch, Verwendung fremdsprachlicher Literatur), Wissensmanagement (z. B. Wissensentwicklung, organisationale Lernzyklen) sowie Grundlagen der Informationsverarbeitung (z. B. Sozialinformatik, Grundlagen des E-Health).

6.3.4.2 Kooperationsanforderungen

Sozial- und Gesundheitsorganisationen gelten – unabhängig von ihrer Größe und aufgabenbezogenen Verortung – als komplexe, soziale bzw. sozio-technische Handlungssysteme (vgl. Friedberg 1995; Asselmeyer 2006). Die Zusammenarbeit der unterschiedlichen Berufsgruppen und Professionen erweist sich meist dort als schwierig, wo durch eine hohe Spezialisierung und Aufgabenteilung besteht, wo teilige Führungslinien keine gegenseitigen Weisungsbefugnisse bestehen und unterschiedliche Rationalitäten auf die Leistungserstellung wirken (Parallelhierarchien).

Erhöhte und besondere, d. h. die Berufs- und Fächerkulturen berücksichtigende, Kooperationsanforderungen entstehen nicht nur zwischen den Berufsgruppen und innerhalb der Funktionsbereiche der unmittelbaren Leistungserstellung (vgl. Dahlgaard und Stratmeyer 2003) im Sinne einer *horizontalen Integration*. Enge Kooperationen und hohe Anforderungen an die Zusammenarbeit sind auch im Rahmen einer *vertikalen Integration* von Leistungsplanung, Leistungsgestaltung und Leistungsvergütung zu berücksichtigen, da verschiedene Hierarchie- und Leitungsebenen miteinander verbunden werden müssen und gleichsam die kaufmännischen bzw. verwaltungsbezogenen Bereiche eingebunden sind (vgl. Roeder et al. 2001). Überfachliche Kompetenzen sind hierbei vor allem auf den mittleren Führungs- und Ausführungsebenen gefragt (z. B. Fähigkeiten zur Koordination, Motivation, Information und Kommunikation). Aber nicht nur innerhalb der Einrichtungen hat *Kooperation* zwischen den einzelnen Berufsgruppen und Handelnden eine wichtige Bedeutung, auch außerhalb und zwischen den Einrichtungen und Institutionen wird sie immer wichtiger, wenn es um die Entwicklung, Gestaltung und Evaluation von Versorgungs- und Betreuungsnetzwerken oder Unternehmenskooperationen geht. Eine der wichtigsten Herausforderungen bei der Bildung von überfachlichen *Kooperationskompetenzen* liegt in der Veränderung von Mentalitäten und Haltungen bei allen verantwortlichen Akteuren. Veränderungen dieser Art sind bekanntlich viel schwieriger als die Ergänzung bzw. Aneignung von bestimmten Fähigkeiten. Kooperationen beim Auf- und Ausbau von Organisationsformen und -strukturen benötigen zumeist einen Kulturwandel, von der Einzelkämpfermentalität hin zu einem auf Kooperation und Zusammenarbeit ausgerichteten Grundverständnis (vgl. Arentz 2009).

6.3.4.3 Organisationsanforderungen

Weitere wichtige überfachliche Kompetenzen stellen Anforderungen des organisationalen Lernens an die Mitglieder und Beschäftigen. Hierunter wird ein umfassender, sich gegenseitig beeinflussender Lern- und Entwicklungsprozess verstanden, der alle Mitarbeiter- und Hierarchieebenen sowie beruflichen Wissens- und Erfahrungshintergründe einer Organisation einschließt, sich eine gemeinsame Zielrichtung gibt und in eine gemeinsame Organisationskultur zusammengeführt wird. Den konzeptuellen Rahmen hierfür liefert der weitreichend bekannte, lerntheoretisch aber noch wenig konzeptualisierte Begriff des Organisationslernens (vgl. Argyris und Schön 2002).

Organisationales Lernen verläuft stets organisationsspezifisch. Das „Lernziel" wird von den Mitgliedern der Organisation selbst erarbeitet, erfordert jedoch eine gemeinsame Orientierung. Lernziele können auf der organisationalen Handlungsebene Verbesserungen der Arbeitsprozesse oder strategische Zielplanungen sein. Auf die individuelle Handlungsebene herunter gebrochen liegen diese Lernziele zumeist in der Entwicklung von bestimmten Fach-, Methoden-, Sozial- und/oder Persönlichkeitskompetenzen (vgl. Kühnle 2001).

Grundgedanke des Organisationslernens ist, dass eine Organisation nicht allein durch ihre Umstrukturierung oder Ausrichtung auf das ein oder andere gängige Managementkonzept zukunfts- und überlebensfähig ist. Im Zentrum der Veränderungen steht vielmehr der Aufbau einer flexiblen und innovationsfähigen *Organisationskultur.* Damit verbunden ist das Ziel einer stetigen Verbesserung der zugrundeliegenden Wissens-, Wert-, Problemlösungs- und Verhaltensbasis. Diese wiederum wird nur über eine kontinuierliche Reflexion von Zweck und Handeln sowie einen strukturierten Wissens- und Erfahrungsaustausch innerhalb der Organisation möglich sein. Mit der Entwicklung und Umsetzung von systematischen Wissensmanagementkonzepten, organisationalen Feedbackmechanismen oder die Einführung umfassender Qualitätsmanagementkonzepte kann solch eine kontinuierliche Reflexion angeregt und gesteuert werden. Damit verbunden ist oft auch ein Abbau von steilen Hierarchiegefügen und historisch gewachsenen Machtansprüchen, wodurch wiederum neue und erhöhte Kooperationsanforderungen an die Mitglieder gestellt werden. Um den vielfältigen Organisations- und Kooperationsanforderungen gerecht werden zu können, sollte im Rahmen der Kompetenzentwicklung dem Erwerb von überfachlichen *Methodenkompetenzen* (z. B. eigenverantwortliche Gruppenarbeit, Moderation, Fremd- und Selbstevaluation) als auch der Entwicklung von *Sozial- und Individualkompetenzen* (z. B. Überprüfung des eigenen Machtanspruchs, Einbeziehung von Mitarbeitern in Entscheidungsprozesse) genügend Raum gegeben werden.

6.3.4.4 Arbeitsorientierte und integrative Lehransätze

Hochschulisches Lernen, das über eine Anpassungs- und Aktualisierungsqualifizierung hinausgeht, muss verstärkt auf den „Know-how"- und „Know-how-to-know"-Transfer setzen. Für die langfristige Bewältigung der vielfältigen Aufgaben und Transformationsprozesse ist es neben einer erwachsenen- und betriebspädagogisch angeleiteten Kompetenzentwicklung auch aus Sicht der hochschulischen Qualifizierung wichtig, nicht mehr nur die vielzitierte „Anpassung an den Wandel" im Blick zu haben, sondern auf die „Vorbereitung zur Selbstanpassung" durch Förderung der Selbsttätigkeits- und Selbstorganisationsfähigkeit zu setzen. Bei Betrachtung von Curricula bestehender Studienangebote wird deutlich, dass unterschiedliche Ansätze der überfachlichen Qualifizierung auf vielfältige Art und Weise umgesetzt werden. So hat sich die Vermittlung von Schlüsselqualifikationen bzw. von so genannten „Soft Skills" zwar mittlerweile allenthalben durchgesetzt, sowohl in Form der eigenständigen „Modullehre", als auch in Gestalt von modulübergreifenden Querschnittsthemen. Dabei gilt aber auch, im Einzelfall eine genaue Überprüfung vorzunehmen bzw. sich selbst zu vergewissern, ob diese in Art und Umfang ausreichen und dem gewünschten Ziel der beruflichen Handlungsfähigkeit auch wirklich entsprechen, oder ob diese nur Alibifunktion zum Gefallen der Akkreditierungsagenturen und anderer Dritter ausüben. Offen bleibt allerdings die übergeordnete Frage, inwieweit diese Angebote die Zielsetzung, berufliche Handlungsfähigkeit zu vermitteln, überhaupt treffen können, wenn Hochschulbildung ein vom Arbeitsprozess und damit ein von der unmittelbaren Erfahrungs- und Erlebniswelt der aktuellen und zukünftigen Arbeitswelt abgekoppelter Prozess ist. Aus erwachsenenpädagogischer Sicht können hierfür Konzepte des *arbeitsorientierten Lernens* als Vorlage dienen. Weiterbildungs- und Qualifizierungsprozesse werden hiermit an die Anforderungen eines konkreten Arbeitsplatzes anpasst, in dem unmittelbar konkrete Problemlösungen gefordert werden.

In den allermeisten Studienprogrammen sind Praxisprojekte und Praxisphasen in das Studium eingebettet, die der Grundidee eines arbeitsorientierten Lernens entlehnt sind und Verknüpfungen von Hochschulwissen mit Praxisproblemen erzielen wollen. Ein konkreter Praxisbezug kann vom Ansatz her grundsätzlich dazu beitragen, selbstorganisiertes Lernen und die Ausbildung berufsbezogener Handlungsfähigkeit zu fördern. Didaktisch folgen diese Lehrformate zumeist den Prinzipien des selbstgesteuerten Lernens, wobei längere, in das Studium eingebettete Praxisphasen oftmals inhaltlich und methodisch unbegleitet verlaufen. Die Hochschule sollte bei der Verzahnung von überfachlichen Ausbildungsinhalten und anwendungsbezogenem Praxislernen verstärkt auf *integrative Lehransätze* setzen. Dabei würde die jeweilige Hochschule – in Zusammenarbeit mit festen Praxispartnern, d. h. Einrichtungen, Unternehmen, Organisationen des Sozial- und

Gesundheitswesens – durch eine von ihr unmittelbar verantwortete und geleitete Betreuung der Studierenden den gewünschten Kompetenzerwerb in weiten Teilen sicherstellen. Ziel dabei ist, die hochschulischen Lehr- und Lerninhalte der überfachlichen Qualifikation im Rahmen von wissenschaftlich angeleiteten Praxisübungen mit konkreten Aufgabenstellungen und Problemen zu verknüpfen. Im Gegensatz zu den vielfach unbegleiteten Praxisphasen kann so eine direkte Einflussnahme bzw. Kontrolle durch die Hochschule erfolgen.

Ein anderer Ansatz liegt in hochschulisch getragenen, curricularen oder außercurricularen *Mitmachkonzepten*, in denen Studierende beispielsweise im Rahmen von selbst entwickelten Konferenzformaten eigenständige Diskussionen, Präsentationen und Interaktionen mit Teilnehmenden aus Wissenschaft und Praxis organisieren und durchführen. Damit wird eine frühe Verantwortungsübernahme „geübt" und die Ausbildung von überfachlichen Kompetenzen wie Koordinations- und Teamarbeit in Zusammenhang mit Eigeninitiative und Selbstreflexion gefördert (vgl. Mai und Müller 2016).

6.4 Schlussbetrachtungen

6.4.1 Beschäftigungsperspektive

Zur Deckung des Qualifikations- und Nachwuchsbedarfs in der Sozial- und Gesundheitswirtschaft sind Bachelor- als auch Masterprogramme gleichermaßen von Bedeutung. Der Bachelor hat seine Bedeutung entweder als erster berufsqualifizierender Studienabschluss nach Erwerb der Hochschulzugangsvoraussetzung oder als sekundär qualifizierender akademischer Abschluss nach einer einschlägigen Berufsausbildung im Sinne einer „Zusatz- oder Nachqualifizierung". Das Arbeitsmarktpotenzial dieser Bachelorabsolventen liegt vor allem darin, mittlere und gehobene Positionen in verwaltungsbezogenen bzw. kaufmännischen Bereichen von Sozial- und Gesundheitsorganisationen besetzen zu können. Für die Beschäftigung derart qualifizierter Hochschulabsolventen wird jedoch in Einrichtungen des Sozial- und Gesundheitswesens, die stark von Strukturmerkmalen des Öffentlichen Dienstes geprägt sind, ein Kulturwandel nötig sein, da vielerorts in mittleren Verwaltungsebenen (noch) eine hohe Selbstrekrutierungsrate ähnlich den öffentlichen Verwaltungen existiert. „Externe" Hochschulabsolventen werden in Einrichtungen vor allem für höhere Leitungs- und Führungsaufgaben benötigt, wofür Bachelor-Absolventen nicht ausreichend qualifiziert sind. Der Arbeitsmarkt wird sich für Bachelorabsolventen, die in Dienst- und Beschäftigungsverhältnissen der mittleren bis gehobenen Fach- und Führungsebenen eingesetzt werden können, weiter öffnen müssen. Andererseits ist das Problem, dass die „neuen" Studienabschlüsse Zeit für ihre Etablierung am Arbeitsmarkt benötigen, sicherlich kein besonderes Merkmal der Sozial- und Gesundheitswirtschaft, sondern ebenfalls Diskussionsgegenstand in anderen Produktions- und Wirtschaftszweigen. Darüber hinaus finden Studien- und Qualifizierungsformen des „dualen Studiums" zunehmenden Anklang bei Studierenden und Arbeitgebern. Hier liegt ein gutes Ausbaupotenzial vor allem für den primär qualifizierenden Bachelorbereich, da die beteiligten Einrichtungen und Unternehmen „von Anfang" an für die (potenziell) Beschäftigten Qualifizierungs- und Aufstiegsperspektiven bzw. Karrierewege planen und „individualisieren" können.

Die sekundär qualifizierenden Bachelorabschlüsse sind eher auf Managementwissen und -fertigkeiten für Angehörige Sozial- und Gesundheitsberufe gerichtet. Diese Absolventen sind in der Regel durch ihre einschlägige sozial- und gesundheitsfachliche Berufsausbildung, auf die das sozial- und gesundheitswirtschaftlich ausgerichtete bzw. managementorientierte Bachelorstudium aufbaut, in vielerlei Hinsicht zweifach qualifiziert. Ihr fachliches Beschäftigungspotenzial liegt damit vor allem in überlappenden Managementfeldern zwischen verwaltungsbezogenen bzw. kaufmännischen Arbeitsbereichen und Bereichen der unmittelbaren Leistungserbringung (z. B. Medizincontrolling, Qualitätsmanagement, Case Management, Risikomanagement, Umweltmanagement, Hygienemanagement, u. v. m.). Dort werden gleichermaßen fachliche Erfahrungen als Angehöriger eines Gesundheitsberufs wie akademisch erworbenes „Management-Know-how" benötigt (*Abbildung 6.5*). Auch wenn Duale Studiengänge bisher noch in der überwiegenden Mehrzahl auf die Zielgruppe der kaufmännischen bzw. verwaltungsbezogenen Berufe ausgerichtet sind, erscheinen duale Studienkonzepte durch ihre Verzahnung von wissenschaftlich geprägtem Theoriedenken und berufspraktischer Aufgaben- und Verantwortungsübernahme auch im Bereich der sekundär qualifizierenden Bachelorprogramme für die Zielgruppen im Bereich der Sozial- und Gesundheitsberufe (z. B. Pflege- und Therapiemanagement) geeignet.

Unter der Annahme, dass sich in Zukunft die Anzahl zur Verfügung stehender Arbeitskräfte verringern wird, müssen sich Arbeitgeber künftig auf einen Wettbewerb um Beschäftigte sowohl innerhalb der Sozial– und Gesundheitswirtschaft, als auch im Wettstreit mit anderen Branchen einstellen (vgl. Evans und Scharfenorth 2008). Darüber hinaus sind die Verdienstmöglichkeiten im Gesundheitswesen und vor allem im Sozialwesen insgesamt vergleichsweise niedrig, was zum Teil an der Bindung an das öffentlich-rechtliche Tarifgefüge liegt. Auch wenn die Spitzengehälter einzelner Berufsgruppen und Leitungspositionen deutlich über dem

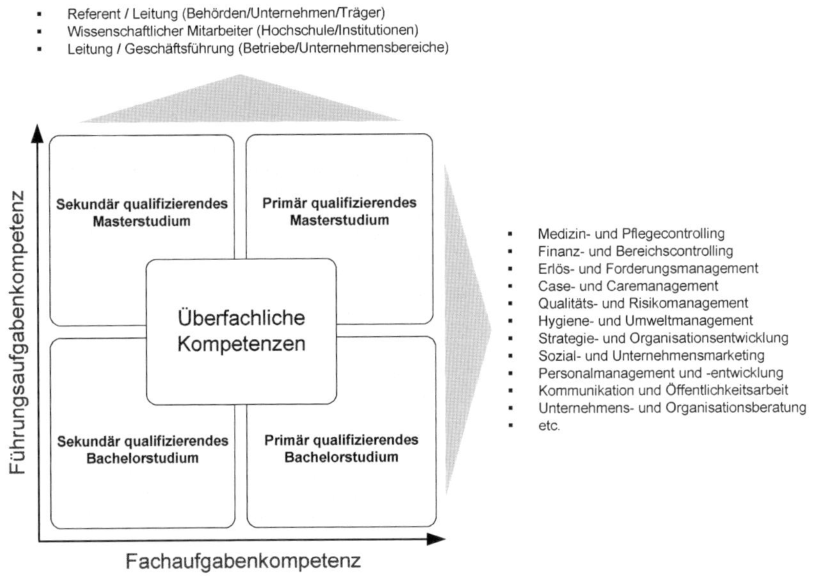

- Referent / Leitung (Behörden/Unternehmen/Träger)
- Wissenschaftlicher Mitarbeiter (Hochschule/Institutionen)
- Leitung / Geschäftsführung (Betriebe/Unternehmensbereiche)

Medizin- und Pflegecontrolling
Finanz- und Bereichscontrolling
Erlös- und Forderungsmanagement
Case- und Caremanagement
Qualitäts- und Risikomanagement
Hygiene- und Umweltmanagement
Strategie- und Organisationsentwicklung
Sozial- und Unternehmensmarketing
Personalmanagement und -entwicklung
Kommunikation und Öffentlichkeitsarbeit
Unternehmens- und Organisationsberatung
etc.

Abbildung 6.5 Kompetenzentwicklung und berufliche Aufgabenfelder

Durchschnittseinkommen liegen, sind deren Zuwachsraten deutlich niedriger als im Durchschnitt der Wirtschaft (vgl. Hilbert et al. 2002). Hinzukommt, dass die Arbeitsbedingungen in vielen Bereichen des Gesundheitswesens als überdurchschnittlich belastend gelten. Dies gilt vor allem für die so genannten „patienten- und klientennahen" Berufsgruppen, jedoch werden auch Angestellte in angrenzenden Bereichen mit Belastungssituationen konfrontiert. Durch den weiteren Auf- und Ausbau sozial- und gesundheitswirtschaftlich ausgerichteter Studienprogramme könnte eine politische Weichenstellung dahingehend vorgenommen werden, dass sich in Zukunft mehr junge Menschen als bisher für einen solchen Studiengang entscheiden und damit auch die Anzahl der potenziell für gehobene und höhere Fach-, Leitungs- und Managementaufgaben in der Sozial- und Gesundheitswirtschaft in Frage kommenden Personen steigt. Wenn mehr junge Menschen bzw. Erwerbstätige unabhängig von der demographischen Entwicklung speziell auf die Belange und Bedürfnisse der Sozial- und Gesundheitswirtschaft hin ausgebildet werden, kann sich ggf. auch die Abwanderung in andere Wirtschaftsbranchen, wo mitunter höhere Gehälter gezahlt werden, verringert werden. Dies gilt sowohl für den langfristigen Bedarf an primär qualifizierenden Bachelor- und Masterprogrammen in kaufmännischen bzw. verwaltungsbezogenen Bereichen, als auch für die sekundär qualifizierenden Studienprogramme, die bereits Berufstätige fachlich und überfachlich für Führungs- bzw. Managementaufgaben qualifizieren.

Wirtschaft und Politik haben auf die Herausforderung aufkommender Arbeitsmarktproblematik und neuen institutionellen bzw. innerbetrieblichen Anforderungen im Gesundheitswesen noch nicht systematisch reagiert. Einzelne berufspolitische Kampagnen und Bemühungen können zwar zu einer Aufwertung von Tätigkeiten und Berufsgruppen im Sozial- und Gesundheitswesen oder einer zu einer verbesserten Einkommenssituation beitragen; dennoch werden die vielfältigen, neuen und sich wandelnden Anforderungen, die an die Beschäftigten in diesen Bereichen gestellt werden, nicht ohne spezialisierte Fach- und Führungskräfte bzw. ohne zusätzliche hochschulische Qualifizierung zu bewältigen sein.

6.4.2   Hochschulperspektive

Die Angebotsgestaltung sozial- und gesundheitswirtschaftlicher Studiengänge bietet den Hochschulen Marktpotenziale bei der Akquise von Studienanfängern (Studierendenmarkt) als auch bei der Positionierung und Profilierung der Einrichtung oder der Fakultät in der Hochschul- und Wissenschaftslandschaft (Wissenschaftsmarkt). Hinsichtlich der Beschäftigungsfähigkeit der Absolventen und ihren beruflichen Möglichkeiten auf dem Arbeitsmarkt sollten die Hochschulen aber genau überprüfen, ob mit den sozial- und gesundheitswirtschaftlichen Studienangeboten die geforderten fachlichen und überfachlichen Anforderungen der (potenziellen) Arbeitgeber nicht nur theoretisch, sondern auch praktisch getroffen werden. Hinsichtlich der Qualifizierungsbedarfe und der tatsächlichen Arbeitsmarktsituation sind regelmäßige, systematische Marktanalysen erforderlich, die einen Abgleich von „Wunsch"- und „Wirklichkeitsprofilen" ermöglichen. Qualifikationsanforderungen können in Teilen auch regional bzw. von Bundesland zu Bundesland unterschiedlich ausfallen und müssen bezogen auf die regionalen Arbeitsmärkte zwangsläufig nicht für alle Studienstandorte gleichermaßen zutreffen. Marktanalysen sollten aber auch das grundsätzliche Potenzial an möglichen Studienanfängern in verschiedenen Zielregionen und die Wettbewerbersituation der hochschulischen Anbieter in den Blick nehmen (vgl. Langer und von Stuckrad 2009).

Die demographischen Entwicklungen werden wahrscheinlich auch Auswirkungen auf die Studierendenzahlen und die Ausbildungsbedarfe an Hochschulen haben. Aufgrund der Komplexität und wechselseitigen Abhängigkeiten (z. B. Geburtenrückgang, Zuwanderungen) können Vorausberechnungen allerdings keine genaue Aussage über die Studierendenzahlen der Zukunft machen. Hier ist man gleichermaßen oft auf Spekulationen angewiesen wie bei der Einschätzung der Nachfragesituation durch den Arbeitsmarkt und der Studienbewerber. Daher sollten bei der Kapazitäts- und Angebotsplanung eher eine mittelfristige Strategie verfolgt werden. Gleichzeitig sollten aber auch Instrumente und Methoden etabliert werden, die kontinuierlich Marktanalysen ermöglichen, um Veränderungen frühzeitig zu erkennen und rechtzeitig darauf reagieren zu können (z. B. sinkende Studierenzahlen).

Bildungspolitisch wird in jüngster Zeit ein Trend sichtbar, Zugänge zur Hochschulbildung durchlässiger zu gestalten, damit mehr Menschen als bisher ein Hochschulstudium abschließen können. Die Gründe für die politisch gewollte Öffnung von Hochschulen[7] liegen allerdings nicht nur in objektivierbaren Qualifizierungsbedarfen hinsichtlich der Kompensation eines gegenwärtigen oder vorausberechneten Fach- und Führungskräftemangels, sondern auch in den Akademisierungsbestrebungen der Sozial- und Gesundheitsberufe allgemein (vgl. Hachmeister et al. 2016). Die in Deutschland lange und international nahezu einzigartige Tradition der dualen Berufsausbildung nach dem Berufsbildungsgesetz und die Ausbildung an Fachschulen für Gesundheitsberufe mit größtenteils staatlichen oder staatlich anerkannten Abschlüssen bieten eine gute Qualifikationsgrundlage, den Einstieg in ein Bachelorstudium beispielsweise über Anrechnungen von in der Ausbildung erbrachten Leistungen zu ebnen und die Gesamtausbildungszeiten, beispielsweise in Kombination mit einem darauf folgenden Masterstudium zu verkürzen.

Beim Aufbau von neuen Studienangeboten – insbesondere im Mastersegment – müssen neben einer eher betriebswirtschaftlich geprägten „Kosten-Nutzen-Rechnung" auch weitere Grundpositionen im Sinne immaterieller Nutzwerte für die Hochschule bedacht werden. Dabei geht es nach Hüning und Langer (2006) vor allem darum: „a) ob sich die Hochschule oder Fakultät als Anbieter von Studienprogrammen gegenüber dem nicht-akademischen Arbeitsmarkt positionieren will; b) ob sich die Hochschule oder Fakultät als „Schmiede" für den akademischen Nachwuchs versteht; c) ob die Hochschule mit den Studienprogrammen als Anbieter von drittmittelfinanzierter Forschung auftreten will; oder d) ob mit dem Aufbau derartiger Programme eine Vernetzung innerhalb und außerhalb der Hochschule erreicht werden soll" (Hüning und Langer 2006). Aus Sicht der Hochschulen bzw. Fachhochschulen dominieren eher Aspekte einer primär qualifizierenden, direkt auf die Belange eines konkreten Arbeitsmarkts gerichteten Ausbildung, ebenso

---

7 Beispielhaft sei der Bund-Länder-Wettbewerb „Aufstieg durch Bildung: offene Hochschulen" genannt, der Teil der Qualifizierungsinitiative „Aufstieg durch Bildung" des Bundesministeriums für Bildung und Forschung ist (http://www.wettbewerb-offene-hochschulen-bmbf.de).

aber auch der „Vernetzungsgedanke" von Wissenschaft und Beruf/Arbeitsmarkt/ Industrie, der im Wesentlichen dem anwendungsorientierten Charakter des Typus Fachhochschule entspricht. Für Universitäten werden vor allem die Aspekte der Förderung wissenschaftlichen Nachwuchses und Möglichkeiten der drittmittelfinanzierten Forschung von Bedeutung sein. Schlussendlich tragen sich Studienprogramme niemals von selbst, allein aus der Tatsache heraus, dass sie „am Markt" angeboten werden. Auch an Hochschulen wird die „Managementperspektive" in Zukunft stärker gefragt sein, um alle anstehenden Anforderungen und Perspektiven bei der Angebotsgestaltung angemessen zu berücksichtigen und in einer zunehmend unübersichtlich werdenden Hochschullandschaft „marktfähige" Produkte entwickeln zu können.

Literatur

Arentz, H.-J. (2009). Strategische Kooperationen im Gesundheitswesen brauchen Kulturwandel. In. A. J. W. Goldschmidt & J. Hilbert (Hrsg.), *Gesundheitswirtschaft in Deutschland. Die Zukunftsbranche* (S. 138–146), Wegscheid: Wikom.

Argyris, C., & Schön, D. (2002). *Die lernende Organisation: Grundlage, Methode, Praxis.* Stuttgart: Klett-Cotta.

Asselmeyer, H. (2006). Organisationsentwicklung im Gesundheitswesen. Ansätze für das Verstehen und methodische Vorschläge für das Gestalten und Verändern von Gesundheitsorganisationen. In J. Pundt (Hrsg.), *Professionalisierung im Gesundheitswesen. Positionen – Potenziale – Perspektiven* (S. 266–287). Bern: Huber.

Bär, S., & Pohlmann, M. (2016). Kurswechsel im Krankenhaus. Auf dem Weg zu einer markt- und profitorientierten Dienstleistungsorganisation? In I. Bode & W. Vogd (Hrsg.), *Mutationen des Krankenhauses. Soziologische Diagnosen in organisations- und gesellschaftstheoretischer Perspektive* (S. 229–250). Wiesbaden: Springer VS.

Beckmann, C., Otto, H.-U., Schaarschuch, A., & Schrödter, M. (2007). Qualitätsmanagement und Professionalisierung in der Sozialen Arbeit. Ergebnisse einer Studie zu organisationalen Bedingungen ermächtigender Formalisierung. *Zeitschrift für Sozialreform, ZSR* 53(3), 275–295.

Beckmann, C. (2009). *Qualitätsmanagement und Soziale Arbeit.* Wiesbaden: VS Verlag.

Birkner, B., Lüttecke, H., Gürtler, L., & Bigler-Münichsdorfer, H. (2014). *Kaufmann/Kauffrau im Gesundheitswesen. Lehrbuch zur berufsspezifischen Ausbildung.* 6. Aufl. Stuttgart: Kohlhammer.

Borgetto, B., & Kälble, K. (2007). *Medizinsoziologie. Sozialer Wandel, Krankheit, Gesundheit und das Gesundheitssystem.* Weinheim, München: Juventa.

Blättner, B., & Georgy, S. (2008). Qualifizierungsbedarf der Gesundheitsberufe: Verantwortung für eigene Entscheidungen übernehmen können. In S. Matzick (Hrsg.), *Qualifizierung in den Gesundheitsberufen. Herausforderungen und Perspektiven für die wissenschaftliche Weiterbildung (S. 159–178). Weinheim, München: Juventa.

Brenner, J., Budczinski, A., Schläfle, P., & Storch, F. (2016). Grundsätze der Professionalität im Beruf. Praxiswissen für die Führungsaufgabe. Wiesbaden: Springer Gabler.

Brinkmann, V. (2010). Sozialwirtschaft. Grundlagen – Modelle – Finanzierung. Wiesbaden: Gabler.

Brinkmann, V. (2014). Sozialwirtschaft und Soziale Arbeit in der freien Wohlfahrtspflege. In V. Brinkmann (Hrsg.), Sozialwirtschaft und Soziale Arbeit im Wohlfahrtsverband. Tradition, Ökonomisierung und Professionalisierung (S. 1–28). Münster: Lit Verlag.

Dahlgaard, K., & Stratmeyer, P. (2003). Kooperationsanforderungen an Pflege und Medizin im Krankenhaus der Zukunft. Das Krankenhaus 95(2), 131–138.

Dewe, B. (2006). Professionsverständnisse – eine berufssoziologische Betrachtung. In J. Pundt (Hrsg.), Professionalisierung im Gesundheitswesen. Positionen – Potenziale – Perspektiven (S. 23–35). Bern: Huber.

Evans, M., & Scharfenorth, K.(2008). „Abschied von der Insel": Herausforderungen und Gestaltungsfelder des Personalmanagements in der Gesundheitswirtschaft. In S. Matzick (Hrsg.), Qualifizierung in den Gesundheitsberufen. Herausforderungen und Perspektiven für die wissenschaftliche Weiterbildung (S. 27–48). Weinheim, München: Juventa.

Freidson, E. (1984). The changing Nature of Professional Control. Annual Review of Sociology 10, 1–20.

Friedberg, E. (1995). Ordnung und Macht. Dynamiken organisierten Handelns. Frankfurt am Main, New York: Campus.

Friedrich, H. R. (2005). Der Bologna-Prozess nach Bergen. Perspektiven für die deutschen Hochschulen. Die Hochschule 14(2), 114–135.

Granig, P., & Nefiodow, L. A. (Hrsg.) (2011). Gesundheitswirtschaft – Wachstumsmotor im 21. Jahrhundert. Mit „gesunden" Innovationen neue Wege aus der Krise gehen. Wiesbaden: Springer Gabler.

Händeler, E. (2004). Wann endlich wird Gesundheit Wachstumsmotor der Wirtschaft? Das Gesundheitswesen 66, 775–778.

Hachmeister, C.-D., Müller, U. & Ziegele, F. (2016). Zu viel Vielfalt? Warum die Ausdifferenzierung der Studiengänge kein Drama ist. Gütersloh: CHE Eigendruck.

Heible, C. (2014). Langfristige Perspektiven der Gesundheitswirtschaft. Eine CGE-Analyse demografischer und technologischer Wachstumseffekte. Wiesbaden: Springer Gabler.

Henke, K.-D. (2009). Der zweite Gesundheitsmarkt. Public Health Forum 17(3), 16–18.

Hensen, G., & Hensen, P. (2008). Das Gesundheitswesen im Wandel sozialstaatlicher Wirklichkeiten. In G. Hensen & P. Hensen (Hrsg.), Gesundheitswesen und Sozialstaat. Gesundheitsförderung zwischen Anspruch und Wirklichkeit (S. 13–38). Wiesbaden: VS Verlag.

Hensen, P. (2010). Situation und Perspektiven gesundheitswirtschaftlich ausgerichteter Studienprogramme an deutschen Hochschulen. Gesundheitsökonomie & Qualitätsmanagement 15, 83–90.

Hensen, P. (2011). Die gesunde Gesellschaft und ihre Ökonomie – vom Gesundheitswesen zur Gesundheitswirtschaft. In P. Hensen & C. Kölzer (Hrsg.), Die gesunde Gesellschaft. Sozioökonomische Perspektiven und sozialethische Herausforderungen (S. 11–50). Wiesbaden: VS Verlag.

Hensen, P. (2012). Gesundheitsbezogene Masterstudiengänge an deutschen Hochschulen. Public Health Forum 20(77), 27–29.

Hilbert, J., Fretschner, R., & Dülberg, A. (2002). *Rahmenbedingungen und Herausforderungen der Gesundheitswirtschaft*. Gelsenkirchen: Eigendruck.

Hüning, L., & Langer, M. (2006). *Der Mastermarkt nach Bologna. Den Markt für Master-Programme verstehen, Strategien gestalten. CHE-Arbeitspapier 81*. Gütersloh: CHE Eigendruck.

Kälble, K. (2009). Neue Studiengänge im Gesundheitswesen. Zielgerichtete Entwicklung oder Experimentierfeld? *Gesundheit + Gesellschaft Wissenschaft, GGW* 9(2), 15–22.

Kartte, J., &. Neumann, K. (2009). Der Zweite Gesundheitsmarkt als notwendige Ergänzung des Ersten. In A. J. W. Goldschmidt & J. Hilbert (Hrsg.), *Gesundheitswirtschaft in Deutschland. Die Zukunftsbranche* (S.760–771). Wegscheid: Wikom.

Kieser, A. (201. Max Webers Analyse der Bürokratie. In A. Kieder & M. Ebers (Hrsg.), *Organisationstheorien* (S. 43–72). 7. Aufl. Stuttgart: Kohlhammer.

Kolhoff, L. (2010). Synergetik in der Wohlfahrtsproduktion. In W. R. Wendt (Hrsg.) *Wohlfahrtsarrangements. Neue Wege in der Sozialwirtschaft* (S. 115–127). Baden Baden: Nomos.

Stikklas, S., & Stikklas, W. (2006). *Lehrbuch Fachwirt/in im Sozial- und Gesundheitswesen (IHK). Band 1: Sozial- und Gesundheitsökonomie*. Bern: Huber.

Kühnle, S. (2001). Konzept für eine Lernende Healthcare-Organisation: Erfolgsfaktoren von Lern- und Veränderungsprozessen. *Zeitschrift Führung + Organisation, zfo* 70(6), 364–370.

Kuratorium Gesundheitswirtschaft (2006). Ergebnisbericht „Branchenkonferenz Gesundheitswirtschaft 2005" 7./8.12.05 Rostock-Warnemünde. http://www.bioconvalley.org/fileadmin/user_upload/Downloads/Branchenkonferenzen/Bericht_BK_05.pdf. Zugegriffen: 31. August 2016.

Langer, M., & von Stuckrad, T. (2009). *Marktanalyse für prioritäre Zielregionen der Hochschulen der neuen Bundesländer. Abschlussbericht vom 13. März 2009*. Gütersloh: CHE Eigendruck.

Mai, I., & Müller, M. (2016). Lernen im Wandel – das Lerncamp an der Hochschule Ansbach. *Die Neue Hochschule, DNH* 2, 48–50.

Matzick, S. (2008). Der Mastermarkt im Studienfeld „Gesundheit und Management" – Ergebnisse einer Bestandsaufnahme. In S. Matzick (Hrsg.), *Qualifizierung in den Gesundheitsberufen. Herausforderungen und Perspektiven für die wissenschaftliche Weiterbildung* (S. 95–116). Weinheim, München: Juventa.

Merchel, J. (2015). *Management in Organisationen der Sozialen Arbeit. Eine Einführung*. Weinheim und Basel: Beltz Juventa.

Mertens, D. (1974). Schlüsselqualifikationen. Thesen zur Schulung für eine moderne Gesellschaft. *Mitteilungen aus der Arbeitsmarkt- und Berufsforschung* 7, 36–43.

Oevermann, U. (2000). Dienstleistung der Sozialbürokratie aus professionalisierungstheoretischer Sicht. In E.-M. Harrach, T. Loer & O. Schmidtke (Hrsg.), *Verwaltung des Sozialen – Formen der subjektiven Bewältigung eines Strukturkonflikts* (S. 57–77). Konstanz: UVK Verlagsgesellschaft.

Offermanns, G. (2011). *Prozess- und Ressourcensteuerung im Gesundheitssystem*. Berlin, Heidelberg: Springer-Verlag.

Pasternack, P. (2006). *Qualität als Hochschulpolitik? Leistungsfähigkeit und Grenzen eines Policy-Ansatzes*. Bonn: Lemmens Verlag.

Perkhofer-Czapek, M., & Potzmann. R. (2016). *Begleiten, Beraten und Coachen. Der Lehrberuf im Wandel*. Wiesbaden: Springer VS.

Pundt, J., & Matzick, S. (2008). Qualifizierungsbedarf – Notwendige Herausforderungen für Gesundheitsberufe. *Public Health Forum* 16(58), 6–8.

Roeder, N., Rochell, B., Prokosch, H. U., Irps, S., Bunzemeier, H., & Fugmann, M. (2001). DRGs, Qualitätsmanagement und medizinische Leitlinien – Medizinmanagement tut Not. *Das Krankenhaus* 93(2), 115–122.

Schade, H.-J. (2002). *Qualifikationsanforderungen der Betriebe an neue Mitarbeiter/innen im Bereich Gesundheit/Wellness. Ergebnisbericht für die Betriebe.* Bonn: Eigendruck.

Schirmer, H. (2006). *Krankenhaus Controlling. Handlungsempfehlungen für Krankenhausmanager, Krankenhauscontroller und alle mit Controlling befassten Fach- und Führungskräfte in der Gesundheitswirtschaft.* Renningen: Expert.

Schnurr, S. (2005). Managerielle Deprofessionalisierung? *Neue Praxis* 35, 238–242.

Siegrist, J. (2012). Die ärztliche Rolle im Wandel. *Bundesgesundheitsblatt Gesundheitsforschung Gesundheitsschutz* 55, 1100–105.

Weber, M. (2002). *Wirtschaft und Gesellschaft: Grundriss der verstehenden Soziologie* 5. Aufl. Tübingen: Mohr Siebeck.

Weiser, H. Fr. (2007). Der Medizinmanager. Die Rolle des leitenden Arztes in der künftigen Krankenhauslandschaft. *Arzt und Krankenhaus* 80(12), 362–364.

Wendt, W. R. (2003). *Sozialwirtschaft. Eine Systematik.* Baden-Baden: Nomos.

Wendt, W. R. (2015). Das institutionelle Format der Sozialwirtschaft. Eine institutionenökonomische Analyse. *Kölner Journal – Wissenschaftliches Forum für Sozialwirtschaft und Sozialmanagement* 2, 96–108.

Wendt, W. R. (2016). *Sozialwirtschaft kompakt. Grundzüge der Sozialwirtschaftslehre.* 2. Aufl. Wiesbaden: Springer VS.

Die Autoren

Hensen, Gregor, Prof. Dr. phil., Dr. rer. medic., Professor für Soziale Arbeit, lehrt an der Hochschule Osnabrück.

Hensen, Peter, Prof. Dr. med., M.A., MBA, lehrt Qualitätsentwicklung und Qualitätsmanagement im Gesundheits- und Sozialwesen an der Alice Salomon Hochschule Berlin.

Kern, Axel Olaf, Prof. Dr., Studiendekan Gesundheitsökonomie (BA) und Studiendekan Management im Sozial- und Gesundheitswesen (MBA) an der Hochschule Ravensburg-Weingarten, Gründer und Leiter des Steinbeis-Transferzentrums „Gesundheits- und Sozial-System-Forschung".

Liedke, Klaus-Dieter, Diplom-Sozialpädagoge, Diplom für Wirtschaft, Vorstandsvorsitzender der Stiftung Lebensräume Offenbach am Main, Geschäftsführer VersA Rhein-Main GmbH, Lehrbeauftragter für Sozialwirtschaft an der Frankfurt University und Hochschule Rhein-Main Wiesbaden.

Luthe, Ernst-Wilhelm, Prof. Dr. jur. habil., Direktor des Instituts für angewandte Rechts- und Sozialforschung (IRS) und Professor für Öffentliches Recht und Sozialrecht an der Ostfalia Hochschule in Wolfenbüttel sowie an der Universität Oldenburg.

Wendt, Wolf Rainer, Prof. Dr. phil., Dipl-Psych., Case Manager Ausbilder, lehrt an der Dualen Hochschule BW Stuttgart und an weiteren Hochschulen, bis 2015 Vorsitzender der Deutschen Gesellschaft für Care und Case Management (DGCC), Sprecher der Fachgruppe Sozialwirtschaft der Deutschen Gesellschaft für Soziale Arbeit.